KB213458

교사, 프로젝트학습에서 답을 찾다

_정준환 저

01 THEORY : 아는 만큼 보이는 법!

교사, 프로젝트학습에서 답을 찾다
_1편 THEORY : 아는 만큼 보이는 법!

1판 1쇄 인쇄 2019년 7월 10일
1판 1쇄 발행 2019년 7월 15일

지은이 | 정준환
펴낸이 | 모흥숙
펴낸곳 | 상상채널

_이 책을 만든 사람들
편집 | 박은성, 이지수
기획 | 박윤희, 김루리
그림 | 김병용
표지 | doodle

종이 | 제이피시
제작 | 현문인쇄

주소 | 서울시 용산구 한강대로 104 라길 3
전화 | 02-775-3241~4
팩스 | 02-775-3246
이메일 | naeha@naeha.co.kr
홈페이지 | http://www.naeha.co.kr

값 24,000원
ⓒ 정준환, 2019
ISBN 979-11-87510-11-6 (13000)

이 도서의 국립중앙도서관 출판예정도서목록(CIP)은 서지정보유통지원시스템 홈페이지(http://seoji.nl.go.kr)와
국가자료공동목록시스템(http://www.nl.go.kr/kolisnet)에서 이용하실 수 있습니다.(CIP제어번호 :2019023958)

프로젝트학습에서 교육의 대안을 찾는
교사를 비롯한 교육실천가를 위한 필독서!

교사, 프로젝트학습에서 답을 찾다

01 THEORY : 아는 만큼 보이는 법!

_정준환 저

상상채널

프로젝트학습
모름지기 아는 만큼 보이는 법이다!

안회와 자공은 공자의 여러 제자 가운데 유독 뛰어났다고 한다. 어느 날 공자는 자공에게 뜬금없는 질문을 던진다.

"자공, 너와 안회 가운데 누가 더 뛰어나다고 생각하느냐?"

스승의 질문에 자공은 당황했지만 자신을 낮추며 이렇게 대답한다.

"소자는 하나를 들으면 둘을 알뿐이지만, 안회는 하나를 들으면 열을 압니다."

이후 '하나를 보면 열을 안다'라는 표현은 후대에 뛰어나거나 총명한 사람을 일컫는 말로 자주 쓰이게 된다. 그런데 정말 하나를 보고 열을 아는 것이 과학적으로 가능한 것일까. 방송인 박명수 씨는 어느 예능프로그램에서 이와 관련한 말을 해서 사람들로부터 공감을 얻은 적이 있었다. 그의 말은 지금도 '박명수 어록'으로 불리며 사람들로부터 긍정적인 호응을 이끌어내고 있다.

'하나를 보고 열을 알면 무당!'

그의 말이 사람들의 가슴에 와 닿았던 이유는 무엇일까. 솔직히 우리의 현실은 열을 알아도 하나를 제대로 파악하는 것조차 어렵다. 지금 이 순간 알고 있다고 믿는 지식이나 기술조차도 언제 어떻게 변할지, 사라질지 모르는 세상 속에 살고 있다. 사람 간의 관계라고 다를까. 매일매일 같이 밥 먹고 생활하는 가족들조차도 잘 모르는 것들이 많다. 부모와 자녀 간의 갈등상황을 짚어보면 대부분 실제는 모르지만 서로가 잘 안다고 여기는 것에서부터 출발한다. 교실에서의 선생님과 학생 간의 관계도 마찬가지다. 선생님이 아는 것이라곤 겉으로 드러난 특정 행동, 어떤 모습에 국한될 뿐인데, 너무나 쉽게 그 학생의 전체를 판단하곤 한다.

"선생님은 나에 대해 아무것도 모르면서 왜 나만 가지고 그러는 거야."

사실, '하나를 보고 열을 안다'라는 착각은 메타인지능력과 관련이 깊다. 메타인지, 즉 아는 것과 모르는 것을 구분하는 사고능력이 부족한 사람일수록 '무엇인가를 잘 안다'라는 착각을 잘한다. 이러한 착각은 배움의 필요를 느끼지 못하게 만들어 학습의 지속을 가로막는다.

"수업은 해보진 않았지만, 프로젝트학습, 잘 알지요."
"옛날에 했던 활동 중심의 수업들과 별반 다르지 않은 걸요? 그런데 교과서 수업에는 적합하지 않은 것 같아요."
"PBL수업, 여러 번 해봤는데 아이들 통제가 되질 않아서 애먹었어요."

프로젝트학습(Project Based Learning: PBL)이라고 다르지 않다. 프로젝트학습을 안다고 착각하는 순간부터 배움은 멈추고, '정중지와(井中之蛙)', 우물 안 개구리처럼 되어버릴 뿐이다. 학교현장에서 프로젝트학습을 제대로 실천하고 싶은 교사라면, PBL로 빚어낸 자신의 창의적인 수업을 점점 발전시켜나가고 싶다면, '안다'는 착각을 경계해야 한다. 그래야만 자신에게 꼭 필요한 배움이 지속될 수 있다. 만약 프로젝트학습을 열정적으로 실천하고 있는데도 한계가 느껴지고, 늘 제자리걸음만 하는 것처럼 느껴지고 있다면, 냉철하게 자신의 PBL 수업을 되돌아볼 시간이 찾아온 것인지도 모른다.

'지금 내가 프로젝트학습에 대해 아는 것은 무엇일까?'
'과연, 알고 있다고 믿고 있는 지식들이 옳은 걸까?'

본질적으로 수업은 설계가 필요한 전문가적인 행위이며, 직·간접적으로 연계된 이론적 토대 위에 세워진다. 당연히 '프로젝트학습'이라는 모형을 전문가로서 현장에 실천하고 싶다면, 수업의 토대가 되는 '이론(theory)'들을 섭렵할 필요가 있다. 특정 수업사례를 참조하고 그대로 따라했다고 해서, 오랜 세월 반복적으로 실천해왔다고 해서 그 수업을 온전히 이해할 수 있는 것은 아니다. '이론'이라는 과학적이고 검증된 창으로 들여다보지 않는 한 프로젝트학습을 제대로 실천했는지 여부조차 판단할 수 없기 때문이다. 이론이라 불리는 모든 지식들은 집단지성의 산물이며, 실제를 근거로 삼는다. 당연히 이론과 실제의 세계는 별다른 곳에 위치한 것이 아니라 하나의 세상 속에 촘촘히 연결되어 있다. 그래서 이론은 실제를 바라보는 해석적 틀이며, 그것을 관찰하고 분석한 연구가들에 의해 하나의 이론으로 체계화된 것이다. 수업에 적용하는 교수학습모형과 이와 관련된 교수학습이론들도 마찬가지다. '보는 눈'이 있어야 자신의 PBL 수업을 분석할 수 있고, 부족한 부분을 찾아 개선도 시도할 수 있다. '안다'라는 착각에서 벗어나 프로젝트학습의 진수가 무엇인지 제대로 맛볼 수 있게 된다.

이 책은 '교사, 프로젝트학습에서 답을 찾다'라는 제목에 드러나 있듯 프로젝트학습에서 교육의 대안을 찾는 교사를 비롯한 교육실천가를 위해 집필되었다. 최근 들어 혁신학교, 거꾸로 수업, 융합교육(STEAM), 자유학년제 등에 적용된 PBL 사례들이 넘쳐나지만, 안타깝게도 이들 수업이 프로젝트학습의 관점에 부합하는지 여부는 뒷전일 때가 많다. 늦은 시간까지 공들여 만든 수업이 무늬만 프로젝트학습이라면 여러모로 속상한 일일 것이다. 프로젝트학습에 대한 제대로 된 안목을 형성하기 위해서라도 이론공부를 소홀히 해서는 안 된다. 아무쪼록 이 책이 프로젝트학습에 대한 독자의 안목을 키우는데 조금이라도 기여하길 기대해 본다.

「교사, 프로젝트학습에서 답을 찾다」는 '1편 THEORY: 아는 만큼 보이는 법!'을 시작으로 '설계(Design)', '실천(Action)'까지 총3편으로 집필될 예정이다. 이론이라는 단단한 토대 위에 창의적으로 PBL 수업을 설계하고, 성공적인 실천을 이끌어내는데 이 책이 도움이 되길 고대하면서 말이다. 1편을 집필하며 필자에겐 약간의 노안도 찾아왔지만, 세월에 굴하지 않고 완주를 다짐해 본다. '1편 THEORY: 아는 만큼 보이는 법!'은 크게 세 부분으로 나뉜다.

「PART1. 프로젝트학습이라 불리는 모형들이 궁금하다」는 프로젝트학습의 철학을 공유하는 교수학습모형들을 통합적이고 융합적인 관점에서 바라보고 자세히 소개하고 있다. 이들 교수학습모형들을 적극적으로 프로젝트학습 범주 안으로 가져와 변주곡을 끊임없이 연주하듯 교사 스스로 창의적인 수업을 빚어내도록 하는데 초점을 두고 있다.

이어서 「PART2. 프로젝트학습이 담긴 철학이 무엇일까」는 '앙꼬 없는 찐빵'처럼 철학이 빠진 프로젝트학습이 되지 않도록 하기 위해 교사가 가져야 할 관점이 무엇인지 담고 있다. 여기에는 학습의 본질에 해당하는 지식에 대한 관점에서부터 프로젝트학습이 부각될 수밖에 없는 사회문화적 배경, 필자의 오랜 연구를 통해 체계화시킨 PBL에 나타난 재미이론(fun learning)까지 망라되어 있다.

마지막으로 「PART3. 프로젝트학습은 진화하고 있다」는 테크놀로지의 혁신적인 변화흐름에 맞춰 프로젝트학습이 어떻게 변화하고 있는지 보여주고 있다. 독자들은 새로운 시대에 적응적인 형태로 진화를 멈추지 않고 있는 프로젝트학습의 진면목을 목격할 수 있을 것이다.

특별히 이 책에는 저학년과 고학년 학생을 대상으로 적용해볼 수 있는 13개의 PBL 프로그램이 담겨 있다. 필자가 PBL 실천의 묘미를 알아가는 과정에서 관련 이론들을 섭렵해나갔듯, 독자들 역시 그러한 경험들을 만끽해 나가는데 '잼공팩토리(JAMGONG FACTORY)' 섹션이 작은 도움이 되었으면 한다. 참고로 잼공팩토리는 이 책에 담긴 13개의 PBL 프로그램을 포함해 후속편까지 총40개가 제공될 예정이다. 더불어 이 책은 본문의 내용에 따라 예상되는 Q&A, 개념이해를 위한 부가적인 설명, 관련 정보 등을 66개의 'Guiding Tips'로 묶어 친절하게 제공해 주고 있다.

이 책에 담긴 이론은 실제와 밀접하게 연계되어 있으며, 대부분 사례를 중심으로 설명이 이루어진다. 더욱이 다양한 상황을 담은 삽화들이 풍부하게 제공되고 있어서 이론에 대한 이해를 높이고, 고정관념에 따른 심리적인 거리를 어느 정도 해소해 준다. 아무쪼록 프로젝트학습을 실천하는 모든 교육자들에게 인식의 폭을 넓혀주는 이론서로서 가치와 의미를 지니길 바래본다. 명심하자! 모름지기 프로젝트학습도 아는 만큼 보이는 법이다.

2019년 7월
저자 정 준 환

CONTENTS

프롤로그

❖ 프로젝트학습, 모름지기 아는 만큼 보이는 법이다! _004

PART 01

프로젝트학습이라 불리는 모형들이 궁금하다

❖ CHAPTER 01.
문제기반학습 : 비구조적인 실제적 문제가 핵심이다 _021
잼공팩토리 ❶ _나무에게 새 생명을, 나무치료사 _038

❖ CHAPTER 02.
인지적 도제 : 고전교육의 부활?! _043
잼공팩토리 ❷ _히포크라테스 종합병원 _062

❖ CHAPTER 03.
앵커드 교수 : 그곳에 닻을 내리면 절로 학습이 이루어진다 _067
잼공팩토리 ❸ _도전! 유라시아 대륙횡단 _076

❖ CHAPTER 04.
인지적 유연성 : 지식의 범주를 넘나들며 자유롭게 탐색하라! _083
잼공팩토리 ❹ _아! 홍유릉 _098

❖ CHAPTER 05.
시나리오기반학습 : 스토리텔링의 힘이 학습으로 이끈다 _103
잼공팩토리 ❺ _동주네 마을 _116

❖ **CHAPTER 06.**

액션러닝 : **실천 속에 앎의 묘미가 있다** _121

잼공팩토리 ❻ _실천! 인터넷 지킴이 _140

❖ **CHAPTER 07.**

플럽러닝 : **거꾸로 뒤집으면 답이 보인다** _145

● **나만의 교과서 01** _158

PART 02

프로젝트학습에 담긴 철학이 무엇일까

❖ **CHAPTER 08.**

상대적이거나 절대적이거나 지식에 대한 관점이 핵심이다 _167

잼공팩토리 ❼ _특별한 강연쇼! 차이나는 클래스 _186

❖ **CHAPTER 09.**

The Paradigm Shift : **포스트모던하게 상상력을 키우는**
수업을 실천하라! _191

잼공팩토리 ❽ _바디선장 _208

❖ **CHAPTER 10.**

자기목적적 활동이 놀이와 학습의 경계를 허문다 _211

잼공팩토리 ❾ _음악과 함께하는 반고흐 갤러리 _228

❖ **CHAPTER 11.**

펀러닝, 재미있어야 학습이 이루어진다 _233

잼공팩토리 ❿ _위대한 유산을 찾아 지식큐브를 완성하라! _264

❖ **CHAPTER 12.**

하우투런, 프로젝트학습의 교육적 효과를 논하다 _269

● **나만의 교과서 02** _302

PART 03

프로젝트학습은 진화하고 있다

❖ CHAPTER 13.

하이테크 하이터치, 교실수업의 변화는 이미 시작됐다 _313

잼공팩토리 ⑪ _가상역사체험 『역사뒤집기』 _354

❖ CHAPTER 14.

게이미피케이션, 프로젝트학습에 게임을 더하다 _361

잼공팩토리 ⑫ _무성영화와 함께하는 변사극 _394

❖ CHAPTER 15.

학교 담을 넘으면 살아있는 교육현장이 펼쳐진다 _401

잼공팩토리 ⑬ _나의 스승 아르키메데스: 청출어람 _426

❖ CHAPTER 16.

메이커 교육, 4차 산업혁명 시대의 프로젝트학습을 만나다 _433

● 나만의 교과서 03 _462

에필로그

❖ 기능적 합리주의에서 벗어나야 비로소
프로젝트학습이 보인다 _466

❖ 주목하라! 재미교육연구소가 떴다 _469

프로젝트학습이라
불리는 모형들이
궁금하다

01

프로젝트학습이란 무엇일까. 학교현장의 교사라면 대부분 조금은 알고 있다고 여길 대중적인 교육방식, 그렇지만 여전히 누군가에게는 가까운 듯 먼, 낯설고 어렵게만 느껴지는 수업모형일지도 모르겠다. 더욱이 교과(내용)나 방법, 학습형태 등을 기준으로 수업모형을 바라보던 평소 시각에선 여러모로 헷갈리고 좀처럼 이해하기 어려운 구석이 많다. 여하튼 쉬운 녀석이 아닌 것만은 틀림없다.

문제해결학습을 '듀이(Dewey, 1910)'의 사고과정에서 비롯된 문제법(problem method)으로, 프로젝트수업을 '킬패트릭(Kilpatrick, 1918)'의 구안법(project method)에 두고

분류해왔듯 동일한 분류기준으로 프로젝트기반학습(Project-Based Learning)*과 문제기반학습(Problem-Based Learning)을 나누어 설명하기도 한다. 이런 분류방식은 현장에서 문제해결학습과 문제기반학습을 명칭만 조금 다른 동일한 모형으로 착각하게 만들고, 프로젝트학습과는 근본부터 다른 모형으로 여기게 만든다. 그런데 사실 킬패트릭은 '프래그머티즘(pragmatism)'을 기반으로 한 듀이의 교육사상에 큰 영향을 받았으며, 그가 제시한 구안법도 그것을 기초로 고안되었다(Kilpatrick, 1924). 본질상 다르지 않은 교수방법이어서 그런지 실제 교육현장에 구현된 모습은 비슷했고, 서로의 경계는 모호했다. 이런 이유에서였는지 이들 방법은 점차 통합적 시각에서 운영되었으며, '문제-구안법(problem-project method)'이라는 공식적인 용어로 활용되기에 이르렀다. 이후 '문제-구안법'은 교과서 등 수업교재의 일반적인 형식인 교과 단원구성 및 전개방식에까지 큰 영향을 미치기도 했다.

---

* 이 책에서는 프로젝트학습 또는 'PBL'으로 줄여서 표기하고 있다.

'지월지교(指月之敎)', 달을 가리키는 손가락만 보고 정작 달을 보지 못하는 일이 벌어진다면 무슨 의미가 있을까. 수업모형을 교수학습형태, 절차, 내용, 형식 등을 기준으로 방식이나 방법, 하나의 전략으로 좁게 바라보고, 겉으로 드러난 요소에 집착하다보면, 자칫 그것에 담긴 교육철학을 간과해버릴 수도 있다. 헤르바르트(herbart, 1806)**가 그가 가진 교육철학을 실현시키기 위해 5단계(준비-제시-연합-일반화-응용)의 교수절차를 제안했던 것처럼, 수업에 적용되고 있는 교수학습모형들은 저마다 실현시키고 싶은 고유한 철학(이상향)을 담고 있다. 이런 측면에서 교육현장 실천가들은 수업개선을 위해 선택한 교수학습모형이 어떤 교육철학을 품고 있는지 정확히 이해하는 것부터 수업준비를 시작해야 한다. 그렇지 않으면, 헤르바르트의 교수모형이 기계적 형식주의에 빠져버려 본래의 정신을 망각했던 것처럼, 우리들 역시 똑같은 '우(愚)'를 범하게 될지도 모를 일이다.

**일반교육학(Allgemeine Pädagogik)이라는 저서를 통해 그는 보편적 교육을 강조했고, 근대 과학적 교육의 창시자로 널리 인정받고 있다.

'과연 지식이란 무엇일까', 20세기 포스트모더니즘 시대를 거쳐 이데올로기와 같은 거대담론의 붕괴와 함께 교육 전반에 근본적인 물음이 찾아왔다. 그동안 금지옥엽처럼 여겼던 궁극적인 교육목표인 '진리추구'의 이상향이 급속하게 흔들리기 시작한 것이다. 지동설을 주장하며 지구 중심의 우주관에 반기를 들었던 코페르니쿠스적 사고가 지식에 대한 강력한 믿음을 뒤집는 인식의 전환으로 이어졌다. 그동안 진리추구와 보편적이면서 절대적인 지식발견을 목표로 내달렸던 수많은 수업들에 대한 근본적인 회의감이 찾아오면서 학교현장에 혼란은 가중되었다. '열린교육'처럼 교실과 교실의 물리적 구분을 없애면서까지 강력하게 추진됐던 정책들이 여러 부작용을 낳았음에도 불구하고 급진적인 시도들은 계속되었다. 교사의 자발적인 참여와 인식변화가 어려운 현장상황을 무시한 채 도입된 설익은 정책들이 실질적인 성공으로 이어지진 못했지만, 이런 과정을 거치면서 수업에 대한 인식의 폭이 상당히 넓어졌고, 그만큼 자신의 수업을 되돌아볼 수 있는 기회로 작용한 것만은 분명하다.

21세기 지식정보화시대를 본격적으로 맞이하면서 새로운 환경에 부합하는 교육패러다임과 이를 구체적으로 실현시켜줄 교수학습모형에 대한 관심이 커지기 시작했다. 인식론이라 불리는 지식을 바라보는 관점의 변화, 인류의 삶 전반에 혁명적인 변화를 초래하고 있는 테크놀로지의 발전 등이 수업의 혁신적인 변화를 모색하도록 만들었다. 이로 인한 교육환경의 변화는 교과(내용), 방법, 형태 등 겉으로 드러난 미시적 기준으로 수업을 바라보고 교수학습모형을 구분하던 기존의 방식에서 탈피한 새로운 시각을 요구하기에 이르렀다. 과제의 성격(구조적 or 비구조적), 교사와 학생의 역할, 학습과정, 학습환경 등의 거시적 기준이 수업과정과 결과를 바라보는 주요잣대로 주목받게 된 것이다. 수업의 겉모습이 아닌 그 수업이 담아내고 있는 철학 혹은 인식론, 패러다임(paradigm)***, 테크놀로지(technology) 등이 교수학습모형의 이론적 배경을 넘어 이를 구분하는 핵심기준으로 작용하게 된 셈이다. 이런 측면에서 프로젝트학습을 '통섭(consilience)'적 시각, 즉 통합적이고 융합적인 관점으로 해석하고, 교육현장에 실천하는 것이 대단히 중요해졌다. 기계적 형식주의에 빠지지 않도록 미시적 기준에 의해 프로젝트학습의 형태를 규정하고, 그 틀에 가두어 해석하는 것을 철저히 경계할 필요가 있다. 새로운 교육패러다임을 공유하는 교수학습모형들을 적극적으로 프로젝트학습 범주 안으로 가져와 변주곡을 끊임없이 연주하듯 창의적인 수업을 빚어내기 위한 도전을 계속해야 한다.

*** 패러다임(paradigm) : 어떤 한 시대 사람들의 견해나 사고를 근본적으로 규정하고 있는 테두리로서의 인식의 체계. 또는 사물에 대한 이론적인 틀이나 체계.
_출처: 국립국어원 표준국어대사전(stdweb2.korean.go.kr)

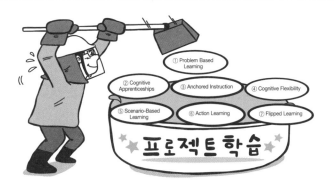

그렇다면 프로젝트학습이라는 용광로 속에 어떤 모형들을 담아내고, 효율적이고 효과적이면서 매력까지 더한 수업으로 빚어낼 수 있을까. 이 책의 출발은 필자의 PBL 수업에 직·간접적인 영향을 미친 프로젝트학습이라 불릴 만한 교수학습모형들을 차례로 살펴보면서, 독자 스스로 자신만의 답을 모색해보는 시간을 갖도록 구성되어 있다. 부디, 통섭적 시각을 통해 ①문제기반학습을 중심으로 ②인지적 도제, ③앵커드 교수, ④인지적 유연성 ⑤시나리오기반학습, ⑥액션러닝, ⑦플립드러닝 등의 특성이 고스란히 반영된 프로젝트학습의 정체를 낱낱이 파헤쳐보길 바란다.

"프로젝트학습을 단순히 수업방식이나 방법, 일종의 교수학습전략으로 좁게 보지 말자. 기존의 수업, 교사 중심의 교육으로부터 학습자가 중심이 되어야 한다는 생각의 대전환, 학습패러다임의 변화로 이해하고 실천하는 것이 중요하다."

01 프로젝트학습! 프로젝트수업? 어떤 이름으로 부르는 것이 좋을까

프로젝트학습의 정식 명칭은 '프로젝트기반학습(Project Based Learning)'입니다. 대부분의 전문가들은 프로젝트학습, 영문약자인 'PBL' 등으로 줄여서 말하곤 합니다. 학교 현장에선 교사들이 이해하기 쉽게 '프로젝트수업'이라 불리기도 하는데요. 사소한 것이라 치부할 수도 있지만, 객관주의적 시각에서 실천되었던 과거의 프로젝트수업을 감안한다면 용어에서 오는 혼란이 올 수 있습니다. 이는 문제해결학습과 문제기반학습을 구분하는 이유와 동일합니다. '학습자 중심의 교육환경'이란 표현으로 요약할 수 있는 '구성주의(Constructivism)'(강인애, 1997)가 프로젝트학습의 이론적 기반을 제공해주고 있다는 점에서 그렇습니다. 이런 측면에서 '수업'보다는 '학습'이 모형의 성격을 분명하게 표현해준다고 볼 수 있습니다. 단순한 교수학습전략이 아닌 새로운 교육패러다임의 변화를 담아 실천하는 것이라면 더더욱 이름을 소홀히 여겨서는 안 될 것입니다.

01

CHAPTER

문제기반학습 :

◆ 비구조적인 실제적 문제가 핵심이다 ◆

"중요한 지식입니다. 머릿속에 잘 기억해두면 환자의 생명을 살릴 수 있어요."

유능한 의사를 꿈꾸며 학생들은 의학서적을 책상 위에 잔뜩 펼쳐놓고 밤낮없이 공부했습니다. 중요한 지식들은 밑줄을 그어가며 하나라도 잊지 않기 위해 외우고 익히길 반복했습니다.

'아, 모르겠다. 도대체 원인이 뭘까? 머릿속이 텅 빈 것 같아.'

지금껏 배운 지식들이 좀처럼 떠오르지 않습니다. 우수한 성적으로 의과대학을 졸업했지만 실제 환자를 치료하는 데는 새로운 공부가 필요합니다.

'환자마다 달라요. 의학서적은 단지 참고자료에 불과합니다.'

학교에서 배웠던 의학지식들이 머릿속에 얼마나 남아있을까요. 사실 그건 중요하지 않습니다. 분명한 것은 매일매일 공부하지 않으면, 아픈 사람을 제대로 치료할 수 없다는 사실입니다.

'왜, 학교에서 배운 지식들이 현장에 나가면 제대로 활용되지 못하는 걸까?'

의과대학교수 배로우즈(Barrows)는 의학지식을 체계적으로 잘 배운 우수한 학생들이 실제 현장에서 만나는 문제들을 능숙하게 해결하지 못하자 깊은 고민에 빠지게 됩니다.

'그래, 실제 현장에서 만나게 될 문제 상황을 중심으로 수업을 해보는 거야.'

베로우즈는 실제 현장에서 요구되는 문제해결능력을 기르기 위한 효과적인 수업방식이 필요하다고 보았습니다. 여러 시행착오 끝에 그는 실제 임상사례가 담긴 문제를 중심으로 수업을 구성하기에 이릅니다.

PBL

프로젝트학습의 근본뿌리로 삼고 있는 문제기반학습(Problem Based Learning) 모형은 배로우즈에 의해 그렇게 탄생됐습니다. 그리고 이후에 'Project(Problem)', 'Based', 'Learning' 영문이름의 첫 알파벳 글자를 따서 줄임말로 'PBL'이라 불려지게 됩니다.

'문제기반학습(Problem-Based Learning)'은 '프로젝트기반학습(Project-Based Learning)'과 'PBL'이라는 영문약자를 공유하는 만큼이나 공통분모가 많다. 무엇보다 교수학습 모형으로서 체계적이고 정교한 형식적인 틀을 제공해준다는 점에서 프로젝트학습의 전형적인 모델로 활용하기에 손색이 없다. 두 모형을 구분할 수 있는 지점은 '문제(Problem)'와 '프로젝트(Project)'가 각각 어떤 뜻을 내포하고 있는지 아는 것과 연결된다. '프로젝트'가 어떤 일의 처음과 끝, 학습의 시작에서 마무리까지의 총체적 활동을 뜻하는 용어인데 반해, '문제'는 과제(지식, 정보)의 성격을 규정하는 용어임을 알 수 있다. 이 때문에 '학습의 총체적 과정'과 '학습의 출발점' 중 어디에 무게 중심을 두고 있는지 파악이 된다면 두 모형의 구분이 이론적으로 명확해진다. 그러나 실천현장에서 볼 때, 그 경계는 상당히 모호하다. 체계적인 학습과정만큼이나 학습의 출발점인 과제가 중요하고, 탐구의 논리가 저절로 작동되는 잘 만들어진 문제(과제)라도 체계적인 과제수행이 없다면 학습의 효과와 효율성을 담보해낼 수 없기 때문에 그렇다.

Guiding Tips 02 문제해결학습과 문제기반학습은 완전히 다른 모형이다

문제해결학습(Problem solving learning)과 문제기반학습은 철학적 배경, 인식론이 완전히 다른 모형입니다. 단지 문제를 중심으로 수업이 진행된다는 이유 때문에 문제해결학습과 문제기반학습을 구분하지 못하곤 하는데, 이는 각 모형에서 규정하는 문제의 성격을 제대로 이해하지 못했기 때문에 그런 것입니다. 이미 답이 정해진 구조적인 문제(닫힌 구조)를 중심으로 학습이 진행되는 모형이 문제해결학습이고, 다양한 해법이 도출되는 비구조적인 문제(열린 구조)를 중심으로 학습이 이뤄지는 모형이 문제기반학습입니다. 각각 객관주의(절대적 지식)와 구성주의(상대적 지식)를 이론적 기반으로 삼고 있다는 점에서 근본적인 차이를 가집니다. 문제의 성격이 다르다는 것은 학습의 출발점부터 다르다는 것을 의미합니다. 앞으로 두 모형을 절대 헷갈리지 마세요.

어찌 보면 동전의 양면처럼 본질은 하나지만 어디에 초점을 두고 바라보는지에 따라 모형이름이 결정되는 것일 수도 있다. 다만 프로젝트학습과 문제기반학습은 직사각형과 정사각형의 관계와 비슷하다. 실제적이며 비구조적인 문제의 성격을 충족시키지 못했다면 문제기반학습모형의 범주에 둘 수는 없다. 문제기반학습 전체를 프로젝트학습이라 칭해도 무방하지만, 그렇다고 프로젝트학습이 곧 문제기반학습을 의미하는 것은 아니다.

1. 비구조적이며 실제적인 문제로부터 시작되는 PBL

문제기반학습(이후 PBL)은 앞서 도입부의 삽화를 통해 소개한 바대로 1980년대 캐나다의 맥마스터 대학교(McMaster University) 의과 대학교수로 재직 중이었던 배로우즈(Barrows)가 현장에서 일어나는 실제적인 문제들과 해결책을 학생들에게 효과적으로 가르치기 위한 방법을 고안하면서 시작된 모형이다. 초기에는 실제 임상사례를 그대로 가져와 수업을 진행하였는데, 교육과정에 맞게 적용하는데 한계를 보였다. 그래서 교육과정에 적합하도록 임상사례를 재구성하고 이들 문제를 중심으로 학습을 전개하는 하나의 과정을 체계화시키게 된다.

> 50대 여성으로 보이는 어느 환자가 복통을 호소하며 K대학병원 응급실로 실려 왔다.****

만일 의과대학 학생들에게 위와 같은 문제가 주어진다면 어떤 방식의 학습이 이루어지게 될까? 아마도 복통의 원인이 될 만한 질병들을 샅샅이 조사하고 성별과 연령을 고려하여 그 범위를 좁혀 나가게 될 것이다. 여기서 복통을 유발하는 원인만 해도 수십 가지에 이르기 때문에 학생들이 공부해야 할 분량은 상당할 수밖에 없다. PBL에 참여한 학생들은 실제 임상에서 이루어지는 절차에 따라 환자의 '과거병력(History Taking)'을 확인하고, '계통별 문진(Review of System)'에 이어 '신체검사(Physical Examination)'와 혈액검사, X-Ray 등의 '결과(Laboratory Study)'를 분석하여 점차 주어진 증상에 적합한 타당한 결론을 도출하게 된다. 이를 바탕으로 최종 진단과 '처치(Treatment)'까지 이루어지게 되면서 개별팀별로 만든 해결안을 상호 간에 면밀히 검증하고 공유하는 기회를 갖는다. 필요에 따라 교수자의 관련 강의가 추가되고, 문제와 연관된 실제 임상사례를 확인하면서 자신의 해결안에 대한 좀 더 과학적인 접근을 하게 된다.

군이 두꺼운 전공서적의 목차를 따르지 않더라도 임상사례를 재구성한 특수한 문제 상황만으로 실제적인 학습이 얼마든지 가능함을 보여주는 대목이다. 배로우즈가

**** 이해를 돕기 위해 필자가 참여했던 K의과대학 사례를 들었으며, 배로우즈가 만든 문제는 아니다.

시도한 PBL의 효과성이 입증되면서 전 세계에 걸친 수많은 의과 대학뿐만 아니라 분야와 나이를 초월하여 초·중등 학생 및 일반 대학, 대학원에 이르기까지 활발히 적용되고 있다. PBL은 단 한 가지의 형태만 있는 것이 아니라 해결해야 할 과제, 각 학교에 따른 교과과정 구조, 학생과 교사의 역할 등에 따라 다양한 형태의 모형이 있을 수 있으며, 실제로 각 교육기관의 목적과 성격에 따라 여러 형태로 발전하고 있다.

PBL의 문제, 무엇이 다를까?

> 여러 가지 새의 부리모양과 먹이의 관계를 조사하고 발표합시다.

PBL에서 '문제'가 핵심이다. 학습의 출발점인 문제가 어떠하냐에 따라서 과정과 내용이 달라진다. 예를 들어 위의 문제처럼 특정 교과지식의 이해와 습득을 강조하게 되면, 다양한 지식의 활용은 불필요할 수밖에 없다. 아무리 학생들이 새부리의 모양과 특징을 알기 위해 조사하고 발표를 하더라도 그것에 대해 단순히 아는 것 이상의 진척은 없다. 반면, 아래와 같이 문제를 재구성하여 바꾸게 되면 단순히 아는 것에 머물지 않고 특정 상황 속에서 지식이 어떻게 활용되는지 알 수 있게 된다.

> 발명가 K는 먹이에 따라 다양한 모양으로 진화해 온 새부리를 연구해서 유용한 채집도구를 개발하려고 합니다. 새부리의 특징을 잘 반영해서 채집대상에 따른 시제품을 만들어 보세요.

PBL은 '문제'를 중심으로 모든 교육활동이 전개되는 만큼, 그런 '문제'는 학습과정을 결정짓는데 대단히 중요한 역할을 한다. PBL에서 다루는 문제는 맥락적 상황 속에서 학습자들이 실제로 부딪히며 해결해야 하는 매우 복잡하고 비구조적인 특성을 그대로 담고 있는 이른바 '실제적(authentic)' 성격을 지니고 있으며, 학습자로 하여금 학습과정에 적극 참여하고 깊이 생각하고 탐색할 수 있는 학습환경을 제공한다. PBL은 문제를 중심으로 이를 해결하기 위한 학습자간의 대화와 토론을 촉진시키는데, 이러한 과정을 통해 학습자는 다양한 형태의 지식과 정보를 활용하여 자신의 견해나 입장을 전개(develop), 제시(present), 설명(explain), 옹호(defense)하는 일련의 문제해결과정을 경험하게 된다. 이렇듯 PBL은 학습자가 학습의 주인공으로써 문제의 규명부터 시작하여 문제를 해결해가는 모든 과정과 결과, 그리고 평가에 이르기까지 전적인 책임과 자율권을 갖게 되며, 학습의 주인공으로서 '자기주도적 학습(Self-Directed Learning : SDL)'을 경험하게 된다(강인애, 1998).

이처럼 '비구조성', '실제성', '통합교과' 등으로 요약되는 PBL 문제의 특징은 우리 생애, 일상에서 직면하거나 만나게 될 실제 삶의 모습과 크게 다르지 않다. 당연히 PBL 수업을 학교현장에 실천하고자 하는 교사라면, 구조적인 문제와 비구조적인 문제정도는 충분히 구분해낼 수 있어야 한다. 구조적인 문제로는 절대 PBL 수업을 실천할 수가 없다. 서로 상반된 문제의 성격을 명확히 이해하고, 그 차이가 어떤 인식론(지식에 대한 관점)에서 비롯됐는지 아는 것은 기본 중에 기본이다. 구조적인 문제와 비구조적인 문제의 특성을 비교하면 다음과 같다(강인애, 정준환, 서봉현, 정득년, 2011).

구조적인 문제	비구조적인 문제
❖문제파악이 쉽고 분명하게 된다. ❖문제해결을 위해 고려해야 할 조건, 제한점이 매우 단순하다. ❖문제해결방법이 한두 개로 많지 않다. ❖주어진 상황과 상관없이 일반적인 규칙, 개념을 적용해서 풀 수 있다. ❖한 가지 정답이 존재한다. ❖해결하는 사람마다 정답이 일치한다.	❖문제파악이 쉽지 않고 문제해결과정에서 새로운 조건이나 제한점이 발견된다. ❖문제해결을 위한 접근방법이 다양하다. ❖매우 구체적이고 복잡하고 불확실한 특정한 상황을 기반으로 한다. ❖문제를 풀기 위해 여러 조건과 제한점을 고려해야하는 복합적인 문제이다. ❖학습자마다 해결안이 다를 수 있다.

2. Ideas-Facts-Learning issues

PBL의 과정은 주어진 문제에서 학습자 스스로 '학습목표'를 도출하고 'Ideas(가설/해결안)', 'Facts(알고 있는 사실들)', 그리고 'Learning Issues(더 알아야 할 사항들)'의 세 단계에 따라 진행되는 구조를 가진다.

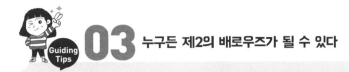

03 누구든 제2의 배로우즈가 될 수 있다

프로젝트학습은 어느 학자가 체계적인 이론을 토대로 작정하고 개발한 수업모형이 아닙니다. 실천현장에서 기존 수업방식에 대한 한계를 인식하고, 이를 개선하기 위한 시도들을 통해 자생적으로 만들어진 것입니다. 문제기반학습(Problem Based Learning)을 현장에서 고안하여 적용했던 배로우즈(Barrows) 역시 임상에서 요구되는 문제해결능력을 기르기 위해 실제 환자의 사례를 중심으로 학습하는 방법을 발달시켜 하나의 과정으로 체계화시켰던 것이지, 그가 구성주의 등의 기저이론을 알았기 때문에 만들 수 있었던 것은 아닙니다. 배로우즈가 자신의 수업에 대한 문제의식이 없었다면 PBL의 탄생은 한참 뒤로 미뤄졌을지도 모릅니다. 수업에 대한 비판적 성찰이 결국 그 당시로선 상상조차 하기 힘든 학습자 중심학습 환경을 만들어낼 수 있었던 것이지요. 세상에 널리 알려지지 않았을 뿐, 배로우즈와 같은 문제의식을 갖고 자신의 현장에서 새로운 수업방식을 묵묵히 시도하는 숨은 고수들은 얼마든지 많을 것입니다. 이제 드러내고 공유하고 협업해서 PBL수업 하나하나를 집단지성의 산물로 꽃피울 필요가 있습니다. 혼자 하지 말고 뜻을 같이 하는 동료와 함께 도전해보세요. 실천의지만 품는다면 누구든 제2의 배로우즈가 될 수 있습니다.

'Ideas'는 주어진 문제를 효과적으로 해결하기 위한 방안을 강구하고 구체적인 방법을 모색하는 단계이며, 'Facts'는 문제를 통해 알게 된 내용, 혹은 관련된 지식을 정리하는 단계이다. 또한 마지막 단계인 'Learning Issues'에선 제시된 문제를 해결하기 위해 학습할 주제 혹은 지식을 도출하도록 하고 있다(강인애, 정준환, 정득년, 2007).

Ideas	Facts	Learning Issues
❖인터넷을 통해 다양한 나무 치료 사례를 조사한다. ❖교과서에 나와 있는 식물이 하는 일에 대해 공부한다. ❖식물도감이나 백과사전을 활용하여 은행나무의 특징을 알아본다. ❖용문사를 직접 찾아가서 은행나무를 면밀히 살펴본다.	❖문제의 주인공은 유능한 나무치료사 ❖1,100살로 추정되는 용문사 은행나무에 질병 발생 ❖잎이 나오지 않거나 나온 잎도 누렇게 변색되고 말라서 떨어지고 있음 ❖용문사 은행나무를 치료해야 하는 임무가 주어짐	❖식물의 잎과 줄기, 뿌리가 하는 역할 ❖식물의 여러가지 질병과 증상 ❖식물의 질병에 대한 여러 가지 치료방법 ❖나무치료사라는 직업 특징과 하는 일

이를테면 '잼공팩토리❶'에 수록된 '나무치료사' 문제가 학생들에게 주어졌다고 한다면, 세 항목을 다음과 같이 정리할 수 있을 것이다. 각 항목에 기록한 내용은 학습이 진행되는 과정에 따라 수시로 수정, 보완할 수 있다.

잼공 FACTORY 01 나무에게 새 생명을, 나무치료사

이현지, 그녀는 나무치료 전문가입니다. 나무치료사는 전국적으로 20여명 안팎으로 있는데, 그 중에서 그녀는 가장 능력 있는 나무치료사로 통합니다. 최근에는 천연기념물로 지정되어 보호받고 있던 500여년 된 회화나무를 고사 직전에서 치료하여 그녀의 능력을 다시 한번 확인시켜 주었습니다.

이현지 나무 치료사는 이 땅의 나무들이 더 오래 생명을 간절히 바라며, 자신의 간절한 바람은 어제와 오늘이 나무들을 건강하게 만드는 밑거름이 되고...

조사연구: 해당식물의 구조와 생정, 기능 등에 대한 종합적인 연구	진단: 연구내용을 바탕으로 해당식물의 질병과 그 원인을 진단	처방: 질병에 대한 치료방안 제안 및 치료계획 수립	관리: 질병예방 및 건강유지 관리계획

며칠 전, 양평군청으로부터 급하게 전화가 걸려왔습니다. 양평군 용문면 용문사에 위치한 은행나무에 문제가 발생했다는 내용이었습니다. 용문사 은행나무는 나이가 약1,100살 정도로 추정되며, 높이 41m, 뿌리 부분이 15.2m인 우리나라 은행나무 가운데 나이와 높이에 있어서 최고를 자랑하는 국보급 은행나무입니다. 그래서 1962년 12월 천연기념물 제30호로 지정되어 보호·관리되고 있습니다.

1단계 조사연구:
나무치료사 이현지는 그녀만의 나무치료절차에 따라 용문사 은행나무의 건강을 찾아주기 위한 조사연구에 돌입합니다. 은행나무(식물)의 잎과 줄기, 그리고 뿌리가 하는 역할과 기능이 무엇인지 조사하고 여러 사례와 함께 종합적으로 연구할 계획입니다.

이현지 나무치료사는 양평군청 이재선 산림과장과 용문사 은행나무에 대해 통화를 했습니다. 은행나무에 대해 그는 다음과 같이 말했습니다.

"오른쪽 큰 가지에 잎이 나올 시기가 지났는데도 불구하고 아직 잎이 나오지 않고 있습니다. 그리고 다른 가지에도 문제가 있는 것 같아요. 예년보다 잎이 말라서 많이 떨어지고 있는데다가 녹색의 푸르름을 자랑해야 할 잎들이 누렇게 변해가고 있습니다. 어떻게 해결해야 할지 도저히 모르겠네요. 도움 부탁드립니다."

2단계 진단:
나무치료사 이현지는 이전 과정이 말한 은행나무의 증상과 연구한 내용을 바탕으로 은행나무의 질병이 무엇인지, 그 원인이 무엇인지 파악하고 진단할 것입니다. 그녀는 식물의 구조인 잎, 줄기 뿌리 세 부분으로 나눠서 각각 은행나무의 증상과 관련하여 질병원인을 진단할 계획입니다.

나무치료사 이현지는 은행나무의 증상에 대해 잎과 줄기, 그리고 뿌리로 나누어 질병을 파악하고 그 원인을 진단하였습니다. 다음 절차에 따라 그녀는 진단한 내용을 바탕으로 치료방안을 도출하고, 장기적인 치료계획을 수립할 계획입니다. 그녀는 우리나라의 역사와 정기가 살아있는 이 은행나무를 꼭 치료해서 우리의 소중한 유산으로 후세에 남길 것임을 다짐하였습니다.

3단계 처방:
나무치료사 이현지는 은행나무의 질병원인을 진단하고, 이를 바탕으로 본격적인 치료과정에 돌입할 것입니다. 또한 은행나무의 잎, 줄기 뿌리 세 부분으로 나눠서 각각 치료방법을 제안하고, 장기적인 치료계획을 수립할 것입니다.

마지막으로 그녀는 용문사 은행나무가 앞으로도 건강하게 살 수 있도록 지속적인 관리계획을 수립하려고 합니다.

4단계 관리:
나무치료사 이현지는 용문사 은행나무의 건강유지와 질병예방을 위한 관리지침을 마련하여 용문사와 양평군청에 제출할 계획입니다.

1. 나무치료사의 입장에서 '조사→진단→처방(치료)→관리' 4단계 절차로 진행된 용문사 은행나무 치료과정을 발표를 통해 공개합니다.
2. 교과서의 식물 관련 단원을 참고합니다.

[학생들이 작성한 과제수행계획서 내용]

PBL 문제	실천! 인터넷 지킴이		
문제의 핵심정리	❖잘못된 인터넷 이용 문화가 타인에게 돌이킬 수 없는 상처와 고통, 경제적 피해로 이어지면서 부작용이 속출하고 있음 ❖악성댓글, 온라인 게임중독, 불법다운로드 등 잘못된 인터넷 이용습관으로 인해 범죄자가 되고 있는 청소년들이 해마다 증가하고 있음 ❖또래 친구들이 잘못된 인터넷 이용 문화에 빠지지 않도록 적극적인 활동이 필요함 ❖어린이 네티즌들을 대상으로 UCC 자료를 제작하고 배포해야 함 ❖다양한 방법으로 사이버 캠페인 활동을 실천해야 함 ❖2주 후에 있을 '덕소초등학교 인터넷 지킴이 대회'에서 활약한 내용을 소개하고 발표해야 함		
문제해결을 위해 공부할 주제는 무엇입니까?	① 잘못된 인터넷 이용 문화로 인한 구체적인 피해사례 ② 악성댓글, 온라인 게임중독, 불법다운로드와 관련된 범죄 ③ 바람직한 인터넷 문화 정착을 위한 실제 캠페인 활동 ④ UCC 동영상 자료 만드는 방법 ⑤ 초등학생들의 잘못된 인터넷 이용습관		
문제해결을 위한 방법을 제안해 보세요.	❖참고할 만한 각종 캠페인 운동 사례 조사해서 적용하기 ❖주제와 관련된 UCC 동영상 자료 찾아보고 아이디어 반영하기 ❖악성댓글, 온라인 게임중독, 불법다운로드 등으로 구분해서 내용 만들기 ❖공익광고와 각종 동영상 자료들을 활용해서 UCC 동영상 만들기 ❖또래친구들이 흥미를 끌기 위한 최신 노래와 그림 등을 이용하기		
역할분담	이름	핵심역할	공부할 주제
	이○연	발표 시나리오	⑤
	김○영	사이버캠페인 활동 진행	①
	김○연	사이버캠페인 활동 진행	②
	권○진	UCC 동영상 제작	④
	박○철	발표 소품 준비	③

과제수행과정에서 학습할 주제(learning issues)로 선정한 내용을 해결방안(ideas)에 따라 알게 되었다면, 두 항목에 기록된 내용은 지우고 'Facts'에 새롭게 알게 된 사실을

추가하는 방식이다. 이런 과정은 학습목표를 달성할 때까지 계속된다. 팀원 모두의 참여를 통해 문제해결을 위한 큰 밑그림을 완성하는 과정인 만큼, 학습자의 대화적 참여는 기본이다. 제시된 문제를 파악하며 학습할 주제를 도출하고 시행착오를 줄이기 위한 다양한 방법이 제안된다. 또한 팀 안에서 효과적인 활동 전개와 무임승차를 예방하기 위해 역할분담도 이루어지게 된다. 다만, 이런 형식이 어렵게 느껴질 어린 학생들의 경우엔 이해하기 쉬운 말로 고쳐서 제시하고, 작성한 내용을 서로 공유하며 진행하는 것이 효과적이다. 다음은 '실천! 인터넷 지킴이(잼공팩토리❻)' 문제를 해결하기 위해 학생들이 작성한 과제수행계획서의 예이다. 용어의 표현이 다소 다르게 느껴질 수 있겠지만, 과제수행계획서에 기본적으로 포함되어야 할 요소, 즉 'Ideas-Facts-Learning issues'가 포함되어 있음을 알 수 있다.

　필자는 이번 장에서 PBL 모형만의 고유특성으로 실제적이며 비구조적인 '문제' 성격과 'Ideas-Facts-Learning Issues'의 세 단계로 구성된 과제수행절차(계획)를 꼽았다. 물론 이들 특성만으로 PBL 모형을 온전히 설명하긴 어렵다. 각기 다른 실천현장에서 도출한 의미있는 이론들도 있겠지만, 일단 개론적인 측면의 이해만 도모하고자 한다. PBL을 비롯해 앞으로 제시할 교수학습모형들이 지닌 특성을 파악함으로서 프로젝트학습의 실체를 드러내고자 함에 있기 때문이다. PBL도 학자나 실천가의 관점에 따라 좁게는 '수업방식이나 방법(Barrows, 1994: Schwartz, Mennin, & Webb, 2001)' 중의 하나로, 넓게는 기존 교육에 대한 성찰적 대안으로서의 학습 전반에 걸친 '패러다임의 전환(강인애, 1997; 1999; Alavi, 1995; Duffy & Jonasson, 1992)'으로 설명된다. 앞서 밝힌 바와 같이 필자 역시 철저히 후자의 견해를 따르며, 단연 프로젝트학습의 전형적인 형태로 PBL 모형을 제시해왔다. PBL은 여러 영역에서 여전히 진화를 멈추지 않고 있다. 각 분야에 맞게 서로 다른 방식으로 전개될 수밖에 없다보니 밖으로 드러나는 모습도 다양하다. 그러나 근본적으로 학습의 모든 과정과 결과, 그리고 평가에 이르기까지 학습자에게 전적인 책임과 자율권이 부여된다는 점은 패러다임을 공유하는 다른 모형과 동일하다. 학습자의 삶이 그들의 것인 것처럼 삶과 연계된 학습의 주인 역시 학습자 개개인의 것이어야 한다는 PBL의 기본 정신은 절대 훼손돼서는 안 될 것이다.

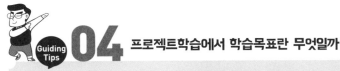
프로젝트학습에서 목표는 교사가 이루고 싶은 수업목표와 학습자가 달성하고 싶은 학습목표로 나눠 생각해 볼 수 있습니다. 수업목표는 기본적으로 교사의 의도가 반영되어 있는데요. 만일 특정교과, 주제와 연계된 프로젝트학습을 통해 관련 지식을 습득하길 원한다면, 그런 부분이 수업목표를 세우는 데 결정적인 영향을 미치게 될 것입니다. 반면 학습목표는 제시된 PBL 문제에서 직관적으로 도출한 목표, 학습자가 달성하고픈 목표입니다. 예를 들어 여행설계사로서 패키지상품개발을 해야 하는 문제상황을 만났다고 한다면, 직관적으로 '특정 조건에 부합하는 여행상품개발'이라는 핵심목표를 도출할 수 있을 것입니다. 바로 이어서 핵심목표달성을 위해 필요한 지식과 정보, 기술 등이 무엇일지 면밀히 살펴보는 시간으로 넘어가게 됩니다. 이 과정에서 'Facts(이미 알고 있는 것)'와 'Learning Issues(더 알아야 할 사실들)'를 도출하게 되고 어떤 지식과 정보, 기술을 활용해야 할지 결정하기에 이릅니다. '여행상품개발'은 교사와 학생 모두에게 공동의 목표겠지만, 각론(하위목표)으로 가면 수업목표와 학습목표가 반드시 일치하는 것은 아닙니다. PBL 과정에서 학습자가 어느 부분에 방점을 두느냐에 따라 저마다 다른 학습목표를 세울 수 있기 때문입니다. 그렇다고 'Learning Issues'가 학습목표와 일치하는 것도 아닙니다. 문제해결을 위해 배워야 할 내용을 선정한 것이지만 목표를 달성하는 데 유용하지 않으면 언제든 버릴 수 있는 정보에 불과할 수 있기 때문입니다. 학습목표는 좀 더 추상적이고 포괄적이며 주관적인 내용을 포함하고 있다면, 'Learning Issues'는 주어진 문제를 해결하는 데 필요한 무형의 '자원(resource)'에 가깝다고 볼 수 있는 것입니다. 이런 측면에서 어느 특정교과지식이 문제해결을 위해 활용됐다고 하더라도 그것 자체가 학습목표가 되는 건 아닙니다. 프로젝트학습상황에서 교과지식이라 할지라도 쓸모가 없다면 버려질 수밖에 없는 대상에 불가하기 때문에 그렇습니다. 교과지식의 이해와 기억을 목표로 한 전통적인 교과수업과 구별되는 지점이 여기에 있습니다. 아무쪼록 지식의 단순한 습득보다 활용, 방법, 생산을 목적으로 한 학습목표를 세울 수 있도록 지도해 주세요.

잼공FACTORY 01 나무에게 새 생명을, 나무치료사

SYNOPSIS '나무에게 새 생명을, 나무치료사'는 과학/실과(기술·가정) 교과군을 중심으로 두고 구성한 수업입니다. 식물의 구조와 기능에 대해 본격적으로 배우는 초등학교 5학년 학생들부터 해결하기 적합한 문제입니다. 학습할 내용의 특성상 환경교육과 연계하여 진행하기에도 적합합니다. 환경(생태)교육을 기반으로 관련 교과수업이나 창의적 체험활동, 중학교 자유학년활동 등과 연계하여 진행해보세요. 참고로 이 문제를 토대로 정교화시킨 워크북이 「설레는 수업, 프로젝트학습 PBL 달인되기 1: 입문」에 수록되어 있습니다.

◆적용대상(권장): 초등학교 5학년-중학교 1학년
◆자유학년활동: 주제선택(권장)
◆학습예상소요기간(차시): 4-7일(6-8차시)
◆관련교과 내용요소(교육과정)

교과	영 역		내용요소	
			초등학교 [5-6학년]	중학교 [1-3학년]
과학	생명 과학	생물의 구조와 에너지	·뿌리, 줄기, 잎의 기능 ·증산 작용 ·광합성	·물의 이동과 증산 작용 ·광합성 산물의 생성, 저장, 사용 과정 ·광합성에 필요한 물질 ·광합성 산물 ·광합성에 영향을 미치는 요인
		환경과 생태계	·환경 요인이 생물에 미치는 영향 ·생태계 보전을 위한 노력	·생태계 보전을 위한 노력
국어	듣기말하기		·토의[의견조정] ·발표[매체활용] ·체계적 내용 구성	·토의[문제 해결] ·발표[내용 구성] ·매체 자료의 효과
실과 정보	자료와 정보		·소프트웨어의 이해	·자료의 유형과 디지털 표현
	기술활용		·일과 직업의 세계 ·자기 이해와 직업 탐색	

문제제시 ▶	과제수행 ▶	
[동기유발] 학생들이 흔히 알고 있는 식물 관련 직업들과 하는 일에 대해 이야기 나누기	[조사연구] 문제해결을 위해 반드시 이해해야 할 과학지식(식물의 구조, 광합성 등)을 안내하기	[관리] 시민들이 동참할 수 있는 실천방법을 포함하여 관리지침 만들기
⬇	⬇	⬇
문제의 주인공인 나무치료사 (의사)에 대해 알기 쉽게 설명해주기	식물의 잎, 줄기, 뿌리에 부정적인 영향을 미칠 환경요인 조사하기	단계별로 수행한 내용을 종합하고 팀별로 정리하기
⬇	⬇	
문제에 제시된 나무치료과정 (조사연구-진단-처방-관리)을 설명하고, 학습흐름을 설명하기	[진단] 산림과정의 진술에 기초하여 질병원인 유추해 보면서 잎, 줄기, 뿌리로 구분하여 질병원인을 진단하기(가설세우기)	발표 및 평가 ●
⬇		[준비] 발표를 위한 프레젠테이션 자료제작 및 시나리오 작성하기
팀별 학습목표 도출하기 및 과제수행계획서 작성하기	[처방] 질병을 치료하기 위한 방법을 제안하고, 잎, 줄기, 뿌리의 질병원인을 제거하는데 초점 맞추어 처방하기	⬇
⬇		[발표] 나무치료사의 입장에서 단계별로 수행한 내용 공유하기
[선택] 과제수행계획 발표 및 공유	⬇	⬇
		[평가] 발표에 대한 상호평가 및 성찰저널 작성하기

이현지, 그녀는 나무치료 전문가입니다. 나무치료사는 전국적으로 20여명 안팎으로 있는데, 그 중에서 그녀는 가장 능력 있는 나무치료사로 통합니다. 최근에는 천연기념물로 지정되어 보호받고 있던 500여년 된 회화나무를 고사 직전에서 치료하여 그녀의 능력을 다시 한번 확인시켜 주었습니다.

이현지 나무 치료사는 이 땅의 나무들이 그 푸르름을 간직한 채, 천년의 세월을 이겨낼 수 있기를 간절히 바라며, 자신의 직업에 무한한 자부심을 갖고 있습니다. 그리고 그녀의 간절한 바람은 어제와 오늘 바로 이 순간에도 나무 치료사라는 직업을 천직으로 살게 만드는 밑거름이 되고 있습니다. 정부에서는 그녀의 탁월한 나무 치료능력을 인정하여 보호수로 지정된 8000주 가운데 1/4에 해당하는 2000주의 관리를 위탁하고 체계적인 관리를 주문하였습니다.

그녀의 나무치료과정은 '조사-진단-처방(치료)-관리' 4단계 절차로 진행되며, 식물의 구조와 생장, 기능 등의 전문적인 지식을 바탕으로 각 단계를 수행합니다.

조사연구 : 해당식물의 구조와 생장, 기능 등에 대한 종합적인 연구	진단 : 연구내용을 바탕으로 해당식물의 질병과 그 원인을 진단	처방 : 질병에 대한 치료방안 제안 및 치료계획 수립	관리 : 질병예방 및 건강유지 관리계획

며칠 전, 양평군청으로부터 급하게 전화가 걸려왔습니다. 양평군 용문면 용문사에 위치한 은행나무에 문제가 발생했다는 내용이었습니다. 용문사 은행나무는 나이가 약1,100살 정도로 추정되며, 높이 48m, 뿌리 부분이 15.2m인 우리나라 은행나무 가운데 나이와 높이에 있어서 최고를 자랑하는 국보급 은행나무입니다. 그래서 1962년 12월 천연기념물 제30호로 지정하여 보호·관리되고 있습니다.

1단계 조사연구 :

나무치료사 이현지는 그녀만의 나무치료절차에 따라 용문사 은행나무의 건강을 찾아주기 위한 조사연구에 돌입합니다. 은행나무(식물)의 잎과 줄기, 그리고 뿌리가 하는 역할과 기능이 무엇인지 조사하고 여러 사례와 함께 종합적으로 연구할 계획입니다.

이현지 나무치료사는 양평군청 이재선 산림과장과 용문사 은행나무에 대해 통화를 했습니다. 은행나무에 대해 그는 다음과 같이 말했습니다.

"오른쪽 큰 가지에 잎이 나올 시기가 지났는데도 불구하고 아직 잎이 나오지 않고 있습니다. 그리고 다른 가지에도 문제가 있는 것 같아요. 예년보다 잎이 말라서 많이 떨어지고 있는데다가 녹색의 푸르름을 자랑해야 할 잎들이 누렇게 변해가고 있습니다. 어떻게 해결해야 할지? 도저히 모르겠네요. 도움 부탁드립니다."

> **2단계 진단 :**
>
> 나무치료사 이현지는 이재선 과장이 말한 은행나무의 증상과 연구한 내용을 바탕으로 은행나무의 질병이 무엇이며, 그 원인이 무엇인지 파악하고 진단할 것입니다. 그녀는 식물의 구조인 잎, 줄기, 뿌리 세 부분으로 나눠서 각각 은행나무의 증상과 관련하여 질병원인을 진단할 계획입니다.

나무치료사 이현지는 은행나무의 증상에 대해 잎과 줄기, 그리고 뿌리로 나누어 질병을 파악하고 그 원인을 진단하였습니다. 다음 절차에 따라 그녀는 진단한 내용을 바탕으로 치료방안을 도출하고, 장기적인 치료계획을 수립할 계획입니다. 그녀는 우리나라의 역사와 정기가 살아있는 이 은행나무를 꼭 치료해서 우리의 소중한 유산으로 후세에 남길 것임을 다짐하였습니다.

> **3단계 처방 :**
>
> 나무치료사 이현지는 은행나무의 질병원인을 진단하고, 이를 바탕으로 본격적인 치료과정에 돌입할 것입니다. 또한 은행나무의 잎, 줄기, 뿌리 세 부분으로 나눠서 각각 치료방법을 제안하고, 장기적인 치료계획을 수립할 것입니다.

마지막으로 그녀는 용문사 은행나무가 앞으로도 건강하게 살 수 있도록 지속적인 관리계획을 수립하려고 합니다.

> **4단계 관리 :**
>
> 나무치료사 이현지는 용문사 은행나무의 건강유지와 질병예방을 위한 관리지침을 마련하여 용문사와 양평군청에 제출할 계획입니다.

1. 나무치료사의 입장에서 '조사–진단–처방(치료)–관리' 4단계 절차로 진행된 용문사 은행나무 치료과정을 발표를 통해 공개합니다.
2. 교과서의 식물 관련 단원을 참고합니다.

02

인지적 도제 :
◆ 고전교육의 부활?! ◆

인지적 도제 모형은 '도제'라는 용어가 풍기는 느낌에서도 알 수 있듯이 특정 분야에서 예로부터 사용되어오던 고전적 교육방식과 결을 같이 한다. 인지적 도제에서는 지식이란 상황을 전제로 하며 과제의 배경이 되는 특정 사회집단에 점진적인 참여를 통해 발전되고 구성되는 것이며, 학습은 '문화적 동화(acculturation)'를 통해 이루어진다고 보았다(강인애, 1997; Collins, 1991). 인지적 도제는 장인(교사)과 도제(학생)를 축으로 삼아 특정 분야(교과)의 실제적 과제를 해결해 나가면서 전문가의 인지과정을 배워나가는데 목적을 두게 된다. 기본적으로 도제관계는 복종을 전제로 한 힘의 논리가 작용되는 가운데 형성되며, 힘이 없는 위치에서 출발하다가 점차 참여를 늘려가며 힘 있는 위치에 이르게 된다. 마치 인턴과정의 의사가 수술실에서 소극적 참여 수준에 머물다가 참여를 늘려가며 레지던트, 전공의로 주도적인 역할을 수행하는 것처럼 말이다. 이를 레이브와 웽거는 '합법적인 주변적 참여(legitimate peripheral participation)'라고 설명한다(Lave & Wenger, 1993).

　수술실에 허용된 의료진만 들어갈 수 있듯이 특정 사회집단에 소속된 사람들에게만 주변적 참여라도 허락된다. '합법적인(legitimate)'이라는 말은 참여가 허용된 상황과 특수한 관계를 지속할 권리의 보장을 의미한다. 이는 병원과 같은 전문적인 기관이나 전공분야가 있는 대학 구성원에게만 해당되는 것은 아니다. 각종 수업이 벌어지는 학급이라는 공동체에서 특정 과제를 수행하기 위해 뭉친 모둠(팀)이라는 작은 단위의 공동체까지 그곳에 소속된 사람들에게만 참여가 허용된다. 인지적 도제모형에서 학습이라는 것은 특정 영역의 실제적인 과제를 해결하는 과정에 합법적으로 참여하는 교사와 학생, 학생과 학생 간의 특수한 관계에 의한 문화적 동화를 의미하는 것이기도 하다. 이러한 레이브와 웽거의 설명은 프로젝트학습이 적용되는 실천현장에서도 종종 목격되곤 하는데, 소극적인 참여에 머물던 학생들의 극적인 변화가 그의 이론을 증명한다.

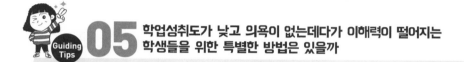

05 학업성취도가 낮고 의욕이 없는데다가 이해력이 떨어지는 학생들을 위한 특별한 방법은 있을까

교과 학업성취도가 낮다고 프로젝트학습에 대한 의욕이 없는 것은 절대 아닙니다. 평소 교과수업에 집중하지 못하는 학생일지라도 프로젝트학습에 적극적으로 참여하는 예는 많습니다. 일단 이런 문제들은 학업성취도에 영향을 받기보다 학습무기력, 수동적인 학습태도, 낮은 문해력 등에서 비롯된 것일 수 있습니다. 사안에 따라선 치료적이고 심리적인 접근이 필요한 부분일 수 있습니다. 학습무기력에 빠진 학생들의 경우 권위적이거나 강제적인 학습환경을 제공하면 상황을 더욱 악화시킬 수밖에 없습니다. 프로젝트학습과정에 수동적이고 소극적인 참여를 보이더라도 그것 자체를 인정해주는 교사의 피드백이 필요합니다. 작지만 의미 있는 성공경험이 중요하니 어렵더라도 지속적이며 긍정적인 피드백을 제공해주길 바랍니다. 교과서적인 답변이라고 여기지 마시고 꼭 실천해 보셨으면 합니다. 이런 학생들은 A에서 Z까지 하나하나 친절한 설명을 하고 시험을 보며 기초학력을 다지는 것보다 오히려 무심한듯 툭 던진 긍정적인 피드백이 훨씬 큰 효과를 발휘할지도 모릅니다. 만일 학생들이 프로젝트학습을 자주 경험하지 못한 이유로 소극적인 참여가 이루어진 것이라면 초기 적응시간이 필요할 수 있습니다. 실망하지 말고, 인내를 갖고 수업을 이끌어나가는 것이 중요합니다. 여러모로 프로젝트학습은 선생님의 긴 호흡이 요구되는 수업이므로 조급하게 생각하지 말고 마음의 여유를 갖고 접근하길 바랍니다.

project

우진이의 놀라운 변화, 비결은 메타인지의 향상

한 아이가 학년연구실 문을 다급하게 두드리면서 교실에 큰 일이 벌어졌음을 알렸다. 재촉하는 아이 뒤를 쫓아 급히 올라가보니 이미 교실은 아수라장이었다. 아이들은 가장자리 벽에 바짝 붙거나 책상 위에 올라가서 소리를 지르며 누군가를 피하고 있었다. 교실 중앙에는 하얗게 질린 표정의 한 아이가 친구들이 접근하지 못하도록 문구용 칼을 이리저리 휘두르며 울부짖고 있었다.

사건의 전말은 이러했다. 지난 2년 동안 친구들에게 따돌림과 무시를 당하면서 마음의 상처가 깊었던 우진이가 한 아이의 비아냥을 참지 못해 이성을 잃었던 사건이었다. 단순히 대인관계에 자신이 없고 조용하고 얌전한 아이정도로만 여겼는데 우진이의 마음은 이미 곯을 대로 곯아 있었다.

놀랍게도 한주 단위로 진행되는 PBL 수업이 거듭될수록 우진이의 참여 정도가 달라지고 있었다. 정보 하나 올리는 것도 귀찮아했던 학기 초의 모습과 달리 한 달이 지난 현재 우진이의 참여는 눈에 띄게 적극적으로 변하고 있었다. 거짓말처럼 담당역할도 팀의 중책에 해당되는 발표문 작성이나 발표자료 제작을 맡기 시작했다. PBL 수업 초기 주변인에 머물러 있었던 우진이는 기대 이상으로 빠르게 팀에 없어서는 안 될 중심인물로 성장해 가고 있었다. PBL 수업이 거듭될수록 파워포인트나 동영상 자료 제작은 우진이 몫이 되어갔다. PBL 초기에는 실력과 상관없이 거절을 잘못하는 친구에게 일임하는 경우가 종종 발생하고 했는데, 우진이의 경우도 이에 해당했다. 주변적 존재였기에 일방적으로 맡겨진 역할, 그러나 우진이는 자신의 유능감을 멋지게 알릴 수 있는 기회를 놓치지 않았다.

PBL 수업을 참관한 교사들이 우진이가 만든 동영상에 감탄을 연발한다. 특히 우진이가 만든 동영상은 어느 누가 보더라도 초등학생이 만들었다고 믿기 어려울 정도로 질적으로 우수했다. 처음만 해도 초보적인 수준의 동영상 편집 도구를 활용해서 만들었지만, 점차 시간과 노력이 더해지면서 수준 높은 동영상 편집도구를 활용해 동영상을 제작하기에 이르렀다. 우진이는 이미지와 동영상 소스를 주제와 내용에 맞게 자유자재로 편집·가공할 수 있을 뿐만 아니라 설득력 있게 내용을 구성하는 능력도 탁월해져 갔다.

예전에 알고 있던 그런 우진이가 아니다. 배우고 닮고 싶은 친구, 팀에서 없어서는 안 될 보배 같은 존재로 거듭났다. 그는 발표문 작성이나 발표자료 제작과 같은 까다로운 역할을 척척 수행하면서 팀원들의 전폭적인 신뢰를 얻고 있다. 우진이는 PBL을 통해 자신감을 키우고 부족한 부분을 채워가면서 그렇게 주변에서 중심적인 존재로 성장해 갔다. 그리고 마치 증명이라도 하듯, 마지막 수업 직후 학급홈페이지에 편지글을 남겼다.

5학년을 시작한 지 얼마 안 된 것 같은데, 벌써 1년이란 시간이 지난 것이 잘 실감이 나질 않는다. 5학년은 그 어느 학년보다 참 많은 일들이 있었고, 내 몸과 마음이 그 어느 때보다 한층 성장하고, 발전한 한 해이기도 하다. 처음 5학년 교실에 들어왔을 때는 너무 낯설고, 어색했다. 그래서 그런지 5학년 초에는 학교 오는 게 별로 재미도 없었고, 학교생활이 그저 그랬다.

그런 나에게 큰 변화와 활력을 준 계기는 아무래도 PBL이었던 것 같다. PBL을 통해서 친구들과 서로 친해지고, 어울릴 수 있는 계기가 되었고, 그 동안 내가 살면서 미처 보지 못하고, 생각하지 못했던, 많은 문제에 대해 사고하고, 관찰하며 도전하는 한 해가 될 수 있었다. 얼마 안 되는 내 삶이지만, 되돌아보았을 때 5학년은 가장 많이 도약하고, 성장했음을 스스로 느낄 수밖에 없는 한 해이다. 하지만, 난 아직도 우물 안 개구리임을 인정하지 않을 수 없다. 더 많이 크고, 더 많이 자라고, 더 많이 발전되어져야만 되는 것을 나는 안다.

그러기 위해서는 5학년 때처럼 행운과도 같은 기회가 주어져야 되겠고, 정준환 샘처럼 좋은 만남이 있어야 되겠고, 무엇보다도 열심히 노력했던 열정이 내게 있어야 됨을 알기에 난 5학년 한 해가 얼마나 감사한 줄 안다. 또, 다시 내게 이런 기회가 주어질지는 모르겠지만, 이런 기회가 주어지든 안 주어지든 난 모든 일에 열심히 할 것이다.

왜냐하면, 그게 5학년 한 해 동안 내가 배운 체험 학습이기 때문이다. 친구들과 더불어 함께하면서 의견을 나누고 공감하며, 때로는 반대하고 지적하며 그 과정에서 난 친구들과 더불어 함께하는 법을 배웠고, 혼자 잘 했을 때보다 함께 잘 했을 때의 기쁨이 훨씬 더 큰 걸 알게 되었고, 세상이 크고 넓다는 것도 알게 되었다. 그걸 알게 해준 것은 무엇보다도 PBL이고, PBL 학습을 통해서 1년 동안 수고해 주신 정준환 샘 때문이었기에 다시 한 번 정준환 샘께 감사드린다.

그리고, 도와주고 함께 해 주었던 친구들아............................... 다들 고마워!!!!

2010년 2월 7일 우진(가명)이가

_ 「교실 속 즐거운 변화를 꿈꾸는 프로젝트학습(상상채널)」 '1장 우진이의 놀라운 변화' 편 재구성

　우진이의 사례는 처음에 힘이 없는 자리에 위치에서 출발하던 학생이 공동체 안에서의 참여도를 점진적으로 증가시켜 자신의 힘을 축적해 가고, 온전히 학습의 주인으로서의 역할을 수행할 수 있는 과정, 바로 레이브와 웽거가 표현했던 '합법적인 주변적 참여'의 모습을 제대로 보여주고 있다. 그렇다면, 우진이는 이러한 PBL 과정에서 무엇을 배웠던 것일까. 과연, 주변적 참여에 머물던 우진이가 중심적인 역할을 수행할 수 있는 존재로 거듭날 수 있게 만든 능력의 정체는 무엇일까. 이 물음의 답 역시 인지적 도제모형에서 찾을 수 있다.

　'인지적'이라는 표현은 전통적인 도제형태의 교육과 구분되는 특성을 내포한다. 옛 도제교육이 스승으로부터 기술과 지식을 그대로 전수받는데 초점을 두고 있다면, 인지적 도제모형은 특정 상황에 적합한 지식과 기술을 습득하고 활용할 수 있도록 해주는 '메타인지(metacognition)'의 향상에 중점을 둔다(강인애, 1997). 그렇기 때문에 단순히 외부에서 관찰이 가능하고 이미 정형화된 개념을 반복적으로 익히기 위한 방식보다는 메타인지능력을 배양하기 위한 방법으로서 학습자 내부의 인지작용을 촉진하고 활동을 자극하는 지속적인 '자기성찰(self-reflection)'을 강조한다. 여기서 자기성찰이라는 것은 내적 인지작용을 촉진하는 실제 과제에 참여하는 과정에서 자신의 활동을 관찰하고 되짚어보면서, 때론 자신과 동료학습자, 교사의 견해(해결방안)와 비교해 가면서, 무엇보다 교사와 학생의 역할을 바꾸어 자기 주도적인 과제수행을 실천함으로써 기존의 제한적 시각을 확대해가는 것을 의미한다(강인애, 1997; Lave, 1988). 한마디로 자신의 사고과정을 객관화하고 종합할 수 있는 상위의 사고! 메타인지는 자신의 사고과정이나 문제해결과정, 활동과 결과를 지속적으로 점검(self-monitoring)하고, 이해(self-understanding)하는 과정에서 향상된다. 그런 의미에서 PBL 과제를 해결하며 성찰적 사고와 활동을 거듭했던 우진이가 놀라운 변화로 화답해줄 수 있었던 원동력은 메타인지의 향상에서 찾을 수 있다.

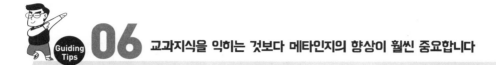

06 교과지식을 익히는 것보다 메타인지의 향상이 훨씬 중요합니다

루이스 터먼 교수가 이끄는 연구진은 1921년 IQ140이 넘는 학생들을 임의로 선정하여 35년간 추적 조사를 했습니다. IQ(지능지수)와 성공의 상관관계를 확인하기 위해서 시작된 연구는 예상과 다른 결과로 나타났습니다. 물론 사회적으로 성공한 사람들이 있긴 했지만, 그 비율은 지극히 평범한 사람들과 별반 다르지 않았습니다. IQ가 성공의 열쇠가 아니라는 사실이 드러난 것이죠. 성공의 열쇠를 IQ나 시험성적이 쥐고 있었던 것이 아니었습니다. 그렇다면 어디에 성공의 열쇠가 존재할까요? 그것은 메타인지에서 찾을 수 있습니다. 메타인지는 프로젝트학습의 핵심적인 학습효과이기도 합니다.

메타인지가 뛰어난 아이들은 무엇을 얼마나 더 공부해야 할지를 계획하고 실천하는 능력이 뛰어납니다. 자신이 무엇을 알고 모르는지를 명확하게 알기 때문에 최적의 학습 전략을 세울 수 있기 때문입니다. 메타인지는 '질문'과 '설명'을 통해 얼마든지 신장될 수 있습니다.

메타인지가 뛰어난 아이들은 무엇을 얼마나 더 공부해야 할지를 계획하고 실천하는 능력이 뛰어납니다. 자신이 무엇을 알고 모르는지를 명확하게 알기 때문에 최적의 학습 전략을 세울 수 있기 때문입니다. 메타인지는 '질문'과 '설명'을 통해 얼마든지 신장될 수 있습니다. 프로젝트학습과 같은 말하는 공부환경이 만들어지면 메타인지가 활성화되기 마련입니다. 최고의 물리학자였던 아인슈타인도 '설명'의 중요성을 매우 강조했다고 합니다.

'단순하게 설명할 수 없다면, 완벽하게 이해한 것이 아니다' _아인슈타인

모델링–스캐폴딩–페이딩 순으로
인지적 도제수업 실천하기: 병원놀이

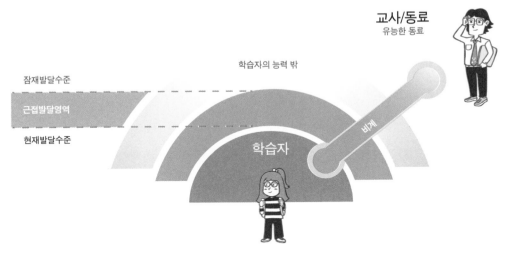

인지적 도제에서 교사와 학생의 관계는 비고츠키(Vygotsky, 1978)의 '근접발달영역
(Zone of Proximal Development: 이후 ZPD)'이라는 개념을 통해 이해할 수 있다. 그의 이론
은 '지식은 사회적 참여를 통해 구성된다'는 구성주의의 핵심원칙을 잘 설명해준
다. ZPD는 학습자가 어떤 문제에 직면하게 됐을 때, 전문적 지식(기술)이나 과학적
접근방법을 아는 사람이 곁에서 도움을 줄 경우, 스스로의 힘으로 도달 가능한 지
점보다 더 나은 수준에 이를 수 있다는 의미를 내포한다. 다만 ZPD가 학습자 도
움 없이 도달 가능한 '현재발달수준(actual development level)'과 학습자의 능력 밖에
'잠재발달수준(potential development level)' 사이에 존재한다고 설명하고는 있지만, 그
것이 어떤 물리적 위치처럼 정확한 영역을 가리키는 것이라 오해해선 곤란하다. 오
히려 ZPD를 일상적인 개념(실제)과 과학적인 개념(이론)이 만나는 지점이면서 서로
의 관계(맥락)가 복잡하게 얽혀있는 영역으로 보는 것이 타당하다. 이러한 측면에서
ZPD는 구성주의적 교수학습환경에서 창출해낼 수 있으며, 실제적 과제를 해결해
나가는 과정에서 교사와 학생, 동료학생 간의 관계를 통해 형성된다. 어찌 보면,
학습자의 발달과 변화는 ZPD로 표현될 수 있는 여러 가지 사회적 만남의 총체적
결과인 셈이다.

아울러 ZPD는 교사와 동료학생이 제공하는 학습적 도움을 통해 이루어지는데, 어디까지나 학습자 스스로 문제해결의 전 과정을 주도할 수 있는 단계까지 '스캐폴더(scaffolder)'로서의 역할만 수행하면 된다. 딱 거기까지가 교사의 역할이다.

그렇다면 인지적 도제 모형은 수업에 어떻게 적용하는 것이 좋을까. 부족한 부분이 많지만, 이해를 돕기 위해 필자가 2003년 초등학교 1학년 학생을 대상으로 적용한 수업사례를 소개하고자 한다. 당시 슬기로운 생활 '병원놀이'라는 단원이 있었는데, 이를 콜린스(Collins, 1991)의 인지적 도제 모형에 따라 재구성하여 진행한 사례이다. 인지적 도제 모형은 '모델링(modeling)-스캐폴딩(scaffolding)-페이딩(fading)' 순으로 진행되는데, '모델링'은 실제 과제의 문제해결 전체 과정을 보여주는 전문가의 시연단계이며, '스캐폴딩'은 참여하는 학습자가 문제해결을 위한 이해의 틀(인지구조)을 형성해가도록 돕는 단계를 말한다. 마지막 단계인 '페이딩'은 학습자가 전적으로 문제해결의 전 과정을 주도하는 단계로 교수자의 도움이 완전히 중지되는 단계라고 보면 된다.

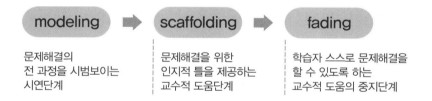

모델링 MODELING

인지적 도제의 첫 단계인 '모델링'은 수업의 성패를 좌우할 정도로 매우 중요한 과정이다. 모델링이 전문가의 시연단계인 만큼, 학습자가 교사의 문제해결과정을 관찰할 수 있는 기회를 제공하고, 문제해결에 필요한 '개념적 틀(conceptual map)'이 형성되도록 하는 데 초점을 두고자 했다. '병원놀이'라는 학습활동에 맞게 질병의 발병에서부터 증상에 적합한 병원을 찾아가서 문제를 해결하는 일련의 과정을 실감나게 제시하고자 하였다. 파워포인트 자료를 활용해 문제 상황을 제시하고 문

제 상황을 제대로 이해하지 못하는 학생들을 위해 장면 하나하나를 설명해 주었
다. 문제 속 인물인 대섭이가 어떻게 문제를 해결해야 할지 서로 의견을 나누는 시
간도 가졌다.

앞서 제시된 문제를 어떻게 해결해야 할지 본격적으로 모색하는 장면을 보여주
었다. 대섭이가 자신의 증상에 맞게 어떤 의사 선생님을 찾아가야 할지 경험에서
비롯된 의견을 주고받기도 했다. 최종적으로 대섭이와 같은 문제를 당했을 때 어
떻게 해결하는 것이 좋은지 제시했다.

마지막으로 자신의 증상에 맞게 의사선생님을 찾아간 이후, 어떤 절차에 의해 의사선생님께 진료를 받고 처방을 받는지 그리고 처방을 받은 후 약국에서 어떻게 약을 받는지 일련의 과정을 동영상 자료를 통해 확인시켜 주었다. 실제 상황이 담긴 실감나는 동영상을 통해 학생들이 문제해결 전 과정을 좀 더 생동감 있게 관찰할 수 있게 하고, 그만큼 관련 이해기반이 좀 더 쉽게 형성할 수 있도록 하기 위함이었다. 동영상 장면마다 부가적인 설명을 해주면서 학습자로 하여금 문제 해결을 위한 '개념적 틀'이 형성될 수 있도록 도왔다.

설명시나리오:

#1
대섭이가 튼튼병원 소아과 의사선생님을 찾아갔어요. 대섭이가 어떻게 했는지 궁금하지요? 선생님과 함께 대섭이가 어떻게 했는지 살펴보도록 해요.

#2
병원에 들어서자, 대섭이는 의료보험증을 내고 접수를 한 후에 자신의 순서를 기다릴 거예요(장면이 나오기 전에 미리 설명함).

#3
자신의 순서가 되면 의사선생님이 부를 거예요. 진찰을 받게 되는데 어떻게 진찰을 받는지 보도록 할까요? 특히 의사선생님이 어떻게 하는지 잘 살펴봐야 해요.

[중간생략]

대섭이가 병원을 찾아가서 의사선생님께 진료 받는 과정에서부터 처방전을 가지고 약국에 가서 약을 사기까지 전체 과정을 잘 살펴보았지요? 대섭이는 튼튼병원 의사선생님의 치료 덕분에 건강하게 학교를 다닐 수 있었어요. 선생님은 우리 1학년 나리반 친구들도 대섭이처럼 자신의 문제를 슬기롭게 해결할 수 있을 거라고 믿어요. 그런 의미에서 좀 더 공부해볼까요?

스캐폴딩SCAFFOLDING

활동을 본격적으로 시작하기에 앞서, 대섭이처럼 몹시 아팠던 경험을 친구들 앞에서 발표해 보는 시간을 가졌다. 어떤 병에 걸렸으며, 어떤 병원을 찾아갔는지, 그리고 어떻게 치료했는지 좀 더 자세히 발표할 것을 요구하였다. 그러나 아직 어려서인지 학생들이 교사의 요구를 충실하게 따라주진 못했다. 그래서 질문을 통해 학생들이 구체적으로 자신의 경험을 이야기할 수 있도록 유도하였다.

> 교사: 우리 나리반 친구들 모두 대섭이처럼 몹시 아팠던 경험들이 있을 거예요. 기억에
> 남는 경험이 있다면 친구들 앞에서 이야기해줄 수 있을까요?
> [발표 예]
> 학생: 저번 주에 이가 너무 아팠어요.
> 교사: 그래? 어떻게 해서 이가 아팠지?
> 학생: 의사선생님이 그러는데, 사탕이나 초콜릿을 너무 좋아해서 이가 아픈 거래요.
> 교사: 어떤 병원에 의사선생님이었어?
> 학생: 학교 앞에 있는 한양치과병원 의사선생님이 말해줬어요.

학생들의 발표를 통해 각 증상에 맞게 어떤 병원을 가야 하는지 알려주고자 했다. 대섭이가 배가 아파서 소아과 의사선생님을 찾아갔던 것처럼 자신이 어디가 아픈지에 따라 자신의 병을 고쳐줄 수 있는 의사선생님이 다르다는 사실을 가르쳐 주었다. 발표가 진행된 이후에는 학생들에게 '튼튼병원 처방전'이라는 활동지를 나누어 주었다. 활동지는 환자기록란과 의사기록란으로 나누어져 있었다. 우선 환자기록란에 과거에 자신의 경험을 살려서 아픈 곳이 어디인지 작성하도록 했다. 구체적으로 어디가 아픈지 알 수 있도록 참고도서 25권도 준비하였다. 비치된 도서는 마지막 단계인 병원놀이 과정에서 의사역할을 맡은 학생들이 의사기록란에 처방 내용을 작성할 때 활용할 수 있도록 했다.

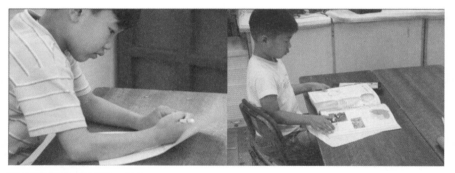

환자기록란을 작성하는 모습

    활동지에서 환자기록란은 학습자 각자의 문제 상황에 해당한다. 병원놀이 특성
상 학습자에게 동일한 문제를 부여하면 이를 해결하는 과정이 일부 학생들에게 편
중되서 일어날 수밖에 없기 때문에 학습자가 직접 문제 상황을 만들고 문제 해결
과정에 적극적으로 참여하도록 하는 것이 필요하다고 생각했다. 그래서 환자기록
란에 학생 각자가 자신의 경험을 살려서 문제 상황을 만들고 병원놀이 과정에서
환자의 입장에서 이를 해결하도록 하였다.

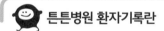 튼튼병원 환자기록란

어디가 아프세요? 자세히 기록해 주세요.

김현성 : 저는 무릎에 멍이 들어서 살짝 눌러도 아파요. 손가락을 자로 긁어서 너무 아
         프고 손을 씻을 때도 너무 아파요. 또 목도 너무 아파요.

전우영 : 저는 머리도 아프고 머리가 어지럽고 열이 났어요. 그리고 머리가 띵하고 머리
         가 꽉 조였어요. 그리고 목이 따갑고 목이 부었어요. 그리고 뛰어 놀다가 팔도
         부러지고 무릎이 아주 많이 다쳤어요. 그리고 머리가 돌로 찌르는 것 같아요.

윤지우 : 배가 아프다. 속이 쓰리고 속이 따끔따끔해요. 너무 속이 더워요. 배가 아프고 세
         균이 쿡쿡 찔러요. 머리가 어지러워요. 머리가 뿌득뿌득 찔러요. 이가 아프구요.

김보라 : 머리가 아파요 밥도 안 먹고 차를 타면 머리가 너무너무 아프고 토도 나고 너
         무 아파요. 누가 아파하는지 알아보고 싶어요.

박혜진 : 다리가 아파요. 다리가 삐었어요. 이가 아파요. 충치인가 봐요.

박동혁 : 머리가 마구마구 아프고 그래요. 머리에 불이 붙은 느낌이 많이 들어요. 그리고
         다리를 다쳤어요. 튼튼병원 의사선생님이 고쳐주세요. 많이많이 아주 아파요.

박찬영 : 상처가 나서 피가 나요. 열이 많이 나요. 심하게 토했어요.

이처럼 학생들은 '환자기록란' 활동지에 서툰 글쓰기 실력이지만 자신의 경험을 살려 문제 상황을 적었다. 그리고 본격적으로 자신의 문제를 해결하기 위해 활동을 시작했다. 학생들이 자주 접할 수 있는 '안과', '치과', '내과(소아과)', '피부과', '이비인후과', '정형외과'로 진료 분야를 나누고 각 진료 분야에 해당하는 의사와 간호사 역할을 정했다. 이 과정에서 자신의 역할에 대한 궁금한 점을 교실에 비치된 참고 도서나 질문을 통해 확인하였다.

페이딩FADING

드디어 병원놀이가 시작됐다. 의사 역할을 맡은 학생들은 환자기록란에 적혀 있는 증상을 보고 의사기록란에 처방을 내렸다. 간호사 역할을 맡은 학생들은 부지런히 의사 역할을 맡은 친구를 보조하면서 여러 가지 의료 행위를 흉내 냈다.

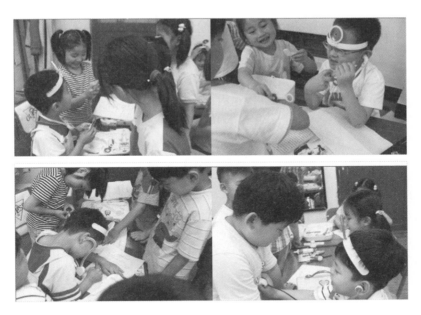

병원놀이 장면

🙂 튼튼병원 의사기록란

환자의 증상을 잘 살펴보고, 환자가 낫을 수 있도록 자세히 기록해 주세요.

김성호 : 밥 먹을 때 천천히 먹으세요. 그리고 한동안 일하지 말고 누워 있으세요. 그리고 아침, 낮, 저녁에 약을 세 번씩 드세요.

송찬규 : 약국에서 알약을 받아먹으세요. 그리고 차가운 걸 많이 먹지 마세요.

박세희 : 물리 치료 받고 약을 먹고 편히 쉬세요. 가루 약, 검은색 약하고 하얀색 약하고 섞어서 먹으세요.

김규현 : 밥을 많이 먹고 차를 건널 때 조심해서 가세요. 하루 학교를 쉬고 침대에 누워서 이불을 꼭 덮고 자세요.

박수민 : 하루 동안 쉬고 학교에 가지 마세요.

박재욱 : 정상입니다. 약국에서 약 드세요.

왕현정 : 밥을 조금씩 먹고 조금 쉬세요. 하얀 약을 먹고 물을 먹으세요. 차가운 것 많이 먹지 말고 배가 아플 때 병원으로 오세요.

강연수 : 알약을 빨아먹고 이불을 덥고 자세요. 그리고 주사를 맞아야 합니다.

활동이 어느 정도 진행되고 나서 각자의 역할에 변화를 주었다. 의사, 간호사, 그리고 약사 역할을 맡은 학생들이 이번에는 환자 역할을 하고, 환자 역할을 맡았던 학생들 중에서 자신의 문제를 잘 해결한 학생을 중심으로 역할에 변화를 주었다. 역할에 변화를 준 이후, 활동은 더욱 활기찼고 너나할 것 없이 적극적으로 참여했다. 특히 의사역할을 맡았던 학생들일수록 일련의 문제해결과정을 잘 이해하고 절차에 맞게 역할을 수행했다. 아마도 의사 역할을 맡으면서 다양한 문제를 접하고 그것에 맞게 해결하는 과정을 체험했기 때문인 것으로 보였다. 이해의 틀은 교사의 시연뿐만 아니라 '병원놀이' 상황에서 보여준 학생 간의 시연들을 통해 자연스럽게 형성되고 있음을 알 수 있었다. 후반부로 갈수록 활동은 매우 즐겁고 신나게 이루어졌다. 그러면서도 자신의 문제를 해결하기 위한 일련의 과정은 계속됐다. 교사의 간섭과 도움은 더 이상 필요하지 않았다.

모든 프로젝트학습이 그러하듯 학습자가 학습의 주도권을 틀어쥘수록 활동의 깊이를 더하게 된다. 수업의 후반부로 갈수록 교수자로서의 존재감은 사라져 가지만, 그만큼 학습자가 배움의 주인공으로 자리매김하게 되고, 초기에 주변적 참여에 머물던 학습자가 시간이 지남에 따라 점차 핵심적인 역할을 맡아 수행하게 된다. 프로젝트학습에 참여한 학습자가 학습의 주인이 '나'라는 의식을 갖게 된다는 것 자체가 자기주도학습의 완성을 의미한다.

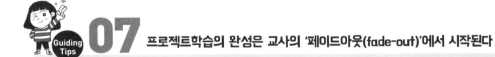

07 프로젝트학습의 완성은 교사의 '페이드아웃(fade-out)'에서 시작된다

프로젝트학습의 실패는 냉정하게 따지고 보면 학생들이 아닌 교사 자신에게 더 큰 책임이 있을 가능성이 높습니다. 학생들의 모든 학습과정에 조력자로 참여했음에도 무게 추를 결과에 놓다보니 유의미한 학습과정은 잊은 채, 특정 결과 하나만으로 판단하게 됩니다. 교사의 기준이 학생들의 결과물을 잘하고 못하는 것으로 가르고, 그들의 치열한 노력과 과정을 무의미한 것으로 만들어 버립니다. 마지막 과정에서 교사의 존재감이 부각되는 수업이 될수록 프로젝트학습이 가진 본래 가치는 어김없이 훼손됩니다. 인지적 도제모형처럼 최종 단계로 갈수록 교사의 존재감을 드러내지 않아야 합니다. 학습과정에서 서서히 사라져주는 교사의 'Fading' 기술이야말로 완성도 높은 프로젝트학습을 위한 필수조건입니다.

project

잼공 FACTORY 02 히포크라테스 종합병원

SYNOPSIS '히포크라테스 종합병원'은 과학교과를 중심으로 두고 구성한 수업입니다. 우리 몸의 기관과 각 기능에 대해 본격적으로 배우는 초등학교 6학년 학생들부터 적용하기 용이한 수업입니다. 학습할 내용의 특성상 질병에 대한 이해를 도모하기 위한 보건교육과 연계하여 진행하기에도 적합합니다. 교사의 전문적인 판단 하에 교과수업이나 창의적 체험활동, 중학교 자유학년활동 등과 연계하여 진행한다면 보다 풍부한 학습활동을 제공해줄 수 있을 겁니다.

◆**적용대상(권장):** 초등학교 6학년-중학교 3학년
◆**자유학년활동:** 주제선택(권장)
◆**학습예상소요기간(차시):** 4-7일(6-8차시)
◆**관련교과 내용요소(교육과정)**

교과	영 역		내용요소	
			초등학교 [5-6학년]	중학교 [1-3학년]
과학	생명 과학	동물의 구조와 기능	·뼈와 근육의 구조와 기능 ·소화·순환·호흡·배설 기관의 구조와 기능 ·광합성	·소화 효소 ·소화계, 배설계의 구조와 기능 ·순환계, 호흡계의 구조와 기능 ·소화·순환·호흡·배설의 관계
		자극과 반응	·감각 기관의 종류와 역할 ·자극 전달 과정	·눈, 귀, 코, 혀의 구조와 기능 ·피부 감각과 감각점 ·뉴런과 신경계의 구조와 기능 ·중추 신경계와 말초 신경계 ·자극에서 반응하기까지의 경로 ·자극에 대한 반응에 관여하는 호르몬의 역할
국어	듣기말하기		·토의[의견조정] ·발표[매체활용] ·체계적 내용 구성	·토의[문제 해결] ·발표[내용 구성] ·매체 자료의 효과
실과 정보	자료와 정보		·소프트웨어의 이해	·자료의 유형과 디지털 표현
	기술활용		·일과 직업의 세계 ·자기 이해와 직업 탐색	

문제제시 ▶	과제수행 ▶	

[동기유발] 한국의 슈바이처로 불리는 장기려 선생님 또는 '국경 없는 의사회' 활동을 소개하며 의료봉사에 대해 이야기 나누기

[문제해결모색] 문제해결에 필요한 정보 및 자료 탐색

[결과정리] 병원개원을 위해 필요한 각종 소품 제작하기

⬇

⬇

⬇

문제의 주인공인 정환이의 역할을 소개하며 내용 파악하기

관련 교과서 내용이나 인체 관련 책(학습만화 포함)을 통해 지식의 폭 넓히기(의사로서의 역할 수행을 위한 지식습득)

[선택] 히포크라테스 종합병원을 알리는 홍보영상 제작하기

⬇

⬇

		발표 및 평가 ●

문제에 제시된 빈민구호를 위한 종합병원 진료과목 이해하기

[정보재구성] 의사입장에서 설명하는 형식, 동료학습자가 쉽게 이해할 수 있는 용어로 정보와 자료 가공하기

[준비] 발표를 위한 프레젠테이션 자료제작 및 시나리오 작성하기

⬇

⬇

⬇

팀별로 전담할 진료과목 정하기 (간단한 게임을 통해 우선권 획득)

[발표] 1단계: 진료과목 소개하기 형식으로 수행한 내용 발표하기 2단계: 의사와 환자의 역할을 번갈아 맡아가며 병원놀이하기

⬇

⬇

[결과정리] 수집한 정보 및 자료를 기반으로 환자를 대상으로 한 설명자료 만들기

과제수행계획서 작성 및 공유

⬇

⬇

[평가] 발표 및 활동에 대한 상호 평가 및 성찰저널 작성하기

히포크라테스 선서문

이제 의업에 종사할 허락을 받으매

나의 생애를 인류 봉사에 바칠 것을 엄숙히 서약하노라.

나의 은사에 대하여 존경과 감사를 드리겠노라.

나의 양심과 위엄으로써 의술을 베풀겠노라.

나는 환자의 건강과 생명을 첫째로 생각하겠노라.

나는 환자가 알려준 모든 내정의 비밀을 지키겠노라.

나는 의업의 고귀한 전통과 명예를 유지하겠노라.

나는 동업자를 형제처럼 여기겠노라.

나는 인종 종교 국적 정당정파 또는 사회적 지위 여하를 초월하여 오직 환자에 대한 나의 의무를 지키겠노라.

나는 인간의 생명을 그 수태된 때로부터 지상의 것으로 소중히 여기겠노라.

비록 위협을 당할 지라도 나의 지식을 인도에 어긋나게 쓰지 않겠노라.

이상의 서약을 나의 자유 의사로 나의 명예를 받들어 하노라.

히포크라테스 선서와 함께 정환이를 비롯한 그의 절친한 친구들은 오랜 공부를 마치고 마침내 의사가 되었습니다. 이들은 그동안 빈민구호를 위한 의료자원봉사 활동에 참여하면서 열악한 의료 서비스를 받고 있는 빈민층들의 현실을 목격하게 되었습니다. 이들이 목격한 현실은 자신의 생애를 인류 봉사에 바치겠다는 히포크라테스 정신이 무색할 정도로 최소한의 의료서비스도 받지 못하고 방치되어 있는 사람들이었습니다.

정환이는 의료 서비스의 사각지대에 놓여 있는 빈민층을 위해서라도 그들을 위한 병원 설립이 시급히 이루어져야 한다고 주장하였습니다. 그의 주장은 히포크라테스 선서를 한 수많은 의사들의 마음을 움직였습니다. 그리고 마침내, 의사협회는 사회 환원 차원에서 빈민들을 위한 종합병원 설립을 추진하기로 결정하였습니다. 병원 이름은 히포크라테스, 그의 정신을 근본으로 삼는다는 의미에서 히포크라테스로 지었습니다.

정환이와 그의 친구들은 며칠 후부터 히포크라테스 종합병원의 전문의로 활약할 것입니다. 히포크라테스 종합병원은 치료 혜택이 상대적으로 미흡한 소화기내과, 순환기내과, 호흡기내과, 대장항문외과, 정형외과, 신경외과, 이비인후과의 7개 진료과목을 중심으로 운영될 것이며, 복지 차원에서 전액 무료로 의료 서비스를 지원할 예정입니다.

project

히포크라테스 종합병원 진료과목 소개

진료과목	진료과목 소개
소화기 내과	식도, 위, 소장, 대장, 간, 담도 및 췌장 등의 광범위한 장기들의 질환을 진료하고 있습니다.
순환기 내과	심장 및 혈관질환 환자들에게 진료를 행하고 있으며 환자의 입장에서 가장 우수하고 편안한 진료가 될 수 있도록 노력하고 있습니다.
호흡기 내과	기관지, 폐장 그리고 흉막의 질환들을 치료하고 연구하는 내과의 한 분과입니다.
대장항문외과	소장, 대장, 직장, 항문 질환의 외과적 진료를 하고 있습니다. 대장 항문 질환으로 대장 직장암, 염증성 장 질환, 항문 주위 질환(치핵, 치루) 등을 진료하고 수술적 치료를 담당하고 있습니다.
이비인후과	귀와 코, 목과 관련된 질환을 진단하고 치료하는 의학의 한 분야입니다. 이비인후과에서는 질환의 진단 및 치료뿐만 아니라 관련된 임상 및 기초 연구를 같이 수행하고 있습니다.
정형외과	사지와 척추에 있는 뼈와 관절 및 근육, 인대, 신경, 혈관 등 주위 조직에 대해서 연구하고, 질환과 외상을 진단하고 치료하는 분야입니다.
신경외과	뇌와 척수 즉 중추신경과 말초신경에 발생한 병을 수술로 치료합니다. 우리 신체 중에서 신경계는 극도로 세밀하고 복잡한 구조로 이루어져 있습니다. 그러므로 이런 신경에 발생한 병을 수술하는 신경외과는 다른 어떤 과보다 높은 전문성을 요구하며, 최첨단의 장비가 동원됩니다.

정환이와 그의 친구들은 그들의 전공에 맞게 7개 진료과목 중 하나를 맡았습니다. 이들은 자신의 몸과 질병에 대해 전혀 모르는 환자들에게 쉽고 친절한 의사로 다가가기 위해서라도 많은 준비가 필요하다는 사실을 잘 알고 있습니다. 빈민들을 위한 무료병원, 히포크라테스 종합병원…, 정환이와 그의 친구들의 노력이 어떤 결실을 맺게 될지 기대되는군요.

1. 모둠별로 진료과목을 선택하고 진료에 필요한 다양한 정보와 자료를 수집합니다.
2. 각 진료과목에 해당하는 질병을 환자에게 쉽게 설명할 수 있도록 내용을 구성하고, 치료방법에 대해서도 정리합니다.
3. 히포크라테스 종합병원이 개원되면, 의사와 환자로 나뉘어 진료가 시작되며, 이때 주어진 양식에 맞게 처방전(환자)과 진료기록부(의사)를 작성합니다.

03

앵커드 교수 :

◆ 그곳에 닻을 내리면 절로 학습이 이루어진다 ◆

앵커드 교수(Anchored Instruction) 모형은 상황적 학습이론으로 설명되곤 한다. 이 모형은 인지적 도제모형과 마찬가지로 '특정 사회집단의 문화적 동화'를 상황적 학습이론을 전제로 삼고 있다는 점에서 공통점이 있지만, 두 모형의 차이는 교사에게 요구되는 역할을 통해 구분이 된다. 인지적 도제의 경우 '모델링(modeling)'이라는 시연단계를 통해 알 수 있듯이 교사의 역할이 해당 학습상황의 전문가로서 문제해결의 기본적인 이해의 틀을 제시해준다는 점에서 중심적인 역할이 요구된다. 반면, 앵커드 교수모형에서는 인지적 도제의 시연단계에서 요구되는 교사의 역할이 필요하지 않다. 오히려 학생들과 동일한 위치에서 그들이 갖고 있는 경험적 지식과 의견을 존중하고 스스로 문제를 해결할 수 있다는 믿음을 전제로 '동료학습자'로서의 역할이 강조된다. 그래서 앵커드 교수모형은 어떤 문제를 해결하는데 있어서 문제로 인식하는 것부터 문제해결과 평가에 이르는 전 과정을 학습자가 주도해 나가는데 초점을 둔다(강인애, 1997; 송해덕, 1998: CTGV, 1990). 아울러 학습자가 모든 과정을 주도할 수 있도록 하기 위해선 그들의 인지적 활동을 자극할, 쉽게 말해 호기심을 이끌어낼 어렵고 복잡한 실감나는 문제를 제공해야 한다고 보았다.

이런 이유로 앵커드 교수모형은 비디오(영상)라는 매체를 통해 문제상황을 제시할 것을 주장하고 있다(강명희, 1994; Branford et al,, 1990). '앵커(anchor)'는 사전적 의미로 닻을 뜻하는데, 이 용어가 의미하는 것처럼 앵커드 수업모형은 실감나는 문제상황에 학습자가 심리적인 닻을 내리도록 하는데 중점을 둔다. 학습과정에서 학생들은 이야기 형식으로 전개되는 비디오(영상)를 보며 학습내용 및 문제해결방안을 탐색하게 된다. 학습자로 하여금 복잡하지만 흥미로운 문제상황에 정착시킴으로서 적극적인 참여를 이끌어내며 학습한 지식을 새로운 상황에 적용(활용)할 수 있도록 하는데 효과적인 수업모형이다. 대표적인 사례로는 실제적 문제상황 속에서 수학적 개념이 활용되도록 개발된 제스퍼 시리즈(Jesper Series)를 꼽을 수 있다. 이 프로그램은 상황적 학습의 제작 원리가 잘 반영되어 개발된 것이 특징이다(CTGV, 1991).

앵커드 교수모형의 제작 원리

제작 원리	이론적 근거
비디오(영상) 매체활용	동기부여를 촉진하고 풍부한 배경정보를 제시하며 문제상황에 관한 인지적 이해를 돕는다.
이야기 방식 전개형태	수학적 개념이 사용되는 실제적 과제를 친근한 이야기 방식의 전개형태로 제시하여 문제해결을 위한 의미 있는 상황을 창조한다.
학생 주도적 형성학습	문제를 해결하는데 있어서 학생들의 적극적 참여를 권장한다.
사실적 자료 함축 제시	문제해결을 위한 자료가 이야기 속에 모두 함축되어 있다.
복잡한 문제 활용	복잡하긴 해도 학생들에 의해 충분히 해결될 수 있는 문제를 제시하여 풀어 볼 수 있는 기회를 제공한다.
비슷한 주제의 다양한 응용	가르치고자 하는 수학적 개념이 어떻게 활용될 수 있는지를 다양한 상황에서 풀어 보도록 하여 궁극적으로 지식의 전이도를 높인다.
교육과정과의 연계	다른 교과와 연결된 통합교과적인 문제를 제시한다.

_출처: 강인애(1997). 왜 구성주의인가? 정보화 시대와 학습자중심의 교육환경. 서울: 문음사 [pp.96~97]

벤더빌트 그룹(Cognition and Technology Group at Vanderbilt : CTGV)이 개발한 제스퍼 시리즈의 '독수리 구출작전' 문제사례를 살펴본다면 다음과 같다. 이해를 돕는 수준에서 간추려 정리하였으며, 전체 문제시나리오에는 좀 더 많은 내용이 담겨 있다.

1. 래리 피터슨과 울트라 라이트

어느 여름, 이상한 물체가 컴버랜드 상공 위를 날고 있었다. 어떤 사람들은 선사시대의 나르는 파충류이거나 돌연변이 잠자리일지도 모른다고 말했다. 찰리 터빈은 라이트 형제 중 한 명이 죽음에서 살아 돌아왔다고 생각했다. 그 물체는 래리 피터슨과 새로운 비행체인 것으로 밝혀졌다. 그는 그것을 울트라 라이트라고 불렀다. 에밀리에게 울트라라이트의 조종법을 가르쳐주기로 했다.

래 리: 먼저 몇 가지 간단한 사실부터 알려줄게요. 이 나는 기구의 중량은 250파운드입니다. 페이로드는 220파운드이구요. 페이로드란 그 자체의 무게를 제외하고 안전하게 실어 운반할 수 있는 무게를 말합니다. 그 무게는 조종사 무게, 연료, 화물의 무게를 포함하죠. 이륙하기 전에 자신의 몸무게를 포함해서 총 중량이 페이로드를 초과하지 않게 하는 것이 조종사의 책임입니다.

에밀리: 래리, 지금 화물에 대해서 얘기했는데, 보니까 화물 실을 자리가 없어 보이는데요?

래 리: 조종석 뒤에 짐 상자를 실을 수 있는 자리가 있는데, 어디 있더라? 여기 있군요. 그런데 거의 사용하지 않고 있어요. 이 상자 무게만 10파운드가 나가기 때문이지요.

2. 울트라 라이트 제원

래 리: 이 비행기는 35마력의 엔진을 달고 있어요. 스노우 모빌의 엔진을 갖다 붙인 것이기 때문에 비행기용 연료 대신 휘발유를 쓰지요.(5갤론을 가득 채웠을 때 30파운드 무게라고 쓰여진 연료통 표지판을 보여줌)

에밀리: 5갤론까지 채울 수 있고, 얼마나 연료가 남았는지도 볼 수 있네요. 이쪽 탱크에 1.5ℓ이고, 저쪽에 1.5ℓ이니까 지금 3갤런이 있군요. 2갤론으로 얼마나 멀리 갈 수 있죠?

래 리: 오늘 아침에 가득 채웠는데 30마일의 거리를 날았더니 3갤론 남았네요.

에밀리: 1시간에 얼마나 멀리 가나요?

래 리: 내 기준으로는 날씨가 좋으면 2분에 1마일 정도 갈 수 있는 것 같아요.

에밀리: 이착륙장 조건은요?

래 리: 보통 비행기처럼 그런 조건은 필요 없고, 100야드의 땅 조각만 있으면 이착륙이 얼마든지 가능해요.

3. 재스퍼와의 만남

(에밀리가 이륙과 착륙에 성공하며 기뻐하는 모습) 에밀리는 첫 비행에 매우 즐거움을 느꼈고 깊은 인상을 받았다. 그 후 그들은 저녁을 먹으러 갔다.

재스퍼: 나는 거기까지 차를 타고 가서 주차하고, 그 후 걸어서 하이킹 할 계획이에요.

에밀리: 얼마나 먼가요?

재스퍼: 힐다네까지는 60마일 거리구요, 거기서 분스메도우까지 하이킹하는데 힐다네부터 분스메도우까지는 대략 18마일 정도 될 거에요.

래 리: 내가 지난주에 비행기를 타고 힐다네 갔는데, 힐다가 정말 놀랐어요. 울트라 라이트가 그녀 집 바로 옆에 있는 들판에 착륙하니까 눈이 튀어나올 만큼 놀랐지 뭡니까.

(래리와 에밀리의 몸무게 측정모습을 보여줌. 래리 몸무게가 180파운드)

4. 분스메도우에서 다친 독수리 발견

재스퍼: 여기는 킹피셔, 긴급 상황이다. 힐다 응답하라!

차에 있는 남자 : (제한속도 60마일 표지판) 나는 312마일을 갈 수 있구나!

힐 다: 17달러 50센트 주세요(출발하는 남자. 이후 무전기를 들고 답한다)

힐 다: 힐다예요. 그런데 잡음이 심해서 안 들리네요. 문제가 뭐죠?

재스퍼: 총을 맞은 독수리를 발견했어요. 긴급히 치료해야 해요.

힐 다: 알았어요. 그런데 위치가 어디죠?

재스퍼: 분스메도우에요. 거기서 걸어서 5시간 걸려요.

힐 다: 어떻게 해야 하나?

재스퍼: 라미네즈 박사에게 이 새를 되도록 빨리 갖다 주고 치료를 받도록 해야 해요. 에밀리에게 전화해서 이 상황을 얘기하고 아이디어를 모아보세요.

힐 다: 알았어요.

5. 에밀리와 수의사의 대화

에밀리: 안녕하세요. 재스퍼가 다친 독수리를 발견했어요.

의 사: 우리는 여기 컴버랜드에 있고 힐다네 집은 여기 고속도로 바로 옆에 있네요. 그리고 여기 분스메도우가 있고요.

에밀리: 분스메도우 근처에는 도로가 없나요?

의 사: 없죠. 그래서 재스퍼가 하이킹 코스로 좋아해요.

에밀리: 독수리는 무게 얼마나 나가죠?

의 사: 차이는 있지만 대략 15파운드 정도입니다.

에밀리: 15파운드라, 컴버랜드는 분스메도우에서 얼마나 멀까요?

의 사: 도로가 없는데요.

에밀리: 비행기로 간다고 하면 어떨까요?

의 사: 비행기? 어디 봅시다. (지도로 거리를 잰 후) 전부 합해서 직선거리는 65마일 정도인 것 같네요. 빨리 치료해야 독수리를 구할 가능성이 커져요.

에밀리: 고마워요.

(래리에게 전화하는 에밀리)

에밀리: 래리, 급한 상황인데, 오늘 비행기를 써서 어디 좀 가실 수 있을까요? 지금 연료 채우고 준비가 다 돼 있다고요? 잘됐네요!

에밀리: (독백) 좋아. 래리는 가능해. 울트라 라이트는 착륙할 때 마다 5분이 소요된다고 봐야 해. 그럼 어떤 방법으로 독수리를 구출하는 것이 제일 빠를까?

독수리구출작전은 과연 성공할 수 있을까. 학생들은 영상 속 이야기에 등장하는 제스퍼를 비롯해 에밀리, 래리, 힐다 등의 인물정보와 지역 간의 거리, 이동수단(비행기, 자동차)의 연료소모량과 최고속도(제한속도), 페이로드(운반 가능한 무게) 등의 조건들을 종합적으로 고려해서 다친 독수리를 무사히 수의사에게 데려와야 한다. 래리가 비행기를 조종할 시, 그의 몸무게(180파운드), 5갤론의 연료무게(30파운드), 짐상자(10파운드), 독수리(15파운드) 등 페이로드 220파운드를 훌쩍 넘어선다. 독수리를 발견한 분스메도우에서 힐다네까지 18마일(도보나 비행기만 이동 가능), 힐다네에서 컴버랜드까지 60마일(자동차 이동가능), 컴버랜드에서 분스메도우까지 65마일(도보나 비행기만 이동 가능)이라서 2갤론으로 30마일을 이동(1갤론/15마일, 총75마일 가능)하는 비행기로는 자칫 연료부족으로 추락할 가능성이 높다. 2분에 1마일을 이동하는 비행기 속도(30마일/시간), 자동차의 제한속도(60마일/시간)도 18마일을 이동하는데 5시간이 소요되는 도보속도(3.6마일/시간) 등 이동방법에 따른 소요시간을 예상하는 것도 필요하다. 이처럼 학습자는 실감나는 이야기에 담긴 복잡한 문제 상황에 닻을 내리는 순간에 푹 빠져들게 되며, 이들의 인지적 호기심을 자극하여 자연스레 자발적이면서 적극적인 활동참여가 일어나도록 만든다.

여담이지만 필자는 당시 '독수리 구출작전' 사례에 매료되어 '도전! 유라시아대륙 횡단'이라는 문제개발에 도전한 적이 있다. 참고한 사례에 비하면 문제 완성도에 부족한 점이 많지만 그래도 며칠 밤을 공들이며 만들었던 기억이 난다. 이 PBL 문제는 2005년 12월에 개발하였으며 2007년 필자가 공저로 참여한 「PBL의 실천적 이해(문음사)」와 서울시교육연수원 PBL 온라인 연수과정에서 소개한 바 있다. 잼공팩토리❸과 이번 책의 후속 편인 「교사, 프로젝트학습에 답을 찾다 ❸편: 실천(출판예정) PART Ⅵ. 프로젝트학습 사례탐구」에서 관련 사례를 자세히 소개하고 있으니 참고하길 바란다.

Guiding Tips 08 영상콘텐츠를 활용하여 문제상황을 실감나게 표현하자!

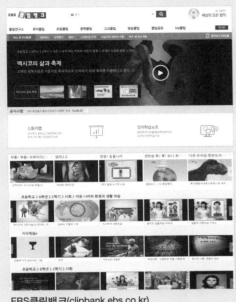

EBS클립뱅크(clipbank.ebs.co.kr)

제스퍼 시리즈처럼 복잡한 문제상황을 영상으로 담아낼 수 있다면 좋겠지만, 교사의 개인적인 능력만으로 해내기가 여러모로 어렵습니다. 제시된 문제상황 속에 학생들이 닻을 내릴 수 있도록 기존의 영상콘텐츠를 적극적으로 활용해 보는 것은 어떨까요? 교육방송콘텐츠를 수십 년간 만들어 왔던 EBS에서는 학교별, 학년별, 교과별, 주제별 등으로 분류해서 수업에 활용하기 쉬운 형태로 제공하고 있습니다. 이들 영상을 적절히 활용한다면, 주제에 따라서는 문제상황을 보다 실감나게 전달할 수 있습니다. 더불어 문제해결을 위한 학습자원으로도 유용하게 활용할 수 있습니다.

project

SYNOPSIS

'도전! 유라시아 대륙횡단'은 사회교과를 중심으로 구성한 수업이지만, 문제해결을 위해서는 과학과 수학교과지식의 활용도 필요합니다. 대한민국을 출발지역으로 해서 학생들이 선정한 서유럽의 어느 나라(도시)까지 주어진 조건에 맞게 탐험계획을 세워야 합니다. 문제 안에 따져봐야 할 조건들이 많은 만큼, 이들을 놓치지 않도록 지도해 주시기 바랍니다. 중점을 두고 있는 교과내용이나 창의적 체험활동, 자유학년활동 등의 특성을 고려하여 문제 상황을 추가하거나 변형하고, 조건을 추가하거나 빼는 방식으로 난이도를 조절할 수 있습니다.

◆**적용대상(권장):** 초등학교 6학년 – 중학교 3학년
◆**자유학년활동:** 주제선택(권장)
◆**학습예상소요기간(차시):** 5–8일(8–10차시)
◆**관련교과 내용요소(교육과정)**

교과	영 역	내용요소	
		초등학교 [5–6학년]	중학교 [1–3학년]
국어	말하기듣기	·토의[의견조정] ·발표[매체활용] ·체계적 내용 구성	·토의[문제 해결] ·발표[내용 구성] ·매체 자료의 효과
도덕	사회·공동체와의 관계	·전 세계 사람들과 어떻게 살아갈까? (존중, 인류애)	·세계 시민으로서 도덕적 과제는 무엇인가?(세계 시민 윤리)
실과 정보	자료와 정보	·소프트웨어의 이해	·자료의 유형과 디지털 표현
사회	지리인식 장소와 지역	·국토의 위치와 영역, 국토애 ·세계 주요 대륙과 대양의 위치와 범위, 대륙별 국가의 위치와 영토 특징	·우리나라 영역 ·위치와 인간 생활 ·세계화와 지역화
	인문환경과 인간생활	·세계의 생활문화와 자연환경 및 인문환경 간의 관계	·문화권 ·지역의 문화 변동

문제제시 ▶	과제수행 ▶	[결과정리] 유라시아 대륙횡단 계획 설명자료 제작하기
[동기유발] 한국전쟁 이전, 국제선이 있었던 서울역에 대해 이야기 나누기	[문제해결모색] 세계지도, 지구본, 구글어스 등을 이용해 유라시아 대륙횡단 코스 정하기	[선택] 기자회견에 배포할 보도문 작성하기
문제의 주인공인 탐험대원으로서의 '나'의 입장에서 문제파악하기	이동수단의 속도, 연료소모량 등을 종합적으로 고려하여 코스별 이동시간 산출하기	발표 및 평가 ●
문제해결을 위해 염두해야 할 각종 조건들에 밑줄을 치며 정독하고 의견나누기	각 지역의 기후나 자연환경, 정치적 상황을 파악하여 안전한 운행루트를 확보하기	[준비] 발표를 위한 프레젠테이션 자료제작 및 시나리오 작성하기
팀별로 유라시아 대륙횡단 도착지점(서유럽 도시) 정하기	음식, 연료 등 현지 보급계획 세우기	[발표] 1단계 기자회견 형식으로 탐험대원으로서 계획 발표하기 2단계: 기자로서 질의하고 탐험대원으로서 응답하기
과제수행계획서 작성 및 공유		[평가] 기자회견내용을 신문기사로 작성하기(상호평가), 성찰저널 작성하기

최근들어 시베리아 횡단철도(TSR)와 한반도 종단철도(TKR)와의 연결이 활발하게 논의되고 있습니다. 대한민국을 시작으로 한 유라시아 철도횡단의 꿈이 현실로 다가오고 있는 것입니다. 철도를 통한 유라시아 대륙으로의 진출은 한반도의 평화정착은 물론, 막대한 경제적 효과를 가져 올 것으로 예상되고 있습니다.

_이상 DSB의 노가리 기자였습니다.

"대한민국이 유라시아대륙의 새로운 주인공으로서 자리매김하고 있다는 반가운 소식이었습니다. 이러한 시점에 우리들의 젊은 대학생들이 자체 제작한 자동차와 소형비행기를 이용하여 유라시아 대륙 횡단에 도전한다고 해서 관심이 집중되고 있는데요. 그 현장에 한별 기자가 나가있습니다. 한별 기자 나오세요."

한별 기자입니다. 우리들의 젊은 대학생들이 자체적으로 제작한 자동차와 지원받은 소형비행기를 이용해서 유라시아대륙횡단에 도전한다고 합니다. 우선 이들이 제작한 자동차와 소형비행기를 가영 대원이 간단히 소개하도록 하겠습니다.

"먼저, 자동차는 어떠한 지형조건에서도 탁월한 성능을 발휘할 수 있도록 개발되었습니다. 보통 평지에서는 시속 80km, 산악지형에서는 시속 40km 정도의 속도를 유지할 수 있는데요. 연료탱크의 크기는 100L이며, 1L의 연료로 평균 10km를 달릴 수 있습니다. 게다가 하이브리드 자동차라서 전기를 이용한 주행도 가능하다고 합니다. 하루 3시간 정도는 연료 소모 없이 달릴 수 있습니다."

"다음으로 한국항공우주연구원에서 지원한 소형비행기를 소개하겠습니다. '반디'라는 이름의 소형비행기는 긴 시간의 시험 운행을 통해 그 안정성을 검증받았습니다. 평균 시속 200km, 1L의 연료로 5km를 날아갈 수 있다고 합니다. 연료탱크는 200L이며, 이착륙과 급유, 중간점검에 필요한 시간은 2시간 정도입니다."

자! 지금부터는 이번 유라시아대륙횡단의 탐험대장을 맡고 있는 다나 대원으로부터 유라시아 대륙 횡단 계획과 관련해서 좀 더 자세한 설명을 듣기로 하겠습니다. 다나 대장님 말씀해 주시죠.

"안녕하세요. 탐험대장을 맡고 있는 다나라고 합니다. 저를 비롯한 4명의 탐험대원들은 이번 유라시아 대륙 횡단의 출발점을 대한민국의 수도인 서울로 잡고 있습니다.

저희는 일단 자동차를 이용해 북한을 거쳐 중국 베이징까지 갈 생각입니다. 하지만 아직 이후의 일정은 구체적으로 잡지 못한 상태입니다. 다만, 이번 유라시아 대륙 횡단의 최종 도착지역은 서유럽 국가 중의 한 나라로 선정할 것이며, 역사적인 가치를 고려하여 유럽과 아시아를 이어주었던 실크로드와 몽골리안 루트에 대해 검토할 계획입니다. 또한 안전에 있어서도 다각적인 대비를 하려고 합니다. 각 지역의 내전(전쟁)이라든지 정치적 불안 상황을 꼼꼼하게 체크하고, '로드 킬'이나 야생동물의 예기치 못한 공격, 기후나 자연환경의 위협요소 등을 확인해서 안전 확보에도 만전을 기할 것입니다."

네, 그렇군요. 그럼, 유라시아대륙횡단에서 자동차와 소형비행기는 어떻게 운영될 것인지 간단히 말씀해 주세요.

"아직 세부적인 운영 계획은 나오지 않았습니다. 다만, 지난주 한국항공우주연구원과의 협의에서 전체 횡단 과정에서 2회가량은 소형비행기 '반디'로 하자는 데 합의하였습니다. 하지만 전체 일정 중에 반디를 어떤 곳에 투입할지는 아직 결정되지 않은 상태입니다. 단, 안전을 고려하여 야간비행은 하지 않을 방침(하루 5시간 비행 가능)이며, 이착륙과 급유, 점검이 가능한 공항을 이용해야 하므로, 이를 감안하여 계획을 세울 예정입니다. 자동차 운행과 관련해서는 탐험 일정을 최대한 단축하기 위해 교대 운전으로 24시간 운행할 계획입니다. 하지만 전체적인 피로도와 안전을 고려하여 3일에 한번 정도는 해당 지역에서 12시간가량 휴식을 취할 예정입니다. 그리고 원활한 탐험을 위해 연료보급과 식량보급 관련한 세부 계획을 마련할 생각입니다. 연료와 식량은 보급의 효율성을 감안하여 동시에 이루어집니다. 이러한 부분들을 감안하여 자동차와 소형비행기의 운행계획을 포함하여 유라시아 대륙 횡단의 구체적인 계획을 세워서 다음 주에 발표하도록 하겠습니다."

유라시아대륙횡단 계획이 다음 주에 어떻게 나올지 정말 기대되는데요. 젊음이 가진 도전 정신과 치밀한 계획으로 여러분들의 도전이 멋지게 성공하길 바랍니다. 그럼 다음 주 발표 때 찾아뵙기로 하겠습니다.

당신의 임무를 기억하세요!

탐험대원인 당신에게 새로운 임무가 주어졌습니다. 그건 다름 아닌, 유라시아 대륙 횡단 계획을 세우는 것이죠. 당신은 탐험대원의 한 사람으로서 앞서 제시한 조건을 모두 충족시킬 수 있는 계획을 세워야 합니다. 유라시아 대륙 횡단 코스와 일정, 자동차와 소형비행기의 운행방법은 전적으로 여러분들이 정해야 합니다. 물론, 자동차와 소형비행기의 연비를 고려해서 연료 및 식량 보급 지역, 이착륙 지역을 미리 결정해야겠지요? 식량 보급 계획을 수립할 때는 해당 지역에서 확보할 수 있는 음식으로 정해야 합니다. 여러분들의 성공적인 임무 완수를 위해서는 기본적으로 각 코스별 이동거리를 반드시 알아야 합니다. 직접 거리를 측정하는 것이 불가능하기 때문에, 세계지도와 지구본을 활용하여 대략적인 거리를 측정하고 이를 활용하도록 하겠습니다. 세계지도에서 거리를 측정하려면 그 지도의 축척을 알아야하고요. 지구본에서 거리를 측정하기 위해서는 위도와 경도에서 1°의 거리 기준을 알면 쉽게 측정할 수 있습니다. 힌트는 여기까지…, 자! 그러면 여러분들의 멋진 활약을 기대하겠습니다.

※ 참고 : 위도별 위도와 경도 1°의 길이

위도 (°)	위도 1도의 길이(km)	경도 1도의 길이 (km)	위도 (°)	위도 1도의 길이(km)	경도 1도의 길이(km)
0	110.569	111.322	50	111.230	71.700
5	110.578	110.902	55	111.327	63.997
10	110.603	109.643	60	111.415	55.803
15	110.644	117.553	65	111.497	47.178
20	110.701	114.650	70	111.567	38.188
25	110.770	100.953	75	111.625	28.904
30	110.850	96.490	80	111.666	19.394
35	110.941	91.290	85	111.692	9.735
40	111.034	85.397	90	111.700	0.000
45	111.132	78.850			

04

인지적 유연성 :
◆ 지식의 범주를 넘나들며 자유롭게 탐색하라! ◆

"인지적 유연성이란, 여러 지식의 범주를 넘나들고 연결지으며 다양한 방법으로 급격하게 변화하는 상황적 요구에 따라 융통성있게 대처할 수 있는 능력을 말한다."

_Spiro, 1990

교과서에 수록된 대부분의 지식들은 단순화, 세분화, 일반화된 형태로 제공된다. 정형화시키거나 구조화된 틀로 가르칠 수 없는 복잡한 성격의 개념마저도 지식전달의 효율성을 위해 최대한 단순화시켜 구성되어 있다. 학교수업의 변화가 더딘 것도, 여전히 전통적인 교수학습원칙에 의거해 지식들을 나열하고 그대로 기억시키는 데 초점을 둘 수밖에 없는 것도 어찌 보면 교과서의 이런 특성이 한몫을 차지하고 있다. 문제는 이렇게 맥락과 분리된 채 가르쳐진 지식들이 결과적으로 복잡한 사고를 요하는 실제 상황에서 오히려 인지적 방해요소로 작용할 수 있다는 점이다.

아마도 나눗셈을 이용한 계산방법을 조금이라도 아는 학생이라면 별 고민 없이 문제의 정답을 맞출 수 있을 것이다. 책이 과자로 바뀌고, 학생이 아닌 어린 아이가 되더라도, 객관식이든 서술형 문제든 고민할 필요가 전혀 없다. '15÷5'의 정답은 언제나 '3'이기 때문이다. 하지만 우리가 실제로 만나는 문제들은 학교에서 자주 접하는 문제유형과 완전히 다르다. 어렵고 복잡하며 그 만큼 문제해결을 위해 따져 봐야 할 조건도 많다.

단순히 책을 골고루 나눠주는 것만으로 해법이 제한된다면 나눗셈의 계산원리를 적용해 문제를 쉽게 해결할 수 있을 것이다. 그러나 그것이 실제 만족할 만한 해법이 될지는 미지수다. 오히려 나눗셈이라는 수학의 연산원리를 이용한 접근이 상황에 적합한 해결안을 도출하는 데 방해요소로 작용할 가능성이 높다. 나눗셈의 계산원리가 아닌, 학생들의 가정형편, 그들이 선호하는 책의 종류 등 다른 요인들로부터 만족스런 해법이 나올지도 모를 일이기 때문이다. 누군가에겐 한 권의 책을 받는 것이 나머지 책을 얻는 것보다 더 기분 좋은 일이 될 수도 있는 노릇이다. 간단한 예를 들어 설명한 것이지만, 늘 변화무상하여 예측하기 힘든 다양한 실제 상황 속에서 정답이 있는 문제는 존재하지 않는다. 시시각각 변화하는 상황적 요구에 적응적인 해결안을 내놓을 수 있으려면 학습에 있어서 융통성이 필요하다. 한 가지 정답을 쫓아 반복적인 단순암기로 일관하며 획일적인 지식습득을 강요하는 수업을 통해 과연, 인지적 유연성이 길러질 수 있을까.

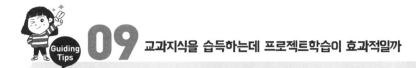

09 교과지식을 습득하는데 프로젝트학습이 효과적일까

프로젝트학습모형이 모든 수업을 대신할 수는 없습니다. 특히 제한된 시간 안에 교과지식의 습득과 관련 이론을 깊이 있게 다룰 경우, 그것에 적합한 교수학습모형을 선택하여 활용하는 것이 효과적입니다. 프로젝트학습을 교과지식의 습득을 위한 효과적인 교수학습모형이라고 여긴다면 수업의 기본관점(구성주의)을 이해하지 못한 것이라 볼 수 있습니다. 프로젝트학습은 기존 지식과 정보의 활용을 통해 주어진 상황에 부합하는 새로운 지식을 생산(창출)하는 데 목적을 두고 있습니다. 교과수업과의 연계성을 강화시키고 싶다면 해당 교과지식을 활용하는데 흥미를 가질 만한 캐주얼한 문제상황을 제시해 프로젝트학습을 시작해 보았으면 합니다.

인지적 유연성 모형의 4가지 조건

인지적 유연성 모형을 제안한 스피로와 그의 동료들(Spiro et al., 1988, 1990)에 의하면, 지식이라는 것은 요약하고 단순화시켜 전달할 수 있는 성격의 일차원적인 개념이 아니라 그것 자체가 복잡하고 다차원적인 개념을 가지고 있다고 전제한다. 그리고 이런 전제에서 구현된 수업은 기본적으로 '복잡성'과 '다원성'을 지닌 지식의 범주를 자유롭게 넘나들며, 다양한 접근 방법을 통해 주어진 상황의 맥락에 따라 연결짓는 과정으로 채워져야 한다고 보았다. 이들은 이렇게 특정상황을 기반으로 그물망처럼 잘 짜여진 지식구조의 형성을 강조하였는데, 이를 이른바, '상황 의존적인 스키마의 연합체(situation-dependent schema assembly)'라는 용어로 표현하기도 했다. 결과적으로 학습경험을 지속함으로 인해 복잡하고 예측하기 어려운 유동적인 상황을 만나더라도 유연하고 융통성 있게 문제를 해결할 수 있는 능력, 즉 인지적 유연성을 기를 수 있다고 주장했다.

기본적으로 스피로의 인지적 유연성 모형은 '지식이란 절대적이고 고정된 것이 아니라 상황에 따라 끊임없이 변화한다'는 구성주의적 인식론(지식을 바라보는 관점)을 전제로 '상황적 학습환경', '실제적 성격의 과제' 등을 강조한다는 점에서 앞서 살펴보았던 모형들과 크게 다르진 않다(강인애, 1997). 다만 이들 모형과 구별되는 지점은 '임의적 접근 학습(random access instruction)'과 '하이퍼미디어 활용'으로 설명되는 인지적 유연성 모형만의 고유 특성에서 찾을 수 있다. '비구조화', '비순차적' 특성을 지닌 임의적 접근 학습은 어떤 특정과제가 주어졌을 때, 그것을 다양한 문맥과 관점에서 해석하고, 학습하는 순서도 재배치하면서 이와 관련된 가능한 한 많은 사례들을 다루어 보도록 하는 학습전략이다. 특히 인터넷상에서 다양한 유형의 매체를 넘나들며 자유롭게 학습할 수 있는 하이퍼미디어 환경은 이러한 임의적 접근 학습을 구현하는 데 이상적인 학습 환경이 되어준다.

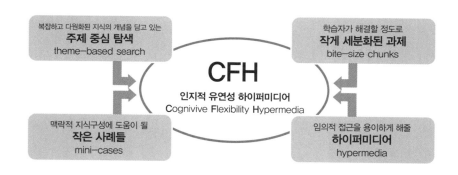

스피로가 제안한 인지적 유연성 모형은 ①복잡하고 다원화된 지식의 개념을 담고 있는 '주제 중심 탐색(theme-based search)' ②학습자가 해결할 정도로 '작게 세분화된 과제(bite-sized chunks)', ③맥락적 지식구성에 도움이 될 '작은 사례들(mini-cases)', ④임의적 접근을 용이하게 해줄 '하이퍼미디어(hypermedia)'를 교수설계원칙으로 삼아

'인지적 유연성 하이퍼미디어(Cognitive Flexibility Hypermedia: 이후 CFH)' 프로그램으로 구체화되기에 이른다.

CFH 모형의 제작 특징

이론적 전제	제작특징
❖임의적 접근학습: 비순차적, 다양한 제시 ❖십자형 접근(criss-crossing) ❖문제의 복잡성 강조 ❖다양한 상황에서 작은 규모의 문제들을 지속적으로 다루어 가면서 경험적 지식을 축적	다양한 상황에서 제시되는 작은 규모의 문제들 학생들이 감당할 수 있는 작은 규모의 과제
	주제별 학습: 개념 간의 상황관련성 파악
	프로그램 내에 전문가의 교수적 도움이나 의견들을 수록
	학습자의 필요에 따라 유동적으로 학습내용의 구조적 재편집의 가능성
	인위적인 교과서적 과제 대신 개념별, 주제별로 상황성이 깃들인 실제적 과제 제시
	엄격하게 사전 세분화된 상태의 학습환경과 완전히 비구조적인 학습환경과의 중간 정도의 학습환경
	프로그램 내에 학습자료 입력

_출처: 강인애(1997). 왜 구성주의인가? 정보화 시대와 학습자중심의 교육환경. 서울: 문음사 [pp.102~103]

project

어느 나라보다 학교와 학원에서 수없이 많은 시험을 치르며 공부하는 학생들, 왜 시험이 거듭될수록 자신감이 떨어지는 것일까요? 여러 이유들을 찾을 수 있겠지만, 거기에는 실패에 대한 학습이 한몫을 차지하고 있습니다. 정답이 있는 문제는 늘 오답이 있기 마련이죠. 그래서 현장의 많은 선생님들이 마치 공부의 정석처럼 학생들에게 오답노트작성을 강조하며 반복적인 실패가 일어나지 않도록 가르치기도 합니다. 그럼에도 불구하고 학생들은 동일한 유형의 문제에 다시 오답을 적어내곤 하지요. 그런데 심각한 문제는 오답이 아닌 그것을 겪은 감정에서 나타납니다. 시험의 오답이 아이들에겐 실패 경험으로 작용하기 때문에 그렇습니다. 문제 하나를 놓고 볼 때, 아주 미미한 실패에 불과할 수 있지만, 이것이 모이고 쌓이면 부정적인 영향을 미치게 됩니다. 처음엔 특정 과목에 대한 자신감이 떨어지다가 점차 공부 전반으로 확대되기도 합니다. 문제를 가장 많이 푸는 과목일수록 이런 현상이 두드러지는 것도 단지 우연은 아닐 것입니다. 수포자(수학포기자를 줄인 말)라는 신조어가 만들어질 정도도 문제가 심각한 수학과목처럼 말이지요. 반면 프로젝트학습은 정답이 없습니다. 학생들마다 서로 다른 해법이 나오지만 모두 존중받습니다. 시행착오를 겪더라도 최종결과물의 질과 상관없이 나름의 성공 경험을 하게 됩니다. 프로젝트학습을 통한 작지만 의미 있는 성공 경험은 복잡하고 도전적인 과제를 마주하더라도 관련된 지식(정보)의 범주를 자유롭게 넘나들며 최상의 해결안을 도출하기 위한 자기주도적인 학습으로 이어집니다. 절대 반복적으로 실패를 경험하는 학습 환경일수록 인지적 유연성이 작용할 여지가 없으며, 틀에 박힌 수동적인 사고에서 벗어나지 못해 그것 자체가 인지적 방해요인으로 작용하게 된다는 점을 명심해 주세요.

CFH 프로그램 개발사례: 아람이와 함께하는 날씨이야기

CFH 프로그램은 필자가 2005년 한국교육방송공사(EBS)의 지원을 받아 진행했던 방송콘텐츠 활용을 위한 학습모듈설계 과제와 관련이 깊다. 학습자에게 제시될 과제에 따라 작은 의미와 주제 단위로 방송콘텐츠를 나누고, 비디오 클립으로 제작하여 특정 문제 상황 속에 활용이 용이한 하이퍼미디어 환경인 학습모듈로 구현하는 것이었다.

이를테면 '날씨관련 종사자'라는 방송프로그램이 있다면, 이를 직업별로 나누어 주제별 학습에 도움이 될 '작은 사례들(mini-cases)'로 나누는 방식인데, 이렇게 개념별, 주제별, 사례별로 나눈 방송콘텐츠들이 특정 과제를 파악하거나 해결하는 데 활용될 수 있도록 학습모듈설계에 반영했다. 또한 문제와 과제를 학습자가 충분히 감당할 수 있도록 작은 규모로 나누어 단계별로 제공되도록 고안한 것도 학습모듈설계의 주요 특징 중의 하나다. 학습모듈의 기본설계구조를 정하고, 이를 토대로 인터페이스(interface)를 설계하였다. 학습모듈은 각 기능별로 화면을 분할하고, 학습자의 임의적 접근과 방송콘텐츠 활용을 비롯해 주제 중심 탐색이 용이한 화면구조로 단순화했다.

구 분	설 명
Main	PBL 소개, 관련 교과, 단원 정보 제공, 교수지원자료 제공
Problem	단계별 문제와 과제, 관련 학습자료 제공
Video	학습자원으로 활용될 방송콘텐츠(비디오 클립) 제공
Resources	유용한 학습 자료 공유(교수자, 학습자 참여 공간)
Gallery	학습과정을 통해 생산된 결과물 탑재
Q&A	학습모듈과 PBL 과정과 관련된 질문과 답변 공간

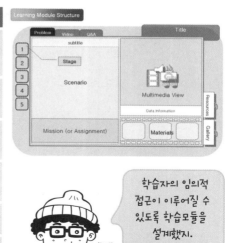

학습자의 임의적 접근이 이루어질 수 있도록 학습모듈을 설계했지.

학습모듈은 각 기능별로 문제이해, 학습자원 제공, 우수 학습결과물 탑재, 질문과 답변 공간으로 크게 구분하고, 각 메뉴별 명칭을 확정지었다. 그리고 기본 설계구조와 인터페이스 설계를 바탕으로 PBL 수업을 위한 하이퍼미디어 학습모듈이 개발됐다.

앞서 설계한 학습모듈을 전문가의 도움을 받아서 실제 구현해 보았어.

학습모듈에서 제공되는 콘텐츠 외에도 주어진 과제를 해결하기 위해선 인터넷 공간의 멀티미디어 자료를 자유롭게 접근하고 활용할 수 있는 환경을 제공해 주어야 한다. 그런 의미에서 온라인 학습커뮤니티의 역할은 중요하다. 당시 SNS를 비롯한 소셜미디어(social media)가 등장하지 않았던 시기라서 문제해결을 위한 개별적, 협력적 활동이 이루어질 수 있는 공간을 함께 개발됐다. 인터넷을 통해 주제별로 탐색한 다양한 정보와 지식들이 지속적으로 교류되고, 과제에서 요구하는 형태로 재구성되어 생산될 수 있는 공간이 제공되도록 했다.

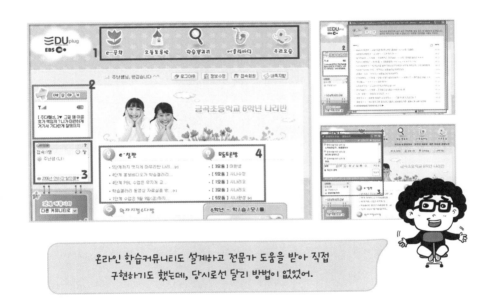

온라인 학습커뮤니티도 설계하고 전문가 도움을 받아 직접 구현하기도 했는데, 당시로선 달리 방법이 없었어.

온라인 학습커뮤니티를 간단하게 살펴보면, ①중심메뉴는 'e-공책', '모둠토론방', '학습갤러리', '어울림마당', '우리모습'으로 구분하여 사용자의 목적에 따라 각 공간의 접근과 활용이 용이하도록 하였으며, ②짧은 메모기능을 통해 자신의 생각을 효과적으로 표현할 수 있도록 하였다. 더불어 홈페이지에 동시 접속한 학생들 간에 ③실시간 토론이 이루어질 수 있는 기능과 함께 모둠토론방에서 활발한 상호작용이 이루어지도록 구성했다. ④최근 게시목록을 제공하는 등 학습자의 접근성을 높일 수 있도록 했다.

당시(2005년)만 해도 인지적 유연성 이론에 입각하여 하이퍼미디어(hypermedia) 혹은 하이퍼텍스트(hypertext) 학습 환경을 구현해내기란 결코 쉽지 않았다. 전 세계의 상당수 동영상콘텐츠가 공유되고 있는 유튜브(youtube.com)가 서비스되기도 전이라서 인터넷을 통해 방송콘텐츠를 비롯한 양질의 멀티미디어 자료에 접근하는 것도 어려웠다. 게다가 대다수의 동영상콘텐츠가 '아날로그' 기반의 캠코더로 촬영되어 보관되어 있어서 선정한 방송콘텐츠의 경우에도 디지털 파일로 전환하는 작업이 별도로 필요했을 정도였다.

하지만 지금의 시대는 다르다. 굳이 학습모듈이나 온라인 학습커뮤니티를 공을 들여 개발하지 않더라도 충분히 하이퍼미디어 학습환경을 구현할 수 있게 되었다. 무엇보다 손 안에 들어와 버린 스마트한 디지털기기와 인공지능(AI) 스피커를 시작으로 일상으로 빠르게 스며들고 있는 사물인터넷(IoT) 등이 그물망처럼 촘촘하게 연결된 세상을 연출하고 있다. 그야말로 언제, 어디서든 시간과 장소에 구애받지 않고 임의적 접근이 가능한 온라인 학습 환경이 펼쳐져 있는 것이다. 이런 측면에서 인지적 유연성 모형의 교수설계원칙 중의 3가지, 즉 하이퍼미디어 학습이나 맥락적 지식구성을 지원해 줄 작은 사례들의 제공, 주제 중심 탐색은 별도의 노력을 기울이지 않더라도 오늘날의 온라인 환경만으로도 쉽게 구현할 수 있게 되었다고 볼 수 있다.

따라서 이제 인지적 유연성 모형은 교수설계원칙의 나머지 하나인 학습자가 해결할 정도로 과제를 작게 나누고 정교화시킬 수 있는지 여부가 중요해졌다. 여기서 절대 간과하지 말아야 할 부분은 아무리 작게 나눈 과제라 하더라도 그것 자체가 여러 분야의 지식의 범주를 넘나들 수 있도록 복잡하고 다원적인 개념, 쉽게 말해 통합교과적이며 실제적인 성격이어야 한다는 점이다. 더불어 칙센트미하이(Csikszentmihalyi, 1990)가 몰입(flow)의 기본조건으로 강조한 '도전적이더라도 달성 가능한 과제'를 충족시켜야 한다. 필자는 이를 위해 '게임화(gamification)' 전략을 프로젝트학습에 반영하면서 '퀘스트(Quest)' 방식으로 주제, 활동, 단계 등의 기준으로 과제를 세분화하였는데, 기본적으로 인지적 유연성 모형의 교수설계원칙에 따른 접근이었다.

아무튼 이후에 다른 장에서 자세히 다루겠지만, 프로젝트학습의 과제를 퀘스트 방식으로 재구성하니 기존의 수업 진행 방식과 확연한 차이를 보였다. 통으로 한꺼번에 제시된 과제를 해결하는 것이 아니라서 어떤 주제의 작은 과제가 제시될지 구체적으로 알 수 없는 상황이 연출되곤 했고, 이런 불확실성이 다음에 나올 과제에 대한 기대감으로 이어지기도 했다. 제한시간을 두어 신속한 과제 해결이 요구되기도 하면서 전에 없던 긴박감이 더해지기도 했다. 이러한 현상은 퀘스트 방식을 도입한 다른 프로젝트학습에서도 거의 일관되게 나타났다. 다음은 앞서 잼공팩토리❶에서 소개한 바 있는 '나무치료사' 문제를 인지적 유연성 모형의 교수설계원칙에 따라 정교화하여 퀘스트 방식으로 구성한 예이다. 이 문제는 필자의 저서인「설레는 수업, 프로젝트학습 PBL 달인되기1: 입문」'5장. 나무에게 새 생명을, 나무를 치료하는 나무의사' 편을 통해 자세히 확인할 수 있다.

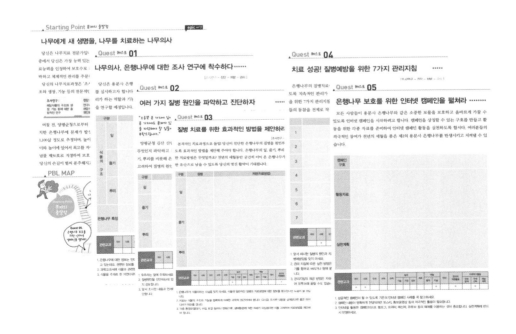

11 프로젝트학습에서 온라인 학습커뮤니티가 필요할까

프로젝트학습에서 온라인 학습커뮤니티를 반드시 활용하라는 법은 없습니다. 오프라인을 기반으로 얼마든지 프로젝트학습을 실천할 수 있습니다. 다만 긴 호흡으로 진행되는 프로젝트학습의 경우, 교실이라는 공간을 벗어난 이후에도 학습이 계속돼야 하기에 이를 지원해줄 온라인 공간이 필요합니다. 전체 학습과정과 최종 산출물이 기록으로 남는 온라인 학습커뮤니티는 여러모로 유용합니다. 학생들의 발표장면 등을 촬영해서 올리면, 그것 자체가 자기피드백 자료가 되기도 하니까요. 학습과정과 결과를 멀티미디어 자료로 기록하고, 이를 교사, 학생, 학부모 모두 공유함으로써 상시적인 교육 참여를 이끌어낼 수도 있습니다. 얼마든지 온라인 학습커뮤니티는 모둠토론 공간이면서 학습결과를 공유하고 평가하는 공간으로 손색이 없습니다. 동시에 온라인 포트폴리오 공간으로서의 가치도 지니고 있습니다. 학생들이 생산한 다양한 학습결과물들은 때론 상급학교의 입시에서 자소서 작성 등 목적에 따라 유용하게 활용되는 예도 있습니다. 여기서 온라인 학습커뮤니티에 남겨진 소중한 결실들이 가급적 오래 보존되도록 하는 것이 중요합니다. 별도의 서버를 두고 학급홈페이지를 운영하거나 네이버, 다음 등에서 지원하는 검증된 커뮤니티를 활용하는 것을 권합니다. 아무리 교육기관에서 권장하는 학급커뮤니티라 할지라도 일정기간이 지난 후 없어질 위험이 높다면 절대 이용하면 안 됩니다. 새학년이 되면 학생들의 소중한 작품들이 한순간에 사라져 버릴 테니까요. 아울러 게시판에 첨부할 수 있는 지원용량도 꼼꼼히 체크하는 것도 잊지 마세요. 각종 멀티미디어 결과물들을 받아줄 수 있는 넉넉한 학습커뮤니티가 아니라면 무용지물이 될 수밖에 없습니다. 한번 선택이 적어도 일년을 좌우합니다.

잼공FACTORY **04 아! 홍유릉**

SYNOPSIS

'아! 홍유릉'은 사회교과와 과학교과를 중심으로 구성된 수업입니다. 굳이 홍유릉이 아니더라도 우리 고장에 위치한 문화재를 대상으로 수업을 재구성해도 무방합니다. 첫 번째 문제에서는 문화재 보존전문가로서 문화재 훼손상태를 조사하고 그 원인을 과학적으로 규명하는 데 초점을 두고 있다면, 두 번째 문제는 문화재지킴이로서 UCC 자료를 제작하여 인터넷에 배포하는 활동으로 채워집니다. 관련 교과내용이나 창의적 체험활동, 자유학년활동 등의 시간을 활용하여 실제 역사무대를 배경으로 한 풍부한 수업을 기획해 보세요.

◆**적용대상(권장):** 초등학교 6학년 – 중학교 3학년
◆**자유학년활동:** 주제선택(권장)
◆**학습예상소요기간(차시):** 8–10일(10–12차시)
◆**관련교과 내용요소(교육과정)**

교과	영 역		내용요소	
			초등학교 [5–6학년]	중학교 [1–3학년]
국어	말하기듣기		·토의[의견조정] ·발표[매체활용] ·체계적 내용 구성	·토의[문제 해결] ·발표[내용 구성] ·매체 자료의 효과
과학	화학	물질의 성질/상태	·용액의 성질, 용액의 분류, 지시약 ·산성 용액, 염기성 용액	·입자의 운동, 기체의 압력 ·기체의 압력과 부피의 관계 ·기체의 온도와 부피의 관계
	생명과학		·환경 요인이 생물에 미치는 영향 ·균류, 원생생물, 세균의 특징과 사는 곳	
	지구과학		·계절별 날씨	·풍화 작용
실과 정보	자료와 정보		·소프트웨어의 이해	·자료의 유형과 디지털 표현
사회	역사일반		·[초등학교 3–4학년]우리가 알아보는 고장 이야기(고장의 문화유산)	·역사의 의미와 학습 목적 (사료의 개념, 역사 학습의 목적)
	정치사		·일제의 침략과 광복을 위한 노력	·일본 제국주의의 침략과 국권 수호 운동 (의병 운동, 애국 계몽 운동, 을사늑약)

문제제시 ▶	과제수행 ▶	
[동기유발] 분쟁지역을 포함해 전 세계 문화재 훼손사례를 다룬 영상을 시청하며 이야기 나누기	[문제해결모색] 과제수행계획에 따라 개별 역할에 맞게 문제해결을 위해 모색하고 필요한 정보와 자료를 탐색하여 공유하기	문화재 보존전문가로서 훼손 유물의 보존 방법을 살펴보기
문화재 보존전문가 직업에 대한 이해를 돕기 위해 관련된 동영상 시청하기(동영상 검색 활용)	탐색한 정보와 의견에 대한 아이디어를 교환하고 이를 바탕으로 홍유릉 유물 탐방(조사) 계획 수립	[결과정리] 문화재 진단보고서(설명자료) 작성 및 [문제2]문화재 지킴이로서 UCC 자료 제작하기
문제의 핵심내용을 파악하고 제시된 해결절차 이해하기	문화재 보존전문가로서 해야 할 일과 진행과정 결정하고 공유하기	발표 및 평가 ●
		[준비] 문화재의 훼손 정도와 원인을 정리하고, 보고회에 활용할 발표문 작성하기
[선택] 팀별로 훼손여부를 조사할 우리고장의 문화재 선정하기	팀별로 홍유릉 답사자를 선정하고, 조사계획에 따라 활동 전개하기 (문화재 현장조사)	[발표] 문제1: 문화재의 훼손 원인, 보존대책 등을 발표하기 문제2: UCC자료 배포 및 공유하기
과제수행계획서 작성 및 공유	조사한 내용을 토대로 문화재의 훼손 원인을 규명하고 정리하기	[평가] UCC에 댓글로 긍정적 피드백 올리기(상호평가), 성찰저널 작성하기

당신은 유능한 문화재 보존전문가입니다. 다양한 원인에 의해 심각하게 훼손된 우리 문화재를 원래의 모습에 가깝게 복원하는 일을 맡고 있죠. 또한 문화재가 더 이상 훼손되지 않도록 보존하고 관리하는 일도 당신의 중요한 임무 중에 하나입니다.

최근 문화재청으로 홍유릉에 대한 훼손 민원이 들어왔다고 합니다. 특히, 석조물에 대한 훼손 정도가 심각하고, 변색과 같은 이상 징후가 광범위하게 발견되고 있다고 합니다. 지역사회의 여론도 조선왕릉이 세계문화유산으로 지정된 만큼 빠른 시일 안에 문화재의 훼손 원인을 규명하고, 보존 대책과 훼손에 대한 복원계획 등을 마련해 줄 것을 요구하고 있습니다.

조선의 26대 고종황제와 명성황후가 안장된 홍릉과 27대 순종황제와 순명황후가 안장된 유릉이 위치하고 있는 홍유릉, 우리나라의 아픈 역사를 품고 있어서 마음이 애틋해지는 조선의 마지막 왕릉인 홍유릉에 대한 진단과 보존 노력이 시급한 때입니다. 문화재청에서는 이 분야에서 탁월한 능력을 인정받고 있는 당신에게 홍유릉 문화재에 대한 정밀 진단을 의례한다고 합니다. 당신은 홍유릉의 석조물을 중심으로 유물의 훼손 정도를 면밀히 살펴보고, 훼손된 이유와 함께 훼손을 막을 수 있는 방법이 무엇인지 찾아볼 계획입니다. 홍유릉 문화재(특히, 석조물)에 대한 정밀 진단은 다음 절차에 따라 진행될 것입니다.

홍유릉 석조물들의 훼손 여부 살펴보기

홍유릉을 직접 방문하여 석조물에 대한 훼손(변색, 부분 유실, 낙서, 갈라짐 등) 여부를 면밀히 살펴봅니다.

유물이 훼손된 원인 규명하기

유물이 훼손된 원인을 훼손 유형(변색, 부분 유실, 낙서, 갈라짐 등)에 따라 밝힙니다. 유물 훼손 원인은 개인의 생각이 아닌 과학적으로 타당한 근거를 가지고 규명해야 합니다.

유물 훼손을 방지하기 위한 방법 제안

유물의 훼손 원인을 과학적으로 밝힌 후, 이에 맞는 훼손 방지 방법을 제안합니다.

당신은 2주 후에 홍유릉 문화재 훼손에 대한 정밀 진단 결과를 발표해야 합니다. 과학적인 근거를 들어 문화재 훼손의 원인을 규명하고 여러 가지 원인의 훼손을 막기 위한 문화재 보존방법을 제안해 주시기 바랍니다. 당신의 멋진 활약을 기대하겠습니다.

1. 모둠별로 홍유릉를 방문하여, 석조물들의 훼손 여부를 직접 살펴봅니다. 준비한 카메라로 훼손된 부분을 자세히 촬영하고, 관찰한 내용을 정리합니다.
2. 관찰한 유물에 대한 정보는 인터넷이나 책을 통해 살펴보고, 유물이 훼손된 원인이 무엇인지 정보검색활동과 모둠토론활동을 통해 밝혀냅니다.
3. 발표내용에는 홍유릉의 훼손된 문화재 실태와 훼손의 원인, 더 이상의 훼손을 막기 위한 보존방법 등이 반드시 들어가야 합니다. 발표시간은 절대 7분을 넘기지 마세요.

홍유릉의 훼손된 문화재가 참 마음을 아프게 합니다. 지난날 국보1호 숭례문이 화재로 심각하게 훼손됐을 때 그제야 그 소중함을 깨달았던 것처럼, 미련하게도 훼손된 홍유릉 석조물을 보고 다시금 우리 문화재의 소중함을 느낍니다. 저는 소중한 우리 문화재에 대해 무관심으로 일관했던 내 자신을 먼저 반성해 봅니다. 문화재 보존의 시작이 문화재를 아끼고 사랑하는 마음에서 비롯된다는 것을 왜 몰랐을까요? 그래서 전 지금 이 순간부터 문화재 지킴이가 되겠습니다. 그 시작으로 많은 분들이 우리 문화재에 대한 무관심과 훼손의 심각성을 알 수 있도록 작은 온라인 홍보활동을 준비하려고 합니다. 온라인 공간을 통해 UCC 자료를 만들고 배포하는 일은 제게 익숙한 일이니까요.

1. '아! 홍유릉' 문제 해결 경험을 바탕으로 개별적으로 문제를 해결해 보세요.
2. 개별적으로 각 활동 내용을 유튜브, 블로그(SNS) 등을 통해 공개하세요.
3. UCC 자료(동영상 등)를 제작하고 배포하면서 문화재 지킴이 활동을 전개하세요.
4. 교실에서 문화재 지킴이 홍보대회가 있습니다. 개별적으로 1분 정도의 시간이 주어집니다.

project

시나리오기반학습:
◆ 스토리텔링의 힘이 학습으로 이끈다 ◆

　종종 스포츠 경기 등에서 선수들이 보여준 극적인 상황과 놀라운 과정을 표현할 때, '각본 없는 드라마'라는 말이 사용하곤 한다. 누군가의 의도와 계획에 의해 연출된 것도 아닌데도 대중들에게 큰 감동을 안겨다준 특별한 상황을 빗댄 표현이다. 허나, 각본 없이 만들어진 드라마는 이 세상에 존재하지 않는다. 어떤 드라마든 각본이 있어야 촬영에 돌입할 수 있다. 매력적인 이야기를 품은 각본들은 드라마와 영화, 그리고 연극 등의 공연예술로 표현되어 대중들의 눈과 귀를 사로잡게 된다.

　여기서 각본, 다른 표현으로 '시나리오(scenario)'는 기본적으로 이야기를 영상으로 재현하고자 하는 등의 특정 목표와 계획을 내포하고 있다. 특히 '장면(scene)' 단위로 어떻게 연출할지 대사, 행동, 카메라 지시문까지 빈틈없이 짜여져 있다. 각 장면마다 개연성 있는 사건을 중심으로 인물(캐릭터), 장소, 상황 등이 묘사되어 있는 것도 시나리오의 일반적인 특징이기도 하다. 특정 문제상황(사건)을 만난 인물들의 갈등과 고민, 그리고 해결과정이 각 장면과 장면들이 이어지며 실감나게 그려진다. 이러한 시나리오의 특징은 본래적으로 품고 있는 스토리텔링 외에도 주목할 만한 교육적 가치들을 지니고 있다.

시나리오기반학습(Scenario-Based Learning; SBL)은 이러한 교육적 가치들에 주목하여 교수학습상황에 반영한 모형을 말한다(kindley, 2002). SBL은 앞서 살펴보았던 '인지적 도제'나 '앵커드 교수' 모형처럼 '상황적 학습(Situated Learning)' 이론을 기반으로 하고 있다. 상황학습이론에서 말하는 실제적이면서 학습자의 흥미를 자극할 '맥락적 문제(contextualized problem)'의 전형적인 형태를 시나리오에서 찾은 것이다. 시나리오에는 맥락이 없거나 사람이 배제된 문제상황이 등장할 수 없다. 철저히 사람과 사람의 관계가 빚어낸 실제와 같은 문제상황들을 기반으로 학습이 전개되는 만큼, 맥락적 지식구성을 가능하게 만들어준다. SBL을 전통적인 수업방식과 비교하여 설명해 본다면 다음과 같이 정리해볼 수 있을 것이다(임병노, 2008).

project

전통적인 수업과 SBL 비교

구분	전통적인 수업	시나리오기반학습
범위	**귀납적 접근** 전문가가 학습범위를 정하고 옳고 그름에 대해 판단	**연역적 접근** 전문가, 교사와 학생이 주제와 학습목표, 내용, 성취정도에 대해 판단하고 합의함
초점	배울 내용과 대상	학습자의 수행능력
통제	교사	학생
학습계열	위계적, 선형적, 규정적	체제적, 비선형적, 형성적
학습목표	목록화되고 우선순위가 정해짐 정적(static)이고 정의되어 있음	도구의 활용이나 상호작용에 기반한 학습의 결과물 역동적이며 시나리오 흐름에 따름
핵심주제	상대적으로 단순하고 잘 구조화된 주제지식 중심	고차적 사고력을 요구하는 복잡한 주제수행 중심

_출처: 임병노(2008). 온라인 탐구활동 활성화를 위한 시나리오기반탐구 모델 개발. 교육정보미디어연구, 14(1) [p.9]

Guiding Tips 12 스토리텔링은 인간에게 꼭 필요한 생존기술이다

이야기에 빠져드는 본성에 주목한 조나선 갓셜(Jonathan Gottschall)은 진화 생물학, 심리학, 신경 과학의 최신 연구들을 토대로 인간의 스토리텔링 본능을 흥미진진하게 그려내고 있습니다. 이 책에 수록된 흥미로운 실험 중에 하나는 평소 소설 등을 즐겨 읽는 픽션 독자가 다른 사람들에 비해 높은 공감 능력과 사회적 능력을 발휘한다는 내용을 꼽을 수 있습니다.

이야기는 재미만을 주는 것이 아니라 그것을 통해 복잡하고 어려운 삶의 문제들을 잘 헤쳐 나가도록 실제적인 도움을 준다는 것을 알 수 있습니다. 그렇기 때문에 이 책의 저자는 스토리텔링은 인류의 생존을 보장하기 위해 진화한 기술이며, 인간을 「스토리텔링 애니멀(storytelling animals)」이라고 규정합니다. 프로젝트학습이 아니더라도 인간의 본성에 부합하는 스토리텔링을 이용해 수업의 방법을 확 바꿔보는 것은 어떨까요?

시나리오기반학습의 전형적인 형태 GBS

시나리오기반학습의 전형적인 형태로는 로저 쉥크(Roger Schank)와 그의 동료들에 의해 체계화된 목표기반시나리오(Goal-Based Scenario; 이후 GBS)를 들 수 있다(Schank et al., 1994). 사실 따지고 보면, GBS는 학습자중심환경에서 '시나리오'라는 실제적 문제 혹은 사례를 해결한다는 점에서 '문제기반학습(PBL)'과 크게 다르지 않다(강인애, 이명순, 2008). 다만 정해진 목표를 중심으로 학습에 필요한 모든 것(학습자원, 활동, 피드백 등)을 '시나리오'라는 설정된 상황에 배치하기 위해 좀 더 많은 공을 들여 정교화 시킨다는 점에서 모형으로서의 차별성을 지니고 있다. 한편 GBS는 기업의 분명한 목표(이윤추구 등)를 달성하는데 필수적인 실제 과업을 시나리오에 담아 해결하도록 요구하는데 효과적인 모형이라는 점에서 주로 기업교육현장에 적용되기도 했다. 일반적으로 학생들이 실제적 과제를 마주한 특정 역할을 맡아 미션(임무)을 수행하고, 이 과정에서 필요한 지식과 기술을 능동적으로 습득해 갈 수 있도록 설계되는데, 학습이 진행되는 과정마다 시나리오 형태로 과제를 구조화해서 제시한다는 점에서 일종의 경험학습(learning by doing) 기반의 시뮬레이션 교수학습모형이라고 보는 견해도 있다(조일현, 2007).

GBS는 기본적으로 기억, 이해, 경험, 학습이 서로 분리될 수 없다는 전제, 즉 '역동적 기억이론(dynamic memory theory)'(Schank, 1999)을 바탕으로 체계화된 모형이다. 흥미롭게도 쉥크는 실제 경험을 통해 구성되는 '스크립트(script)'를 기억의 단위로 제시한다. 특정 경험을 기반으로 구성된 스크립트가 새로운 상황을 만나게 되면 구조의 변화가 발생하게 되는데, 그 과정에서 새로운 이해와 기술의 습득이 가능해지고 '학습'이라는 결과로 이어지게 된다고 보았다. 그의 주장에서 주목할 부분은 스크립트가 실제 세계의 경험에서 비롯되는 상황적 맥락과 정서적 요소에 의해 구성된다는 점이다(Schank, 1994). 기억에서 정서를 배제하고 인지적 작용으로만 설명하는 기존의 이론들과 확연히 구분되는 지점이다. 단지 기억을 인지적 작용의 결과로 본 것이 아니라 정서와의 통합적 작용을 통해 구성되어진 총체적 결과로 보았음을 알 수 있는 대목이다. 그가 인지구조라는 흔한 용어대신에 스크립트를 제시하고,

이 스크립트의 전형적인 형태로서 '시나리오'를 가져온 이유도 여기서 찾을 수 있지 않을까. 사실, 그의 이론에 등장하는 '기존지식(existing scrip)'은 구성주의에서 말하는 '선지식(Prior knowledge)'과 다르지 않으며, 경험을 기반으로 형성된 스크립트가 새로운 상황을 만나 기대한 결과를 얻지 못했을 때 그것에 부합하는 설명과 이해의 과정을 거쳐 새로운 스크립트를 구성한다는 주장은 '인지적 혼란(cognitive conflict)'이 내포하는 의미와 일맥상통한다. 결국 쉥크의 역동적 기억이론은 주요용어와 표현만 다를 뿐 구성주의와 내용적으로 거의 일치한다고 볼 수 있다(강인애, 이명순, 2008).

역동적이라는 단어를 사용한 이유는 기억이라는 것이 구성과 재구성을 거듭하며 정적인 상태가 아닌 변화하는 상태에 있다는 점을 강조하기 위함입니다. 기억은 시간의 흐름과 함께 항상 변화하기 마련이니까요.

Roger Schank

이처럼 쉥크는 자신의 이론을 바탕으로 그의 동료들과 함께 GBS를 제안했고, '학습목표', '미션', '커버스토리', '역할', '시나리오 활동', '학습자원', '피드백'의 7가지 구성요소로 설명하였다(Schank et al., 1994).

GBS의 7가지 요소

요소	설명
학습목표 (learning goal)	❖학습자들이 습득해야 하는 지식과 기술 ❖과정 지식과 내용 지식으로 구분
미션(mission)	❖학습자들이 달성해야 하는 표면적인 최종목표 ❖달성 시 학습 목표에 도달할 수 있어야 함 ❖학습자의 목표 의식을 자극할 수 있어야 함
커버스토리 (cover story)	❖미션의 당위성과 실제성을 나타내기 위한 이야기 ❖지속적으로 시나리오 활동을 수행하도록 흥미를 불러일으킴
역할 (role)	❖학습자가 커버스토리 내에서 맡을 인물에 대한 정의 ❖학습목표 달성을 위해 가장 적합한 인물
시나리오 활동 (scenario operations)	❖학습목표와 미션 달성을 위한 모든 활동들로 구성 ❖활동에 대한 산출물이 도출되도록 해야 함 ❖기대실패에 대한 고려 필요
학습자원 (resource)	❖미션 달성에 필요한 정보와 도구 제공 ❖필요한 즉시 사용할 수 있어야 함
피드백 (feedback)	❖수행에 대한 코치나 교정이 필요할 때 제공 ❖피드백의 형태는 행동의 결과를 통한 피드백, 코치를 통한 피드백, 이야기를 통한 피드백이 있음

_출처: 전연홍, 정현미(2014). 면대면 환경의 목표기반시나리오(GBS) 수업설계 가이드라인 개발. 교육정보미디어연구, 20(3) [p.377]

GBS 요소에 따른 PBL 수업설계사례: 내 집은 내가 디자인한다

그들이 제시한 요소는 프로젝트학습을 설계하는데 체계성과 절차적 편의성을 제공해 주기도 한다. 다음은 GBS의 7가지 요소를 설계절차로 삼아 구성한 PBL 수업사례이다. 해당 수업사례는 필자의 저서인 「설레는 수업, 프로젝트학습 PBL 달인 되기1: 입문」 '7장. 내 집은 내가 디자인한다!' 편을 통해 자세히 확인할 수 있다.

설계절차		내용
1단계. 학습(수업) 목표 세우기	내 용	❖ 우리 집만의 공간스케치를 통해 생활자원의 절약과 효율적인 관리에 대한 중요성을 인식할 수 있다. ❖ 건축디자이너로서 축척(비례식)을 반영하여 설계도면을 작성할 수 있다. ❖ 입체 공간을 전개도 방식으로 도면에 나타내고, 각 공간별 넓이를 구할 수 있다. ❖ 공간별 개성이 잘 드러나도록 선을 이용한 벽면디자인을 할 수 있다. ❖ 마리스카의 작품과 디자인 철학을 이해하고 창의적인 방식으로 표현할 수 있다.
	과 정	❖ 다양한 매체에서 조사한 내용을 정리하고 자신의 언어로 재구성하는 과정을 통해 정보를 효과적으로 활용하고 이를 바탕으로 창의적인 산출물을 만들어 내는 과정을 통해 지식을 생산하고 소비하는 프로슈머로서의 능력을 향상시킬 수 있다. ❖ 토의의 기본적인 과정과 절차에 따라 문제해결방법을 도출하고, 온라인 커뮤니티 등의 양방향 매체를 활용한 지속적인 학습과정을 경험함으로써 의사소통능력을 신장시킬 수 있다.
2단계. 미션 정하기		[1] 공간스케치로 표현하기 [2] 설계도면 그리기(축척과 전개도 활용) [3] 선으로 표현하는 벽면디자인 & UCC 제작 [4] 입체도형을 활용한 창의적인 집모형 만들기
3단계. 커버스토리 만들기		친환경적인 주택건설에서 높은 사업 실적을 올리고 있는 우정건설이 소비자의 참여를 극대화한 새로운 방식의 아파트 건설을 추진하고 있다. 소비자 스스로 자신의 집을 디자인하고 이를 건설회사에서 적극 반영하는 구조, 설계과정에서부터 완성까지 소비자가 집적 참여하는 형태로 4단계 절차에 따라 진행된다.
4단계. 역할 정하기		❖ 소비자: 개성 넘치는 소비자로서 새롭게 짓는 아파트를 자신이 원하는 구조로 짓고 싶어 한다. ❖ 건축디자이너: 유능한 전문가로서 소비자가 그린 공간스케치를 바탕으로 설계도면을 완성하고자 한다. ❖ 인테리어 전문가: 소비자가 원하는 인테리어에 맞게 벽면디자인을 실시한다. ❖ 건축가: 설계도면에 따라 직접 짓게 될 집모형을 제작해 소비자에게 검증받는다. 　특히 그는 마리스칼에게 영향을 많이 받은 인물이다.

설계절차		내용
5단계. 시나리오 활동 설계하기	미션1 시나리오. 우리 집만의 특별한 공간을 스케치하라!	❖우리 집만의 개성을 담아낼 수 있는 공간스케치 활동 펼치기 ❖친환경적인 설계를 위해 생활자원의 절약과 효율적인 관리가 이루어질 수 있는 방향으로 촉진하기 ❖모둠구성원이 가상의 가족이 되어 공간별 역할분담, 개별적으로 테마 결정하기 ❖모둠구성원 각자가 정한 공간별 아이디어와 특성을 반영하여 그리기
	미션2 시나리오. 나는 건축디자이너. 주택설계도를 그려라!	❖우정건설의 건축디자이너로서 [미션1]의 공간스케치를 바탕으로 설계도면 작성 ❖축척을 이용하여 방안지(전지)에 작성하고, 공간별 넓이 산출하기 ❖소비자의 이해를 돕기 위한 공간별 활용방법 제안하기
	미션3 시나리오. 인테리어 전문가로 변신! 벽면디자인하기	❖공간별 테마에 부합하는 벽면디자인 구안하기 ❖모둠구성원 간의 협업을 통해 최종 디자인 결정하기 ❖교실 벽면에 디자인한 도안을 직접 표현하기(절연테이프를 활용한 시안 제작) ❖완성된 벽면디자인 작품설명 UCC 동영상을 제작하고 온라인 발표공간에 올리기
	미션4 시나리오. 평범함을 거부한다! 나만의 집모형 완성	❖[미션1]의 공간스케치와 [미션2]의 설계도면, 그리고 [미션3]의 벽면디자인을 토대로 '집 모형(house miniature)' 만들기 ❖마리스칼의 작품과 디자인 철학을 접목하여 창의적으로 표현하기 ❖최종결과물을 활용한 우정건설의 30초 TV CF 만들기
6단계. 학습자원		❖해당 학년(초등학교 6학년)의 교과단원 및 내용

국 어	2. 정보의 이해	실 과	2. 생활 자원과 소비
	3. 다양한 주장		4. 인터넷과 정보
미 술	4. 선을 이용한 평면 표현	수 학	3. 각기둥과 각뿔 / 전개도
	6. 미술 작품과의 만남		7. 비례식 / 축척
사 회	1. 우리 경제의 성장과 과제		

		❖활동의 이해를 돕기 위한 공간스케치, 벽면디자인, CF 등의 사례 ❖마리스칼의 작품과 디자인 철학의 이해를 돕는 영상자료 ❖UCC 동영상 제작에 필요한 소프트웨어 등
7단계. 피드백		❖각 퀘스트에 따른 수행점수(경험치) 집계하여 프로그래스바로 공개하기 ❖누적해 온 수행점수를 토대로 레벨 부여하기 ❖PBL 스스로 점검(자기평가 & 상호평가) 내용을 토대로 능력점수(능력치) 집계하기 ❖성찰일기(reflective journal)를 작성해서 온라인 학습커뮤니티에 올리고 교사로부터 피드백 받기 ❖Level Up 프로그램에 따른 개인별 레벨 선정과 리더보드 공개: 결과에 따른 배지 수여

스토리텔링 기법이 프로젝트학습에만 유효한 것은 아닙니다. 어떤 공부방법이든 접목가능하며 실제 구현했을 때 교사와 학생 모두가 만족스러울만한 좋은 결과로 이어지곤 합니다. 현실적인 문제는 정작 스토리텔링을 어떻게 접목시켜서 활용할 지에 대해서 막막하다는 점입니다. 글쓰기 교육과 입학사정관 전형에서 중요한 자기소개서 작성, 그리고 사회생활의 입사지원서까지 '스토리'의 힘은 점점 중요해지는데 말입니다.

이와 관련하여 조정래 교수는 스토리텔링 교육법의 목적은 '스스로 변화하도록 도와주는 것'에 있다고 강조합니다. 스토리텔링을 통해 학생들이 스스로 느끼고 깨우치게 하는 데 있다고 하면서, 자기발견, 자기혁신을 이끌어 가는 데 유용한 도구가 될 수 있다고 설명합니다. 그의 스토리텔링 교육법이 궁금하다면, 「스토리텔링 교육의 모든 것」을 참고하세요.

시나리오기반학습의 핵심은 스토리텔링!

지금까지 시나리오기반학습의 전형적인 예로 GBS 모형을 제시하며 관련 이론과 특징에 대해 설명하였다. 누군가의 관점에 따라서는 시나리오기반학습에 대한 논의를 다른 방향으로 진행하고 싶을지도 모르겠다. 사실 필자로서 시나리오기반학습을 통하여 궁극적으로 말하고 싶은 부분은 스토리텔링에 있다. 스토리텔링 자체는 머리(지식, 인지)보다 가슴(감정, 정서)을 움직이는 힘이 있다. 시나리오로 빚어낸 영화, 드라마를 단지 지식을 얻기 위해 감상하는 사람은 아무도 없을 것이다. 학습상황으로 가져온 시나리오도 마찬가지다. 만일 수업에서 인지와 정서가 조화를 이루는 학습활동을 이끌어내지 못했다면, 아무리 장대한 이야기를 그려낸 시나리오라도 무용지물에 불과하다. 그래서 무조건, 시나리오는 사람들의 마음(정서)을 이끌어낼 매력적인 이야기를 담고 있어야 한다.

이잉~ 너무 슬픈 이야기다. 어렵겠지만 제발 주인공들이 살아남았으면 좋겠어. 그런데 같은 민족끼리 너무하네. 도대체 친일파들이 어떤 짓을 저지른 거야.

우와, 스토리 기가 막히네. 드라마의 배경이 되는 시대가 정확히 언제일까, 특히 드라마의 주인공인 의병들에 대해 자세히 알고 싶어지는데…

　이러한 이유로 필자는 프로젝트학습의 문제가 특별한 이야기를 기반으로 하고 있어야 하며, 이왕이면 실제 세계에 존재할 법한 스토리텔링으로 학생들의 흥미와 호기심을 자극해야 한다고 믿는다. 문제 속에 펼쳐진 다양한 이야기들은 학생들로 하여금 문화재 보존전문가, 큐레이터, 나무치료사, 여행설계사, 기상캐스터, 경찰관, 법의관 등 우리가 사는 세상에 실제 존재하는 직업의 특별한 인물이 되도록 이끌며, 그들의 시각에서 그들만의 특별한 상황에 필요한 해결안을 만들어나가는 데 필요한 과정을 밟도록 한다. 그리고 이런 학습경험은 가상의 역할놀이를 체험한 것 마냥, 오랜 시간 동안 즐거움으로 기억된다.

　어찌 보면 '시나리오'를 강화한 프로젝트학습은 미완성된 이야기를 학생들의 다양한 사고과정을 거쳐 자신만의 스토리텔링으로 완성하는 과정을 제공한다. PBL 문제는 그 고유의 특성인 비구조성으로 인해 열린 서사구조를 갖고 있으며, 기본적으로 학생들로 하여금 시나리오 작가로서의 역할을 요구한다. 무엇보다 학생들의 흥미와 호기심을 이끌어낸 이야기는 학습의 목표를 더욱 매력적인 것으로 만든다. 어린 시절 쥘 베른의 「해저2만리」와 「달나라탐험」 등의 이야기에 이끌려 과학자의 길에 들어섰다고 말하는 사람은 있어도 과학교과서에 이끌려 그 길을 걷게 됐다고 고백한 사람을 찾기 어려운 경우를 보더라도 인간의 삶에서 스토리텔링의 영향력은 상상 이상으로 크고 깊다.

14 한 권의 책, 한 편의 영화, 학습자의 인생에 큰 의미로 다가간다

오늘날 소설과 영화들은 가장 위대한 지성인으로 존경받는 이들에게도 결정적인 영향을 미쳤습니다. 한 권의 책과 한 편의 영화가 학생들의 인생을 완전히 바꿀 수도 있습니다. 자신이 꿈꾸는 인생을 실현하기 위해 누구보다 열정적으로 그 여정에 동참하게 될 것입니다. 자신의 미래에 펼쳐질 이야기를 기대하며, 어렵고 힘든 과정이라도 의미와 가치를 부여하며 슬기롭게 극복해낼 수 있을 겁니다. 단지 독서가 논술을 위한 수단이 되거나 독서퀴즈대회 또는 각종 독후활동을 위한 것이 되지 않도록 주의해 주세요. 책이 담긴 이야기 자체가 목적이 되어야 우리 아이의 인생에 좋은 영향을 미칠 수 있게 됩니다. 책을 많이 읽는 것도 필요하겠지만, 어찌 보면 아이의 인생에 의미가 될 수 있는 책 한권이 더 소중할 수 있습니다. 아무쪼록 프로젝트학습을 통해 우리 아이에게 이야기가 있는 삶을 선물해 주길 바랍니다.

제인구달: 영장류 동물학자, UN 평화대사

"어릴 적에 읽었던 책 세 권이 아마 내 인생에 가장 큰 영향을 주었을 것입니다. '두리틀 선생 이야기'(휴 로프팅)과 '타잔'(에드가 라이스 버로우스)은 동물들이 우리에게 뭐라고 말하려 하는지 이해하고 싶다는 생각을 들게 만들었고, 아프리카에 가서 동물들과 살며 동물들에 대한 책을 써야겠다는 강한 결심을 갖게 만들었습니다"

마리오 리비오: 천체 물리학자, 찬란한 실수 저자

"어렸을 때 나를 가장 매혹시킨 책들은 쥘 베른의 소설들이었습니다. 특히 '80일간의 세계일주', '지구 속 여행', '해저 2만리'였습니다. 영화 중에서는 '2001: 스페이스 오디세이', '닥터 스트레인지러브', '미지와의 조우'를 보고 깊은 인상을 받은 기억이 납니다."

_출처:13 Top Scientists' Favorite Books And Movies, HUFFPOST SCIENCE 2015.9.6

FACTORY 05 동주네 마을

SYNOPSIS '동주네 마을'은 「재미와 게임으로 빚어낸 신나는 프로젝트학습(2015)」 Chapter 01 '첫 수업에서 귀인을 만나다: 수몰지역 동식물 구출작전'편에 소개된 사례입니다. 여기에서 적용했던 문제를 기초로 어린 학생들에게 익숙한 그림동화책 형식으로 각색한 것이 특징입니다. 통합교과인 슬기로운 생활을 중심으로 구성되었으며, 수업의 목적에 따라 바른생활 및 즐거운 생활과 연계하여 적용할 수 있습니다. 수업적용 시기에 따라 계절(봄, 여름, 가을, 겨울 등)을 추가적인 조건을 제시하는 것도 가능합니다. 사전에 계절의 변화 속에서 꽃을 피우거나 열매를 맺는 식물을 관찰하고 그 생김새와 특징을 파악하기도 하고, 주변의 산과 들에서 흔히 볼 수 있는 동물들의 생김새와 특징을 관찰하고 파악할 수 있도록 하다면 더욱 효과적입니다. 이를 위해 학교 주변의 산과 들 또는 식물원이나 동물원과 같은 탐방장소에서 관찰하기 및 놀이하기를 중심으로 한 체험학습과 교과수업과 연계하여 진행해 보길 바랍니다.

◆적용대상(권장): 초등학교 1-2학년
◆학습예상소요기간(차시): 1-2일(4-6차시)
◆관련교과 내용요소(교육과정)

영역 (대주제)	핵심개념 (소주제)	내용요소		
		바른생활	슬기로운 생활	즐거운 생활
2. 봄	2.2 봄 동산	·생명 존중	·식물의 자람	·동식물 표현
4. 여름	4.2 여름생활		·여름 동식물	·여름 동식물 표현
6. 가을	6.2 가을모습		·낙엽, 열매	·낙엽, 열매 표현
8. 겨울	8.2 겨울나기	·동식물 보호	·동식물 탐구	·동물 흉내 내기

문제제시 ▶

[동기유발] 성경에 수록된 노아방주 이야기를 들려주고, 관련 영화나동영상 활용하여 설명하기

↓

동주네 마을 그림동화책을 보여주며 학생들에게 실감나게 읽어주기

↓

동물과 식물 친구들을 잃기 싫은 동주의 심정을 강조하며, 안전하게 옮길 방법에 대해 자유롭게 이야기 나누기

↓

그림동화책의 미완성 부분에 어떤 내용 (동식물을 안전하게 이사할 방법을 포함해서 이야기 구성)을 담아야 하는지 친절하게 설명해 주기

↓

팀별로 동식물을 안전하게 이동할 방법에 대한 의견 나누기

과제수행 ▶

[문제해결모색] 우리 주변의 동식물에 대해 조사하기

↓

[개별과제] 교과서와 책에 수록된 자료에서 임의적으로 탐구할 동물과 식물을 선정해서 공부하기

↓

[선택] 동네, 동물원이나 식물원 등을 탐방하며 관찰 가능한 동물과 식물들을 살펴보며 체험하기

↓

[개별과제] 체험(관찰)하거나 공부한 동물과 식물을 그림으로 표현하기(설명하는 글도 포함)

↓

[준비] 조사한 동물과 식물들 그림(사진)을 준비하기_가급적 많이 가져오도록 안내하기

↓

팀별로 전지를 나눠주고 식물과 동물들을 싣고 갈 트럭의 화물칸임을 알려주기

↓

안전한 이사를 위해 동물과 식물의 분류기준을 세우고 전지(화물칸)에 표현하기

↓

분류기준에 따라 동식물 사진(그림)을 붙이고, 안전하게 이동할 수 있도록 하기

↓

[결과정리] 활동결과를 추가할 이야기에 반영하여 그림동화책 완성하기

발표 및 평가 ●

[준비] 팀별로 구연동화 연습하기 또는 역할극 준비하기

↓

[발표] 동주네 마을 구연동화하기 또는 역할극 하기

↓

[평가] 상대 팀의 트럭에 칭찬하는 글쓰기, 배우고 느낀 점을 일기로 쓰기

project

동주가 사는 마을은 푸른 산과
맑은 강물이 흐르는
참으로 아름다운 곳이에요.

①

③

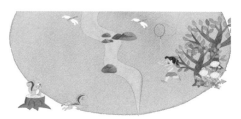

여름이면 냇가에서 소금쟁이 흉내를 내보
기도 하고, 물고기를 쫓아 헤엄도 치면서
즐거운 시간을 보냈지요.

동주는 친구들과 다람쥐를 쫓아 마을을 뛰어
다니기도 하고, 개미의 부지런한 움직임을
물끄러미 지켜보며 신기해 하기도 했어요.

②

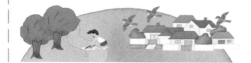

댐을 다짓게 되면 마을을 흐르던 작은 개울은 커다란
호수가 될 거에요. 그리고 개울 옆 마을도 꼬르륵 물에
잠기게 된다고 해요.

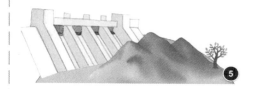

그런데 말이에요. 어느날 평화롭던 동주네
마을에 슬픈 소식이 들려왔지 뭐에요.
마을 뒷편에 위치한 커다란 산과 산 사이를
막아 댐을 짓는다는 소식이 전해졌어요.

④

⑤

그렇게 되면 동주가 너무나도 사랑하던 동물친구들과
식물 친구들이 모두 살 곳을 잃어버리게 되겠지요?
음... 생각만 해도 너무 슬픈 일이에요.

'어떻게 하면 좋을까?'

동주는 너무 고민스러웠어요.

⑥

⑦

"부룽, 부룽, 부르룽"

바로 그때였어요.
동주의 앞으로 커다란 트럭 한대가 지나가고 있었어요.

'아, 그래! 바로 이거야!'

⑧

'아주 아주 커다란 트럭을 준비해서 동물 친구와 식물 친구들을
새 집으로 안전하게 옮겨주는 거야!'
동주는 마을 사람들의 도움으로 아주 아주 커다란 트럭을 구할
수 있었어요.
'이제 동물 친구와 식물 친구들을 무사히 옮기는 일만 남았군.'.

⑨

어떻게 트럭에 태우면 동물친구와 식물친구를 무사히 옮길 수
있을까요? 나머지 이야기를 완성해 주세요.

⑩

'와! 드디어 내가 해냈다.'

동주는 동물과 식물
친구들이 행복해 하는
모습을 보고 너무너무
뿌듯했답니다.

끝

1. 친구들과 함께 만드는 그림동화책입니다. 장면 하
   나하나를 생각하며 동주의 걱정이 무엇인지 선생님
   과 알아보도록 해요.
2. 동물과 식물이 새로운 보금자리로 안전하게 이사
   하는 것이 중요합니다. 만약에 고양이와 다람쥐를
   같은 공간에 놓는다면 큰일이 벌어지겠지요? 공간
   을 나누고 동물과 식물의 특징을 파악해서 무리지
   어 배치해 보아요.
3. 활동결과를 그림동화책에 반영해서 나머지 내용을
   완성해 봅시다. 마지막 장면처럼 동주가 뿌듯해 하
   는 결과를 담아 보아요.

06
CHAPTER

액션러닝:
◆ 실천 속에 앎의 묘미가 있다 ◆

기존의 교육방식으로는 우리 회사에 필요한 인재를 길러낼 수 없어요. 업무와 학습이 일치하도록 혁신적인 교육방법을 도입해 보세요. 교육을 통해 기업조직 문화를 혁신하겠습니다.

Jack Welch

미국 굴지의 대기업인 GE(General Electric)는 천재 발명가로 알려진 에디슨이 창립한 기업이다. 오랫동안 과감한 구조조정과 혁신을 통해 기업의 가치를 지속적으로 높이면서 많은 사람들에게 경영의 교과서로 불리던 기업이기도 하다. 이런 GE를 설명하는데 있어서 빼놓을 수 없는 인물이 바로 '잭 웰치(Jack Welch)' 회장이다. 사실 그에 대한 평가는 보는 시각에 따라선 엇갈리는 면이 있다. 하지만, GE라는 기업만 놓고 보았을 때, 급변하는 시대 변화에 적응하며 글로벌 경쟁력을 확보하고, 각각의 사업영역에서 선도적인 지위를 유지할 수 있도록 이끌었다는 점만은 틀림없다.

특히 그는 교육의 혁신적인 변화를 통해 기업의 체질변화를 도모했으며, 이에 대한 투자도 아끼지 않았다. 1986년까지만 해도 GE의 교육프로그램은 당시의 다른 기업들처럼 주로 강의나 사례연구, 컴퓨터 시뮬레이션 등의 방식으로 인지적 활동에 초점을 두어 진행되곤 했다. 개인의 인지적 능력의 향상이 업무의 전문성을 높이고 기업의 이윤을 늘리게 될 것이라는 전통적인 믿음이 작용하고 있었던 것이다. 그러나 잭 웰치는 이러한 교육프로그램으론 새로운 시대에 걸 맞는 새로운 인재를 양성하기 어렵다고 판단했다. 그는 우선적으로 리더십 프로그램부터 기존의 방식에서 탈피하여 팀을 중심으로 실제 문제를 해결해가는 방식의 교수학습모형을 도입하기로 결정한다.

이른바, 액션러닝(Action Learning: AL), GE가 안고 있었던 사소한 골칫거리부터 기업의 현안까지 실제상황 그대로 제시하여 팀별로 문제를 해결하도록 교육프로그램이 기획되었다. 실제 업무상황과 교육프로그램상의 학습상황이 다르지 않도록 하기 위해 경계를 허물기 위한 다양한 시도들이 과감히 이루어졌다. 학습활동에서 도출된 다양한 해결안이 실제 업무사항에 투입되었고, 중요한 사안들을 결정하는데 주요 참고자료로 활용되기도 했다.

GE가 새로운 교육프로그램을 도입하여 궁극적으로 달성하고자 했던 목표는 분명하다. 첫째, 학습자들로 하여금, 실질적인 문제해결과정을 통해 필요한 개념과 기술을 배우고 자신의 업무현장에 활용할 수 있도록 하는 것, 둘째, 실제 사업에 있어서 중대한 영향을 미칠 사안들을 파악하고 효과적인 해결방안을 모색하고 도출하도록 하는 것, 셋째, 조직에 필요한 리더십과 팀 운영 역량을 기르도록 하는 것, 마지막으로 자신의 업무역량과 관련 기술을 향상시키기 위한 개별 실천계획(Action Plan)을 세우고 체계적으로 적용할 수 있도록 하는 것에 있었다(김현기, 2001).

결과적으로 GE의 액션러닝을 기반으로 한 혁신적인 교육프로그램은 앞서 꼽은 네 가지 목표를 달성하는데 효과적인 방식이었다. 교육의 혁신은 곧바로 기업의 혁신으로 이어졌고, 새로운 변화에 능동적으로 대응하고 주도할 수 있는 경쟁력 향상으로 나타났다. 이러한 GE의 교육혁신사례는 이후 액션러닝의 교과서처럼 받아들여지면서 기업교육의 패러다임 전환을 가속화시켰다. 물론 영국의 레번스(Revans)가 광부들을 대상으로 처음 실시한 이후 정부부처, 병원, 대학 등 다양한 분야에 적용하면서 그 효과성을 인정받았지만, 액션러닝이 주목받을 수 있었던 것은 GE의 사례가 단연 결정적이었다.

액션러닝의 공식은 이것!

**"There can be no learning without action,
and no action without learning"**

_Ray Revans, 1978

　　액션러닝을 제대로 이해하려면 이를 창안한 레번스(Revans, 1983)의 관점을 먼저 들여다 볼 필요가 있다. 우선 그는 어떤 시뮬레이션이나 사례연구보다 학습자들이 직면하고 있는 실제 문제를 해결하는 과정에서 학습이 발생한다고 보았다. 이를 전제로 학습(Learning)은 프로그래밍(Programming)과 질문(Questioning)을 통해 이루어진다고 설명하며 'L=P+Q'라는 공식을 제시한다. 특히 그의 공식에서 주목할 부분은 '질문'이다. 질문에서 질문으로 이어지는, 그리고 또 다른 질문으로 확산되는 '문제제기(Questioning Insight)' 과정이 학습자의 통찰력을 발휘시키고, 바람직한 학습결과로 이어지게 만든다. '프로그램화된 지식(Programmed Knowledge)'으로 구성된 '실제 문제(real issues)'를 해결해나가는 과정에서 다양한 종류의 질문들이 발생하고 이를 해소함으로써 실질적인 학습을 이끌어낼 수 있다. 여기서 학습자들의 삶에 영향을 미치는 현실적 문제를 해결하는 과정 자체가 자신이 속한 조직뿐만 아니라 그들 각자 삶의 개선과 변화에 직결되는 것임을 인식할수록 학습효율성과 효과성은 그만큼 높아지기 마련이다. 그야말로 액션러닝은 학습과 삶을 별개로 두고 이루어졌던 전통적인 교육관에서 탈피하여 실제 '삶(일)'의 영역으로 '학습'을 가져와 통합시킨 혁신적인 교수학습모형이었다.

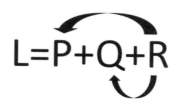

이후 마쿼트(Marquardt, 1999)가 레번스의 공식에 '성찰(Reflection)'을 더하며 액션러닝의 공식을 'L=P+Q+R'로 확장하기에 이른다. 이는 내적 질문을 통한 깊이 있는 사고과정을 표현한 것으로 듀이(Dewey, 1933)가 강조한 실천에서의 성찰적 사고와 활동에 관한 이론적 논의와 같은 맥락으로 이해할 수 있다. 이를 통해 액션러닝이 학습자가 질문을 매개로 상호작용하면서 주어진 실제 문제의 해결방안을 모색하고, 깊이 있는 사고과정(성찰적 사고와 활동)을 거쳐서 실질적인 해결안을 도출하도록 고안된 교수학습모형임을 알 수 있다. 여기서 '실제 문제로 구성된 프로그램(P)', '질문을 중심으로 한 상호작용(Q)', '성찰적 사고와 활동(R)'의 조합이 액션러닝을 다른 교수학습모형과 구별 짓게 만드는 고유한 특성이라 말할 수 있다.

한걸음 더 나아가 마쿼트의 공식은 '실행(implementation)'을 더해 'L=P+Q+R+I'로 완성된다. 이는 액션러닝에서의 학습이 실천계획에 대한 성찰보다는 실제로 적용해 보는 과정과 결과에 대한 성찰에서 발생하다는 가정이 전제한다. 사실 그의 주장은 콜브(Kolb, 1984)의 경험적 '학습 사이클(learning cycle)'과 맥락을 같이 한다. 그는 경험의 변형을 통한 지식의 창조과정을 학습이라고 정의하고, 4단계 흐름인 '구체적 경험(concrete experience)', '성찰적 관찰(Reflective observation)', '추상적 개념화(abstract conceptualization)', 그리고, '행동적 실험(active experimentation)'이 순환적이며 지속적으로 이루어진다고 설명한다.

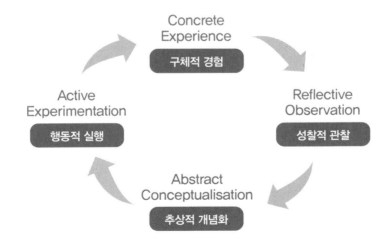

이는 실제 문제라는 현실적 상황성에 입각한 '구체적 경험'으로부터 학습이 시작되며, 문제에 대한 다양한 관점을 질문을 통해 활발히 공유하고(성찰적 관찰), 이전의 경험과 이론을 근거로 문제해결안을 도출하는 과정(추상적 개념화)을 거쳐 구체적인 현실상황에 적용(행동적 실험)하게 된다는 액션러닝의 일반적인 학습흐름과도 일맥상통한다고 볼 수 있다. 콜브의 관점인 '경험-관찰-개념화-실험'으로 이어지는 4단계의 경험적 학습순환과정을 통해 액션러닝의 공식인 'L=P+Q+R+I'를 이해할 수 있는 이유다. 실천이라는 구체적인 경험이 성찰적 사고와 활동과정으로 옮겨가고, 이를 통해 개념적 결론을 도출해 새로운 상황에 적용하는 단계로 이어지는 액션러닝의 학습 사이클은 학습자로 하여금 가장 높은 수준의 학습스킬인 '학습하는 방법(how to learn)의 학습'을 획득하게 만든다(김미정, 유영만, 2003).

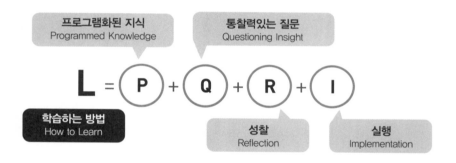

듀이나 콜브가 경험을 통한 학습을 강조했듯, 액션러닝은 실천을 통한 학습에 본질을 둔다. 그들이 경험 없는 학습이 불가능하다고 본 것처럼, 실천 없이 학습은 발생하지 않는다. 머리를 통해 깨닫는 관념적인 수준의 앎을 실천현장에 직접 적용해야 비로소 진정한 학습이 완성된다. 그렇기 때문에 액션러닝은 저마다 다른 현장(환경)과 실제 문제(상황)에 맞게 실천이라는 '날줄'과 학습이라는 '씨줄'로 역동적으로 엮어가는 창조적인 학습과정을 추구한다. 무엇보다 액션러닝은 특정 전문가(권위자)의 이론적 관점보다 직면한 문제를 해결해야만 하는 실천현장의 학습자가 갖는 문제의식과 통찰력, 이를 근간으로 도출된 해결안(지식)을 중시한다. 이미 개발된 틀에 박힌 지식을 단순히 흡수하거나 암기하고 적용하는 활동이 아니라, 당연하다고 여기던 기존의 고정관념과 사고방식의 틀에서 벗어나 새로운 각도로 해석하고, 이를 기반으로 실천현장의 변화를 도모하는 활동으로 채워진다. 여기서 동일한 실천현장에 있지만, 각기 다른 배경과 다양한 경험을 갖고 있는 사람들 간의 역동적인 상호작용이 수준 높은 해결안(지식)의 탄생을 가능케 한다. 실천이라는 경험적 맥락 속에 이루어지는 학습활동 자체가 그야말로 집단지성을 형성하는 과정인 셈이다.

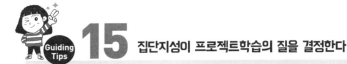

15 집단지성이 프로젝트학습의 질을 결정한다

다양한 의견이 많아서 합의된 개념은 없지만 일반적으로 집단지성은 다수의 개체들이 서로 협력하거나 경쟁을 통하여 얻게 된 지적 능력의 결과로 얻어진 집단적 능력을 일컫는 말입니다. 각 개인의 지성이 모인 하나의 '집합적 지성(collected intelligence)'이라 할 수 있지만 실제로는 개인의 지성이 모인 합 이상의 의미를 지니고 있다고 볼 수 있습니다 (Pór & Atlee, 2007). 구성주의에서는 사회적으로 공유된 이해에 대한 개별적 구성이라는 '확산된 인지(distributed cognition)'(Wertsch, 1991)로 표현하기도 합니다. 집단지성의 대표적 사례로는 인터넷을 기반으로 한 '위키피디아(wikipedia.org)'를 꼽을 수 있습니다. 위키피디아는 지식이나 정보의 생산자나 소비자의 구분 없이 누구나 생산할 수 있고 손쉽게 공유하면서 계속 발전하는 과정을 보여줍니다. PBL 역시 집단지성의 특성을 그대로 보여줍니다. 주어진 상황에 적합한 해결안을 모색하는 과정에서 협업을 기반으로 한 생산적 활동을 벌이게 되는데, 상황과 맥락에 적합한 지식의 생산자이면서 소비자, 즉 프로슈머로서의 역할을 수행하게 됩니다.

_프로슈머 [Prosumer]: 앨빈 토플러 등 미래 학자들이 예견한 생산자(producer)와 소비자(consumer)를 합성한 말

액션러닝과 문제기반학습, 그 구분의 모호함

액션러닝은 다른 구성주의 교수학습모형과 마찬가지로 기존의 교육방법과 완전히 다른 전제에서 출발한다. 그러나 기업교육의 토양에서 탄생한 액션러닝은 의과대학현장에서 처음 시도되었던 '문제기반학습(Problem Based Learning: PBL)'과 매우 유사한 특징을 보여준다. 두 모형 모두 '실제적 과제(authentic task)' 해결을 통해 학습이 이루어지도록 하고 있으며, 학습자가 중심이 되는 자기주도적 학습환경을 강조한다. 학습안내자, 촉진자, 동료학습자 등 구성주의적 학습과정에서 요구되는 교사의 역할도 동일하다. 마쿼트가 제시한 'L=P+Q+R' 공식은 PBL 모형뿐만 아니라 앞서 살펴보았던 '인지적 도제', '앵커드 교수', '인지적 유연성', '시나리오기반학습' 모형에도 그대로 적용된다. 미시적인 접근을 통해 이들 모형 간의 차이를 부각할 수는 있겠지만, 근본적으로 경계의 모호성을 극복하기는 어렵다. 액션러닝과 문제기반학습을 보더라도, 기업과 대학에서 시작되었다는 것 외에 모형의 차이점으로 내세울 만한 요소가 그리 많지 않다. 그래서인지 액션러닝을 문제기반학습의 범주 안에서 해석하고 설명하는 이들도 있다(Boud, Feletti, 1997; Pedler, 2001). 게다가 이들 모형이 주요 실천무대를 넘어 여러 분야로 확산되어 적용되고 있는 현 시점에서 미시적인 기준에 의한 구분은 자칫 소모적 논쟁거리로 흐를 수 있다. 기업이든, 의과대학이든 실천현장에 따라 특화된 교수학습모형들이 각자의 울타리를 넘어 서로에게 영향을 주고받을수록 경계는 흐려지고, 구분이 어려울 정도로 모호해지기 때문이다.

조나센(Jonassen, 2000)이 제시한 문제의 유형을 기준으로 보더라도 액션러닝이 강조한 '실제 문제'의 성격과 문제기반학습의 과제성격은 다르지 않다. 아무래도 실천현장의 변화를 목적으로 액션러닝이 도입되었기 때문에 잘 구조화된(well-structured) 문제보다는 비구조화된(ill-structured) 문제가 적합하다. 다만 비구조화된 문제라 할지라도 최종 해결안의 도출이 불가능한 '딜레마(dilemmas)' 유형은 문제기반학습과 달리 액션러닝의 과제로 활용하긴 어렵다.

WELL-Structured Simple	논리적 문제 Logical Problem	하나의 명확한 답과 이를 해결하기 위한 정해진 절차가 존재하는 문제
	알고리즘적 문제 Algorithmic Problem	수학이나 과학교과 문제유형처럼 정해진 순서에 따라 해결할 수 있는 문제
문제유형 Typlology of Problem Jonassen, 2000	이야기 문제 Story Problem	이야기 형식을 빌려와서 연산의 해결에 필요한 값을 간단히 설명이나 상황 안에 포함시킨 문제
	규칙-적용 문제 Rule-using Problem	정해진 규칙을 활용해서 해결해야 하는 문제
	의사-결정 문제 Decision-making Problem	특정상황을 배경으로 한정된 수의 해결방안 가운데 한 가지를 결정해야 하는 문제
	트러블 슈팅 문제 Trouble shooting Problem	어떤 사회(체제)가 안고 복잡한 이슈(장애)를 종합적으로 진단하고 일괄 타결을 목표로 하는 문제
	진단-해결 문제 Diagnosis-solution Problem	트러블 슈팅 문제와 유사하지만 좀더 체계적인 절차에 의해 종합적으로 진단하고 다양한 해결방법을 도출하는 문제
	전략 수행 문제 Strategic Performance Problem	다양한 전술·전략적 활동을 통해 복잡한 난제의 해법을 제시하는 문제
ILL-Structured Complex	정책 분석 문제 Policy analysis Problem	실제 사례나 체제에 반영된 정책을 정당화하기 위해 문제의 특성과 다양한 관점을 밝혀야 하는 문제
	설계 문제 Design Problem	무수히 많은 해결책이 존재하므로 주어진 상황에 따라 채택한 설계(절차, 전략, 결과 등)의 타당성을 확보할 필요가 있는 문제
	딜레마 문제 Dilemmas	완전한 해결책을 얻는 것이 불가능한 문제

　아무튼 액션러닝을 문제기반학습의 범주 안에 넣어 설명하든, 미시적 기준에 따라 이들 모형과 구분지어 접근하든, 그것은 학자나 실천가의 관점에 달려있다. 분명한 것은 액션러닝을 문제기반학습의 범주에 넣어 해석할 수는 있어도, 거꾸로 문제기반학습을 액션러닝의 범주 안에 넣어 설명하는 것엔 논리적 모순을 갖는다는 점이다. 액션러닝은 학습자가 실천현장에서 직면하거나 다루게 될 문제들을 중심

으로 구성되어 있기 때문에 문제기반학습에 비해 다룰 수 있는 과제의 폭이 상당히 좁다. 반면에 문제기반학습은 '실제 문제'부터 가상의 상황까지 확대한 실제적 과제를 다룰 수 있어서 과제의 폭이 상당히 넓다. 이런 측면에서 순전히 과제의 폭만 놓고 본다면, 문제기반학습에 액션러닝이 포함된다고 볼 수 있다.

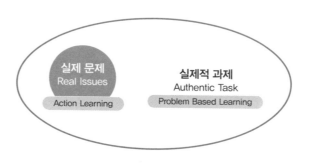

Guiding Tips 16 수업에서 의도한 바와 다른 방향으로 나가게 되면 어떻게 해야 할까

만일 수업자의 의도와 달리 학생들이 다른 학습목표와 해결안 등을 도출하면, 과감히 그 문제를 버리든지 수정해야 합니다. 문제개발과정에서 내용을 잡아갈 수 있는 하위 과제형 질문(Guiding Questions)을 제시하면 훨씬 도움이 되기도 합니다. 이 책에서는 '퀘스트(Quest)'라는 이름으로 제시되어 있기도 합니다. PBL의 문제가 잘못 만들어진 것은 아닌지 함께 실천하는 다른 동료 교사들에게 검증을 해보거나 스스로 문제해결과정을 시뮬레이션해서 흐름이 괜찮은지 사전에 확인해 보는 것이 좋습니다. 흔히 프로젝트학습을 통해 많은 수업목표를 달성하려 할 때, 학생들에겐 주어진 문제가 너무 막연하거나 복잡하게 다가올 수 있습니다. 그만큼 제시된 문제를 잘못 이해하거나, 인지적 과부하로 인해 오히려 포기하게 될 가능성이 높아집니다. 과욕은 금물입니다. 적정 수준의 난이도와 하위 질문으로 문제를 체계화, 정교화시켜 학습할 내용과 범위를 명확하게 해줄 필요가 있습니다.

액션플랜과 실행공동체(CoP), 액션러닝에서 한 수 배우다

액션러닝만의 차별성은 어디에서 찾아볼 수 있을까. 전문가들의 시각에 따라 의견이 다를 수도 있겠지만, 필자의 관점에서는 그 차이를 'L=P+Q+R+I' 중에 '실행(implementation)'에 있다고 본다. 액션러닝이라는 모형의 태생부터가 변화무쌍한 업무환경에 대처하기 위해 고안된 것인 만큼, 이름 그대로 '실천'에 방점을 두고 현장에 적용할 수밖에 없다. 여기서 실천이란 정해진 틀 안에서 이전부터 해오던 행위(일)를 그대로 답습하거나 전수받는 것을 의미하진 않는다. 오히려 관습적으로 행해왔던 조직문화, 고정관념 등에서 탈피하여 새로운 대안을 찾아 적극적으로 움직이는 실천행위를 의미한다. 그래서 실천은 문제해결을 위한 행동의 변화를 지향하며, 그것 자체로 학습이 완성된다(Revans, 1983). 그렇기 때문에 액션러닝은 실질적인 변화를 이끌어낼 체계적인 실천계획과 이를 가능하게 만들어줄 조직의 능력을 중요시 한다. 이른바 '액션플랜(Action Plan)'과 '실행공동체(Community of Practice: CoP)'가 성공적인 액션러닝을 위한 키포인트인 셈이다.

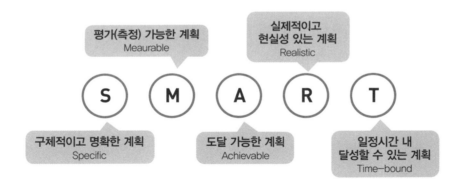

우선 효과적인 액션플랜의 수립은 SMART라고 표현되는 핵심요소를 포함하고 있어야 한다. 어떤 형식으로 구성되었던, '구체적이고 명확한 계획(Specific)', '측정(평가) 가능한 계획(Measurable)', '도달 가능한 계획(Achievable)', '실제적이고 현실성 있는 계획(Realistic)', '일정시간 내 달성할 수 있는 계획(Time-bound)'이 포함된 액션플랜을

작성해야 한다(김미정, 유영만, 2003). 일반적으로 액션플랜은 다음과 같이 실제문제 도출(과제선정)과 해당 과제의 적절성 여부를 판단하는 과정을 시작으로 삼는다.

문제(Real Issues) 도출하기

우리(팀)에게 필요한 과제는 무엇일까요? 우리 앞에 놓인 실제 문제 가운데 정해진 기간 안에 해결해야 할 과제를 선정해 보도록 합시다.

팀과제 목록 작성
개별적으로 팀에 필요한 과제 제안하기

팀과제 우선순위 결정
타당성 검토를 통해 과제의 우선순위 결정하기

과제의 적절성 여부 판단
1. 우리(개인 포함)에게 실제 영향을 미치는 중요한 이슈인가?
2. 가상의 상황이 아닌 실제로 해결해야만 하는 문제인가?
3. 팀의 역량과 주어진 시간, 활용할 수 있는 정보(지식) 및 도구를 고려할 때 실행 가능한가?
4. 일반적인 해결책이 없기 때문에 과제에 적합한 독창적인 해결방안이 필요한가?
5. 문제를 해결함으로써 개인과 팀은 학습에 필요한 중요한 역량을 기를 수 있는가?
...

구체적인 문제상황 기술
최종 선정한 과제의 문제상황을 자세히 기술하기

액션러닝은 조직이 선정한 주요 이슈(교사에 의해 제시된 과제)를 해결하기 위해 팀 구성원들이 각자 역할을 분담하여 수행하는 '단일 프로젝트 프로그램(single project program)'과 개별적인 필요에 의해 선택된 과제(학습자가 선정한 문제)를 각각 팀으로 가져와 상호지원을 통해 해결해가는 '다중 문제 프로그램(multiple problem program)'으로 크게 나뉘는데(Marquardt, 1999), 이들 두 가지 유형에 따라 학습과정을 설계하는 것이 좋다. 액션러닝에 참여한 학습자들은 대체로 '학습 로드맵(learning roadmap)' 작성을 통해 이 과정을 수행할 수 있는데, 실천현장의 특성에 적합한 형식으로 제공할 필요가 있다. 로드맵이라는 이름 자체가 의미하는 바와 같이 큰 틀의 학습흐름을 담아내는 것에 초점을 두고 있는 만큼, 팀과 개별목표, 과제수행 절차, 시간계획, 역할분담 등은 반드시 포함되어야 할 것이다.

학습 로드맵(Learning Roadmap) 짜기

여러분은 어떤 과정을 통해 앞서 선정한 과제를 해결할 계획입니까?
목표를 세우고, 학습과정을 디자인해 봅시다.

팀(공통) 목표
팀이 문제해결을 통해 도달하고자 하는 최종목표 세우기

팀과제 우선순위 결정
개인이 역할수행을 통해 획득하고자 하는 지식 및 역량 정하기

과제의 적절성 여부 판단

팀 구성원 간에 문제해결을 위한 절차를 합의하고,
각 단계별 활동과 학습할 내용, 활용할 도구 등 정하기

구체적인 문제상황 기술
과제수행 순서에 따라 활동과 학습량 등을 고려하여
세부적인 시간계획 수립하기

역할분담
개인의 학습역량과 희망을 고려해서 결정하기

이런 이유로 필자는 액션플랜의 학습 로드맵에서 착안한 계획수립활동을 전개해 왔는데, 학습자용 워크북인 「셀프프로젝트학습(2018)」의 'PBL MAP' 형식이 문제해결에 필요한 학습흐름, 각 단계별 주요활동, 구체적인 실천(학습)계획 등을 기록하도록 고안되어 있다. 더불어 단계별 과제의 문제 상황과 학습주제, 수행한 내용 기록 등 액션플랜의 핵심요소를 여기저기에 담아내고자 했다.

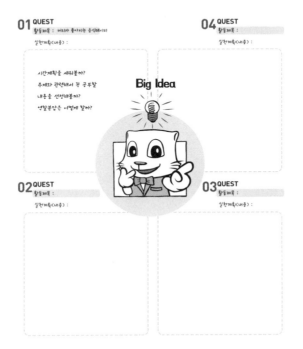

기업에서 실천의 대상은 당연히 업무(일)겠지만, 학생들에게 실천의 대상은 단연 공부일 수밖에 없다. 치열한 입시제도 속에서 밤낮없이 공부하는 학생들의 현실적인 문제들도 얼마든지 액션러닝의 과제가 될 수 있다. 「설레는 수업, 프로젝트학습 PBL 달인되기1: 입문-개정판(2019)」과 「셀프프로젝트학습(2018)」에 수록된 '오늘의 공부레시피' 양식 또한 하나의 액션플랜 활동지라고도 볼 수 있는 이유다. 액션플랜 수립은 액션러닝에 있어서 중요한 활동임에는 틀림없지만, 형식에 있어서 절대적인 틀이 존재하는 것은 아니다. 어디까지나 실천현장과 참가자(학습자), 분야(영역), 과제의 성격 등을 두루 고려하여 융통성 있게 적용하면 된다.

하지만, 아무리 훌륭한 액션플랜이 있다하더라도 이를 실천에 옮길 의지가 없다면 무용지물이다. 그런 까닭에 액션러닝은 액션플랜에 앞서 실질적인 변화를 이끌어낼 조직(팀)의 구성을 더 중요시 여긴다. 그리고 액션러닝의 성공을 뒷받침할 조직(팀)의 역량은 실질적인 지식창출을 통해 변화를 도모할 수 있는 실행공동체 (Community of Practice; 이후 CoP)인지 여부에 따라 결정된다(유영만, 이선, 2004). 그렇다면 액션러닝의 성공에 결정적인 영향을 미치는 CoP란 무엇일까. 다른 유형의 팀들과 구분되는 특징은 과연 어디에서 찾을 수 있을까.

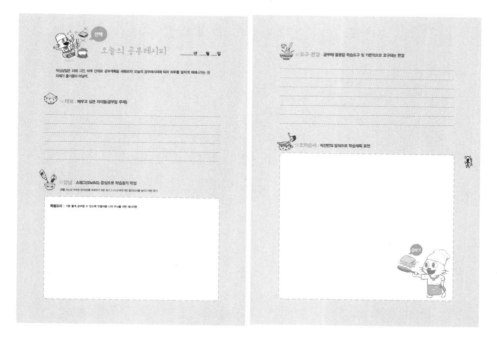

이 물음에 답해 줄 인물들이 바로 레이브(Lave)와 웽거(Wenger)다. 그들의 이름이 낯설지 않다면, 아마도 앞서 살펴보았던 '인지적 도제'와 '앵커드 교수'모형에 관한 글을 꼼꼼히 읽은 덕분일 거다. CoP가 누구에 의해 개념화되었는지를 알게 되었다는 건, 자연스레 그것에 담긴 철학이 무엇인지 이해할 수 있게 되었다는 의미다. 그들은 지식이라는 것이 현실세계에 놓여있는 수많은 상황(문제)과 맥락적으로 연결되어 있으며, 학습은 '특정 사회집단의 문화적 동화'에 의해 발생한다는 전제를 가진다. 이른바, '상황적 학습(situated learning)'을 CoP의 이론적 토대로 삼고 있으며, '합법적인 주변적 참여'가 보장된 '특정 사회집단'의 이상적인 모델로 CoP를 제시하고 있음을 알 수 있는 대목이다(Lave, Wenger, 1991). 이러한 CoP는 기본적으로 동일한 목적이나 유사한 관심사를 가진 구성원들이 서로 상호작용하면서 다양한 문제들을 공유하고, 관련된 지식과 기술을 깊이 있게 탐색하는 전문적 학습공동체로서의 성격을 지닌다. 또한 CoP는 일반적으로 웽거가 제시한 3가지 조건, 즉 '관심분야', '공동체', '실행'의 충족여부를 통해 확인할 수 있다(Wenger, 1999).

먼저 살펴볼 '관심분야(domain)'는 CoP의 존립근거로도 볼 수 있는데, 낚시동호회, 산악동호회, ○○게임동호회 등을 떠올려보면 쉽사리 이해가 가능하다. 동호회뿐만 아니라, 특정 분야(영역) 혹은 활동(주제) 등에 가치와 의미를 두고 모인 사람들이 자발적인 공동체를 형성하는 예는 수없이 많다. 자발적인 동기가 아니더라도 일터나 학교에서 관심을 가져야만 하는 현실적 문제나 구체적인 현안들의 해결을 목적으로 공동체가 형성되기도 한다. 수업이라는 일에 종사하는 교사가 좋아하는 일들을 마다하고 이 책을 읽으며 수업개선을 위해 골몰하는 것도, 동료교사와 모임을 만들어 프로젝트학습을 함께 준비하고 현장에 적용하는 것도 결국 그것이 자발적이건, 그렇지 않건 간에 관심분야라서 그런 거다. 여하튼 관심분야를 중심으로 모인 사람들은 자연스레 관련 경험, 지식, 기술 등을 활발히 공유하게 되고, 때론 공동의 목적을 달성하기 위해 대화적 참여와 협업을 진행하기도 한다. 이런 실천들이 지속되다보면 자연스레 구성원 간의 관계와 신뢰가 형성되고 이를 바탕으로 정체성(공동체 의식)이 확립됨으로써 비로소 '공동체(Community)'라는 두 번째 조건을 충족하게 된다.

하지만 앞서 두 가지 조건을 충족하여 특정 공동체가 형성되었다 하더라도 모두 CoP가 될 수 있는 건 아니다. 세 번째 조건인 '실행(practice)'의 조건을 충족해야 비로소 CoP로서 가치를 확보하게 된다. 이런 실행은 액션러닝의 정신을 고스란히 담고 있다고 해도 과언이 아니다. 실행의 조건을 충족한 CoP는 특정 영역의 지식이나 정보, 기술의 단순한 습득보다는 실제 경험과 성찰을 통해 체화된 지혜와 노하우를 현장에 활용하는데 궁극적인 목적을 둔다. 여기서 말하는 체화된 지혜와 노하우는 공동체 구성원들에 의해 개발된 실질적인 지식들, 즉 아이디어, 방법, 양식, 도구, 각종 자료 등이 총망라된다. 이를테면 공동체가 역점을 두는 주제(관심분야)가 '프로젝트학습'이라고 한다면, 이때 '실행'은 현장상황에 맞게 개발된 프로젝트학습 프로그램, 수업자료, 도구, 교사지침서 등의 실질적인 지식들을 개발하여 구성원 간에 공유하여 적용하는데 방점을 둔다. 기존의 지식과 이전의 경험을 토대로 새로운 실천상황에 적합한 지식을 창출하고 공유하는 기능이 CoP의 특징이며, 이는 '실행'의 조건을 충족함으로 완성된다.

그렇다면 이러한 CoP가 형성될 수 있도록 교사는 어떤 역할을 수행해야 할까. 액션러닝의 본질적 특성상 학습의 대부분이 동료(학습자)그룹에 의해 발생될 수밖에 없다는 점을 상기한다면, 각 단계별로 실천(학습)을 가속화시킬 '퍼실리테이터(facilitator)'로서의 역할 정도만 수행해도 충분하다. 내용전문가가 되어 양질의 학습자원을 강의를 통해 전달해주면 좋겠지만, 그것은 CoP가 형성되어가는 것과 사실상 무관하다. CoP 형성과정에 따라 퍼실리테이터 역할만 잘 수행해준다면, 학습자들은 자신의 역량을 맘껏 발휘해가며 창의적인 산출물을 내놓을 수 있게 된다.

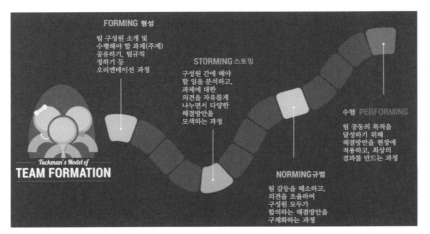

다음은 터크만(Tuckman, 1965)의 팀 형성 과정을 기준으로 퍼실리테이터로서의 역할을 정리한 것이다. 어떤 관점에서 보느냐에 따라 4단계의 팀 형성 과정은 이 책에서 소개하고 있는 교수학습모형의 흐름과 유사하다. 이해를 돕기 위해 PBL의 일반적인 전개과정인 '문제제시-과제수행-결과정리-발표 및 평가(강인애, 정준환, 정득년, 2007)'를 단계에 따라 함께 표기해 보았다. CoP의 형성여부가 액션러닝의 성과를 좌우하듯 다른 구성주의적 교수학습모형들 역시 '사회문화적 동화'가 일어나는 작은 단위의 팀(모둠)이 수업의 성패를 결정한다.

17 프로젝트학습에서 효과적인 모둠편성 방법은 무엇일까

프로젝트학습의 모둠편성방법에는 정답이 없습니다. 다만 모둠편성과정에서 교사가 적극적으로 개입하게 되면 잘해도 본전일 수밖에 없습니다. 모둠 편성이라는 사소한 행위라도 권한을 행사한 주체가 결과의 책임을 지기 마련입니다. 모둠원 간의 갈등상황에서 교사의 선택에 대한 반발이 일어날 수 있으며, 학습결과가 나쁘면 선생님이 원망의 대상이 될 수도 있습니다. 경험상 환상적인 궁합인 듯싶어 인위적으로 짝을 지어줘도 기대만큼의 효과를 거두긴 어려울 때가 많습니다. 특별한 묘수가 없다면 차라리 사다리타기 게임으로 모둠을 편성하거나 가위바위보, 주사위 등으로 자리쟁탈전을 벌이는 방식이 훨씬 깔끔할 수 있습니다. 어떤 방식으로 편성하든 교사의 개입을 최소화하고, 3-5주 정도의 주기, 2-3회 정도의 프로젝트학습 참여횟수를 기준으로 모둠을 교체해주세요. 또한 각 단계마다 개별적으로 수행해야 할 과제, 짝 단위로 수행할 과제, 그룹(3-4명)별로 진행해야 하는 과제로 세분화하여 접근한다면 무임승차를 예방할 수 있습니다. 혹은 개인-짝-그룹 순으로 확대해가며 활동을 전개하는 것도 좋습니다. 물론 처음부터 모둠별로만 진행하고자 한다면 3-5명 정도가 적당합니다.

단계	퍼실리테이터의 역할
형성 (Forming) 문제제시	❖팀이 수행할 과제를 제시하고 이해를 돕는다. ❖왜 과제를 달성해야 하는지, 목적의식을 갖도록 협력한다. ❖팀 구성원 간에 친밀해질 수 있도록 아이스브레이킹(ice-breaking) 프로그램을 제공한다. ❖팀의 그라운드룰(행동의 규범 혹은 규칙)을 정하는데 도움을 준다. ❖과제를 규명하고 역할과 책임을 나누도록 안내한다. ❖구성원 모두의 발언권이 보장되고, 의견이 자유롭게 교환될 수 있는 민주적인 분위기를 조성한다. ❖허용적인 분위기(개방성)에서 신뢰를 토대로 한 관계를 강조한다. ❖액션러닝의 흐름이나 의사결정 순서, 효과적인 방법에 대한 전반적인 안내를 제공한다.
스토밍 (Storming) 과제수행	❖갈등을 당연한 것으로 예상하고 조절하는데 기여한다. ❖누구의 의견에 힘을 싣지 말고 완전히 중립적이고 조용하게 있는다. ❖팀 구성원이 서로의 감정을 안전하게 표출할 수 있도록 감성적인 환경을 제공한다. ❖진행과정을 정직하게 공개해서 이견이나 갈등을 숨기지 않도록 중재자 역할을 수행한다. ❖구성원들이 과제와 관련된 이슈를 규명하고 서로 협력해서 문제를 해결하도록 도움을 준다. ❖관련 지식과 기술의 습득과 활발한 상호작용을 촉진한다. ❖팀 활동에 장애적인 요인(구성원의 행동포함)이 발생 시, 즉각적으로 간섭하고 이를 적극적으로 교정한다. ❖불필요한 감정다툼이 야기될 정도의 고조된 토론은 단호한 태도로 중재한다. ❖팀 활동에 참여하는데 필요한 기본적인 스킬이나 매너는 교육시킨다. ❖커뮤니케이션을 지속적으로 촉진한다.
규범 (Norming) 결과정리	❖앞서 의견을 종합하고 합의한 방향에 따라 종합하도록 안내한다. ❖관련 지식과 기술의 습득과 효과적인 피드백이 이루어지도록 도움을 준다. ❖필요하다고 판단되면, 팀 구성원들에게 과제와 관련된 교육(강의 포함)과 지원(학습자원)을 추가로 제공한다. ❖팀 구성원들 각자의 역량 강화를 위한 노력에 대해 지원과 긍정적인 피드백을 아끼지 않는다. ❖과제해결안을 구체화하고 심화시킨다. ❖팀 구성원 간의 충돌이 발생한다면 상시적으로 중재한다. ❖수행에 필요한 문제해결안으로 최종적으로 도출할 수 있도록 촉진한다. ❖책임의식과 자신감을 갖고 자신의 역할을 완주하도록 독려하며, 맡은 부분의 리더십 역할을 취하도록 도움을 준다.
수행 (Performing) 발표 및 평가	❖다른 구성원들과 팀의 활동결과를 공유하고 그들의 아이디어들을 얻을 수 있도록 협력한다. ❖비판적 시각에서 구성원들의 생각에 대한 의문을 제기하고 다른 관점에서 접근해보도록 유도한다. ❖수행결과에 대한 만족감을 주기 위해 보상하고 성공을 진심으로 축하해준다. ❖팀이 더 성장할 수 있도록 조언하고 피드백을 제공한다.

SYNOPSIS '실천! 인터넷 지킴이'는 사회와 도덕교과군을 중심으로 구성된 수업입니다. 해당 수업사례는 「교실 속 즐거운 변화를 꿈꾸는 프로젝트학습(2011)」에 소개되어 있으니 참고하기 바랍니다. 이 수업은 악성댓글, 불법다운로드, 온라인 게임중독, 음란채팅 등 잘못된 인터넷 문화의 심각성을 인식하고, 이를 바로잡기 위한 인터넷 캠페인 활동을 벌이는 내용으로 진행됩니다. 참여하는 학생들은 인터넷 지킴이로서 UCC 자료를 제작하고 이를 활용해 사이버 캠페인 활동을 준비하게 됩니다. 직접적으로 관련된 교과 내용뿐만 아니라 창의적 체험활동, 자유학년활동 등의 시간을 충분히 활용한다면 학생들의 인식의 변화로 이어질 의미 있는 학습경험을 제공해 줄 수 있을 것입니다.

◆**적용대상(권장):** 초등학교 5학년–중학교 3학년
◆**자유학년활동:** 주제선택(권장)
◆**학습예상소요기간(차시):** 8–10일(10–12차시)
◆**관련교과 내용요소(교육과정)**

교과	영 역	내용요소	
		초등학교 [5–6학년]	중학교 [1–3학년]
국어	말하기듣기	·토의[의견조정] ·발표[매체활용] ·체계적 내용 구성	·토의[문제 해결] ·발표[내용 구성] ·매체 자료의 효과
실과 정보	자료와 정보	·소프트웨어의 이해	·자료의 유형과 디지털 표현
	기술활용	·개인 정보와 지식 재산보호	·개인정보와 저작권 보호 ·사이버 윤리
	정보문화		·개인정보와 저작권 보호 ·사이버 윤리
도덕	타인과의 관계	·사이버 공간에서 지켜야 할 것은 무엇일까?(사이버 예절, 준법)	·정보화 시대에 우리는 어떻게 소통해야 하는가?(정보통신윤리)
사회	법	· 인권, 기본권과 의무	·인권 침해 및 구제 방법, 노동권 침해 및 구제 방법
	사회문화	· 평등 사회	·차별과 갈등, 사회문제
		자료 수집, 자료 분석, 자료 활용	

문제제시 ▶

[동기유발] 문제의 이해와 동기유발을 위한 동영상 시청 : 지식채널e '대삼이의 일기'

↓

문제를 정확하게 파악해보며 잘못된 인터넷 문화와 관련된 경험사례 공유해 보기

↓

팀원 간의 토의과정을 거쳐 악성 댓글, 불법다운로드 등 개별적으로 집중해서 탐구할 주제 정하기

↓

과제수행계획서 작성 및 공유

과제수행 ▶

[문제해결모색] 역할분담과 과제수행계획에 따라 개별적으로 문제해결을 위한 정보와 자료 탐색하기

↓

탐색한 정보와 의견에 대한 아이디어를 교환하고 이를 바탕으로 인터넷 지킴이 활동 계획 수립하기

↓

정보를 재구성하여 UCC 자료 제작을 위한 스토리보드 만들기

↓

[결과정리] 스토리보드에 따라 효과적인 방식의 UCC 자료 제작하기

↓

팀별 의견을 모아서 사이버 캠페인 활동을 위한 구체적인 일정 잡기

↓

[결과정리] 합의된 일정에 따라 올바른 인터넷 이용 문화 정착을 위한 사이버 캠페인 활동 전개하기

발표 및 평가 ●

[준비] 인터넷 지킴이 보고회(발표)에 활용할 발표문을 작성하고 필요한 보조자료(파워포인트 자료)나 소품 제작하기

↓

[발표] 인터넷지킴이로서 제작한 UCC 자료 공개와 사이버 캠페인 활동 내용을 중심으로 발표하기

↓

[평가] 성찰저널 작성하기

길거리의 모습이 달라졌다. 넷북이나 핸드폰을 비롯한 다양한 디지털 단말기를 통해 인터넷에 접속하고 화상채팅, 영화감상, 온라인 게임 등을 장소와 시간에 구애받지 않고 하는 모습은 더 이상 낯선 풍경이 아니다. 인터넷을 통해 언제 어디서나 필요한 정보를 찾아보고 원하는 공부를 하며, 메신저를 통해 친구들과 수없이 많은 만남을 갖는다. 인터넷 공간은 우리에게 공부방이면서 놀이터고 또 대화방인 것이다. 서로 연결된 인터넷 세상, 하지만 부작용도 만만치 않다. 잘못된 인터넷 이용 문화가 타인에게 돌이킬 수 없는 상처와 고통, 경제적 피해로 이어지면서 부작용이 속출하고 있다. 다음은 이러한 심각성이 드러난 대표적인 사례이다.

악성댓글(악플)

사이버폭력은 이미 도를 넘은 상태다. 확인되지 않은 사실들이 인터넷을 타고 급속히 퍼지면서 피해자가 스스로 목숨을 끊기도 한다. 16일 경찰청 사이버테러대응센터에 따르면 명예훼손 등을 포함한 사이버폭력 범죄 발생 건수는 지난해 1만 3814건으로 점점 증가하고 있다. 공인이든 일반인이든 누구나 사이버폭력 피해자가 될 수 있다. 지난해 국민에게 충격을 준 어느 배우의 자살도 확인되지 않은 사실이 유포된 것이 한 원인이 됐다. 앞서 스스로 목숨을 끊은 유명인의 죽음도 안티 팬들의 악플이 적잖은 영향을 끼친 것으로 전해지고 있다. 지하철에서 애완견의 배설물을 치우지 않은 일명 '개똥녀' 사건도 사이버폭력의 심각성을 보여준 사례다. _세계일보 ○○/4/16

온라인 게임중독

지환이는 중3 때 과학고 진학을 생각할 정도로 공부 잘하는 아이였다. 그러나 중3 때 게임을 시작해 점점 시간이 늘어났다. 고1 때 처음 엄마에게 주먹질을 했다. 기숙형 학교에 다닌 지환이는 주말에 집에 오면 밤새워 게임을 했다. "친구들 사이에서는 말을 잘하고, 유머가 있어 인기 있는 편"이라는 게 이씨의 얘기다. 고2 겨울방학에 '사건'이 터졌다. 방학 내내 밤새워 게임을 하는 아들을 보다 못한 이씨가 게임 중인 컴퓨터의 전원을 뽑아 버린 것. 지환이는 집 안 유리를 깨고 닥치는 대로 때려 부쉈다. 이씨는 도망쳤다. "밤이 돼 119의 도움을 받아 집 현관문을 따고 들어갔더니 아이가 방 안에서 깨진 유리를 밟고 운동화를 신은 채 게임을 하고 있었어요." _중앙일보 ○○/9/30

불법 다운로드(저작권 침해)

"장난삼아 인터넷에 올린 파일 때문에 영화 '해운대'의 투자자들이 입은 피해액이 160억원 이상으로 추산됩니다." 엊그제 서울 세종문화회관에서 열린 '저작권 클린 포럼'

토론회에서 해운대를 연출한 윤제균 감독은 모두 5년의 제작기간이 걸린 작품이 한 네티즌의 무심한 업로딩(파일 전송) 행위로 엄청난 경제적 손실을 입고 있다며 안타까워했다. 이날 토론회에서는 또 만화와 음악, 소설 등도 인터넷에 마구잡이로 유출되면서 저작권이 훼손되고 있다는 지적이 이어졌다. _문화저널21 ○○/9/26

최근 들어 악성댓글, 온라인 게임중독, 불법다운로드 등 잘못된 인터넷 이용습관으로 인해 범죄자가 되고 있는 청소년들이 해마다 증가하고 있다. 사회에 첫발을 내딛지도 못한 청소년들에게 범죄자라는 가혹한 꼬리표는 그들이 꿈꾸고 있는 미래 자체를 무너뜨릴 정도로 엄청난 것이다. 죄의식 없이 장난처럼 너무나도 쉽게 행하고 있는 잘못된 인터넷 이용습관이 개인적으로 큰 불행이 될 수 있기 때문에 이대로 방치할 수는 없다.

'인터넷 지킴이'로서 당신의 활약이 필요한 것은 이 때문이다. 여러분들과 같은 또래 친구들이 잘못된 인터넷 이용 문화에 빠지지 않도록 적극적인 활동이 필요하다. 오늘 당신에게 첫 번째 임무가 주어졌다. 당신의 임무는 어린이 네티즌들을 대상으로 '올바른 인터넷 이용문화' 정착을 위한 UCC 자료를 제작하고 배포하는 것과 지속적인 사이버 캠페인 활동을 실천하는 것이다. 2주 후에 있을 '○○초등학교 인터넷 지킴이 대회'에서는 지금까지 활약한 내용을 정리해서 발표하는 시간도 가질 예정이다. 주어진 임무를 성공적으로 완수하는 그날까지 인터넷 지킴이인 당신의 활약은 쭉~ 계속된다.

① 여러분은 인터넷 지킴이로서 올바른 인터넷 이용문화를 위한 UCC 자료를 제작하고, 이를 활용하여 사이버 캠페인 활동을 펼쳐나가야 합니다.
② 인터넷 지킴이 대회(발표)에서 2주 동안 활동한 내용을 보고해야 하며, 주어진 시간은 5분 정도입니다.
③ 관련 교과서 내용을 참고하면 문제해결에 도움이 됩니다.

플립드러닝:
◆ 거꾸로 뒤집으면 답이 보인다 ◆

'거꾸로 수업', '거꾸로 교실'로 잘 알려진 조나단 버그만(Jonathan Bergman)의 수업방식은 참신한 발상 덕분에 한국을 포함해 전 세계적으로 상당한 호응을 얻은바 있다(Bergmann & Sams, 2012; 2014). 교실이라는 공간정의를 다시 내린 생각의 전환은 겉으로만 보아도 수업의 모습을 완전히 바꿔 놓은 듯했다. 실제로 학교에서 이루어지던 전형적인 강의와 가정에서 진행되던 과제활동의 공간이 뒤바뀌면서 교실의 풍경은 사뭇 달라지기도 했다. 교실에선 학생들의 적극적인 참여로 진행되는 과제수행활동이 강조됐고, 교실 밖에선 교사가 정성스럽게 준비한 강의영상을 반복적으로 시청하며 관련 개념을 익히도록 했다. 지식전달을 목적으로 한 열정적인 교사의 강의가 더 이상 교실을 가득 채우지 않게 되면서 전통적인 수업방식과 분명한 선을 긋는 것처럼 보였다.

그런데 과연 정말 달라졌을까. 필자가 가진 구성주의적 관점에서 냉정하게 보자면 달라진 것은 거의 없다. 학교와 가정이라는 공간의 기능만 바뀌었을 뿐, 본질적으로 이전의 수업방식과 다를 바가 없다. 더욱이 아주 오래전부터 교육방송이나 유명 학원 강사의 동영상에 의존하며 교과공부를 해왔던 우리나라 학생들에겐 그다지 새로운 공부방식이 아닐 듯싶다. 교과개념강의를 교실에서 직접 듣던, 방송(영상)

을 통해 시청하든, 동일한 목적(지식전수)으로 수업이 이루어진다면 공간과 매체의 변화 말고 본질상 달라진 것이 있는 걸까. 오히려 강연의 성격상 청중과 시선을 맞추고 호흡할 수 있다는 점에서 온라인보다 오프라인이 훨씬 효과가 높을 수 있다. 영상매체의 특성상 학습자가 배울 개념을 기억하고 이해할 때까지 반복해서 볼 수 있다는 부분을 장점으로 내세우고 있지만, 그건 어디까지나 학습자 본인의 자발적인 참여의지가 있어야 가능한 일이다.

사실 학교현장에서 학생들과 부딪히며 지내는 교사라면 긴 설명 없이도 알 수 있는 문제지만, 기대만큼 학생들이 잘 따라와 주진 않는다. 수동적인 학습에 익숙한 학생들 입장에서는 지금껏 해오던 방식대로 교실에서 수업 듣고, 관련 영상을 시청하며 학원으로 이동하는 것이 더 낫다고 여기기도 한다. 미국처럼 사교육 의존도가 낮은 사회에서 교사가 만든 강의영상으로 시작되는 사전활동과 관련 교과개념을 활용한 과제수행활동이 신선하게 다가갈 수 있겠지만, 내로라하는 강사의 교과강의영상이 차고 넘치는 우리나라 현실에선 분명 한계가 있다. 자칫하면 학교 공부(공교육)보다 학원공부(사교육)가 더 중요한, 그래서 주객이 전도된 현상을 학교 스스로가 조장할 수도 있다. 그런 의미에서 패러다임의 전환 없이 철학이 부재된 상태에서 섣불리 형식만 가져오는 접근 방식은 철저히 경계해야 한다.

블룸의 분류체계로 보는 플립드러닝

그렇다면 우리는 '플립드러닝(flipped learning)'을 어떻게 해석하고 수용해야 할까. 플립드러닝의 국내외 학술논문을 살펴보면 이론적 근거로 블룸의 분류체계(Bloom's taxonomy)를 앞세우곤 한다. 블룸(Bloom)과 그의 동료들(1956)은 6가지 인지적 영역으로 '지식, 이해, 적용, 분석, 종합, 평가'로 제시했는데, 이를 '사고력(thinking skill)'을 기준으로 위계적으로 표현한 것이 특징이다. 이들 인지적 영역은 이른바 '완전학습(mastery learning)'을 달성하기 위한 교육목표의 분류기준으로 적용되기도 했다. 여기서 '지식'이 인지적 영역 중 가장 하단에 위치할 수 있는 것은 그것 자체를 있는 그대로 기억하고 이해하면 되는 대상으로 보았기 때문이다. 지식을 보편적·절대적 시각으로 보는 상황에선 학습자 본인의 생각은 그다지 중요치 않다. 그냥 진리처럼, 정답처럼 비판 없이 그대로 암기하고 이해하면 그만일 뿐이다. 이런 이유로 객관주의적 인식론(지식에 대한 관점)의 토대 위에 세워진 블룸의 분류체계는 학습자중심 교육이 강조되는 오늘날의 기준에 여러모로 적합하지 않았다.

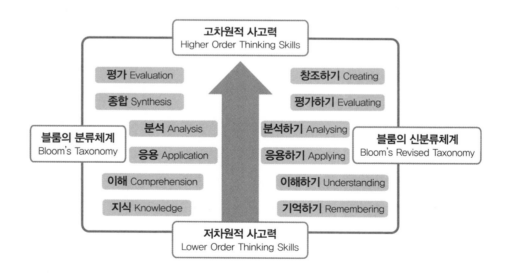

그런 의미에서 앤더슨과 그의 동료들(Anderson et al, 2001)에 의해 수정된 신분류체계에 주목할 필요가 있다. 그들은 지식을 4개의 차원, 즉 사실적 지식, 개념적 지식, 절차적 지식, 메타인지적 지식으로 나누고, 이에 필요한 인지과정을 6가지로 분류하였다. 블룸의 신분류체계는 학습자가 구성할 지식의 종류에 따라 어느 수준의 사고력이 요구되는지 알려주면서, 각 인지과정에 따라 어떤 교수학습활동이 적합한지 구체적으로 제시해주고 있다.

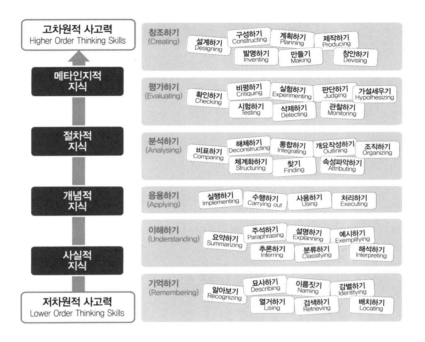

그러나 문제는 블룸의 신분류체계를 과거의 생각대로 수업절차, 교수사태로 확대하여 해석하는 관점에 있다. 분류한 각각의 인지영역이 독립적이면서 유기적인 관계임에도 불구하고 누적적, 절차적, 위계적 시각에서 그들의 이론을 수용하다보니 교실과 교실 밖의 공간을 구분짓거나 전통적인 수업과 플립드러닝을 가르는 획일적인 잣대로 사용하기에 이른다. 그러다보니 학교수업이 시작되기 전에 해당교과강의영상을 시청하고, 교실에 와서는 '서로 가르치기'나 과제활동 등을 통해 자신이 기억하고 이해한 내용을 심화시킨 다음 지필평가로 마무리하는 흐름을 플립드러닝의 전형적인 형태인 것처럼 인식하게 만들었다.

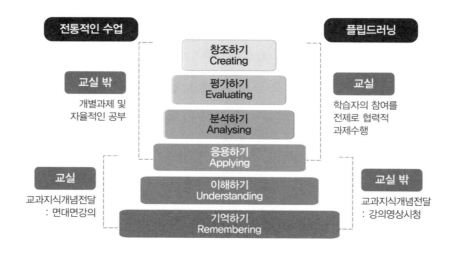

이는 각각의 인지과정을 선형적인 관계로 보고, 저차원적 사고력에서 고차원적 사고력, 사실적 지식에서 메타인지적 지식으로 위계적 순서를 하나하나 밟아 수업이 진행되어야 한다는 전제에서 비롯된다. 하지만 우리의 인지과정은 복합적이고 다원적이며 유기적인 상호관계를 통해 새로운 지식을 구성해 간다(Gazzaniga, Heatherton, 2003).

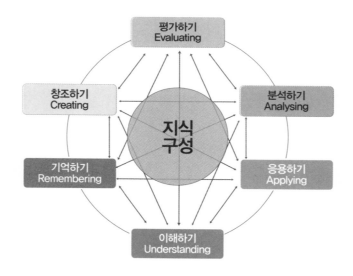

따라서 누구든 실험에서 변인통제 하듯 각 단계마다 특정 인지과정을 배제할 수 있다는 믿음으로 수업을 진행하고자 한다면, 아무리 플립드러닝이라는 이름을 내세운다 하더라도 이전의 전통적인 수업과 본질적인 차이를 확보할 수 없다.

18 시험을 봐야 공부를 한다고?

블룸의 완전학습은 학습자의 개인차를 반영해서 학교교육이 이루어져야 한다는 문제의식에서 출발합니다. 그의 주장은 캐롤(J. Carroll)의 학교학습모형을 토대로 삼고 있으며, 불완전학습상황을 초래하는 변인을 조정함으로써 완전학습에 이를 수 있다는 낙관적 판단에 근거합니다. 특히 지속적인 학습실패를 경험하는 학습자들이 발생하지 않도록 교육환경을 개선하는데 초점을 두고 제안되었습니다. 우리나라의 경우, 당시 중학교 평준화 및 무시험전형, 70명에 이르는 다인수 학급으로 인한 교육격차해소를 위해 7년 동안(1969–1975년) 완전학습프로젝트가 국가적 차원에서 진행된 바 있습니다. 학교현장에서 블룸의 분류체계가 수업의 기본적 절차로 이해되어 적용된 것도 이 무렵부터였습니다. 인지영역을 위계적 시각에서 보다보니 지식의 양을 충분히 늘려야 이해 단계로 넘어갈 수 있고, 이러한 학습이 누적돼야 고차원적인 사고력이 발휘될 수 있다고 믿었습니다. 이런 이유로 나이 어린 초·중등학생들에게 교과지식의 암기와 개념이해만큼 중요한 교육은 없었던 것입니다. 덧붙여 어린 학생일수록 고차원적인 사고력이 요구되는 교육이 어렵다는 선입견도 강했습니다. '평가'가 분류체계의 상단에 위치해 있는 만큼, 각종 지필시험은 학습자들로 하여금 고차원적 사고력을 발휘시킬 수 있는 유용한 방법으로 여겨지기도 했습니다. '시험(평가: 고차원적 사고력)을 봐야 공부(지식: 저차원적 사고력)를 한다'는 말이 진리처럼 받아들여진 것도 이와 같은 블룸의 분류체계에 대한 오해에 기인한다고 볼 수 있습니다. 흥미롭게도 완전학습프로젝트는 1977년 모든 관련 교재의 폐지를 발표하며 끝을 맺게 됩니다. 의도한 목적을 달성하지 못하고 폐지되었다는 점에서 교육사적으로 실패한 교육정책의 하나로 기록되고 있습니다.

플립드러닝의 원조, 프로젝트학습

앞서 살펴본 바와 같이 버그만과 샘이 제안한 플립드러닝만 놓고 보았을 때, 프로젝트학습과의 접점은 보이질 않는다. 혹독하게 말하자면 무늬만 '거꾸로'일뿐, 학습자를 지식구성의 주체로 보는 관점의 변화를 비롯해 교육패러다임의 전환으로 읽을 만한 요소가 부족하다. 그럼에도 불구하고 필자가 이 책에서 '플립드러닝(flipped learning)'을 프로젝트학습의 범주 안으로 가져오려는 데는 분명한 이유가 있다. 그것은 바로 교실 안에서 교사의 역할변화다. 전통적인 권위의 원천이었던 교과지식전달의 독점권을 과감히 내려놓으면서 역설적이게도 교사는 수업에 대한 자유권을 얻었다. 학습의 촉진자, 안내자, 때론 동료학습자로서 참여하며 교사와 학생이 함께 만들어가는 수업을 디자인할 수 있게 된 것이다. 실제로 플립드러닝을 현장에 지속적으로 실천하고 있는 교사들 가운데 뒤바뀐 교실환경에 채울 새로운 대안을 모색하는 경우가 많다. 이러한 움직임은 국내외 할 것 없이 상당히 활발히 이루어지고 있으며 구체적 사례로 나타나고 있기도 하다. 버그만의 거꾸로 실험이 공교롭게도 교실에 대안적으로 채울 새로운 수업모델에 대한 관심으로 옮겨간 것이다. 특히 거꾸로 교실(flipped classroom)을 구체적으로 구현하기 위한 교수학습모형으로 '프로젝트기반학습', '문제기반학습'의 PBL이 주목받고 있으며 적극적으로 교육현장에 적용되고 있다. 이와 관련된 연구와 사례들은 인터넷 검색을 통해서도 쉽게 확인해 볼 수 있다.

이와 같이 플립드러닝과 PBL의 조합이 가능한 것은 프로젝트학습 자체가 뼈 속 깊숙한 곳부터 거꾸로 요소로 완전히 채워져 있기 때문이다. 필자가 이전의 저서를 통해 강조했던 핵심적인 부분이기도 하다. 완전히 뒤집어 접근하는 수업인 프로젝트학습의 특성은 공저로 참여한 「교실 속 즐거운 변화를 꿈꾸는 프로젝트학습(2015)」에 수록된 강인애 교수의 프롤로그를 통해 명확하게 확인할 수 있다. 참고로 이 글은 거꾸로 수업이 확산되기 이전에 쓰여졌다.

흔히 학생들의 공부와 관련지어 생각할 때 의례히 등장하는 세 가지 요소는 '학교'라는 장소, '교과서'에 국한된 학습자원, 그리고 가르침의 주체로서의 '교사'를 생각해볼 수 있다. 그리고 지금껏 이 세 가지 요소는 오랜 기간 동안 다양한 이름으로 불리며 적용되어 왔던 일련의 '혁신적 교육운동'의 물결 속에서도 그 절대적 위치는 고수하면서 그 안에서의 이런 저런 소극적 변화와 방법의 변주곡의 형태로 굳건히 생존해왔다. 그리고 그 숱한 혁신적 교육방안과 방법은 매번 잠시의 등장과 함께 환호되다가 급격한 퇴진을 맞이해야 했다. 프로젝트학습은 이러한 세 가지 요소의 위치와 역할을 '완전히 뒤바꾸어 접근'하는 수업방식을 의미한다. 우선 '교실'에 국한되어 있는 학습장소는 오프라인 교실을 넘어선 온라인 공간을 수용하고, 격리된 교실이 아닌 열린사회와의 연계를 꾀한다. 따라서 교실이란 의미는 단지 다같이 모여서 논의를 위한 장소적 의미로서만 존재할 뿐, 학생들이 논의하는 내용과 움직이는 영역은 교실 벽을 벗어나 사회와 소통하고 공유하고 참여하는 교실이 된다. 둘째, 이전에 '교과서'에 국한되어있던 배움의 자료는 이제 교과서를 넘어서 우리 실생활 속에 존재하는 모든 내용, 모든 사람, 모든 자료를 활용하는 모습으로 확장된다. 우리 할머니가 내 수업의 중요한 학습자원 역할을 하기도 하며, 옆집 소방서 아저씨가 내 수업의 학습자원이 되어주기도 한다.

EBS에서 보았던 프로그램이 내 수업자료가 되기도 하고, 인터넷으로 들어가 본 과학관의 자료가 내 과제의 중요한 자료로서 존재하기도 한다. 마지막 세 번째로 뒤바뀌는 것은 교사와 학생의 위치와 역할이다. 지금껏 가르침의 주체로서 존재해왔던 '교사' 대신 배움의 주체로서의 학생을 위치하게 된다. 교사의 목소리 대신 학생들의 목소리가, 교사의 이야기대신 그들의 이야기가 수업의 대부분을 차지하게 된다. 대신 교사는 '좋은 귀'를 가진 학습의 조력자이자 지원자로서, 배움의 주체로서의 학생이 제 역할과 기능을 잘 할 수 있도록 주변에 위치하여 도와주는 역할을 하게 된다. 이렇듯 교육의 삼대 요소라고 했던 교실, 교과서, 교사에 부여되었던 권위와 역할, 그 모든 것을 뒤집어서 적용해보기! 바로 그것이 프로젝트 학습의 핵심이다.

완전히 뒤집어 접근하는 방식! 진정한 거꾸로 수업은 지식에 대한 관점의 변화, 교육패러다임의 전환, 포스트모더니즘적인 접근이 전제되지 않으면 결코 성립될 수 없다. 아무리 혁신적인 매체를 활용해 교육을 한다고 해도 관점의 변화가 없다면

본질상 달라질 것은 아무 것도 없다. 교육방송을 테크놀로지 발달로 인해 TV에서 컴퓨터로, 그리고 스마트폰으로 시청한다고 해서, 교과서를 종이책이 아닌 테블릿 PC에 담았다고 해서, 매체 외에 내용상 달라진 것이 있을까. 판서를 하고 종이차트를 정성스럽게 만들어 사용하든, OHP를 활용하다가 PPT를 사용하든, 컴퓨터로 플래시 자료와 동영상을 보여주든, 그것이 특정 지식의 전달을 목적으로 활용됐다면 내용상 바뀐 것은 아무것도 없다. 결국 중요한 것은 하드웨어가 아니라 소프트웨어이다. 현실적으로 교과서를 소홀히 할 수는 없겠지만 그 틀에 메이지 않을 창의적인 해법들이 필요한 이유다.

필자는 교육현장에서 교과서의 창의적인 활용방법을 다양하게 모색하고 있으며, 프로젝트학습 프로그램으로 만들어 수업에 적용하고 있다. 이를테면 교과서 지식을 인류의 위대한 유산으로 지정하고, 이들 가운데 미래세대에 전하고 싶은 지식을 선정하여 상생을 목적으로 한 고릴라퀴즈대회를 여는 활동처럼 말이다. 참고로 이 문제는 필자의 저서인 「설레는 수업, 프로젝트학습 PBL 달인되기1: 입문」 '10장. 고릴라에게 배우는 고릴라 퀴즈' 편을 통해 자세히 확인할 수 있다.

플립드러닝의 일반적인 교육활동에 착안하여 만든 프로젝트학습 프로그램도 있다. 차이나는 클래스를 열기 위해 주제와 관련된 강연(교과강의) 영상을 찾아보고, 이를 참고하여 자기만의 특별한 미니강연을 준비하여 발표하는 내용으로 구성된 수업이다. '잼공팩토리❼ 특별한 강연쇼! 차이나는 클래스'를 통해서 간단히 적용할 수 있는 문제가 제공되고 있으며,「설레는 수업, 프로젝트학습 PBL 달인되기 2: 진수」 '8장. 차이나는 클래스, 세상의 모든 질문을 허하라!' 편에 좀 더 정교화된 프로그램이 수록되어 있다.

지금까지 'PARTⅠ. 프로젝트학습이라 불리는 모형들이 궁금하다'를 통해 일곱 빛깔의 교수학습모형을 살펴보았다. 필자는 서두에서 밝힌 바와 같이 프로젝트학습의 이상향(구성주의적 학습환경)을 공유하는 교수학습모형들을 통섭적 시각으로 해석했으며, 이들이 갖고 있는 고유한 특징들마저도 프로젝트학습의 범주 안으로 가져와 적극적으로 통합하고자 했다. 프로젝트학습이라는 견고한 틀을 만들어 그 속에 안주하기 보다는 형식의 껍질을 깨고, 다양한 영역을 마음껏 넘나들면서 프로젝트학습의 영토를 확장해 가야 한다고 믿는다. 이제 공은 넘겨졌다. 프로젝트학습이라는 용광로 속에 어떤 모형들을 녹여내고, 효율적이고 효과적이면서 매력까지 더한 수업으로 빚어낼지는 전적으로 교육현장에의 주체인 교사 각자의 몫이다. 주어진 정답은 없다. 오로지 교사 자신이 만들어가는 나만의 답이 있을 뿐이다. 아무쪼록 이 책을 통해 자신만의 답을 스스로 모색해보는 시간을 가져보길 바란다.

19 통섭적 시각이 프로젝트학습을 프로젝트학습답게 만든다

통섭, 큰 줄기(통)를 잡다(섭)라는 뜻으로 '서로 다른 것을 한데 묶어 새로운 것을 잡는다'는 의미를 내포하고 있습니다. 미국의 생물학자 에드워드 윌슨(Edward Wilson)이 자연과학을 중심으로 인문학과 사회학 등을 통합한 범학문적 연구를 강조하며 제시했던 개념인데요. 핵심용어인 'Consilience'를 그의 제자인 최재천 교수가 '통섭'으로 번역하면서 널리 알려지게 되었습니다. 현재 통섭은 본래의 뜻을 넘어 여러 분야에 맞게 확대, 재생산되어 사용되고 있습니다. 아무튼 통섭을 화두로 던진 에드워드윌슨이나 최재천 교수가 그들이 딛고 있는 학문의 경계를 넘어 앎의 영역을 확장시켰던 것처럼, 자신이 딛고 있는 교과를 넘어 통합의 길로 나아가야 합니다. 분명한 건 프로젝트학습을 적용하기 위해선 '통섭(consilence)'적 시각을 가져야 한다는 점입니다. 관점만 바꾼다면, 프로젝트학습을 통해서 얼마든지 자신이 딛고 있는 교과를 중심으로 한 통섭을 시도해볼 수 있습니다. 프로젝트학습의 어떤 주제의 활동이든 특정 교과와 분야를 중심으로 한 질서 있는 통합은 얼마든지 가능함을 잊지 마세요.

나의 지혜나무 01

'**PART1. 프로젝트학습이라 불리는 모형들이 궁금하다**'에서 배운 내용 가운데 핵심용어 중심으로 지혜나무를 완성해주세요. 관련성이 높은 용어들을 한 가지에 묶어주는 것이 중요합니다. 주어진 공간 외에도 탐스런 열매가 가득 차도록 자유롭게 꾸며주시면 됩니다.

기억 속에 오랫동안 간직하고 싶은 지식(이론)은 무엇인가요? 여러 지식 가운데 엄선하여
보물상자에 소중하게 담아주세요.

memo

개념
스케치북
Visual Thinking

지혜나무와 지식보물상자에 담긴 지식들을 그림으로 나타내어 봅시다. 정해진 형식은 없습니다. 자신만의 방식대로 자유롭게 맘껏 표현하면 그만입니다.

'PART1. 프로젝트학습이라 불리는 모형들이 궁금하다' 편을 읽으면서 배우고 느낀 점은 무엇입니까? 머릿속에 떠오르는 생각의 흐름대로 꺼내어 마인드맵처럼 표현해 봅시다. 무엇보다 자신만의 영감과 통찰을 통해 빚어낸 빅아이디어(창의적인 생각)가 무엇인지 꼭 정리해 봅시다!

Big Idea! Creative Thinking!

나의 지식사전

절대 놓치고 싶지 않은 중요한 지식이 있다면 '나의 지식사전에 남기도록 합니다. 특히 해당 지식과 관련하여 배우고 싶은 주제를 함께 기록해 보도록 합니다.

핵심용어	중심내용	배우고 싶은 주제

프로젝트학습에
담긴 철학이
무엇일까

02

학교 현장에 가면 열정 넘치는 교사들이 참 많이 있다. 부러울 만큼 끼와 재능을 겸비하고 있어서 특색 있는 교육환경을 잘 꾸려낸다. 학생들에게 인정받고 존경받는 교사들이 여전히 대한민국의 교육을 만들어가고 있다. 그리고 이런 분들 가운데 프로젝트학습을 통해 수업의 변화를 꾀하는 교사들이 점점 많아지고 있다. 각자의 현장에서 참신한 주제와 기발한 아이디어를 프로젝트학습에 더해가며 의미 있는 시도들을 벌이고, 시행착오를 겪더라도 이를 바탕으로 수업의 완성도를 높여간다.

하지만 교실을 풍성하게 채우기 위해 선택한 프로젝트학습이 기대에 미치지 못한 결과로 이어지고, 게다가 학생과 학부모로부터 냉소적인 반응을 받게 되면, 그 열의는 오래 버티지 못하고 순식간에 식어버리곤 한다. 간절했던 만큼, 마상(마음의 상처)도 심하게 입게 되면서 다신 시도하고 싶지 않은 수업이 되어 버린다. 교사들 입장에선 차라리 만나지 않았으면 좋았을 그런 녀석, 이것도 저것도 아닌 어정쩡한 수업, 결국 여러모로 불편한 수업경험만 남게 된다.

　도대체, 왜 이런 일이 벌어지는 걸까. 프로젝트학습에서 우리가 놓친 것은 과연 무엇일까. 근본적인 불편함은 어디로부터 오는 것일까.

"한국에서 가장 이해하기 힘든 것은 교육이 정반대로 가고 있다는 것이다. 한국 학생들은 하루 15시간 이상을 학교와 학원에서, 자신들이 살아갈 미래에 필요하지 않을 지식을 배우기 위해 그리고 존재하지도 않는 직업을 위해, 아까운 시간을 허비하고 있다." _Alvin Toffler, 2008

　어찌 보면, 한국교육에 대한 앨빈 토플러의 지적이 프로젝트학습에 대한 불편함을 함축적으로 설명해 주고 있는지 모른다. 그의 지적은 사교육의 폐해, 최저수준의 교과흥미도, 비효율적인 학습환경, 지나친 학습량 등이 아닌, 학교와 학원에서 배우고 익히기 위해 수많은 시간을 쏟아 붓고 있는 '지식', 그 자체에 모아진다. 실제로 프로젝트학습이 주는 불편함을 따져보면, 지식에 대한 관점의 차이가 주요 원인으로 작용하고 있음을 알 수 있다. 심지어 프로젝트학습을 현장에 많이 실천하고, 나름 이해 수준이 높다고 자부하는 교사들마저도 늘 혼란스러워하는 부분이기도 하다.

앙꼬 없는 찐빵! 혹시 현장에 실천하고 있는 나의 프로젝트학습이 열정은 담겼지만, 철학이 빠진 껍데기에 불과한 것은 아닌지 살펴볼 필요가 있다. PART I에서 프로젝트학습이라는 용광로 속에 어떤 교수학습모형들을 담아낼지 자신만의 답을 모색했다면, PART II에서는 이 용광로를 구성하고 있는 철학이 무엇인지 살펴보고자 한다. 제대로 된 철학을 밑바탕에 두어야 프로젝트학습이라는 튼튼한 용광로를 만들 수 있다. 아무쪼록 겉으로 드러난 수업의 모습에 주목할 것이 아니라 그것에 담긴 철학을 이해하는데 초점을 맞춰 보길 바란다.

Guiding Tips

20 구성주의를 알면, 프로젝트학습의 관점을 알 수 있다

최근 들어 프로젝트학습이 시대의 변화와 맞물려 관심이 집중되고 있습니다. 구성주의 이론과 관련 교수학습모형을 국내에 도입하고 확산시키기 위해 애쓴 지도 어느덧 20년을 훌쩍 넘기고 있습니다. 그 중심을 지키던 학자 가운데 경희대학교 강인애 교수가 있습니다. 필자에겐 지금의 길을 걷는데 결정적인 영향을 준 참스승이기도 합니다. 「교실 속 즐거운 변화를 꿈꾸는 프로젝트학습」을 비롯해 그동안 필자와 두 권의 책을 공동으로 집필하기도 했는데요. 최근까지 다양한 저서와 학술논문을 남기며 왕성한 연구 활동을 하고 있습니다. 개인적으로 「왜 구성주의인가?(문음사)」와 「우리시대 구성주의(문음사)」라는 두 권의 책에서 많은 영감을 얻었습니다. 지금의 구성주의적 관점을 형성하는데 큰 영향을 주었던 책이지요. 교육에 대한 대안적 패러다임으로서 구성주의를 만나고 싶은 선생님들에게 추천합니다.

08

◆ 상대적이거나 절대적이거나
지식에 대한 관점이 핵심이다◆

시공간을 초월하고, 역사와 문화의 차이를 넘어 보편적으로 적용할 수 있는 절대불변의 진리와 법칙이 우리가 사는 세상에 얼마나 존재하고 있을까. 이런 주옥같은 지식보물들을 캐내서 머릿속에 잔뜩 보관하는데 성공했다 하더라도 정말 실제 삶에서 필요할 때마다 꺼내 쓸 순 있는 걸까. 사실 학교교육에서 금지옥엽처럼 여겨왔던 교과서는 이런 물음들에 대해 'YES'를 외치며 등장했다. 그도 그럴 것이 19세기 산업혁명시기에 필요한 인재상은 근면 성실하며, 끈기와 인내를 갖고 주어진 매뉴얼대로 오차 없이 과업을 완성해줄 사람이었다. 개인의 개성이나 그들의 관심보다 집단의 논리가 중요했고, 정치이데올로기에서부터 특정 학문분야의 주류이론에 이르기까지 거대담론이 절대적인 지위를 누렸다. 자연스레 학교교육은 이러한 거대담론들을 일반적이고 보편적인 지식(진리와 법칙)으로 수용하였고, 수업을 통해 학생들에게 전달되었다. 적어도 수업에선 교과서에 담긴 지식들이 어느 종교의 경전 못지않게 절대적인 위력을 발휘했다. 교사에 의해 전파된 교과지식들은 곧 평가의 기준이었고, 성적이며, 진로였다. 그 권위는 철옹성 같아서 누구도 거역할 수 없었다. 70명이든, 100명이든 콩나물시루 같은 교실에서 교과서 하나면 수업이 이루어질 수 있었던 이유이기도 하다.

그럼에도 불구하고 당시의 학생들은 교과서라는 절대적인 틀에 자신의 생각을 맞추는 데 저항하지 않았다. 정해진 틀로 똑같은 모양의 제품을 끊임없이 찍어내던 대량생산공장과 학교의 모습이 다를 바 없었지만 거기에 순응했다. 그리고 견고한 이론적 바탕 위에 이런 방식의 학교수업은 강화되고 또 정당화될 수 있었다. 교사들 입장에서는 '진리추구'라는 교육목표에 도달하기 위해선 교과서 중심의 교육 외에 달리 선택지가 없었다. 대부분의 수업 모습은 교과지식의 전달에 초점을 맞췄으며, 이를 위해 다소 부조리하더라도 갖가지 수단과 방법이 동원되기도 했다. 학생들은 교과내용을 자신의 머릿속에 오랫동안 기억시키기 위해 힘겨운 싸움도 마다하지 않았다. 교과서 종이를 입 속에 넣어 꾸역꾸역 씹어 삼켜서라도 반복하고 또 반복하며 통째로 암기하고자 했다. 그렇다고 이렇게 배운 지식들이 미래에 어떠한 삶을 살든지, 처한 상황이 무엇이든지 간에 훌륭한 정답이 되어주고, 인생에 든든한 길라잡이 역할을 해줄 것이라 믿지 않았다. 그들에게 단지 성적향상과 좋은 학력을 얻는데 필요한 수단이었을 뿐이었다.

지금이라고 달라졌을까. 우리를 둘러싼 사회문화 환경이 급격히 변화하고 있음에도 여전히 교사들의 눈과 귀는 과거에서 벗어나지 못하고 있다. 그도 그럴 것이 그 시절 교사들은 자신에게 부여된 책임을 알았고, 본연의 임무에 충실했다. 그 시대의 사회가 요구하던 교육을 학교현장에 실현시키기 위해 각고의 노력을 기울인 덕분에 우수한 산업화 일꾼을 길러낼 수 있었고, 기적 같은 경제 발전도 가능했다. 오늘날의 교사들이 과거의 방식에서 좀처럼 벗어나기 힘든 이유 중에는 이러한 경험적 믿음도 작용한다.

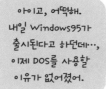

　'그때는 맞고 지금은 틀리다?', 역시나 이 세상에 영원불변의 것은 없었다. 절대 무너지지 않을 것만 같았던 거대담론들이 하나둘씩 해체되었고, 그 자리는 개인의 주관적인 생각, 경험 등이 담긴 작은 이야기들로 빠르게 채워지기 시작했다. 20세기말 본격적인 인터넷 시대로 들어서면서 이런 사회문화의 변화는 가속화되었다. 수천 년 동안 누적해왔던 인류지식의 총합보다 훨씬 많은 지식과 정보가 단 며칠만에 만들어졌다. 이른바 지식정보화 시대는 '디지털(digital)'로 대표되는 테크놀로지(technology)의 토양을 양분삼아 이전과 전혀 다른 세상을 연출하고 있었다. 지식과 정보의 폭발적인 증가 못지않게 이들의 생애주기도 짧아졌다. 오늘 기껏 배운 내용이 내일이면 쓸모가 없어져버리는 현상이 점차 일상화 됐다. 도저히 그때 그 시절의 눈(객관주의적 시각)으로 해석불가한 상황이 사회문화 전반으로 확산되기에 이른 것이다. 모든 인류의 역사가 증명해주듯 시대의 변화는 의식의 전환으로 이어지기 마련이다. '지식정보화', '4차 산업혁명'이 내포한 의미처럼, 분명 시대는 바뀌었고, 변화된 세상을 담아낼 새로운 생각그릇이 필요해진 것뿐이다. 어찌 보면 시대의 변화가 필연인 것처럼 우리에게 요구되고 있는 생각의 대전환 역시 필연으로 찾아온 것일지 모른다. 이런 측면에서 구성주의와 객관주의를 신구의 대결관계로 볼 것이 아니라 시대의 변화에 따라 필연적으로 찾아온 의식의 전환과정으로 이해하고 수용하는 것이 타당하다.

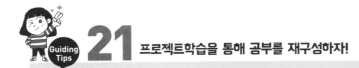

프로젝트학습(PBL)을 주제로 제작된 다큐멘터리 중에 EBS 다큐프라임 '공부의 재구성(2부작)'을 추천합니다. 국내외 사례 중심으로 소개하고 있어서 프로젝트학습에 대한 폭넓은 이해가 가능합니다.

'1부 PBL을 아시나요?' '2부 PBL수업이 학교를 바꾼다' 편을 통해 교육패러다임의 중심에 왜 프로젝트학습이 대두되고 있는지 확인할 수 있습니다. 인터넷 포털에서 '공부의 재구성' 키워드로 검색하면 손쉽게 동영상을 찾을 수 있으니 꼭 시청해 보길 바랍니다. 시대의 변화와 연계해서 프로젝트학습을 이해한다면 좀 더 도움이 될 것입니다.

구성주의, 교수학습전략이 아니다

"이제 선생님들, 수업시간에 강의하지 마세요. 요즘 시대에 강의위주의 수업이라니 말이 됩니까?"

어느 교원연수강연에서 초청강사가 호기롭게 이런 말을 내뱉자 순간 청중들이 술렁거렸다. 불편한 기색이 역력했던 교사들 가운데는 이런저런 불만도 터져 나왔다.

"강사님, 그럼 지금 강의는 왜 하고 계신가요? 다른 방법으로 하셔야죠."
"이론은 알겠는데 현실은 그렇지 않아요. 참 이상적인 말씀이시네요."

"교과서 주면서, 강의하지 말라고 하니…, 그럼 학생들끼리 토론시키면 공부가 다 되나요?"

강의위주의 수업은 낡은 방식이라서 배격해야 하고, 학습자가 중심이 되는 협동학습과 토론 위주의 수업으로 모두 바꿔야 한다는 주장, 요즘 교원연수의 단골 발언 중에 하나다. 아무래도 교사들 입장에선 오랜 세월동안 맡겨졌던 지식전수행위가 통째로 부정당한다고 여겨지니 몹시 불편하게 느껴질 수 있다. 강의는 '객관주의(objectivism)'이고, 토론은 '구성주의(constructivism)'에 속하는 활동이라고 단정 지을 수 있는 것은 이들 이론에 대한 부분적인 이해나 오해에서 비롯된 것이다. 극단적으로 강의를 하면 안 된다는 식의 논리가 펼쳐지는 것도 구성주의 자체를 어떤 전략이나 방식, 방법 등으로 좁혀서 이해했기 때문이다. 수업 하나에 들어있는 활동마다 이것은 객관주의방식이고, 저것은 구성주의방식이라고 구분하여 말할 수 있는 것도 같은 이유에서다. 만일, 교과지식을 이해하고 기억시키는 것이 수업의 최종목적이라면, 참여한 학생들이 제시된 과제에 맞게 내용을 조사하고, 일목요연하게 정리해서 조리 있게 발표하였더라도 근본적인 차이는 없다. 오히려 실제적 과제를 해결하는데 도움이 될 만한 신뢰성 있는 '학습자원(learning resource)'으로서 '강의'를 제공했다면, 구성주의 관점에 부합한다. 이런 측면에서 교수학습활동이나 절차, 방법 등 겉으로 드러난 모습만으로 구성주의와 객관주의를 구분하는 건 섣부른 판단일 수 있다. 전형적인 교과서 중심의 수업임에도 불구하고 프로젝트학습과 동일하다고 여기는 건 활동의 유사성에서 오는 착시일 뿐이다. 협동학습형태로 진행하든, 토론활동을 벌이든, ICT를 활용하여 활발한 온라인 활동을 전개하든, 단지 활동의 유형만으로 객관주의와 구성주의를 나눌 수는 없다.

같은 맥락에서 구성주의를 특정교과나 학문분야, 초등이나 중등보다 고등교육에 적합하다는 선입견도 잘못된 이해에 근거한다. 수학이나 과학처럼 체계적으로 구조화시킨 교과보다 정형화된 틀이 강하지 않은 사회교과 등에 적합하다는 생각이든지, 단순한 암기나 이해면 충분한 초보단계의 어린 학생보다 고학년 학생에게 맞는다는 생각 등이 여기에 해당한다. 그러나 교과 내용과 성격을 규정하는 것은 어디까지나 교과서를 집필한 내용전문가나 해당 교과서를 가르치는 교사의 시각에 의해 결정되는 것이지 학습자에 의한 것이 아니다. 어떤 내용이 더 체계적이고 덜 체계적인지, 더 복잡하고, 덜 복잡한 것인지 구분하는 것도 마찬가지다. 그것이 실제 적용을 전제로 하는 경우, 학습자 입장에선 초보수준이든 고급수준이든 상관없이 충분히 비체계적이고 복잡하다(Duffy, Jonassen, 1992). 어찌 보면, 이해의 틀(인지구조)이 유연할 수밖에 없는 나이 어린 학습자나 초보자일수록 더 구성주의적일 가능성이 높다(Jonassen, 1992). 구성주의는 교과를 구분하는 기준이거나 교육대상의 수준(초보자, 전문가)에 따라 적용되는 교수전략의 하나가 아니다. 구성주의는 학습자가 어떤 식으로 의미를 만들어가고, 어떻게 구성해가고 있는지를 설명하는 교수학습이론이면서(Fosnot, 1995), 객관주의적 인식론에 대한 대응 패러다임이다(강인애, 1997b).

이와 같이 객관주의와 구성주의는 전략이나 방법의 차원에서 논할 수 있는 이론이 아니다. 수업의 내용, 형태나 활동, 전략 등을 결정하는데 지대한 영향을 끼치는 것은 사실이지만, 그것을 구분 짓는 절대적인 기준은 아니다. 구성주의는 넓은 범위에서 '학습환경'에 관심을 둔다. 구성주의적 학습환경을 완성해 가는데 강의법 등의 전통적인 교수전략이나 교과내용과 같이 이미 구조화되어있고 체계화된 지식들을 효과적인 수단으로 활용할 수 있다. 내용(지식과 정보), 학습형태나 활동, 전략, 기법 등의 하위요소들 가운데 구성주의나 객관주의적 수업에 빈번하게 사용되는 경우는 있겠지만, 포함관계는 아니며, 그것 자체를 독립적이며 중립적인 지점에 놓고 볼 필요가 있다. 결국 교사가 어떠한 관점에서 이들 요소를 보고 있는지, 그리고 어떤 목적과 수단으로 활용하려는지가 핵심이다. 중요한 것은 교사 자신이며, 그 교사가 어떤 철학에 기초해 신념체계를 형성하고 있는지가 관건인 것이다. 지식을 바라보는 교사의 관점이 절대적이거나 상대적이거나에 따라 수업의 목적과 향방이 결정되기 때문이다.

Guiding Tips 22 프로젝트학습과정에서 교사의 강의는 어떻게 제공되는 것이 좋을까

프로젝트학습에서 강의도 학습자원(learning resources) 중의 하나입니다. 어려운 개념을 이해시키는데 강의가 효과적인 방법일 수 있습니다. 다만 강의시간이 지나치게 길면 주객이 전도될 수 있습니다. 약 20분 미만의 미니강의가 적합합니다. 또한 언제 강의를 제공하느냐가 매우 중요할 텐데요. 학생들이 과제 해결을 해나가면서 새로 배워야 할 내용(learning issue) 부분을 도출해냈을 때, 강의를 하나의 '학습자원'으로 제공하면 됩니다. 교실에서 오프라인 강의뿐만 아니라 온라인 강의콘텐츠, 방송콘텐츠를 주제에 따라 적절히 활용하는 것도 충분히 고려할 수 있습니다. 강의에 대한 불필요한 선입견을 갖고 이를 배제하는 방식으로 프로젝트학습을 운영하지 않도록 주의해주세요.

어느 소년으로부터 시작되는 구성주의 이야기

그렇다면 구성주의적 관점은 어떻게 이해하는 것이 좋을까. 어느 소년의 이야기를 따라가며 구성주의 이론에 대해 살짝 알아보도록 하자.

집안에 아담한 욕조와 동네 수영장에서 물에 대한 경험을 갖고 있던 어느 소년이 있었다. 그 소년에게 물은 편안하고 안전하며, 친숙한 대상이었다. 특별한 맛은 없지만 목마름을 해소해주는 고마운 존재이기도 했다. 소년에게 있어서 '물'이라는 지식은 욕조와 수영장 등에서의 경험들에 의해 구성된 결과물인 셈이다. 자신의 움직임에 따라 물결치며, 고요하며, 특별한 맛도 없는 '물'이라는 이해 틀이 형성되는데 소년이 겪은 경험은 결정적이었다. 자신이 가진 물에 대한 이해 틀은 이런 경험을 거듭하며 더욱 단단해졌다. _인지적 평형상태

글레이져즈펠트(von Glasersfeld, 1995)는 지식을 경험세계 밖에 존재하는 독립된 외부세계의 표상(절대적 진리)이 아니라 '경험세계의 주관적 구성', 즉 개인의 경험을 통해 내면의 '인지구조(schema)'가 해석하고 재구성한 결과라고 설명한다. 그의 주장은 피아제(Piaget, 1952)의 인지심리학에 근거하고 있다. 생물학자이기도 했던 피아제는 인간을 신체적·생물학적 발달뿐만 아니라 인지적으로도 발달해 가는 유기체라고 확신했다. 그가 말하는 유기체는 정서, 인지, 신체 발달이 상호 연관되어 구성되는 구조로서 전체적인 체계를 뜻한다.

그러던 어느 날 소년은 바다를 만나게 된다. 소년은 지금까지 그러했듯 '이전의 경험(prior experience)'을 통해 형성된 '물'이라는 이해 틀로 바다를 보았다(동화). 하지만 소년이 바닷가로 다가갈수록 기존의 경험과 뭔가 다른 부분들이 포착됐다. 자신의 움직임과 상관없이 반응하는 파도, 지금껏 접하지 못했던 말로 표현하기 힘든 불쾌한 맛 등이 이전의 '물'에 관한 지식으로는 도저히 해석이 불가능했다. _인지적 불평형 상태

특히 피아제는 인간의 인지과정을 유기체의 생물학적 적응과정과 동일하다고 보았는데, 인지구조의 변화를 일으키는 것 역시 진화의 기제와 같은 '평형화(equilibrium)'라고 밝혔다. 그에 따르면 평형화란 '동화(assimilation)'와 '조절(accommodation)'이라는 두 가지 내적인 행동에 균형을 이루려는 자기 규제의 과정이며, '동화'는 자기 자신의 논리적 구조나 이해력을 토대로 경험을 조직해 가는 것으로 세상을 자신의 인지구조로 보려는 현상을 뜻한다. 인간은 현재 이해하고 있는 바와 맞지 않는 새로운 경험이 주어지면 이전의 이해가 불충분하다는 것으로 인식하게 되고, '인지적 혼란(cognitive disturbance)'을 겪게 되면서 '불평형(disequilibrium)' 상태에 놓이게 된다.

순간 두렵고 공포스럽기까지 했다. 동시에 새로운 성격의 '물'의 존재가 궁금해지기 시작했다 (인지적 혼란). 바닷물을 손과 발로 차보기도 하고 맛도 살짝 음미하며 장난도 쳤다. 파도소리 를 들으며 모래놀이를 하다가 튜브에 몸을 싣고 파도를 타기도 했다. 새로운 경험이 거듭될수 록 '물'에 대한 이해가 달라져 갔다(조절). 소년은 바닷가에서의 새로운 경험덕분에 '물'에 대한 새로운 이해 틀을 형성할 수 있었다. _인지적 재평형 상태

 인지적 불평형 상태는 그리 오래가지 않는다. 혼란의 요소를 신속히 해소하고 평 형상태를 유지하려는 생명체의 속성이 인지구조의 변화과정에도 그대로 적용되기 때문이다. 그래서 어떻게든 인지적 불평형을 스스로 조절하고자 한다. 여기서 '조 절'의 기제는 성찰적이며 통합적인 행동이고, 자신의 '인지구조(이해 틀)'을 변화시켜 인지적인 재평형을 이룰 수 있도록 도와주는 역할을 한다. 한걸음 더 나아가, 평형 화는 동화, 혼란, 조절이 순서대로 일어나는 연속적 과정이 아닌, 적응과 조직, 성 장과 변화에 있어서 마치 춤을 추듯 평형을 이뤄가려는 역동적 과정으로 이해해야 한다(Fosnot, 1995).

한편 소년의 곁에는 부모가 있었다. 소년이 경험한 것에 대해 그것이 무엇인지 때론 알려주기도 했다. 부모를 통해 '파도'라는 이름을 알았고, '짜다'라는 말로 바닷물의 맛을 표현한다는 것을 배우게 됐다(근접발달영역).

소년과 부모의 관계는 비고츠키(Vygotsky, 1978)가 말하는 '자발적(spontaneous) 개념' 과 '과학적(scientific) 개념'을 통해 이해해볼 수 있다. 그는 일상적인 경험에서 자연스럽게 체득하고 스스로 터득한 자발적 개념을 특정 사회집단의 고유문화 속에 체계화된 형식이나 논리, 사회적 상호작용을 통해 합의·검증된 '과학적(scientific) 개념'으로 이끌기 위하여 어떻게 학습을 촉진시킬 수 있는가에 주된 관심을 가졌다. 그리고 그의 관심은 학습자의 자발적 개념이 상대적으로 높은 수준의 체계성과 논리와 만나는 지점, 즉 '근접발달영역(Zone of Proximal Development: 이후 ZPD)'으로 옮겨지게 된다. 그는 스스로의 힘으로 도달 가능한 지점을 '현재발달수준(actual development level)'이라 표현했고, 전문적 지식(기술)이나 체계적(과학적) 접근이 이루어질, 미래에 언제가 도달할지도 모를 지점을 '잠재발달수준(potential development level)'이라고 설명한다. ZPD는 바로 그들 사이에 존재하는데, 어떤 물리적 위치가 아닌, 관계에 기초한 사회적 상호작용에 의해 형성된다. 자신보다 더 나은 수준에 위치한 사람이라면,

그것이 가족이든, 친구든, 이웃이든, 길거리에서 우연히 마주친 어느 사람이든 상관없다. 당연히 학교에서 교사와 학생, 학생과 학생 간의 관계도 여기에 해당한다. 바로 ZPD의 본질은 개인과 개인 간의 사소한 만남에서부터 개인과 집단, 더 나아가 개인과 문화와의 사회적 만남에 이르기까지 '관계'에 있다. 이는 어느 사람이든 자신의 삶 속에서 만나는 모든 사회·문화적 관계가 ZPD와 연결되어 있다는 의미이기도 하다. 이런 측면에서 인지적 발달과 변화의 공간인 ZPD는 삶의 맥락 속에 형성되며, 실제 직면한 구체적인 상황(문제)을 해결하기 위한 체계적인 접근방법과 관련 지식(과학적 개념)의 활용을 배워나가는 교수학습영역에 존재한다. 이런 측면에서 볼 때, 학교는 자신보다 더 나은 수준에 있는 사회구성원들과의 끊임없는 상호작용이 일어나는 환경을 제공해준다는 점에서 특별한 가치와 의미를 지닌다.

훌쩍 자란 소년은 이제 학교로 간다. 그의 곁에는 선생님이 있다. 오늘 특별히 바다를 주제로 수업을 진행한다고 한다. 소년은 이미 경험을 통해 '바다'라는 이해 틀이 형성되어 있는 상태다. 선생님은 '파도'가 왜 발생하는지, 바닷물이 왜 짠맛을 내는지 등을 밝혀내는 수업활동을 계획하고 있다.

23 인지적 혼란으로 읽고 호기심으로 표현하다

Guiding Tips

프로젝트학습의 이론적 배경이 되는 구성주의에선 인지적 혼란이 발생해야 학습이 시작된다고 설명합니다. 인지적 혼란이라고 하니까 어렵고 거창한 느낌이 들겠지만 다른 유사한 표현을 들자면 호기심이라고 이해할 수 있습니다. '이게 뭐지? 너무 궁금하다. 정말 뭘까?' 문제를 받은 학생들의 반응이 이렇게 나타난다면 그것 자체만으로도 성공, 궁금증이 머릿속을 가득 채울수록 학습동기는 충만해집니다. 학습의 흥미는 호기심과 비례하기 마련이니 인지적 혼란 속에서 어렵고 힘든 과정이라도 그것 자체를 즐길 수 있게 됩니다.

이렇듯 개인의 지식구성은 사회 문화적 배경 하에서 시작되고 주관적으로 구성될 수밖에 없다. 비고츠키가 말하는 '과학적 개념'이라는 것도 사회구성원들이 각자 주관적으로 구성한 지식들을 그 시대의 상황적 맥락 속에 '적합성, 적응성(viability)'에 따라 검증하고, 사회적인 합의과정을 거쳐 동의를 얻어낸 역사적, 문화적 결과물이다. 그러나 아무리 오랜 세월동안 합의된 '사회문화적 결과물'로서의 지식이라 하더라도 그것이 어떤 '상황(context)'에서 출발했고, 어떤 과정을 거쳐 구성되었는지, 무엇보다 자신의 삶과 어떻게 연결됐는지 알지 못한다면, 유의미한 학습(인지구조의 변화)으로 이어지기 어렵다. 교과서에 담긴 지식이라도 마찬가지다. 학습자의 삶의 맥락과 어떻게 연결되었는지 알지 못하는 가운데 반복적인 암기나 무조건적인 수용으로 밀어붙이게 되면, 결국엔 잠시 기억되다가 이내 잊어버리게 될 뿐이다. 두뇌라는 그릇에 지식을 강제로 주입하고 세뇌시킬 수 있다는 오래된 믿음은 결과적으로 지식구성의 과정을 역행하도록 만든다. 여기엔 ZPD의 형성도, 인지구조의 변화(학습)를 위한 '비계설정(scaffolding)'도 기대할 수가 없다.

따라서 교사는 학생을 지식구성의 주체로 바라봐야 한다. 지식전달주체(교사)로서 지식수용대상(학생)을 바라보던 과거의 시각과 이별해야 한다. 학교라는 것이 가르치고(교사) 배우는(학생) 도제적 관계에 기초해서 세워졌지만, 그것은 철저히 인지적 도제관계이어야 한다. 교사는 학습자가 주변적 참여(자발적인 개념)에서 중심적인 역할(과학적인 개념)을 수행할 수 있도록 '스캐폴더(scaffolder)', 즉 촉진자, 동료학습자, 조언자로서 관계를 맺어야 한다. 그래야 학교가 진정한 ZPD의 장으로서 의미와 가치를 확보할 수 있다(Vygotsky, 1978).

결국 중요한 것은 관점이다

"대부분의 교사들은 교과서에 지나치게 의존하고 있다. 교사가 학생들에게 유포한 정보는 종종 교과서에서 제공된 정보와 직접적으로 일치하는데, 교과서는 학생들에게 복잡한 논쟁점들에 대하여 오직 한 가지 관점, 오직 한 가지 진리만을 제공해 주고 있다." _Fosnot, 1995

현장에 있는 교사라면 누구나 교과서에 대한 비판적 시각을 가지고 있다. 하지만 교과서가 가지고 있는 한계를 어렴풋이 인식하고 있으면서도 이를 뛰어넘기에는 교사가 갖고 있는 실질적 권한이 제한적이다. 개정된 교육과정은 교사의 창의적이며 융통성있는 운영을 보장하고 있다지만, 민원의 소지를 만들지 않기 위해서라도 교과서 진도는 필수적으로 나가야 한다. 설사 교육정책과 제도가 교사의 자율성을 전폭적으로 보장하는 쪽으로 옮겨간다고 하더라도 교사 스스로가 지닌 신념의 변화 없이 다양성과 자율성, 창의성 등이 촉진되는 자기주도적인 학습환경을 기대하긴 힘들다. 이와 관련해서 포스넛(Fosnot, 1995)은 교사들이 구성주의적 관점을 가질 수 있도록 하는 것이 무엇보다 중요하며, 그 출발은 신념의 변화로부터 시작된다고 강조한 바 있다. 허나 신념의 변화, 패러다임의 전환, 말은 쉬울지 몰라

도 그것을 실제로 실현하는 건 결코 쉽지 않다. 모태신앙을 저버리고 다른 종교를
받아들이는 것처럼 무척이나 힘든 일일 수 있다. 객관주의적 관점에서 구성주의적
관점으로의 변화는 이론적으로 급진적이나 현실적으로 점진적일 수밖에 없는 이
유이기도 하다.

구분	객관주의	구성주의
지식의 정의	고정되어 있고 확인될 수 있는 현상, 개체	개인의 사회적 경험에 바탕한 개별적 의미의 형성
최종목표	진리추구	적합성/타당성(viability)
교육목표	진리와 일치되는 지식 습득	개인에 의한 개별적 의미형성의 사회적 접합성과 융화성
주요 용어	발견	창조와 구성
지식의 특성	초역사적, 우주적, 초공간적	상황적, 사회적, 문화적, 역사적
현실의 특성	규칙과 방법으로 규명될 수 있고 통제와 예언이 가능	불확실성, 복잡성, 독특성 가치들 간의 충돌

_출처: 강인애(1997), 왜 구성주의인가? 정보화 시대와 학습자중심의 교육환경. 서울: 문음사

우리가 반드시 명심해야 할 부분은 객관주의와 구성주의 모두 사고의 틀을 제
공해주는 철학이며, 그 자체가 인식론이라는 점이다. 교사가 취하고 있는 인식론이
무엇인지는 그가 실천하고 있는 수업이 어디에 목적을 두고 있는지를 확인함으로
써 알 수 있다. 단지 지식을 습득하고 기억해야 할 대상이며, 발견해야 할 절대적인
진리라고 믿는 교사라면, 그가 가진 관점대로 특정지식의 전달을 목적으로 수업
이 채워지기 마련이다. 반면, 지식이란 상대적인 가치와 의미를 지니고 있으며, 사회
문화적 관계 속에서 학습자 개개인의 머릿속에 끊임없이 구성되고, 새롭게 창조되
는 것이라고 확신한다면, 그것을 실현하기 위한 목적으로 자신의 수업을 채우고자
할 것이다. 다시 강조하지만, 수업의 본질적인 변화는 최첨단의 테크놀로지나 혁신
적인 교수학습모형의 도입에 있는 것이 아니라 오랜 세월 단단히 뿌리내린 관점과

완전히 결별하는 데서 시작된다. 객관주의와 구성주의, 지식에 대한 두 가지 관점을 분명히 알고, 교사 자신이 취하고 있는 관점이 무엇인지 실천 속에 성찰해보면서 신념의 변화를 위한 구체적인 행동을 모색하는 것이 필요하다.

만일 객관주의적 신념을 가진 어느 교사가 프로젝트학습(구성주의 이론 기반의 교수학습모형)을 실천한다면 어떻게 될까. 아마도 좋은 PBL 프로그램이 주어진다고 해도 특정 교과지식(일반적이고 보편적인 지식)의 기억과 이해를 최종목적으로 삼아 수업을 진행하고자 할 테니, 결과적으로 '문제해결학습(problem-solving learning)'이나 '발견학습(discovery learning)' 등의 수업(객관주의 이론 기반의 교수학습모형)과 별반 다르지 않을 가능성이 높다. 어떤 교수학습모형이든 그것에 담겨 있는 본래의 인식론과 다른 관점으로 접근하는 것 자체는 의식과 행동의 불일치와도 같다. 이럴 경우, 프로젝트학습을 한다고 착각만 할 뿐, 프로젝트학습과는 근본부터 다른 수업을 실천하게 된다. 프로젝트학습인지 아닌지를 구분하는 지점은 외형상 드러난 수업형태나 활동모습이 아니라, 수업목적에서 과정, 결과, 평가에 이르기까지 절대적인 영향을 미치는 교사의 '관점'인 것이다.

이런 측면에서 구성주의 관점을 추구하는 교사는 상대주의적 시각에 입각해 수업을 진행해야 한다. 이는 기존의 절대적 위치에 있었던 교과서, 교사의 지위를 스스로 내려놓고 완전히 뒤집어 접근하는 것을 의미한다. 그러한 교사는 정확한 답을 요구하는 교육방식과 다양한 생각이 수용되기 어려운 전체주의적 사고방식에서 벗어나, 배움의 주체로서 학습자가 온전히 자신의 지위를 누릴 수 있도록 '자기규율적(self-regulated)'이며 '자기주도적(self-directed)'인 학습환경을 구현하고자 한다. 이를 위해 구성주의적 학습원칙을 기준으로 수업을 설계하고, 그 의미를 살려 학교현장에 적용하려고 애쓴다.

구성주의적 학습원칙	세부적 내용
체 험 학 습	❖학습자 주도적으로 학습목표, 내용전개 및 평가에 참여한다. ❖학습자에 의한 지식구성 및 공유할 수 있는 학습환경을 제공한다. ❖학습자가 전체적으로 학습환경의 통제권을 지니고 있다.
자기 성찰적 학습	❖메타인지(학습하는 방법을 배우는 것)의 습득 및 활용이 가능한 환경이다. ❖학습자의 기존 지식과 개념을 활용할 수 있는 학습환경이다. ❖주어진 과제해결을 위해 깊이 있는 사고와 탐색이 필요로 하는 환경이다.
협 동 학 습	❖학습자들이 서로 지식을 구성하고 공유할 수 있는 학습환경이다. ❖개념과 내용에 대하여 다양한 관점과 시각이 자유롭게 제시되고 받아들여진다. ❖학습자들 간의 토론/대화/상호작용을 통해 성찰적 학습기회를 촉진한다.
실제적(authentic) 성격의 과제제시	❖통합교과목적인 성격의 과제를 다룬다. ❖특정상황을 기반으로 하는 과제여야 한다(situated learning). ❖실제적(authentic) 평가이어야 한다: 과제성격 및 해결안을 제대로 평가할 수 있는 기준, 방법이어야 한다.
교사로서의 역할: 촉진자, 동료학습자	❖인지적 도제학습환경을 제공한다. ❖과정중심적 평가여야 한다. ❖실수/오답에 대하여 관대하고 인내가 필요하다. ❖학습지도는 인지적 측면과 정서적 측면이 동시에 고려되어야 한다.

_강인애, 정준환, 정득년(2006). PBL의 실천적 이해. 서울: 문음사.

그리고 생각만으로 관점을 바꾼다는 것은 불가능에 가깝다. 적당히 절충하고 타협할 수 있는 성격의 것이 아니라서 구체적인 실천이 지속되는 한 내부 갈등도 끊임없이 일어난다. 이는 관점의 변화를 위한 산통일 뿐, 그러한 갈등은 성찰적 사고와 활동을 촉진하기에 유익한 것이다. 경험의 양이 늘어날수록 점차 내적갈등이 해소되고, 의문이 확신으로 바뀌는 속도만큼 서서히 구성주의적 관점에 물들어가게 될 테니 말이다. 교실 안이 점점 교사의 목소리 대신 학생들의 목소리로 채워지고, 교사의 이야기대신 그들의 이야기가 수업의 대부분을 차지하는 것이 전혀 어색하지 않을 무렵, 구성주의적 관점을 지닌 교사로 완전히 거듭나 있을 것이다.

프로젝트학습은 교과서 존립을 위협하는 교수학습모형이 절대 아닙니다. 그것은 명백히 오해에서 비롯된 것입니다. 교과서 지식을 효과적으로 전달하기 위한 교수방법은 기존에도 많이 있어 왔습니다. 교과서 지식을 효과적으로 전달하고 싶다면, 이들 수업방법을 채택하면 됩니다. 프로젝트학습은 교과서 지식을 전달하기 위한 수업모형에 적합지 않습니다. 교과서 내용을 포함한 방대한 지식을 활용하여 주어진 문제상황에 적합한 해결안(새로운 지식생산)을 도출하는데 목적을 두기 때문입니다. 객관주의 인식론에 뿌리를 두고 있는 전통적인 수업과는 관점부터 다른 수업입니다. 따라서 프로젝트학습이 교과서의 존립근거를 흔든다는 지적에 동의할 수 없습니다. 오히려 프로젝트학습은 기존의 교과서 중심 수업의 한계를 보완해 줍니다. 주어진 상황 속에서 학습자가 자유롭게 관련 지식과 정보세계를 넘나들 수 있는 학습환경을 제공해 줍니다. 이러한 점들로 인해 교육선진국들은 프로젝트학습을 학교현장에 앞다투어 도입하고 있습니다. 여기엔 우리나라도 예외가 아니죠. 이제 교과서를 활용하여 어떻게 수업할지는 교사의 고유권한입니다. 교과서를 창의적으로 해석하고 재구성하는 것은 교사가 반드시 해야 할 전문적인 행위인 셈입니다. 그리고 현 교육과정에서도 교사가 창의적인 수업설계자(Learning Designer)가 되어야 함을 강조하고 있습니다. 필요에 따라서는 얼마든지 교과 내용을 더하거나 보탤 수도 있습니다. 여러 교과내용을 주제 중심으로 통합시켜서 다양한 모습의 수업으로 재창조할 수도 있다. 교과서를 유용한 학습자원, 참고자료로 활용하라고 하는 것은 7차 교육과정 이후 줄곧 강조되고 있는 부분이기도 합니다. 교과서를 재료삼아 프로젝트학습이라는 종합예술을 맘껏 펼쳐보시길 바랍니다.

FACTORY 07 특별한 강연쇼! 차이나는 클래스

SYNOPSIS ‘특별한 강연쇼! 차이나는 클래스’는 모든 교과와 연계해서 진행할 수 있는 수업입니다. 「설레는 수업, 프로젝트학습 PBL 달인되기 2: 진수(2018)」에 이를 토대로 좀 더 정교하게 각색한 프로그램과 교사가이드가 제공되고 있으니 관심 있는 분들은 참고하기 바랍니다. 이 수업은 플립러닝의 전형적인 활동에 적용이 가능하도록 디자인이 된 것이 특징입니다. 다만, 모든 프로젝트학습이 그렇듯이 학생들은 강연을 소비하는데 그치지 않고, 강연의 주체가 되어 생산적인 활동을 경험하도록 하고 있습니다. 교과내용뿐만 아니라 창의적 체험활동, 자유학년활동 등에서도 폭넓게 활용할 수 있으니 제목 그대로 특별한 강연쇼가 펼쳐질 수 있도록 준비해 주시기 바랍니다.

◆**적용대상(권장):** 초등학교 5학년-고등학교 1학년
◆**자유학년활동:** 주제선택/진로탐색(권장)
◆**학습예상소요기간(차시):** 8-10일(10-12차시)
◆**관련교과 내용요소(교육과정)**

교과	영역	내용요소			기능(공통)
		초등학교 [5-6학년]	중학교 [1-3학년]	고등학교1학년	
국어	말하기 듣기	·발표[매체활용] ·체계적 내용 구성	·대화[공감과 반응] ·발표[내용 구성] ·청중 고려	·토론[논증 구성] ·협상	·맥락 이해하기 ·청자 분석하기 ·내용 생성하기 ·내용 조직하기 ·자료·매체 활용하기 ·표현·전달하기 ·내용 확인하기 ·평가·감상하기 ·경청·공감하기 ·맥락 이해하기 ·청자 분석하기 ·내용 생성하기 ·내용 조직하기 ·자료·매체 활용하기 ·표현·전달하기 ·내용 확인하기 ·평가·감상하기 ·경청·공감하기
	쓰기	·설명하는 글[목적과 대상, 형식과 자료] ·주장하는 글[적절한 근거와 표현] ·목적·주제를 고려한 내용과 매체 선정	·설명하는 글[대상의 특성] ·주장하는 글[타당한 근거와 추론] ·대상의 특성을 고려한 설명	·설득하는 글 ·정서를 표현하는 글	
실과 정보	자료와 정보	·소프트웨어의 이해	·자료의 유형과 디지털 표현 ·자료의 수집 ·정보의 구조화	·효율적인 디지털 표현 ·자료의 분석	

문제제시 ▶

[동기유발] 강연 동영상(TV프로그램 등)을 보여주며 이야기 나누기

⬇

문제의 내용을 살펴보며, 두 가지 핵심활동 파악하기

⬇

교사에 의해 제시된 영역(교과, 단원)이 무엇인지 정확히 파악하고 시청할 강연주제 선정하기

⬇

팀별로 함께 시청할 강연영상과 개별적으로 시청할 강연영상 나누기

⬇

과제수행계획서 작성 및 공유

과제수행 ▶

[활동1] 선정한 강연주제에 따라 동영상 찾아보기(유명 강사, 전문가 강연을 중심으로)

⬇

시청한 강연동영상의 핵심내용을 정리하고, 강연자에게서 배우고 싶은 부분(태도, 말투 등 포함) 적기

⬇

시청한 강연들 속에서 자신의 강연에서 주제로 삼고 싶은 것 도출하기

⬇

[활동2] 차이나는 클래스 강연을 준비하기 위한 계획 세우기

⬇

강연 준비를 위해 책(교과서)과 인터넷 정보를 알기 쉽게 정리하기

⬇

[결과정리] 선정한 강연주제에 맞게 수집한 정보 및 자료를 근거로 설득력 있는 시나리오 작성하기

발표 및 평가 ●

[준비] 강연을 위한 프레젠테이션 자료를 준비하고 리허설하기

⬇

[발표] 사회자(교사 진행도 고려)를 정하고 순서에 따라 미니강연 진행하기, 미니강연은 동영상으로 담아 온라인 커뮤니티에 공유하기

⬇

[평가] 동료학습자간의 강연 평을 강연영상이 있는 온라인 공간에 올리도록 하기, 성찰저널 작성하기

project

 자, 여러분들은 '특별한 강연쇼! 차이나는 클래스'를 준비하기 위해 미니강연(교과강의)들을 시청해야 합니다. 이때, 반드시 선생님이 제시한 영역(교과) 범위 안에서 강연시청활동을 진행하도록 합니다. 이 활동은 여러분들의 강연으로 채워질 차이나는 클래스를 열기 위한 과정입니다. 부디, 다양한 강연들 속에서 흥미를 끄는 주제를 찾아내길 바랍니다.

자료 유형	제목	출처

주제를 정하고 관련 자료도 확보했는데, 이것만으로 될까? 이대로라면 강연에서 실수만 하고 허무하게 끝날 것 같아. 잘 하고 싶은데 어떻게 하면 좋을까?

영화, 연극, 방송, 예능뿐만 아니라 강연에도 시나리오가 필요합니다. 강연시나리오를 작성하면 불안한 마음에서 해방될 수 있을 거예요.

토닥

나의 미니강연 시나리오가 드디어 완성됐다. 연습을 통해 강연을 완벽하게 준비해야겠어.

연습 연습

나의 미니강연 시나리오

 활동 ②

드디어 미니강연 시나리오가 완성됐군요. 어떤 주제로 사람들의 눈과 귀를 사로잡을지 기대됩니다. 청중의 이해를 돕기 위해 프레젠테이션 자료도 만들어 보길 바랍니다. 모두가 함께 만들어가는 생동감 넘치는 강연쇼를 본격적으로 준비해 보도록 하겠습니다. 차이나는 클래스의 주인공은 바로 여러분들입니다.

1. 여러분은 제시된 영역(교과, 단원) 안에서 미니강연을 선택하고 시청해야 합니다.
2. 차이나는 클래스에서의 강연은 선생님이 아닌 학생들이 준비하고 실천하는 것입니다.
3. 청중이 강연에 집중할 수 있도록 시청각 자료를 적재적소에 활용하고, 설득력있는 프레젠테이션 자료를 제작하도록 합니다.
4. 강연시나리오를 작성해 보고, 이를 기초로 사전에 충분히 연습해 보도록 합니다.

The Paradigm Shift:
◆ 포스트모던하게 상상력을 키우는
수업을 실천하라! ◆

마르셀 뒤샹(Marcel Duchamp)은 평소처럼 화장실 벽에 붙어 있던 남자소변기를 사용하다가 문득 기발한 상상을 하게 된다. 소변기라는 선입견을 버리고 내려다보니 전혀 다른 모습으로 다가왔던 것이다. 동일한 제품을 구해 90도 각도로 뉘어 받침대에 올려놓으니 오브제로서의 매력이 한층 더 느껴졌다. 그는 소변기로부터 자신이 느낀 매력을 사람들도 충분히 공감할 수 있을 것이라 여겼다. 하지만 당시 미술가들의 선입견을 넘기란 결코 쉽지 않았다. 단돈 6달러만 내면, 남녀노소 누구나 참가자격을 얻을 수 있었던 전시회마저 거절당했으니 말이다. 그도 그럴 것이 전시회 운영위원들에게 뒤샹의 작품은 공장에서 대량생산한 흔하디흔한 소변기에 불과했다. 기성품에 작가가 직접 서명하여 좌대에 올렸다고 해서 예술작품으로 인정할 수는 없는 노릇이었다. 게다가 어떤 사물이나 상황이든 직접 만들고 재현해야 한다고 믿었던 미술가들의 입장에선 도저히 용납할 수 없는 일이었다.

그러던 가운데 흥미로운 일이 벌어졌다. 뒤샹의 작품이 우여곡절 끝에 전시회에 오르자 사람들의 반응이 예상과 전혀 다르게 나타났던 것이다. 그의 작품을 감상하던 사람들 중에 소변기가 아닌 전시좌대 위의 예술작품으로 받아들이는 이들이 생겼고, 본질적인 형태 자체에 집중하며 아름다운 오브제를 보듯 다양한 각도로 감상했다. 이로서 뒤샹의 기상천외한 작품 가운데 하나인 '샘(Fontaine)'은 사람들에게 어떠한 작품보다 강렬한 인상을 심어주기에 이른다. 어찌 보면, 그의 시도는 제도화되고 형식화된 미술시스템에 대한 반기였고, 도발적인 문제제기였을지 모른다. 그의 발칙한 발상은 하나의 나비효과로 작용하여 난해하고 추상적인 기법으로 대중과 철저히 유리되었던 '모더니즘(modernism)'에 대한 저항으로, 신랄한 풍자로 이어졌다. 그리고 마침내 개성과 자율성, 다양성을 중시하는 '포스트모더니즘(postmodernism)'의 확산을 촉발시키게 된다. 미술의 전통적인 울타리를 허물고 그 경계를 넘어서자 예술의 스펙트럼은 가히 무한대로 확장됐다.

포스트모던한 세상의 학교교육

포스트모더니즘의 확산은 예술뿐만 아니라, 문학, 철학, 과학 등에 이르기까지 광범위하게 이루어졌다. 사회적으로 그 시각이 주는 함의는 실로 엄청났다. 보편성, 전통성을 강조했던 보수적인 성격의 모더니즘에 대응하는 패러다임으로서 '새로운' 인식론, 우주론, 신념과 가치들을 요구하고 있었기 때문이다. 그야말로 사회, 정치, 경제, 문화 등 전방위적인 패러다임 전환을 촉발시킨 만큼, '거대패러다임(megaparadigm)'이라 칭할 만하다(Kung, 1988; Polls, 1993). 모더니즘의 퇴조와 포스트모더니즘의 등장에서 교육 분야도 예외일 수 없었다. 모더니즘의 마지막 보루였던 교육의 영역마저 포스트모더니즘의 영향이 본격화되기 시작한 것이다. 가르치는 지식에 대한 근본 정의가 달라졌고, 학생의 학습권과 인권이 중요해졌으며, 학교의 전통적인 역할에 대한 의문도 제기됐다. 포스트모더니즘의 확산은 교육 분야에서 기존의 질서, 체계, 환경 등의 변화를 촉발시켰고, 그러한 의미들이 모여 '구성주의'로 구체화되기에 이르렀다.

　　포스트모더니즘의 특징은 '수행성(performativity)'과 '패러독스(역설:paradox)'로 이해해 볼 수 있다(Lyotard, 1984). 여기서 수행성은 어떤 활동의 가치를 판단하는데 효율성이 중요한 잣대로 작용함을 의미한다. 이 원칙이 적용되면 과거 보편적인 지식과 절대적인 진리를 가르친다는 이유로 정당화되었던 학교교육이 뿌리부터 흔들리게 된다. 학교교육이 학습자의 실제 삶에 얼마나 기여하고 있는지, 실질적인 경쟁력 확보에 필요한 역량을 기를 수 있는지 여부 등이 더 중요해지는 것이다. 언제부터인가 대학의 경쟁력을 판단하는데 졸업생의 취업률이 중요한 잣대로 작용하게 된 것도 이와 같은 맥락에서 이해할 수 있다. 이런 이유로 수행성을 중시한 교육은 학습자의 요구를 충족하기 위한 방향을 모색할 수밖에 없다. 학습자들의 흥미와 수준, 다양한 배경에 적합한 교육을 위해 교수학습환경의 변화를 꾀해야하고, 당연히 이전과 전혀 다른 방식의 실천을 중시한다. 수행성의 개념을 '소비자 문화(consumer culture)'와 연결지어 설명할 수 있는 것도 이 때문이다(강인애, 1999; Bloland, 1995). 어떤 물건을 구입할 때, 소비자로서 이것저것 효용성을 꼼꼼하게 따지는 것처럼 지식의 효용성도 '정신적 고양', '진리추구' 등의 추상적인 목표가 아닌 '실제 과제의 해결', '자신이 가치와 의미를 둔 목적의 실현' 등의 구체적인 목표에 의해 결정된다. 이제 교사는 '지적이고, 기술적으로 유능한 소비자'로서의 학습자들 요구를 더 이상 외면할 수 없게 된 것이다(강인애, 정준환, 정득년, 2007).

　한편, 과거 국민을 계몽하기 위해 유토피아적인 이념(절대적인 진리와 질서)을 제시했지만, 역설적이게도 전쟁과 가난 등의 모순된 결론을 낳았던 시대에 포스트모더니즘의 기본속성인 '반리(parology)' 즉 패러독스의 추구는 이런 현실상황에 대한 일종의 저항이었다. 패러독스는 '그레데 사람들은 모두 거짓말쟁이'라고 외쳤던 어느 선지자의 이야기를 통해 이해해 볼 수 있다. 그레데 출신의 선지자의 말대로 그레데 사람들 모두가 '거짓말쟁이'라면, 그레데 출신인 선지자도 거짓말쟁이가 된다. 반대로 선지자의 말이 거짓이라면, 그레데 사람들은 진실을 말하는 이들이 된다. 선지자의 말은 곧 신의 계시이기에 절대적인 권위를 가지고 있지만, 그것의 참과 거짓을 구분하기조차 모호한 지점에 있는 것이다. 바로 포스트모더니즘의 특징인 패러독스는 모더니즘이 추구하던 절대적 관점(보편성과 일반성) 자체의 모순을 지적하며, 근본적인 회의를 표방한다.

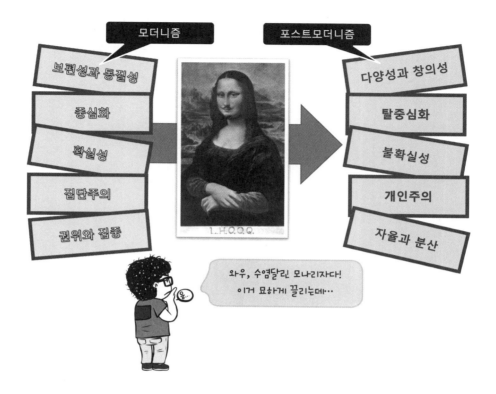

모더니즘에서 포스트모더니즘으로의 전환은 '보편성과 동질성에서 다양성과 창의성', '중심화에서 탈중심화', '확실성에서 불확실성', '집단주의에서 개인주의', '권위와 집중에서 자율과 분산'을 뜻하며, 거대 담론에서 개인의 작은 이야기'의 추구를 의미한다(강인애, 1999). 이는 절대적 진리나 지식의 추구, 거대 담론에 의한 지배를 정당화했던 객관주의적 인식론과 남성은 이성적이고 여성은 감성적이라는 식의 이분법적인 사고에서 벗어나는 것이며, 그동안 철저히 소외됐던 개인의 '이질적이고 국지적이며, 역설적인 작은 이야기'(김성기, 1991)들에 관심을 기울이는 것이기도 하다. 이런 맥락에서 패러독스를 추구하는 학교교육은 학생 개개인을 소외시키지 않는 인본주의 사상을 담고 있으며, 전통적인 교사의 위치와 교과서의 권한에 대한 '탈중심화(decentralization)'를 시도한다. 이는 교사에게 집중되던 권한을 학생들에게 이양하고, 교과서보다 학생들 각자의 경험과 지식 등에 정당성과 가치를 부여한 다양한 교육활동을 적극적으로 실천함으로써 실현할 수 있다.

25 학습된 무기력에서 벗어나야 상상의 나래도 펼칠 수 있다

현장 교사들이라면 매번 느끼는 것이겠지만, 새로운 과제가 주어져도 어떤 의욕도 보이지 않는 채 그냥 버티기로 일관하는 학생들이 상당히 많습니다. 처음부터 별다른 이유 없이 프로젝트학습에 소극적으로 참여하는 학생들 중 상당수는 정도는 다르지만 '학습된 무기력(learned helplessness)' 증세를 보입니다. 1967년 미국의 심리학자 마틴 셀리그먼(Martin Seligman)과 스티브 마이어(Steve Maier)의 실험을 통해 증명된 학습된 무기력은 피할 수 없는 힘든 상황을 반복적으로 겪게 될 경우, 그 상황을 피할 수 있는 상황이 와도 극복하려는 시도조차 하지 않고 자포자기해 버리는 현상을 말합니다. 학생들에게 일방적으로 부여된 공부가 피할 수 없는 힘든 상황이 되어버리면 버티고 버티다가 자포자기해 버리는 것처럼 말이죠. 특히 공부에 대한 부정적인 피드백이 반복적이고 지속적으로 이루어지게 되면 학생들의 학습된 무력감은 빨리 찾아올 수 있습니다. 결국 학습된 무기력은 학생들의 자존감을 바닥까지 떨어뜨리고, 열등감과 우울감을 키워서 자신, 세상, 미래에 대한 부정적 관점을 갖게 만듭니다. 학습된 무기력에서 벗어나야 상상력을 통한 학습도 가능해 집니다. 자기 확신이 있어야 두려움을 넘어선 도전도 감행할 수 있습니다. 무기력이라는 심리적인 상태를 극복하기란 상당히 어렵다는 점을 인식하고 작지만 의미 있는 성공경험을 제공하도록 최대한 배려해 보도록 하자고요. 선생님들 모두 힘내세요!

그런 의미에서 절대적인 지식 앞에 한낱 몽상정도로 치부되던 상상력이 수업의 중심을 이루는 교육, 99%의 노력을 강조하는 교육이 아닌 1%의 영감(창의성)을 끄집어내는 교육으로의 대전환이 포스트모던한 학교가 구현해야 할 참모습인 것이다.

천재는 1% 영감과 99%의 노력으로 이루어진다.
그러나 1% 영감이 99%의 노력보다 중요하다.

_Tomas Edison

지식보다 중요한 것은 상상력

'개미와 베짱이'는 이솝우화 중에서도 유독 자주 들었던 이야기에 속한다. 아마도 이 이야기에 관해 모르는 사람은 거의 없을 것이다. 겨울을 대비해 음식을 모으던 근면·성실한 개미와 노래를 부르며 시간을 허비하던 베짱이의 결말은 기계처럼 일해야만 했던 산업화 일꾼들에게 딱 걸맞는 교훈을 제공했다. 거기에는 자신이 가진 흥미와 관심을 억누르고, 주어진 일(공부)에 최선을 다해야 할 이유가 분명히 제시되어 있었다. 이 우화가 사람들에게 큰 교훈으로 다가갈 수 있었던 것은 이들이 실제 겪어왔던 세상과 별반 다르지 않았기 때문이기도 하다. 좋은 스펙, 좋은 학력이 좋은 직업을 보장해주었던 시대라서 착실히 노력만 하면 원하는 바를 이룰 수 있다는 경험적 믿음도 작용했다. 학교, 기업, 국가가 내세운 목표나 이념을 곧 자신의 신념으로 삼았고, 어떤 희생이 있더라도 그 신념에 따라 맡겨진 임무에 최선을 다하고자 했다. 여기에 개인의 생각이나 흥미와 관심은 사치에 불과했다.

그러나 이제 우리는 노력이 배신하는 시대에 살고 있다. 초등학교에서 대학교에 이르기까지 열심히 노력하며 내달리는 학생들로 가득 채워져 있지만, 이들의 노력이 원하는 결과로 이어질 수 있을지는 누구도 장담할 수 없다. 그럼에도 우리의 교육은 여전히 99.9%의 순도 높은 노력을 강조하며 학생들로 하여금 공부에 매진해 줄 것을 주문하고 있다. 경쟁으로 줄 세우고 결과의 책임을 학생들에게 돌리며 더 공부할 것을 압박한다. 잠을 줄여가며 새벽 늦은 시간까지 책상머리 공부를 시킨다. 성적이 부진하면 모든 노력이 허사가 되기 때문에 전전긍긍하면서 말이다. 노력만이 강조되는 공부시간에 학생들 개개인의 흥미와 관심은 비집고 들어갈 틈이 없다. 포스트모더니즘 시대에 살아가고 있음에도 불구하고, 여전히 우리의 교육은 모더니즘적인 틀에서 과감히 벗어나지 못하고 있는 것이다. '패러다임의 변화(paradigm shift)'가 확실한데도 우리의 생각은 여전히 제자리 수준에 머물러 있다.

중요한 것은 지식이 아니라 상상력이다. 지식은 때론 의식의 한계를 만들고 완고한 틀로 작용하지만, 상상력은 기존의 지식을 창의적으로 해석하고, 경계를 넘나들며 새로운 지식을 창조한다. 이는 위인으로 존경받는 역사적 인물들의 삶을 통해서도 확인할 수 있다. 특히 상상력의 '끝판왕'이었던 아인슈타인과 에디슨의 삶은 시사하는 바가 크다. 천재물리학자로 칭송받았던 아인슈타인은 어린 시절 학교교육에 잘 적응하지 못했다고 전해진다. 획일적인 교육방식을 몹시 싫어한 나머지 교사에게 무례행동을 일삼았고, 성적표엔 낙제한 과목과 악평들로 가득했다. 발명왕 에디슨의 어린 시절은 아인슈타인보다 더했다. 그는 학교수업에 집중하지 못하고 공상하며 지내기 일쑤였고, 공책에 온갖 낙서들로 가득 채우기 바빴다. 당연히 성적은 늘 밑바닥이었고, 갖가지 돌발행동들을 벌이는 말썽꾸러기 골칫거리로 낙인찍혔다. 결국 열두 살이라는 이른 나이에 학교를 그만두기까지 에디슨은 교사들의 기피대상1호 문제아로 지내게 된다. 아인슈타인과 에디슨이 인류문명발전에 엄청난 공헌을 했음에도 어린 시절 학교 안에서 낙제자였고 문제아였다는 것은 참 아이러니한 일이다. 오히려 그들의 진가는 학교라는 울타리를 벗어나면서 본격적으로 발휘되기 시작했다. 자신이 가진 흥미와 관심을 쫓아 도전을 멈추지 않았고, 기존의 이론과 규칙에 문제를 제기하며 대안을 만들어갔다. 잠을 줄여가며 호기심에 따라 연구하고, 상상의 나래를 맘껏 펼쳐가며 창조적인 파괴를 서슴지 않았다. 그 결과, 사람들의 고정관념과 선입견을 깨는 혁신적인 이론과 발명품들을 세상에 내놓게 된다. 그야말로 그들의 상상력은 그 어떤 지식보다 강했던 것이다.

지식보다 중요한 것은 상상력이다.
Imagination is more important than knowledge.

Albert Einstein
알버트 아인슈타인

그렇다면 이처럼 위대한 인물들이 학교교육에 제대로 적응하지 못했던 이유는 무엇일까. 물론 다양한 이유를 꼽을 수 있겠지만, 학교가 그들의 상상력을 발휘하는데 아무런 도움이 되어주지 못했다는 점은 분명하다. 아니 도움은 커녕 방해가 되었을지도 모른다. 모든 학생에게 그러했듯, 이들 역시 교사의 권위에 복종해야 했고, 교과서 지식을 그대로 수용해야 했으니 말이다. 학교는 당시 사회가 요구하던 부지런하고 성실한 개미를 키우고자 애썼지만, 상상의 나래를 펼치고 싶었던 베짱이에겐 그야말로 창살 없는 감옥이었을 뿐이다. 보편적이고 절대적인 지식의 습득이 무엇보다 중요했던 객관주의적 인식론 하에서는 그들의 상상력은 한낱 잡음에 불과했다. 그렇다고 이런 학교의 모습을 비판만 할 수는 없다. 정치적 이념(이데올로기)을 지켜내기 위해 사상의 자유를 통제하고 개인의 인권도 제대로 존중받지 못했던 그 시절의 사회분위기 속에서 학교가 그와 다른 선택을 하기란 그야말로 불가능에 가까웠을 것이다. 그런 의미에서 학교 안에서 아인슈타인이나 에디슨이 자신의 흥미와 관심에서 출발한 상상력을 충분히 발휘할 수 없었던 것은 그 시대가 가진 근본적인 한계에 기인한다고도 볼 수 있다.

26 관찰과 질문, 고정관념 깨기를 통해 창의력을 키우다

학생들을 교육을 통해 창의적인 능력을 지닌 사람으로 키우고 싶다면, 우선 이 세상의 모든 것을 깊이 있게 관찰하도록 배려해 주어야 합니다. 제대로 보지 않으면 아무것도 보지 않은 것과 다름없으니 일상에서 늘 보던 것도 의식적으로 다시 들여다보는 활동을 하는 것이 좋습니다. 어떤 대상에 대한 세세한 관찰이 이루어졌다면 질문할 차례입니다. 질문은 문제를 도출하기 위한 것이어야 합니다. 아무리 형편없는 질문이라도 하고 또 하다 보면 문제의 본질을 파악할 수 있게 되고 사람들이 미처 깨닫지 못했던 문제들을 찾아낼 수 있게 됩니다. 관찰과 질문을 통해 문제를 도출하는데 성공했다면, 기존의 틀 또는 사고방식에서 벗어날 수 있는 방법을 모색해야 합니다. 고정관념을 하나씩 깨다보면 새로운 해법에 점점 가까워지게 됩니다. 창의적인 생각은 결국 공감을 통해 완성됩니다. 엉뚱하거나 특이하다고 해서 창의적인 아이디어에 해당하는 것은 아닙니다. 상상력을 통해 창의적인 아이디어가 완성되는 과정을 나타내자면 이와 같습니다.

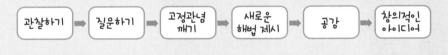

하지만 이제 시대는 변했다. 우리 사회는 전체주의적 사고방식을 강요하던 시대를 벗어나 지금껏 겪지 못했던 세상으로 빠르게 진입하고 있다. 인공지능, 무인자동차, 3D프린터, 사물인터넷, 드론 등 혁신적인 기술들이 하나둘씩 우리 일상을 파고 들면서 갖가지 변화를 몰고 오고 있다. 유명 석학들, 전문가들, 미래학자 할 것 없이 수많은 직업의 종말을 예고하며, 가까운 미래에 급격한 변화가 찾아올 것이라 이구동성으로 말하고 있다. 이른바 '4차 산업혁명'이라 불리는 새로운 시대에 들어선 것이다. 더 이상 과거의 경험과 지식만으로 자신의 미래를 설계할 수 없는 시대, 이런 불확실한 미래를 살아가야 할 우리 학생들에게 필요한 것은 그들의 흥미와 관심에서 출발하는 상상력뿐이다. 지금의 시대가 요구하는 교육의 모습은 분명하다. 결국 그것의 구체적인 실현은 획일적이고 기계적인 과거교육방식과의 완전한 이별을 택한 교사의 용기 있는 도전들이 모일 때 가능하다.

상상력을 수업의 중심에 두다

그렇다면 상상력이란 무엇일까. 아리스토텔레스는 '상상(phantasia)'을 지각에 근거해 발생하는 것이지만, 그것이 지각이나 사고, 믿음 등의 어느 영역에도 속하지 않고 독립된 위치에 있다고 설명한다. 서양철학에서 상상력은 다른 것과 구분되는 지점에서 설명되곤 하였는데, 특히 지식의 형성에 도움을 주는 요소로 간주되거나 지식의 오류를 유발시키는 근원으로 지목되곤 했다. 그도 그럴 것이 상상력은 늘 주어진 것을 넘어서려는 경향을 가지고 있어서 '지식'이라는 고정된 관점으로 볼 때, 그것은 오류에 지나지 않았다.

칸트(Kant, 1956)는 이성중심주의의 정점에 있는 철학자답게 상상력을 이성의 범주에 종속되어있는 것으로 보았다. 그는 인간의 인식이라는 것이 감성과 오성(이성)을 통해 이루어진다고 하면서, 감성이란 감각기관을 통해 대상(경험)을 수용하는 직관이며, 이런 직관의 다양성을 종합하는 능력이 상상력이라고 정의한다. 상상력의 초점을 감성에서 오성으로 이어지는 인식의 과정에서 의미(개념) 성립에 관여하는 매개적 기능에 두었던 것이다. 그런 이유로 그는 상상력에 입각한 학습은 철저히 합리적 이성을 증진하는 방향으로 나아간다고 여겼다. 비슷한 맥락에서 흄(Hume, 1902)은 인간의 인식이 성립하기 위해서는 경험으로부터 획득한 정보를 일정한 방식으로 구성해야만 한다고 보았는데, 여기서 각각의 경험들을 모순 없이 정합적으로 만드는 도구가 상상력이라고 설명한다. 다만 경험은 철저히 실제의 세계와 관계된 것으로만 제한된다. 이는 칸트와 흄 모두, 지식을 경험을 통한 인식과 무관하게 별개의 차원으로 두고 절대적이고 완전한 진리로 전제했기 때문이다.

하지만, 듀이(Dewey)는 이들과 다른 생각을 가졌다. 그는 칸트와 흄과 달리 실제와 이론의 세계를 구분한 이원론적인 시각을 부정한다. 듀이의 이런 시각은 헤겔 (Hegel)의 변증법에서 실마리를 얻었다.

나의 정신적 고통은 자신과 세계, 육체와 정신, 신과 자연을 분리하여 생각하는 것으로부터 왔습니다. 객관과 주관, 정신과 물질, 신성과 인성을 종합하고자 했던 헤겔의 시도는 나의 이런 고통과 상처를 치유해 주었습니다. 그는 절대적 이성이 세운 문화와 제도, 그리고 예술에 대한 고정된 틀을 부수고 새로운 안목을 제시해주었습니다. 그것은 정말 신선한 충격이었습니다.

_Dewey, 1930

듀이는 헤겔의 변증법 외에도 다윈(Darwin)의 진화론, 피어스(Pearce)와 제임스 (James)의 실용주의에 영향을 받아 종합적 지성이론을 확립하였다(황석하, 2010). 그는 이를 통해 '선과 악', '미와 추', '육체와 정신', '이론과 실제'와 같은 이분법적 위계에 의한 폭력을 비판하기에 이른다. 그러면서 환경과 유기체의 '교변작용(transaction)' 속에 경험은 의미를 갖게 되며, 주어진 경험의 의미와 가치는 상상력의 힘을 통해 인간의 지성으로 확장하게 된다. 듀이에게 상상력은 이원론적 세계 속 획일화된 의미가 지배하는 좁은 경험 너머에 위치하고 있었던 것이다. 상상력은 직접적인 경험을 확장시키고 집중시켜 예술적(창조적) 경험에 이르도록 만든다. 역설적이게도 이러한 경험 속 상상력은 기존의 이성에 종속된 상상력을 해방시킨다(Dewey, 1934). 그런 의미에서 존슨(Johnson, 1997)이 인간을 상상적 종합을 추구하는 존재로 규정했던 것처럼 상상력은 끊임없이 경험을 재해석하고 삶의 양식을 재구성하도록 만든다고 볼 수 있다. 더불어 상상력은 정적이고 고정되어 무감각한 매번 같은 일상의 '마취상태(anesthetic)'에서 벗어나 세상을 바라보는 눈이 깨어나도록, 깨어 있도록 만든다(Dewey, 1934). 이를 그린(Green, 2001)은 '널리 깨어있음(wide-awakenness)'이라고 표현한다. 자신의 삶에 대한 탐구, 미지의 영역에 대한 도전으로 이어지도록 만들며, 무엇보다 스스로 삶의 주체로 자리매김하도록 이끈다. '삶에 대한 온전한 몰입(full attention to life)'은 새로운 시각과 경험을 만들어 내고, 타인의 삶마저 변화시키는데 큰 영향을 미친다(Greene, 2011). 특히 듀이는 이런 상상력이 예술작품을 매개로 할 때, 인지적, 정서적, 실천적 요소를 충족한 전인적 의미를 품은 '하나의 경험(an experience)'으로써 가치를 만든다고 보았다(Dewey, 1934). 예술은 너무나도 당연하고 익숙한 것들로 여겨졌던 일상의 경험들을 낯설고 새롭게 보이도록 만드는 힘이 있는데, 그 힘의 원천은 단연 상상력에 있다는 것이다. 우리의 모든 경험, 삶 자체를 틀에 박힌 생각이 아닌 다른 각도로 보는 것, 좁게는 교사가 기존의 수업방식을 고집하지 않고 다른 관점으로 접근하려는 것 역시 모두 상상력의 힘을 통해 실현될 수 있다. 이는 일상의 수업도 얼마든지 하나의 예술작품으로써 가치를 지닐 수 있음을 의미하며, 동시에 수업에 참여하는 학생들 개개인의 학습활동 역시 같은 의미를 가진다.

따라서 '지식보다 중요한 것이 상상력이다'라고 말한 아인슈타인의 생각에 동의하는 교사라면, 학습자로 하여금 다르게 생각하고 다르게 접근할 수 있도록 이끄는 수업을 준비해야 한다. 그것이 프로젝트학습이라는 이름으로 불리든 그렇지 않든 사실 중요치 않다. 무엇으로 명명된 수업이든지 틀에 박힌 획일적인 지식의 습득이 아닌 학습자 개개인의 상상력이 중심이 되는 학습활동으로 채워져야 할 것이다. 구체적으로 상상력을 발휘하기 위해 필요한 역량과 절차는 맥시그린(Maxine Green)의 이론을 기초로 삼고 있는 '링컨 센터 에듀케이션(LCI: Lincoln Center Institute)'의 예술교육 방법론을 참고해 보는 것이 좋다. 이 방식은 공교롭게도 학습자의 상상력, 창의력 함양이 두드러지게 나타나면서 '상상력 학습(imaginative learning)'으로 불리고 있기도 하다(이재경, 2015).

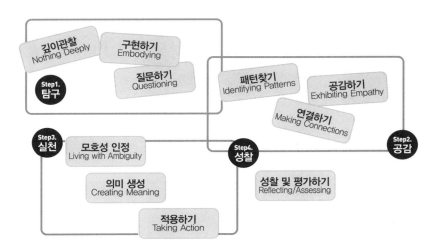

이러한 상상력 학습은 깊이 관찰하기로부터 시작하여 구현하기, 질문하기의 역량을 활용한 탐구활동을 첫 단계로 삼는다. 다음 단계로 탐구한 결과에 대한 의견이나 생각을 바탕으로 패턴을 찾거나, 개인의 경험과 각종 자료 등과 연결해보고, 다른 사람들의 시각을 공유하고 이해하는 공감활동을 벌이게 된다. 그리고 이를 바탕으로 어떤 문제에 하나의 정답이 아닌 다양한 해법이 존재한다고 보는 '모호함 인정'에서 새롭게 의미를 창조하거나 그것을 실제 적용하는 실천의 과정으로 이어진다. 끝으로 학습의 전 과정을 되돌아보며 성찰하고 평가하는 단계로 마무리하는 것이 일반적인 흐름이다(Holzer, 2007; LCI, 2012). 다만 상상력 학습의 각 단계를 기준으로 10가지 역량을 분류했다고 해서, 이 방식을 고정된 순서로 여길 필요는 전혀 없다. 역량이든 절차든 주어진 상황에 따라 얼마든지 생략되거나 뒤바뀔 수도 있으므로 유연성을 갖고 접근하며, 수업을 창의적으로 구성하면 된다.

상상력이 교과서의 지식보다 더 중요한 시대, 이제 교사 스스로 '교육자는 보수적이어야 한다'는 오랜 프레임에서 벗어나 진보적이며 혁신적인 교육을 꿈꾸는 몽상가이며 실천가로서 거듭나도록 하자. 저마다 새로운 수업을 추구하는 '포스트모더니스트(postmodernist)'로서 기존의 낡은 틀을 대체할 다양한 해결안을 창조해 보자. 물론 학습자 개개인의 상상력이 충분히 발휘되도록 필요한 역량과 절차를 수업과정에 창의적으로 녹여내는 것도 중요하겠지만, 교사 자신의 생각을 억압하고 과감한 실천을 가로막던 지식과 고정관념으로부터 자유로워지는 것이 무엇보다 우선임을 잊지 말자. 아무쪼록, 교사와 학생의 상상력으로 빚어낸 프로젝트학습이라 불리는 예술작품을 만들고 행동하고 표현하길, 그 과정을 진정으로 즐겨보길 꿈꿔본다.

27 감시하려는 간수와 탈옥하려는 죄수 사이에 친밀감은 없다

학창시절을 회상해 보면 알 수 있듯, 좋아하는 선생님이 가르치는 과목은 더 잘하고 싶어 하는 마음이 절로 생깁니다. 평소 하지 않던 밤샘공부까지 해가며 시험성적을 올리기 위해 안간힘을 기울기도 하죠. 그만큼 공부에 있어서의 친밀감은 학습의 동기를 높이는 데 주요요인으로 작용하기도 합니다. 당연히 수업과정에서 형성된 교사와 학생 간에 신뢰관계(또는 친밀감)가 학습 동기에 큰 영향을 미치게 됩니다. 만약 수업에 있어서 교사와 학생 간의 관계가 갑을 혹은 상명하복 식으로 맺고 있다면 감시하려는 간수와 탈옥하려는 죄수 관계마냥 늘 긴장하고 경직될 수밖에 없게 됩니다. 당연히 이런 관계에서 상상력을 기대한다는 것은 말도 안 됩니다. 교사와 학생 간, 올바른 관계 형성을 위해서라도 수평적이고 민주적인 학습환경을 제공하는 프로젝트학습을 꼭 실천할 필요가 있습니다.

쟁공 FACTORY **08** 바디선장

SYNOPSIS   '바디선장'은 「재미와 게임으로 빚어낸 신나는 프로젝트학습(2015)」 Chapter 02 '흑역사를 통해 PBL의 길을 찾다: 바디선장, 인체를 탐험하다'편에 소개된 사례입니다. 이 문제는 통합교과인 슬기로운 생활을 중심으로 구성되었으며, 수업의 목적에 따라 바른생활 및 즐거운 생활과 연계하여 적용할 수 있습니다. 단, 감각기관에 초점을 맞춘 교과내용을 기준으로 보면 바디선장의 과제가 완전히 일치하지 않는다고 여길 수 있습니다. 사실 몸 속 기관, 즉 '소화·순환·호흡·배설 기관의 구조와 기능'과 관련된 지식을 다루는 과정은 6학년 과학에 편성되어 있기도 합니다. 이를 감안하여 융통성 있게 현장에 적용해 보시길 바랍니다. 어린이 과학관에서 관련 전시물을 보며 체험학습을 진행하고 학교수업을 진행하면 더 효과적입니다.

◆적용대상(권장): 초등학교 1–2학년
◆학습예상소요기간(차시): 1–2일(4–6차시)
◆관련교과 내용요소(교육과정)

영역 (대주제)	핵심개념 (소주제)	내용요소		
		바른생활	슬기로운 생활	즐거운 생활
1.학교	1.2 나	·몸과 마음의 건강	·몸의 각 부분 알기	·나의 몸, 감각, 느낌 표현

문제제시 ▶

[동기유발] 영화 이너스페이스의 인체탐험 장면을 활용하여 설명하기

⬇

바디선장 문제를 보여주며 학생들에게 실감나게 읽어주기

⬇

바디선장이 왜 인체탐험을 하려고 하는지 다시한번 강조하며, 안전하게 탐험을 진행할 수 있도록 무엇을 해야 하는지 안내하기

⬇

몸속 지도를 만드는데 참고할 책을 소개해주고, 인터넷 검색도우미 (교사)에게 '정보 찾기' 의뢰방법 알려주기

⬇

팀별로 인체탐험 지도 만들기를 어떻게 할지 의견 나누고, 궁금한 부분 교사에게 질문하도록 하기

과제수행 ▶

[문제해결모색] 몸속에 대한 이해를 위해 관련 책 찾아보고 읽기 (학교도서관 활용)

⬇

몸속 지도를 제작하는데 필요하다고 판단되는 책을 개별적으로 대여한 후 모둠원들과 공유하도록 하기

⬇

몸속에서 바디선장이 탐험하면 좋을 기관 선정하기(불필요한 갈등 예방을 위해 모둠원 각자가 원하는 기관 하나씩 선정하도록 안내하기)

⬇

선정한 인체기관과 관련된 질병 조사하고 모둠원들과 공유하기

⬇

바디선장의 몸속 탐험 경로를 정하기 위한 토의활동 진행하기

⬇

전지에 학생 한명을 눕혀 놓고 테두리를 그리도록 하기(학생들이 방법을 찾지 못할시 테두리 방법 제시)

⬇

책을 통해 확보한 정보와 책에 수록된 삽화를 참고하여 바디선장에게 줄 몸속 지도 표현하기

⬇

바디선장의 몸속 탐험 경로를 표기하고, 초소형 잠수정이 인체에 들어갈 입구와 출구를 표기하기

⬇

[결과정리] 몸속지도 완성하기 (선택)바디선장의 몸속 탐험이야기 만들기

발표 및 평가 ●

[준비] 몸속지도 설명을 위한 발표문 만들기 (선택)바디선장의 몸속 탐험이야기가 있다면 이를 활용하도록 하기

⬇

[발표] 바디선장의 몸속 탐험에 사용할 특별한 지도 발표하기

⬇

[평가] 상대 팀의 몸속지도에 칭찬하는 글쓰기, 배우고 느낀 점을 일기로 쓰기

쉿! 비밀인데요. 바디선장과 그 선원들이 몸속에 들어갈 수 있는 초소형 잠수정을 이용해 인체탐험을 한다고 해요.

우리 몸의 구석구석을 살펴보고 목숨을 앗아가는 무서운 질병이 왜 걸리는지 조사해 본다고 합니다.

그런데 우리 바디선장이 우리 몸을 탐험하는데 사용할 지도를 잃어버렸다고 해요. 가급적 빨리 탐험을 시작해야 한다고 하는데, 어떡하죠?

바디선장이 무척 난감해하고 있네요. 우리 반 친구들이 바디선장을 도와주면 좋을 것 같아요.

우리 몸 지도를 그려서 바디선장이 무사히 인체탐험을 완수할 수 있도록 도와줍시다. 여러분들이라면 충분히 해낼 수 있어요!

1. 친구들과 함께 바디선장이 몸속을 탐험하는데 도움이 될 지도를 그려야 합니다. 반드시 초소형 잠수정이 들어갈 입구와 출구를 표시해 주세요.
2. 바디선장이 탐험하면 좋을 장소(예를 들어 뇌, 심장 등)를 선정해 주세요. 그곳에 어떤 질병이 걸릴 위험이 있는지 바디선장에게 알려주는 것도 잊지 마세요.
3. 완성된 지도를 친구들에게 뽐내 보도록 하자고요.

10

◆ 자기목적적 활동이 놀이와
학습의 경계를 허문다◆

공부를 가르치기 시작한 지 얼마 지나지 않아
부글부글 끓던 엄마가 폭발했다.

평소에 사용하지 않던 과격한 말이 쏟아진다.
답답한 마음에 내뱉은 말치고는 정도가 심하다.
하지만 괜찮다. 우리 아이가 특별하고 유능한
사람으로 성장하기 위해서는 이정도 고통은
감내할 수 있어야 하니까.

올바른 공부 습관을 형성하기 위해서라도 채찍은
불가피하다. 주마가편이라는 말도 있지 않은가.
적어도 공부에 있어선 아이에게
엄격해져야 한다.

놀고 싶어 하는 아이와 공부시키려는 엄마의 싸움은 우리들 주변에서 흔히 볼 수 있는 장면이다. 기존에 누리던 권리들을 박탈하겠다는 으름장에서부터 체벌까지, 때론 과도한 보상을 난발하며 아이들을 책상 앞에 앉히고자 노력한다. 회초리를 들더라도 공부 잘 하는 아이로 키우겠다는 의지 앞에 수단과 방법이 중요할리 없다. 설사, 그것이 잘못된 과정에 의한 것일지라도 결과(이를테면, 시험성적)만 좋다면 얼마든지 수용되고, 강도를 높여서 다시 적용될 뿐이다. 학습의 본질이 왜곡되고, 의미와 가치가 훼손된다고 하더라도 우수한 성적이나 좋은 학벌의 쟁취라는 현실적인 목표 앞에 가려지기 일쑤다.

불행하게도 우리 아이들은 놀이가 실종된 시대에 살고 있다. 적어도 기성세대들은 골목마다 아이들이 노는 소리로 가득했던 시절을 살았지만 요즘 아이들은 그렇지 못하다. 학교와 학원으로 이어지는 빡빡한 스케줄 속에서 친구들과 어울려 놀 수 있는 시간은 이들에게 좀처럼 허락되지 않는다. 더욱이 틈새 시간은 손 안의 스마트폰이 독점하고 있다. 학년이 올라갈수록 놀이는 그 존재의 이유를 상실해 간다. 놀이가 실종된 상황의 심각성은 어느 쥐 실험을 통해 분명히 확인할 수 있다.

놀아 본 쥐 VS 놀지 못한 쥐

스튜어트 브라운(stuart brown)은 놀이를 충분히 경험한 쥐와 놀이를 중단시킨 쥐를 묶어 특별한 실험을 진행했다. 두 그룹의 쥐들이 천적인 고양이를 맞닥뜨리는 상황에서 어떻게 반응하는지 관찰하는데 목적을 둔 실험이었다. 이를 위해 고양이 냄새가 배어있는 굴레를 그들 근처에 투입했다. 예상대로 생명의 위협을 느낀 모든 그룹의 쥐들은 자신의 은신처로 재빨리 숨었다. 그런데 두 그룹의 차이는 쥐들이 은신처에 숨은 이후 극명하게 갈렸다. 놀이를 충분히 경험한 쥐 그룹은 시간이 어느 정도 지나자 주변을 살피며 실제 위협이 되는지 여부를 확인했고, 이내 평상시 모습을 되찾았다. 하지만 놀이중단 그룹의 쥐들은 이들과 사뭇 달랐다. 위험을 감수하지 못한 채 밖으로 나오지 못했으며, 끝내 그 자리에서 모두 죽고 말았다.(brown, 2009) 놀이가 동물의 생존에 결정적인 영향을 미친다는 것을 알 수 있는 대목이다. 그렇다면 과연 충분히 놀지 못하는 아이들은 괜찮을까. 청소년 자살률 1위, 학교만족도, 교과흥미, 자존감(주관적 행복감) 등 여러 지표가 최하위인 상태와 과연 무관한 것일까.

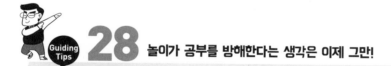

28 놀이가 공부를 방해한다는 생각은 이제 그만!

놀이는 인류의 기원과 함께한 가장 고전적인 학습방법입니다. 놀이는 아이들의 건강한 성장에 필수적인 요소이며, 사회의 구성원으로서 적응하며 살아갈 수 있는 역량을 키워줍니다. 놀이가 공부를 방해한다는 생각은 이제 그만, 놀이를 줄인다고 그만큼 공부를 더하는 것도 아닙니다. 아이들이 공부를 멀리하고 있다면 공부 그 자체에서 문제를 찾아야 할 것입니다. 실컷 놀아 본 아이들이 인생을 진정으로 즐길 줄 알게 되고, 누구보다 행복하게 살 수 있다면, 부모로서 어떤 선택을 해야 할까요? 지금 당장 자녀와 더불어 전통놀이에서부터 보드게임까지 입맛대로 놀이판을 펼쳐 봅시다.

ⓒ Washington State University

노력과 흥미

우리들의 의식 속에 놀이에 대한 부정적인 시각이 자리 잡게 된 것은 그리 오래되지 않았다. 공교롭게도 19세기 학교교육의 확산과도 관련이 깊다. 주어진 목적에 의한 수동적인 공부방식의 등장은 자기목적에 의해 진행되는 놀이와 근본적으로 달랐다. 공부는 놀이와 달리 조용하고 엄숙한 분위기를 요구했다. 지식의 전수과정에서 학생들의 자유의지는 필요치 않았다. 그냥 시키는 대로 머릿속에 많은 양의 지식을 넣기 위해 반복하고 또 반복하기만 하면 됐다. 이런 공부를 지속하는데 놀이는 단지 방해거리에 불과했다. 가정에서 학교에 이르기까지 학생들의 놀고 싶은 욕구를 억제시키기 위한 갖은 노력이 이루어졌다. 그리고 놀이와 학습에 대한 이분법적인 관점이 이러한 갖은 노력과 불합리한 행위들을 정당화시켰다. 놀이보다 인내와 노력이 요구되는 힘든 공부가 훨씬 더 가치가 있다고 여기면서 말이다. 이런 시각에서 승자독식이 만연한 치열한 경쟁의 무대에 살아남기 위해, 때론 강인한 정신력과 실력을 기르기 위해 이러한 공부방식에 순응해야 하는 것은 학생으로서 당연지사였다.

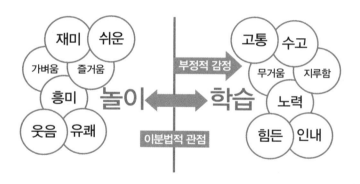

그렇다면 놀이를 배제시키며 인내와 노력으로 일구는 공부가 과연 효과적일까. 흥미롭게도 100년이 지난 듀이(Dewey, 1913)의 연구에서 그 해답을 찾아보고자 한다. 그는 '노력(effort)'을 기반으로 한 교육보다 '흥미(interest)'를 기반으로 한 교육이 질적으로 우수하며, 흥미를 무시한 교육은 정신적인 목적과 가치가 결여된 채, 단순히 기술적이고 훈련된 지식의 습득만을 강요하게 된다고 비판한다. 그러면서 노력에 호소해서는 아무것도 이룰 수 없으며, 자기의 활동을 의무라고 여기는 순간, 오로지 강요될 때만 그 일을 억지로 하는 것일 뿐, 그러한 행동은 어디까지나 외부압력이 지속되는 동안까지만 유지된다. 한시라도 외부압력이 느슨해지거나 없어지기라도 하면 지체 없이 다른 흥미를 쫓아 떠날 것이다. 수동적인 공부환경에 놓인 학생들이 저마다 다른 일탈을 꿈꾸며 지내는 것도 이와 같은 맥락에서 이해할 수 있다. 지금 이 순간에도 내일일지, 언제일지 알 순 없지만, 주어진 목적들로부터 완전히 벗어나 자신의 흥미를 채울 곳을 향해 훨훨 날아갈 날을 학수고대하고 있을지 모른다.

축구를 좋아해서 참여한 선수와 억지로 참여한 선수가 있다고 하자. 여기서 어떤 선수가 축구를 진정으로 즐기고 있는지는 긴 설명이 필요치 않을 것이다. 축구를 좋아하는 선수는 경기 내내 시간가는 줄 모르고 몰입하고 있는 반면, 억지로 참여한 선수는 경기에 제대로 집중하지 못하고 종료하기만을 기다리며 힘겨운 시간을 보낼 것이 분명하다. 그들의 의식과 행동의 상태도 극명한 차이를 보일 수밖에 없다.

축구라는 외견상 동일한 행동이더라도 그것이 스스로에 의한 목적인지, 주어진 목적인지에 따라 의식과 행동의 상태는 달라진다. 의식과 행동이 분열되었을 때, 이를 일치시키려면 노력이라는 심리적인 기제가 작동된다. 시험공부를 하고 있는 어느 학생이 순간순간 잡념이 떠오를 때마다 마음을 다잡고 다시 집중하려는 모습을 보이곤 하는데, 이러한 분열된 의식과 행동을 하나로 통합시키려는 수고가 우리에게 노력으로 수렴되는 것이다. 이런 측면에서 자신의 의지와 무관하게 일방적으로 주어진 목적일수록 의식과 행동의 분열은 더욱 가중되며, 이를 일치시키기 위한 노력의 강도도 그만큼 세지기 마련이다.

축구를 좋아해서 경기에 몰입했던 선수의 예처럼 의식과 행동이 완전히 통합된 상태에는 노력이 더 이상 필요하지 않다. 대신에 그 자리는 흥미와 재미가 채우게 된다. 흥미는 놀이처럼 주어진 목적이 아닌 자기목적에 의한 활동에서 발생한다. 여기서 자기목적이란 듀이의 표현을 빌리자면 '성장 그 자체에 목적(학습)'을 두는 것이며, '성장에 목적(성적향상, 상급학교진학, 취업 등)'을 두지 않는 것을 의미한다. 어떤 사람이든 자신의 죽음을 미리 예견할 수 없듯이 죽기 전에 도달해야 할 끝이라는 건 존재하지 않는다. 듀이는 이것을 '머릿속 도달점(end-in-view)'이라 표현하면서 외부로부터 이것이 주어지게 되는 순간 현재는 미래를 위한 희생이 되고 흥미가 사라짐과 동시에 주어진 목적을 달성하기 위한 노력만이 남는다고 설명한다. 학교수업이 시험성적의 향상을 목적으로 진행되는 경우, 철저히 학습은 수단이 되고, 흥미가 아닌 노력이 강조되는 상황이 이어질 수밖에 없는 것과 같은 이치다. 우수한 성적이나 좋은 학력 등 미래에 쟁취해야 될 어떤 것이 아닌, 학습 그 자체가 목적이 될 때, 흥미가 발생되며, 그것이 결국 학습의 질을 결정하게 되는 것이다.

Guiding Tips 29 체벌은 학생의 두뇌에 치명적인 독이다!

여전히 공부에 체벌이나 강요가 필요하다고 생각하는 부모들이 많습니다. 고통이나 혐오스런 자극을 피하기 위해 학생들이 공부를 더욱 열심히 하게 될 거라는 믿음이 뿌리 깊게 자리하고 있는 것이죠. 스파르타식 합숙학원이 여전히 성행하는 것도 이 때문일 것입니다. 그런데 이런 행위의 정당성을 뒷받침해줄만한 어떠한 연구 자료도 존재하지 않습니다. 오히려 반대의 경우가 넘쳐나지요. 그렇다면 전문가들의 경고에도 불구하고 공부를 하는데 체벌이 필요하다고 믿는 이유는 무엇일까요. 혹여 체벌이 두려워 책상머리에 앉아 있는 것 자체가 학생의 긍정적인 변화라고 생각하는 것은 아닐까요 단언컨대 체벌은 아이의 뇌에 치명적인 독입니다. 단기적으로 눈에 보이는 변화에 현혹되지 말고, 아이의 뇌에 돌이키기 어려운 부작용이 남기 전에 체벌을 중단해야 합니다. 체벌에 대한 부모들의 잘못된 인식을 고치기 위해선 교사의 적극적인 역할이 필요합니다. 상담 등을 통해 체벌에 의한 공부가 학생들에게 강요되지 않도록 애써주시기 바랍니다.

진지한 놀이

왜 그런지 궁금해. 왜 그런지 궁금해.

왜 궁금한지 궁금해

왜 궁금한지를 왜 궁금해 하는지가

왜 궁금한지 나는 궁금해!

_리처드 파인만이 대학시절 쓴 시

우리 세상에는 즐거움이 이끄는 힘에 따라 삶을 살았던 사람들은 많이 있다. 분야를 막론하고 세상을 떠나는 그 순간까지 자기목적에 의해 살아간 사람들, 과정의 즐거움을 보상으로 여기며 최후까지 제품개발에 골몰했던 스티븐잡스, 수많은 발명품을 만들어냈던 에디슨, 청각 장애가 왔어도 마지막까지 음악을 내려놓지 않았던 베토벤, 물리학이 존재 이유였던 아인슈타인, 칠순이 넘는 나이에도 끊임없이 의상을 디자인하고 발표했던 앙드레 김, 향년 95세의 나이까지 끊임없이 작품 활동을 했던 김흥수 화가 등 일일이 헤아릴 수 없는 많은 이들이 자신의 삶을 통해 증명해 주기도 했다. 아인슈타인 이후 최고의 물리학자로 손꼽히는 리처드 파인만도 그러한 삶을 살다간 대표적인 인물이다. 아이큐(IQ) 125 정도로 평범한 수준에 불과했던 그가 대중들로부터 천재물리학자라는 칭호를 받을 수 있었던 것은 배움의 재미를 추구하던 삶의 태도에서 기인한다. 그에게 일과 놀이의 경계는 존재하지 않았다. 늘 흥미와 즐거움을 쫓아 관련 공부에 빠져 지냈고, 삶에 대한 긍정적 태도를 유지했다. 자신의 생각을 제한하지 않고 그것 자체를 즐기면서 그는 독창적인 아이디어로 양자전기역학의 난제를 해결하였다. 리처드 파인만에게 물리학 연구는 평생에 걸쳐 그가 제일 좋아하던 최고의 놀이였던 셈이다.

리처드 파인만처럼 인류역사에 특별한 족적을 남긴 인물이 아니더라도 우리는 생각의 즐거움에 빠져 지내면서 장대한 이야기를 창조해내고, 각종 난제들을 훌륭하게 해결해낸 사람들의 결실을 누리며 살아가고 있다. 어떠한 분야를 막론하고 창조적인 작업은 그것 자체가 진지한 놀이가 되어야 성립된다. 경기장 구석구석을 누비며 신들린 듯 움직이는 스포츠선수, 자신의 연기에 몰두하고 있는 무대 위의 배우, 무아지경에 빠져 아름다운 선율을 만들어내는 연주자뿐만 아니라 그 어떤 분야가 되었든 자신의 일을 진지한 놀이로 바꾸는 사람이 최고의 경지에 이를 수 있다.

하위징아(Huizinga, 1938)가 인류를 '호모 루덴스(Homo Ludens)-놀이하는 인간'으로 지칭한 것도 같은 맥락에서 이해할 수 있다. 특정 연령과 상관없이 모든 놀이는 아주 진지한 방식으로 수행될 때 몰입을 증가시키고 풍부한 재미로 이어진다. 하다못해 어린 아이의 소꿉놀이에서도 목격할 수 있듯이 '단지 하는 척하기(only pretending)'의 허구적인 상황 속에서 몰두하고 헌신하고 열광하며 나름의 진지한 삶을 구현하고자 한다. 하위징아는 일생의 연구를 통해 '진지함'과 '놀이'의 관계를 규명하고자 했는데, 의례, 축제, 철학, 예술, 문학 등 인류의 문명 깊숙이 놀이가 진지함을 잘 포섭하고 있음을 증명하고자 했다.

'놀이가 진지함이 되고, 진지함이 놀이가 된다.'라는 의미는 무엇을 뜻하는 것일까. 이는 '여가(leisure)'와 관련한 논의를 통해 확인해 볼 수 있다. 저마다 휴일이 되면 TV 시청, 낮잠, 술 마시기, 수다 떨기 등의 일상적인 여가생활을 하며 지낸다.

놀이하는 인간

Homo Ludens

-Johan Huizinga

하지만 더러는 휴일의 모든 시간을 자기가 원하는 일을 하기 위해 쏟아 붓고, 체계적인 지식과 경험을 쌓는데 몰두하며 보낸다. 이들은 자투리 시간을 쪼개가며 관심 분야의 전문지식을 쌓고 마니아나 전문가로 성장해 간다. 스테빈스(Stebbins, 2007)는 이를 '진지한 여가(serious leisure)'라고 설명한다. 진지한 여가는 누군가에 의해서가 아닌 철저히 자신의 선택과 자율에 의해서 이루어지며, 그 바탕에는 몰입에 이르는 즐거움이 자리한다. 무엇보다 진지한 여가의 중심에는 자기주도학습이 있다. 개인의 자율과 선택이 보장된 상황에서 배움의 진지함이 여가의 즐거움을 완성해 준다.

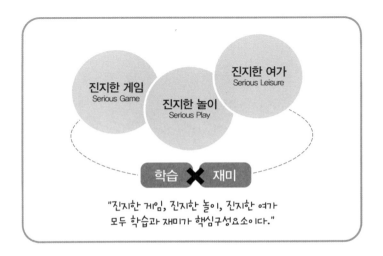

"진지한 게임, 진지한 놀이, 진지한 여가 모두 학습과 재미가 핵심구성요소이다."

이는 공부라는 진지한 행위가 학습자의 자율과 선택을 기반으로 이루어졌을 때, 얼마든지 흥미로 수용될 수 있음을 뜻한다. 학습자의 흥미에 따라 사고의 자유로움을 맘껏 펼칠 수 있다는 건, 그것 자체가 진지한 놀이와 다를 것이 없음을 의미한다. '삼당사락(三當四落)'으로 대표되는 양적 노력에서 탈피하여, 스스로 학습하는 것을 즐기는 과정에서 자연스럽게 질적 성장을 이루게 된다. 'Work Hard'가 아닌 'Think Hard'가 중심인 학습환경에서 학생들은 마치 몽상가처럼 자유롭게 생각하는 즐거움을 만끽할 수 있다. 공부의 과정이 생각의 흐름에 따라 꼬리에 꼬리를 잇는 물음표로 머릿속 이야기를 채워나갈 수 있고, '혼자'가 아닌 '함께' 앎의 기쁨을 느끼고 상호존중의 묘미를 깨닫도록 해준다면 공부는 평생에 걸쳐 끊임없이 하고 싶은 진지한 놀이가 될 수 있다.

"교육의 목적은 인격의 형성에 있다. 교육의 목적은 기계적인 사람을 만드는 데 있지 않고, 인간적인 사람을 만드는데 있다. 또한 교육의 비결은 상호존중의 묘미를 알게 하는 데 있다. 일정한 틀에 짜여진 교육은 유익하지 못하다. 창조적인 표현과 지식에 대한 기쁨을 깨우쳐주는 것이 교육자 최고의 기술이다. 교사의 임무는 독창적인 표현과 지식의 희열을 일으켜주는 일이다."_Albert Einstein

Guiding Tips 30 'Work Hard'가 아닌 'Think Hard'하게 공부하기!

지금까지 우리의 교육은 'Work Hard'를 강조하며 열심히 공부하고, 열심히 일하는 사람을 길러왔습니다. 근면하고 성실한 사람, 맡겨진 일이라면 무조건 최선을 다해 노력하는 사람이 최고라고 가르쳐왔습니다. 아니 지금도 어디선가 그렇게 믿으며 열심히 가르치고 있는지도 모르죠. 시대는 빠르게 변하고 있는데 여전히 생각은 새마을운동 수준에 머무르고 있습니다.

문제는 단순한 일들부터 기계가 빠르게 대체해가더니 이제는 스마트공장(무인화 공장)이 말해주듯 소이 '블루칼라(작업현장 노동자)' 일자리의 상당부분을 빼앗기고 있다는 점입니다. 게다가 인공지능의 발달로 '화이트칼라(샐러리맨이나 사무직 노동자)'의 일자리마저도 위협받고 있는 상태죠. 'Work Hard'만으로 생존해 나가기 어려운 사회가 돼가고 있는 것입니다. 그렇기 때문에 새로운 시대 학생들에게 필요한 교육은 'Think Hard'에 있습니다. 골똘히 생각하고, 상상의 나래를 펴며 창의적인 아이디어로 새로운 해법을 제안하는 교육, 하드웨어보다 소프트웨어, 지식의 소비자가 아닌 생산자, 근면 성실한 개미보다 창의적인 베짱이, 99% 노력보다 1% 영감을 위한 교육으로 나아가야 합니다. 황농문 교수의 저서 「몰입, 인생을 바꾸는 자기혁명, Think Hard」에서 그 해법을 모색해 보는 것은 어떨까요?

몰입으로 이끄는 자기목적적 활동

의식과 행동의 완전한 일치를 이끌어내는 자기목적적 활동은 '몰입(flow)'이라는 총체적인 감정상태를 경험하도록 만든다. 칙센트미하이(Csikszentmihalyi, 1975)에 따르면 몰입은 자신이 하고 있는 일에 물 흐르듯 자연스럽게 푹 빠져 시간 감각조차 잃어버리고 주변상황에 대해 전혀 의식하지 못할 정도로 그 일에 완전히 흡수된 상태를 의미한다. 그는 몰입을 한 활동에 너무 몰두해서 그 외의 다른 것은 아무 것도 느끼지 못하는 상태를 '최적경험(optimal experience)'(Csikszentmihalyi, 1990)이라 정의 하였다. 최적경험은 자신이 선택한 과제를 수행하는 것을 즐기며 그 자체가 목적이 된 활동에 온 힘을 쏟아야 얻을 수 있는 경험이다. 여기서의 몰입 활동은 분명하고 모순이 없는 규칙을 갖고 있으며, 그것에 참여하는 사람들은 일시적으로 문제점이 나 정체성을 망각하는 몰아의 경지를 경험하게 된다. 그리고 고도의 집중력과 기술 이 요구되는 체스, 암벽등반, 외과수술 등을 몰입활동의 사례로 제시하고 있다. 다만, 이러한 사례는 '깊은 몰입(deep flow)'의 경지를 보여주는 것으로 마치 몰입이 높은 수준의 기술과 특정 전문 분야에서 일어나는 것으로 오해해서는 안 된다. 그래서 그는 이러한 이유로 몰입을 미시적 관점과 거시적 관점으로 구분해서 제시한다. 대부분의 관심이 거시적 관점의 몰입에 있지만, 우리의 일상은 미시적 관점의 몰입 들을 경험하며 작은 즐거움으로 채워나가고 있다. 물론 편의상 몰입을 두 가지 측 면으로 구분해서 제시하고는 있지만 실질적으로 그 경계를 명확하게 한다는 것은 불가능한 일이다. 분명한 것은 동일한 일을 하더라도 몰입의 정도가 다르고 그것 에 영향을 미치는 환경도 다르다는 점이다. 하지만 몰입의 공통적인 특성을 파악 하고 이해한다면, 학습의 깊이를 판단하는데 중요한 척도가 될 수 있다.

칙센트미하이가 제시한 몰입의 구성요소로는 '도전과 능력의 적절한 균형', '의식 과 행동의 통합', '명확한 목표', '구체적인 피드백', '과제에 대한 집중', '통제감', '자 의식의 상실', '시간감각의 왜곡', '자기목적적 경험'을 꼽을 수 있다. 이들 요소들은 서로 연결되어 있어 상호의존적인 특징을 가진다.

| 도전과 능력의 균형
Csikszentmihalyi, 1990 | 몰입은 상황에 대한 도전과 그 도전에 적절한 개인의 능력 사이의 균형을 지각하는 데서 비롯된다. |

| 몰입을 하게 되면 자신이 수행하는 활동에 완전히 하나가 되어 다른 것을 생각할 충분한 의식이 남아있지 않은 상태가 된다. | 의식과 행동의 통합
Csikszentmihalyi, 1996 |

| 명확한 목표
Csikszentmihalyi, 1990 | 스스로 분명한 목표를 설정해야 자신이 수행하는 과제에 대한 정확한 파악과 의도하지 않는 상황에 대한 신속한 대응이 가능하다. |

| 활동에 대한 정확하고 신속한 피드백이 지속적인 행동이 가능한 몰입으로 이어진다. | 구체적인 피드백
Csikszentmihalyi, 1990 |

| 과제에 대한 집중
Csikszentmihalyi, 1990 | 몰입은 오로지 자신의 과제에 집중하여 불필요한 정보나 자극을 차단한 상태가 지속된다. |

| 몰입상태에서는 자신이 처한 상황에 대한 통제감, 곤란한 상황이나 얘기치 못한 일에서도 자기 조절에 대한 확신이 있다. | 통제감
Csikszentmihalyi, 1990 |

| 자의식의 상실
Csikszentmihalyi, 1975 | 몰입은 자신의 행동은 의식하지만 의식한다는 사실 자체를 의식하지 못하는 상태다. |

| 몰입은 시간에 대한 지각이 사라지는 것을 의미한다. | 시간감각의 왜곡
Csikszentmihalyi, 1990 |

| 자기목적적 경험
Csikszentmihalyi, 1975 | 몰입은 외적보상이나 이익을 기대하지 않고 활동 그 자체를 위한 경험에서 나타난다. |

몰입의 요소 간에 관계를 고려하여 재구성하면, 자기목적적 활동을 전제로 참여자의 능력을 고려한 도전과제와 지속적인 자기피드백, 활동에 대한 명확한 목표, 주어진 상황에 대한 통제감을 가질 수 있는 환경 속에서 몰입을 경험하게 되고, 몰입의 경험이 자의식의 상실, 의식과 행동의 통합, 과제에 대한 집중, 시간감각의 왜곡 등의 심리적 상태로 이어진다고 볼 수 있다.

'놀이는 쉬운 것이며, 공부나 일은 어려운 것이다.', '놀이는 재미있는 것이며, 공부나 일은 재미없는 것이다.', '놀이는 가벼운 것이며, 공부나 일은 무거운 것이다.' 등의 이분법적인 통념은 설득력을 잃은 지 오래다. 놀이 심리학자인 브라이언 서튼 스미스(Brian Sutton-Smith)의 '놀이의 반대는 일이 아니라 우울함에 있다'라는 말처럼(Brian, 2009), 공부, 일, 놀이의 구분은 철저히 개인의 심리적 상태에 기인한다. 학습의 과정이 자신감을 채울 수 있는 긍정적인 정서 상태를 유발하고 실패에 대한 두려움 없이 끊임없는 도전이 이루어지게 된다면, 심리적 상태로만 놓고 보아도 공부는 이미 놀이와 다를 것이 없어진다. 어떤 공부든지 몰입으로 이끄는 자기목적에 의한 활동이라면 학습자에겐 각종 지식들을 버무려 새로운 지식을 창조해내는 '진지한 놀이(serious play)'가 될 수 있다.

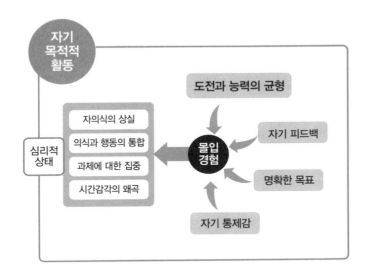

　아무쪼록 학생들의 흥미와 관심이 반영된 문제를 출발점으로 삼아 프로젝트학습이라는 진지한 놀이(Serious Play)를 벌여보도록 하자. 다양한 주제로 펼쳐진 PBL 활동은 학생들에게 창조적인 세상을 경험토록 할 것이다. 스스로의 힘으로 문제의 상황과 조건을 따져가며 자기만의 색깔로 덧입혀서 완성한 결과물은 교사의 시각에 빈약해 보일지 몰라도 질 좋은 이해가 담긴 대체 불가능한 작품, 그 이상의 가치를 지닌다. 프로젝트학습이 주어진 목적이 되지 않도록 교사의 역할이 중요하다. 교사의 섣부른 기대와 욕심, 획일적인 통제는 절대 금물이다. 학생을 믿고 기다리면서 촉진자, 충실한 조력자, 동료학습자 등의 역할을 다할 때, 예기치 못한 기대이상의 감동을 겪을 수 있다. 자기목적적 활동이라면 어떤 과제가 주어지든 학습과 놀이의 경계는 의미가 없어진다. 놀며 배우고, 배우면서 놀 수 있는 신나는 놀이터가 프로젝트학습을 통해 충분히 실현될 수 있다.

31 학생들과 민속놀이를 즐겨봅시다

놀이는 두뇌발달에 긍정적인 영향을 미칩니다. 특히 다섯 가지 감각(시각, 청각, 미각, 후각, 촉각)을 활용해야만 하는 놀이의 경우 더욱 그렇습니다. 온라인 게임과 같이 시각과 청각 등 특정 감각에만 의존하는 활동에 머무르지 말고 다섯 가지 감각이 총동원될 수 있는 놀이를 학생들과 함께 해보는 것은 어떨까요?

개인적으로 우리나라의 역사와 전통이 깃든 민속놀이를 추천합니다. 민속놀이 정보는 인터넷 검색을 통해 쉽게 확인할 수도 있는데요. 특히 한국민속대백과사전(folkency.nfm. go.kr) 상단메뉴에 위치한 문헌자료/사전다운로드에 들어가면 「한국민속예술사전 민속놀이편」 책자를 PDF 파일로 다운로드 받을 수 있습니다. 가나다라 순으로 우리나라의 민속놀이가 총망라되어 있으니 편리하게 이용해 보세요.

FACTORY 09 음악과 함께하는 반고흐 갤러리

SYNOPSIS

　　음악과 함께하는 반고흐 갤러리'는 「교실 속 즐거운 변화를 꿈꾸는 프로젝트학습 (2011)」, EBS 최고의 교사 프로그램에서 잠깐 언급됐던 사례입니다. 이 문제는 미술과 음악교과를 중심으로 구성되었으며, 수업의 목적에 따라 국어 및 실과와 연계하여 적용할 수 있습니다. 특히 반 고흐 작품을 활용한 애니메이션이나 TV 광고 등을 보여주며 수업을 시작한다면 학생들의 흥미와 호기심을 자극하는데 도움이 될 것입니다. 반고흐의 기존 작품을 재해석하여 새롭게 표현하도록 하거나 가사를 개사하고 음악을 직접 만들도록 하는 등의 활동을 전개한다면 좀 더 인상적인 수업이 가능해질 것입니다. 학생들의 수준을 고려하여 현장에 적용하시기 바랍니다.

◆적용대상(권장): 초등학교 4학년-중학교 3학년
◆학습예상소요기간(차시): 예술체육(권장)
◆관련교과 내용요소(교육과정)

교과	영역	내용요소		
		초등학교[3-4학년]	초등학교 [5-6학년]	중학교 [1-3학년]
미술	표현	·상상과 관찰 ·다양한 주제	·표현 방법(제작) ·소제와 주제(발상)	·표현 매체(제작) ·주제와 의도(발상)
	체험	·미술과 생활	·이미지와 의미 ·미술과 타 교과	·이미지와 시각문화 ·미술관련직업
	감상	·작품과 미술가 ·작품에 대한 느낌과 생각 · 감상태도	· 작품과 배경 · 작품의 내용과 형식 · 감상방법	· 미술의 변천과 맥락 · 작품 해석 · 작품전시
음악	감상	·상황이나 이야기 등을 표현한 음악	·다양한 문화권의 음악	·음악의 역사·문화적 배경
	생활화	·음악과 행사	·음악과 행사	·음악과 행사

문제제시 ▶

[동기유발] 문제로 제시된 돈 맥클린의 '빈센트' 노래감상하며 고흐에 대한 이야기 나누기

⬇

(선택)고흐에 관한 이야기를 담은 영화(애니메이션) 작품 일부를 보거나 TV광고 등의 사례 공유하기

⬇

문제의 주인공 직업이 큐레이터임을 알리고, 도슨트와 큐레이터의 역할에 대해 이해하기

⬇

특별전시회가 어린 학생들을 주요 대상으로 하고 있으며, 전시작품과 어울리는 음악 선정이 중요함을 문제를 통해 파악하기

⬇

과제수행계획서 작성 및 공유

과제수행 ▶

[문제해결모색]문제해결에 필요한 반고흐 관련 정보 및 자료 탐색

⬇

반고흐 작품 가운데 특별전시회에 출품할 작품을 개인별로 선정하고 팀별로 공유하기

⬇

(선택)선정한 작품을 자기만의 방식으로 새롭게 해석하여 직접 표현하기

⬇

작품들과 어울리는 음악을 선정하고 작품들과 음악을 활용하여 영상(뮤직비디오) 제작하기

⬇

(선택) 작품과 어울리는 음악을 작곡하거나 작사(개사)하기

⬇

[결과정리] 작품의 설명자료 제작하기 / 영상완성하기

⬇

'음악과 함께하는 반고흐 갤러리' 전시 공간 꾸미기

발표 및 평가 ●

[준비] 특별전시회를 위한 발표 시나리오 작성하기 / 리허설하기

⬇

[발표] 1단계: 작품과 음악 선정 이유 설명하기
2단계: 특별전시회 공간에서 도슨트와 관객 역할을 번갈아 맡으며 즐기기

⬇

[평가] 발표 및 활동에 대한 상호 평가 및 성찰저널 작성하기

project

Starry, starry night
별이 빛나는 밤

Paint your palette blue and grey
팔레트를 푸른색과 회색으로 칠해요

Look out on a summer's day
여름날 밖을 내다봐요

With eyes that know the darkness in my soul.
내 영혼의 어둠을 아는 그런 눈으로

Shadows on the hills
언덕 위의 그림자

Sketch the trees and the daffodils
나무와 수선화를 그려요

_돈 맥클린(Don McLean)의 빈센트(Vincent) 첫 소절

돈 맥클린이 작사, 작곡한 '빈센트'라는 팝송은 1972년에 발표된 이후 오랜 세월이 지난 지금까지 많은 사람들에게 사랑받는 곡입니다. 노래의 시작인 'starry, starry night'은 고흐가 정신병과 싸우던 말년에 그린 작품의 이름이기도 합니다. 그의 가사는 평생을 가난과 고독 속에 지내야만 했던 고흐를 기리는 내용으로 채워져 있습니다.

당신은 이런 고흐의 인생과 매력적인 작품들을 한자리에 모아 특별한 전시회를 꾸미고자 합니다. 특히 큐레이터로서 어린 학생들이 미술 작품에 좀 더 친숙하게 다가갈 수 있도록 하기 위해 많은 고민을 하고 있습니다. 학생들의 흥미와 호기심을 자극하고 미술에 대한 불필요한 선입견을 깰 수 있도록 파격적이고 이색적인 전시회를 기획할 계획입니다.

'전 세계 많은 사람들에게 사랑받고 있는 반 고흐의 작품을 학생들이 익숙한 음악과 접목해 보는 것은 어떨까?'

당신의 머릿속엔 이미 멋진 아이디어들로 가득합니다. '음악과 함께하는 반고흐 갤러리'로 이름지어진 특별전시회가 어떻게 열릴지 벌써부터 기대되는 군요. 큐레이터로서 멋진 활약을 기대하겠습니다. 주어진 임무를 멋지게 완수해 주세요.

1. 제시된 주제에 맞게 반 고흐의 작품과 음악이 어우러진 멋진 특별전시회를 기획합니다.
2. 전시회의 특성이 잘 드러나고 어린 학생들이 쉽게 이해할 수 있는 설명 자료를 제작합니다.
3. 특별전시회 기획안과 설명자료 발표는 모둠별로 7분이 넘어서는 안 됩니다.

◆ 펀러닝, 재미있어야
학습이 이루어진다 ◆

재미는 다른 재미로 대체될 수 없다. 어떤 아이에게 보상으로 재미있는 게임을 허락한다고 해서 재미없는 공부가 재미있어지진 않는다. 같은 이유로 재미있는 상황을 수업에 덧붙인다고 해서 재미없던 교과서 내용이 갑자기 재미있어질 리가 없다. 외부의 자극에 의존한 동기유발은 순간적으로 그것에 대한 주의집중과 유쾌한 감정을 유발할 순 있지만, 어디까지나 효력은 자극이 지속되는 시간까지다. 오히려 짧고 강렬한 외부자극에 미치지 못하는 후속 학습활동이 학생들의 흥미를 급격히 떨어뜨릴 수 있다. 동기유발 과정에서 흔히 활용되는 외부자극들, 그로부터 발생하는 순간적인 흥미나 재미가 학습 자체에서 얻을 수 있는 재미로 대체될 수 없다는 건 대단히 슬픈 일이다.

그렇다면 학습에서 재미란 어떤 모습이어야 할까. 필자는 그 실마리를 오랜 세월 함께했던 프로젝트학습을 통해 찾을 수 있었다. 그동안 PBL 수업에서 헤아리기 힘들 정도의 각본 없는 드라마가 쓰여졌고, 그때마다 교육자로서의 희열을 만끽했다. 그러던 어느 날 문득 학생들의 내면이 궁금해졌다. 학생들의 입장에서 프로젝트학습에 빠져들 만한 특별한 까닭이 있을 법했기 때문이다. 프로젝트학습을 경험한 학생들의 글을 무작정 하나씩 꺼내들어 읽기 시작했다. 약3500편에 이르는 방대한 기록들을 수없이 반복하며 읽고, 또 읽었다. 읽으면 읽을수록 아이들이 말하는 프로젝트학습의 의미가 점점 크게 다가왔다. 우여곡절 끝에 그들의 글을 통해 반복적으로 외쳤던 의미심장한 키워드 '재미(fun)'를 만나게 된다. 마치 '너희들은 프로젝트학습을 왜 하고 있니?'라는 질문에 기다렸다는 듯이 '재미있으니까요'로 학생들이 화답하는 듯했다. 물론 다른 이유들도 있겠지만, 학생들이 프로젝트학습에 빠져드는 으뜸 이유로 단연 재미를 꼽고 있었다. 프로젝트학습에 대한 반응이 재미로 모아지자 이와 관련한 이론적 탐구를 자연스레 진행하게 됐다. 교육 외의 분야이긴 했지만 학습과 재미의 관계를 규명하는데 큰 통찰력을 제공해주었다. 그 중에서도 우리 뇌에 대한 이야기는 너무나도 흥미로웠다.

32 자존감이 높은 교사가 자존감이 높은 학생을 길러낸다

2013년 OECD의 조사에 따르면 회원국 중에서 교사의 직업만족도가 가장 낮은 국가로 우리나라가 꼽혔습니다. 말할 것도 없이 교사의 자존감도 매우 낮은 것으로 조사되기도 했습니다. 초중고 학생들의 직업희망조사 부동의 1위인 교사가 진작 현실에서 가장 낮은 만족도를 보이는 이유는 무엇일까요? 여러 이유가 있겠지만, 교사 역시 주어진 목적에 의한 수동적인 환경에 놓여있기 때문이 아닐까 싶습니다. 당연한 말이겠지만, 자신의 일을 좋아하고 즐기는 사람이 자존감이 높고 삶의 만족도가 높습니다. 누구보다 행복하다고 여깁니다. 자존감이 높은 교사는 학생과의 갈등에서 쉽게 흔들리지 않습니다. 자존감이 강하면 과도하게 반응하거나 걱정하지도 않습니다. 어떤 일이든 '난 이 문제를 잘 해결해나갈 자신감이 있다'고 여깁니다. 학생들을 가장 잘 도와줄 수 있는 사람이라고 여기기 때문에, 교사 스스로 '내가 제일 잘할 수 있다'는 걸 믿습니다. 자존감이 높은 교사가 그만큼 자존감이 높은 학생을 길러낼 수밖에 없는 것입니다. 그래서 학생의 자존감만큼이나 교사의 자존감이 중요합니다. 교사 스스로 자신의 수업을 좋아하고 즐기는 삶을 실천해야 하는 이유 중에 하나이기도 합니다.

재미중추

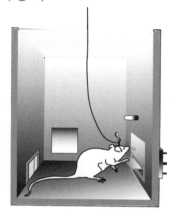

Pleasure Center
- Olds, 1956 -

" Olds와 Milner가 우연한 실험을 통해 발견한 쾌락중추는 후속 연구를 통해 개, 원숭이, 돌고래 등의 동물을 비롯한 인간에게도 있다는 사실이 발견되었다."

1950년대 조그마한 대학실험실, 올즈와 밀너(Olds and Milner)는 쥐를 대상으로 뇌에 대한 전기 자극 실험을 진행하는 과정에서 우연히 뇌의 특정 부분을 자극하면 쥐가 쾌락을 느낀다는 사실을 발견하게 된다. 이들은 뇌의 변연계의 특정부분에 가는 철사를 넣고 전기 자극을 주는 장치를 고안하였으며, 쥐 스스로 스위치를 자유롭게 켤 수 있도록 하여 반응을 관찰하였다. 실험이 시작되자 쥐는 먹지도 않고 교미도 하지 않은 채, 1시간에 7,000번 가량 스위치를 누르는데 열중하였다. 결국 이러한 쥐의 행동은 죽음에 이르러서야 멈출 수 있었다.

　이른바 '쾌락중추(pleasure center)'는 후속 연구를 통해 개, 원숭이, 돌고래 등의 동물을 비롯한 인간에게도 있다는 사실이 발견되었다. 흥미롭게도 인간의 뇌에 위치한 쾌락중추는 베르베르의 이야기처럼 어떤 욕구를 실현하는 과정에 도파민과 같은 뇌 화학물질을 분비하는데, 이것이 일종의 쾌감을 일으켜 이전에 하던 행동을 반복하게 만든다.

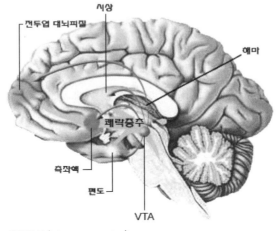

쾌락중추(plesure center)

　특히, 쾌락중추가 측좌핵뿐만 아니라, 해마, 편도, 시상하부 등 인간의 사고, 감정, 행동과 관련된 뇌의 주요 부위에 분포하고 있어서 정서뿐만이 아니라 인지와도 깊은 관련을 맺고 있다. 쾌락중추가 기쁨, 흥분, 환희 같은 기초적인 감정부터 전율, 오르가즘, 무아지경에 이르는 황홀감에 이르기까지 절대적인 영향을 미치고 있지만, 그것의 작동원리는 대부분 정서와 인지의 복합적인 상호작용에 의한 것일 때가 많다. 학습이라는 것이 기본적으로 인지와 정서의 통합적인 작용에서 비롯되는 만큼, '쾌락'이라는 원초적 감정으로 표현하는 것은 부적절하다고 본다. 필자가 학습을 위한 우리 뇌의 자기보상체계를 '재미중추(fun center)'로 표현하고자 하는 이유도 여기에 있다.

이처럼 사람은 누구나 학습에 최적화된 내적 동기유발체계를 자신의 뇌 속에 갖고 태어났다. 재미중추라는 뇌의 고유한 메커니즘에 의해 자기 스스로 학습의 지속여부와 심화를 결정지을 수 있다. 재미중추에 대한 이해는 우리 뇌의 고유 체계에 적합한 공부방법과 두뇌친화적인 학습의 조건이 무엇인지 따져볼 수 있는 중요한 출발점이 된다. 재미중추는 학습이 인지와 정서의 하모니가 빚어낸 산물임을 증명해 주고 있다. '감정을 절제해야 공부가 잘 된다'라는 통설은 이제 깨져야 마땅하다. 한걸음 더 나아가 우리 뇌의 해마와 편도를 이해하면 인지와 정서의 관계는 보다 분명해진다. 만화를 통해 자세히 살펴보자.

편도와 해마에 대해 알게 되면 공부에 대한 생각이 바뀔 거야.

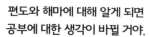

No, No, 저는 아니에요.

우리 뇌 안쪽에는 편도와 해마라는 친구가 있지. 절대 떼려야 뗄 수 없는 사이라고 보면 돼.

편도는 인간의 정서와 깊은 관련이 있어. 그래서 '감정의 뇌'라고 불리기도 하지.

희로애락도 여기서 느끼지.

여기는 기억의 열쇠를 담고 있는 보물창고.

해마는 기억과 밀접한 관련이 있어. 그래서 일종의 '장기기억장치'라고도 이해할 수 있어.

그런데 궁금하지 않아?
둘이 너무 붙었어.
붙어도 너무 붙었단 말이야.

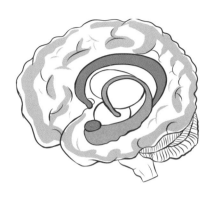

난 해마.

난 편도.

신기한 건, 해마는 편도를 통해 작동한다는 거야.
해마에게 편도는 스위치와 같은 존재,
그 이상이라고 볼 수 있지.

편도가 활동하면 기억을 담당하는 해마의
자기증강(LTP: Long Term Potentiation)이
커진다는 사실이 밝혀졌어.

자기증강, LTP란 기억을 담당하는 해마의 시냅스
결합의 증강이 장기적으로 지속되면서 기억을
용이하게 하는 현상을 말해.

이런 사실이 뭘 의미하는 것일까?
편도와 해마의 심상치 않은 관계가
공부와 무슨 관련이 있을까?

사랑할수록 그에 대해
더 알고 싶어.

그녀에 대해
알면 알수록
사랑스러워.

편도와 해마의 관계는 정서와 인지의 관계,
감정과 기억의 관계를 설명해 주고 있어.

아련한 추억을 떠올려 볼까?
오래된 기억일수록 감정과 관련이 깊다는 것을
쉽게 알 수 있어.

한마디로 감정 없이는 공부가 불가능해.
감정을 가지고 공부를 해야 한다는 것이지.

우리 아이들이 감정이 배제된 냉철한 이성보다는
감성이 녹아든 따뜻한 지성인이
돼야 하지 않을까?

그렇다면
어떤 감정으로
공부를 해야 할까?

감정은 인류가 환경에 적응하고
생존하는 데 절대적인 영향을 미쳐왔어.

부정적인 감정은 그 강도에 따라 차이는 있지만
'즉각 중지'와 '회피', '탈출' 등을 알리는
빨강색 경고등과 같아.

반대로 긍정적인 감정은 '지속적인 실천'과 '끊임없는 도전', '자발적 참여' 등을 촉진하는 파란색 주행등과 같아.

부정적인 감정을 가지고 공부를 하게 되면 결국, 남는 것이 하나도 없어. 감정은 즉각적인 중지를 요구하는데 계속 무시하며 공부하다보니 후유증만 남게 되지.

아이에게 실패에 대한 과도한 두려움이 생기고, 자신에 대한 확신은 점점 사라지고. 그냥 공부가 싫어지게 되는 거야. 버티고 버티다 결국 무기력증에 빠져 버릴 수도 있어.

그런데 말이지.
긍정적인 감정은 공부를 계속 하게 만들어.

긍정적인 감정은 학습에 대한 자발적인 동기를 불어넣어주고. 이러한 경험이 많을수록 자기 확신이 커져서, 결과적으로 자존감을 높여줘.

이제 이쯤하면 아이들이 무슨 감정으로 공부해야 하는지 감이 오지? 인지와 정서의 하모니가 연주하는 프로젝트학습 세계 속에 우리 아이들이 푹 빠져들면 얼마나 좋을까?

혐오감이나 불쾌감을 수반하는 부정적인 자극이 공부를 잘하도록 만들고 있다는 환상은 이제 접어야 한다. 더욱이 육체적, 정신적인 고통을 피하기 위해 아이들이 책상 앞에 앉아 공부하고 있는 것이라면 더욱 그렇다. 단기적으로 성적이 오를지 모르나 결국 원하는 목적을 달성하기 어렵다. 뇌가 가진 고유의 작동원리에 역행하는 학습환경에서 재미중추의 활성화는 기대할 수 없기 때문이다. 장기기억과 관련이 깊은 '해마'와 정서의 뇌로 불리는 '편도'가 학습의 과정에서 상호 영향을 주고받으며 통합적으로 작용해야 그 경험이 재미로 수용될 수 있다는 점을 상기한다면 더욱 명확해 진다. 정서가 가진 고유한 기능이 공부의 질을 결정짓는 데 절대적인 영향을 끼친다는 것은 기억과 망각의 과정을 담고 있는 우리 뇌의 고유한 배설체계를 이해함으로서 더욱 확고해질 수 있다.

인간은 고유의 배설체계를 통해 특유의 항상성이 유지된다. 우리의 삶은 공기 중의 산소를 흡입하는 것만큼 불필요한 이산화탄소를 잘 배출함으로서 유지된다. 건강한 몸은 체내에 노폐물이나 찌꺼기를 땀, 오줌, 변의 형태로 끊임없이 배설하고, 배출한다. 만약 우리 몸이 가진 고유의 배설체계에 문제가 생긴다면 어떨까. 아무리 좋은 음식을 섭취하더라도 점차 세균과 독소로 범벅이 되고 치명적인 염증을 유발하며 생명유지에 치명적인 위협이 될 것이다. 당신이 건강하다는 것은 그만큼 몸 속 여러 기관들이 고유의 방법으로 불필요한 요소를 신속하게 배출하고 있기 때문에 가능한 일이다. 우리의 뇌 또한 다른 어떤 신체기관 못지않게 매우 훌륭한 배설체계를 갖추고 있다. 인간이 일상에서 접하는 수많은 정보들은 대부분 기억되지 않고 소실된다. 우리가 흔히 '망각'이라고 표현되는 현상이 그 증거다. 인간의 뇌는 컴퓨터와 다르게 '망각'이라는 최적의 배설시스템을 제공함으로서 특유의 항상성을 유지할 수 있다. 결국 '기억'과 '망각'의 갈림길은 정서적 작용에 의해 결정된다. 다양한 긍정적 정서경험을 통해 기억의 강도가 결정된다는 것은 결국 감정을 통해 공부의 질이 결정된다는 것을 의미한다.

33 공부에 대한 좋은 감정을 형성해 주는 것이 중요하다

수업과정에서 교사가 표현하는 감정이 중요합니다. 교사의 긍정적인 피드백을 지속적으로 경험한 학생일수록 학습의 질이 우수하며, 학습동기가 높게 나타납니다. 본문의 내용처럼 감정이 공부를 가능하게 만든다는 점을 잊지 말아야 합니다. 특히 학생들이 부정적인 감정을 토로하는데도 불구하고 억지로 공부를 지속하게 되는 경우 어떤 결과로 이어질지 충분히 예상할 수 있어야 합니다. 공부에 대한 좋은 감정을 형성해주는 것만으로도 잠재된 학습역량을 맘껏 발휘할 수 있는 안전한 토대를 마련해 주는 것입니다. 화내지 말고, 마음을 다스려가며 학생들을 감정코칭해 주세요. 교사가 애쓴만큼 학생들도 달라집니다.

재미, 인지와 정서의 하모니

'아는 자는 좋아하는 자만 못하고 좋아하는 자는 즐기는 자만 못하다'

知之者 不如好之者 好之者 不如樂之者

그렇다면 재미중추를 깨우는 공부, 어떻게 하면 좋을까. 먼저 공자의 가르침을 시작으로 알아보도록 하자. 논어의 옹야편에 보면, 공자는 앎(道)의 세 가지 단계인 '지호락(知好樂)'을 제시하면서 최고의 경지를 '락', 즐거움에 뒀다. 그는 진정한 앎의 경지는 단순히 아는 것에 머물지 않고 그것을 좋아하고 마침내 즐길 수 있을 때 이루어진다고 보았다. 어떠한 일이든 즐기는 사람이 깨닫는 바가 있고, 좋아하는 것을 맘껏 배부르게 먹을 수 있다는 얘기다. 배움의 힘이 아는 것에서부터 오는 것이 아니라 즐기는 것에서 비롯되는 것이라면, 아마도 교육에 대한 논의 자체도

근본부터 달라져야 하지 않을까. 공자의 '열락(悅樂)' 사상은 재미가 '학이시습(學而時習)'의 삶과 무관하지 않음을 보여주는 확실한 징표다. 더 큰 성취(성적, 학력 등)를 위해 현재의 즐거움을 포기하는 것이 당연시 되고 있는, 그래서 재미없는 공부가 만연한 시대, 공자의 가르침은 교육에 있어서 재미가 지닌 가치가 어떤 것인지 다시금 일깨워주고 있다.

한편, 화이트(White, 1959)는 인간은 본래 선천적으로 타고난 능력이 거의 없기 때문에 환경에 적응하기 위한 다양한 방법에 대하여 학습할 필요가 있다고 말하면서 인간은 누구나 유능하게 되고 싶은 타고난 본성이 있음을 지적한다. 그러면서 도전적인 과제를 수행하고 새로운 인지구조를 실행함으로써 생기는 능력 향상과정에서 긍정적인 정서를 경험하게 된다고 밝힌다. 같은 맥락에서 피아제(Piaget, 1952)도 도전적인 과제를 수행하고 새로운 '인지구조(schemes)'를 실행하는 것 자체가 본질적으로 만족스러운 일이라고 말한다. 한마디로 학습하는 것은 본질적으로 만족스럽다는 의미, 어느 학생이 수업 자체에 만족감을 느끼지 못하고 있다면, 학습적인 측면에 적신호가 켜진 것으로도 볼 수 있다. 이는 인지의 과정이 만족으로 대변되는 정서적 영역과 연결되었음을 확인시켜주는 대목이다.

사람은 누구나 무미건조한 일상에서 벗어나 때론 복잡하고 놀라운 스릴 넘치는 상황이나 불확실한 상황 속에서 자신의 기대나 생각을 넘어선 예상치 못한 자극, 활동 등에서 재미를 얻으려고 하는 경향이 강하다(Kagan, 1972). 새로운 상황이나 도전적인 과제에 직면하게 되면 자신의 기대와 불일치를 줄이려고 하는 동기가 자연스럽게 발생하여 이를 해결하고 성취하는 과정에서 기쁨이나 즐거움과 같은 긍정적인 정서 상태를 경험하고자 한다(Spielberger & Starr, 1994). 이런 측면에서 재미는 생명력 넘치는 일차적 본능으로서 자연스럽고도 자발적인 욕구이며(Hein, 1968), 학습의 본질로서 이해할 수 있다(Koster, 2005). 한걸음 더 나아가 재미는 정서와 인지의 작용을 상호 통합시키고 조절하며, 조화롭게 만드는 역할을 한다(Schiller, 1995)*.

재미는 철저히 주관적이어서 동일한 학습활동을 하더라도 각기 어떤 목적과 인지, 정서 상태에서 경험을 했느냐에 따라 그 내용이 달라질 수밖에 없다. 이는 재미가 개인의 경험적 세계와 긴밀하게 연결되어 있음을 의미하는 것이기도 하다. 학습에 있어서 이전의 재미가 하나의 동기로 이어지도록 하는데 '맥락(context)'이 기본적인 전제 조건이 되며, 이러한 맥락과 연결된 학습의 '상황(situation)'은 다양하고 풍부한 인지적, 정서적 작용을 촉진하고, 여러 형태의 '상호작용(interaction)'이 이루어질 수 있도록 한다. 이 과정에서 학습자는 긍정적인 정서 상태를 경험하고 유희충동을 충족시키고도 남을 만한 새로운 재미를 '구성(construction)'하게 되는데, 이러한 학습에 있어서의 재미경험은 삶 속에 끊임없이 긍정의 에너지를 공급하고 행복감을 제공하면서 학습을 통한 새로운 재미를 추구하게 만든다.

피아제는 그의 이론에서 인간을 유기체로 설명하며, 전체적인 체계 즉, 정서, 인지, 신체 발달이 상호 연관되어 구성되는 구조로 보았다. 인지적인 측면에서 변화를 일으키는 기제 역시 진화의 기제와 같은 '평형화'라고 밝히면서 정서적 작용이 필요한 동화, 갈등, 조절의 기제를 강조했다. 그는 인지와 정서의 발달이 상호 밀접하게 연관되어 작동된다고 전제하고 있는데, 동화와 조절의 기제는 다른 측면에서 보면 일종의 인지와 정서의 통합적인 작용으로도 이해할 수 있다(Piaget, 1981).

같은 맥락에서 마투라나(Maturana)와 바렐라(Varela)는 '자기생산체계'(autopoeisis system)**라는 개념을 통해 인지와 정서의 통합적 관계를 이야기한다. 곧, 자기생산체계라는 것은 강력한 정서적 작용을 통해 다른 생명체와 확연히 구별되는 고유의 인지현상을 나타내는 것으로서, 이러한 인지와 정서의 통합적 활동을 통해 새로운

---

*쉴러(Schiller)에 따르면 인간에게는 본래적으로 유희충동(spieltrieb)이 있어 '감각충동(der sinnliche Trieb)'과 '형식충동(der Formtrieb)'을 매개한다. 유희(재미)는 감각적 본성에서 나온 감각충동(정서적 작용)과 이성적 본성에 나온 형식충동(인지적 작용)을 조절하여 그 둘을 조화롭게 만든다.

**Maturana와 Varela(1982)는 인지현상을 생명체로서 인간이 갖는 고유의 속성이자 구성분으로 설명하고 있다. 인간을 비롯한 모든 생명체는 자기생산체계를 갖고 있으며, 환경과의 구조적 어울림을 통해 생존성을 유지하게 된다고 보았다. 한편. 강인애(2003)는 Maturana와 Varela의 관점을 들어 생물체의 자기생산체계의 개념과 구성주의가 결국 하나의 같은 지향점과 목소리를 내고 있다고 설명한다.

환경과의 구조적 어울림이 촉진되고, 결과적으로 유용성과 생존성을 갖춘 사회적 응적인 지식을 구성할 수 있다는 해석이 가능하다. 인지구조의 변화, 지식의 구성, 그리고 학습은 무엇보다도 학습자 내부의 정서적 작용이 결정적일 수밖에 없다는 의미다.

최근 들어, 정서가 일상생활의 매 순간 뿐만 아니라, 교육활동의 모든 측면에도 영향을 준다는 연구결과들이 제시되면서 정서에 대한 기존의 사고가 크게 바뀌고 있는 추세다. 이러한 정서에 대한 추세 변화의 중심에는 지능에 대한 패러다임의 변화가 있다. 대표적인 것이 단일한 지능이 다양한 지능으로 구분되었다고 주장한 가드너(Gardner, 1984)의 '다중지능(Multiple Intelligence)'을 비롯하여 대니얼 골먼(Goleman, 1995)에 의해 확장된 '정서지능(Emotional Intelligence)'을 들 수 있다. 최근까지 정서는 비합리적이고 무질서하며 정신활동을 방해하는 반응이라고 여기며 지능과 대조되는 개념으로 인식되어왔지만, 가드너나 골먼이 설명하는 정서는 사고와 인지 과정에 결정적인 영향을 미치거나 촉진시켜주는 측면에 초점을 두고 있다. 자신과 다른 사람의 정서에 대한 정확한 인지와 표현, 효과적인 조절, 삶을 잘 조율해나가기 위한 정서적 활용을 통해 '감정에 대한 사고(thinking about feeling)'(Salovey & Mayer, 1990), 곧, 인지와 정서의 결합적 활동을 강조하고 있다. 학습자의 정서를 인정하지 않고, 교육활동에 정서를 통합하지 않는다면, 성공적인 학습에 이를 수 없음은 자명해진다. 즉 진정한 학습은 인지와 정서의 통합을 통해서만 가능하며, 학습의 재미는 이성과 감성이 하나 되는 과정에서 빚어진다.

지금껏 우리는 인지(머리)와 정서(가슴)를 철저히 구분해 오면서 마치 감정을 배제한 냉철한 이성이 학습과정에 있어서 중요하다고 여겨왔다. 반면에 감정은 학습이 진행되는 동안 통제의 대상이면서 소모적인 것으로 간주하면서 억누르고 희생시키는데 거리낌이 없었다. 본질적으로 이성과 감성은 둘로 쪼개질 수 없는 절대적 하나인데, 그것이 가능하다고 여기는 낡은 통념들이 여전히 교육 전반에 뿌리 깊게 자리하고 있다. 지킬박사가 인간의 내면에서 선과 악을 분리하려다가 결국 하이드라는 내면의 괴물을 만들어낸 것처럼, 학습에 있어서 인지와 정서에 대한 이분법적인 태도는 우리 사회의 하이드와 같은 존재를 길러내는 결과로 이어질지 모른다. 학습에 대한 생각의 전환은 정서와 인지가 본질적으로 하나이며, 이들의 하모니가 빚어낸 과정과 결과가 재미로 수렴되는 것임을 인식하는데서 비롯된다.

34 학생들의 기대감에 귀 기울여 보자!

학생에 대한 교사의 기대감에 대한 논의는 활발하게 이루어져도 교사에 대한 학생의 기대감에 대해서는 언급하는 경우가 상대적으로 적습니다. 교육의 책임자인 교사의 입장을 살피다보니 그런 것도 있지만, 근본적으로 교사 중심의 교육관이 크게 작용하는 면이 있습니다. 그런데 내용은 달라도 교사 못지않게 학생들도 기대감이 상당합니다. 어떤 면에서는 교사보다 더 절실할 수 있습니다.

낯선 두 남녀의 첫 만남도 서로에 대한 기대감이 형성되지 않으면 지속될 수 없는 것처럼, 교사와 학생 간에 기대감이 없다면 좋은 관계가 형성될 수 없습니다. 어느 한쪽이라도 기대감을 거두게 되면 관계의 균열이 생길 수밖에 없는 것이죠. 학생을 향해서만 교사의 기대감을 내세우지 말고, 학생들이 교사를 향해 갖고 있는 기대감이 무엇인지 파악해 보도록 합시다. 교사에 대한 학생의 기대감이 여전히 살아있다면 공부를 비롯해 어떤 것도 늦지 않았습니다.

지금껏 교사로서 교사의 기대감에 얼마만큼 귀 기울이고 있나요? 나는 과연 이 세상의 보물인 제자의 기대감을 얼마만큼 충족시켜주고 있는 교사일까요? 아무쪼록 자신의 기대감만 앞세우는 욕심 많은 교사가 아니라 학생의 기대감을 소중하게 여길 줄 아는 좋은 교사가 되어주길 바랍니다.

하드펀하게 유스트레스에 빠지다

누구든 부정적인 감정에서 벗어나기 위해 의식적으로 기분 전환 거리를 찾는다. 일이나 공부 등에 대한 압박감으로부터 벗어나 답답한 마음을 풀기 위해 여흥을 즐기거나 단순한 게임, TV 시청, 맛있는 음식 먹기, 쇼핑, 그냥 쉬기 등 어떤 능력이 필요로 하지 않는 활동을 추구한다. 아이에서 어른까지 생활필수품이 되어버린 스마트폰을 수시로 꺼내들며 쉬운 재미를 쫓아 이것저것 즐길거리를 찾는다. 다양한 매체로부터 즐겁고 유쾌한 자극을 끊임없이 받으며, 삶의 활력을 얻고자 한다. 쉽게 얻을 수 있는 재미에 빠져 지내는 것이 스트레스를 해소하고 마음의 위로가 된다고 여기면서 말이다. 그러나 흥미로운 것은 이런 활동이 그 순간 재미있는 것처럼 착각하게 만들지만 실상은 기분을 나아지게 만들지 못할뿐더러 오히려 자극이 종료된 이후에는 권태와 우울감이 더 커진다는 사실이다. 이는 요즘 청소년들이 스마트폰의 다양한 게임과 채팅 등 쉬운 방식으로 재미를 얻는데 익숙하지만, 그렇다고 그것이 부정적인 스트레스를 해소해 주거나 청소년의 자살률을 낮추면서 행복감을 높이는 결과로 이어지지 못하는 것과 같은 맥락이다.

외부의 자극에 의존한 채, 쉬운 재미를 추구하는 성향이 강해질수록 좀처럼 어렵고 힘든 일을 견디지 못하고, 공부나 일에 대한 무기력에 빠져 지내게 될 가능성이 높아진다. 외부 자극에만 의존하는 수동적인 재미만을 쫓게 되면 그것이 차지하는 비중만큼이나 심리적인 불안감이 커진다. 자극의 소멸은 재미의 중단을 의미하는 것이기 때문에 심리적 안정감이 유지되기 어렵다. 온라인 게임을 못하도록 PC방을 금지시키고, 컴퓨터의 코드를 잘라버린다고 해서, 스마트폰을 학생들로부터 빼앗아 금지시킨다고 해서 해결될 수 있는 간단한 문제가 아니다. 스마트폰, 컴퓨터, TV 등에 문제가 있는 것이 아니라 사람들로 하여금 쉬운 재미를 추구하도록 만드는 환경 자체에 문제의 본질이 있다. 어찌 보면 학교와 가정, 삶의 어떤 구석도 주인이 될 수 없는 환경에서 학생들이 추구하게 될 재미란 뻔하다. 교사나 부모로부터 주어진 빡빡한 일상 속에 그냥 그것대로 순응하며 살아가야 하는 수동적인 삶,

쉬운 재미는 그런 삶에 질식하지 않기 위한 일종의 도피처일 수 있다.

하지만 '세상에 공짜는 없다.'라는 말처럼 처음엔 무엇인가 공짜로 얻은 것 같은 기분 좋은 감정이 들 수 있지만 시간이 지날수록 의욕과 자신감이 떨어지고 오히려 기분도 나빠지게 된다. 마치 진수성찬의 환희도 배가 부르면 참을 수 없는 고통으로 다가오는 것처럼 말이다. 그렇기에 우리 학생들이 순간적이며 감각적인 즐거움, 그런 수동적인 재미의 참을 수 없는 가벼움에 취하고 있는 것은 아닌지 늘 경계할 필요가 있다.

만약 전혀 쉽지 않으면서 어렵고 힘든 데도 재미있을 수 있다면, 게다가 그런 재미가 부정적인 스트레스를 해소하고 삶의 만족감을 키워 행복해지도록 만든다면 우리는 어떤 선택을 해야 옳을까. 곰곰이 생각해보면 우리 기억 속에 남아있는 행복한 경험들은 힘들지만 보람 있는 일들로 채워져 있으며, 강렬하게 남아있는 재미경험들도 어떤 한계와 장애를 넘어서는 과정에서 얻게 된 것이 대부분이다. 이는 머리가 아플 정도로 어렵고 막막하다고 호소하면서도 하루 일과 중 상당 시간을 프로젝트학습활동에 할애하는 학생들을 통해서도 확인할 수 있는 부분이다. 이들은 힘들면 포기할 법도 한데 문제해결을 위한 탐구를 멈추지 않는다. 저마다 만족할 만한 답을 얻을 때까지 누가 특별히 요구하거나 시키지도 않았는데도 말이다. 왜일까?

> 이게 뭐지ㅠ 라는 생각으로 끙끙거렸다. 도저히 생각이 안나서 인터넷 검색도 해보고, 아빠께도 여쭈어 보고, 정말 있는 대로 다해보았다. [중략] 으아아 진짜 '늪', 그 자체였다. 고정관념이랄까? 장장 6시간 만에!! 드디어 다른 경우를 찾았다. 바로 '커브길', 빛의 직진하는 성질과 커브길에서 생기는 과속을 인용한 것이다. 진짜... 진짜... 좀 유치하지만, 별거 아닌거 같지만 난 정말 감격적이었다. 생각나는 건 없지, 아빠는 빨리 끝내고 자라고 재촉하시지... 온갖 짜증이 다 났었는데도 내가 원하던 답을 얻자 그 감동은... 흑, 말로 설명할 수 없다.
> _201403021 김가영 성찰저널

형용할 수 없는 감동, 프로젝트학습에 적극적으로 참여하는 학생일수록 대부분 이런 감정 상태를 경험한다. 일반적인 학교 공부를 연상한다면 선뜻 이해하기 힘든 모습일 수 있다. 게다가 그런 학습과정이 재미로 수용되고 있다는 사실을 안다면, 의아하게 여기는 이도 있을지 모르겠다. 어렵고 힘든 학습과정이 어떻게 재미로 연결될 수 있는 걸까?

> 이번 PBL은 어려우면서도 재밌고 재밌으면서도 복잡한 PBL이다. 나한테는 편한 PBL이 없다.
> _20050406 정환 성찰저널

> PBL은 어려우면서도 재미있다. 이것이 PBL의 매력인 듯하다.
> _20090327 준영 성찰저널

> PBL은 머리도 많이 아프고 힘들긴 했었는데 그만큼 재밌었던 것 같다. 다음 PBL도 기대된다.
> _20140627 다나 성찰저널

프로젝트학습과정에서 누가 시킨 것도 아닌데 스스로 자율적인 선택 하에 어렵고 힘든 일을 자청하는 경우를 종종 목격하게 된다. 학습과정 자체가 누구로부터 주어진 일이 아닌 '내 것'이라는 인식이 클수록 재미에 대한 반응도 뜨겁게 나타난다. 문제해결을 위해 오랫동안 책상에 앉아있고, 방대한 정보와 지식을 다루기 위해 늦은 시간까지 잠을 자지 않는데도 불평 한마디가 없다. 게임이나 TV 시청을 줄여가며 기꺼이 소중한 시간을 사용한다. 방과 후 고된 학원 수업이 기다리는 아이들까지도 자투리 시간을 이용해 참여하려고 노력한다(안타깝게도 대체로 학원에서 많은 시간을 보내는 아이들은 본인의 의지와 상관없이 깊은 몰입이나 재미를 경험하지 못할 때가 많다).

이런 측면에서 프로젝트학습은 공부에 대한 기존인식을 바꿀 수 있는 경험적 지혜를 제공한다. 오랜 시간 고도의 집중력을 발휘하며 각종 도전과제를 탐구하며 놀라운 결과물을 만들어낸다. 학생들은 학습과정 내내 긍정적인 감정을 고조시키면서 주도적으로 활발한 활동을 전개한다. 프로젝트학습은 복잡하고 비구조적인 과제를 통해 어렵고 힘든 일을 요구하지만, 학생들은 기꺼이 그 과정을 자발적으로 수행한다. 삶의 행복감을 높일 수 있는 '힘든 재미(hard fun)'를 프로젝트학습을 통해 맘껏 느끼게 된다. 다양한 주제의 불확실한 문제를 해결해 나가면서 편도와 해마, 변연계, 도파민, 세로토닌 등의 뇌신경전달물질로 빚어진 재미중추가 활성화될 정도의 긍정적 감정이 최고조로 다다르는 경험을 하게 된다.

이처럼 힘든 재미는 지금껏 공부라면 지겨워하고, 그것을 하는 것조차 버거워하던 학생들을 탈바꿈시킨다. 그렇다면 프로젝트학습을 만난 이후 자녀가 180° 달라졌다면 부모의 마음은 어떨까? 집에 오자마자 습관처럼 컴퓨터를 켜고, 학급홈페이지에 들어가 친구들이 올린 의견이나 정보를 살피고, 무엇을 하는지 인터넷 세상의 이곳저곳을 살피면서 늦은 시간까지 잠을 자지 않는다면, 그토록 멀리했던 책을 찾아 읽고, 이해하기 위해 애쓴다면, 지각이 빈번했던 자녀가 이른 시간에 일어나 밤새 고민했던 내용을 확인하고 서둘러 학교로 향한다면, 프로젝트학습에 빠진 아이일수록 이전엔 상상도 할 수 없었던 변화가 실제 일어난다. 이쯤 되면 부모가 쌍수를 들어 환영할 법도 하지만, 실상은 그렇지 못할 때가 많다.

"초기에 많이 걱정했어요. 거의 PBL 수업에다가 시간을 다 보내더라고요. 줄곧 인터넷만 하고, 아침에 일찍 등교해요. 6시에… 초기에는 코피도 막 흘리고 그랬었어요. 선생님이 아이를 잡는다고 생각했어요. 걱정이 많았어요. 학교에 직접 가서 항의라도 해야 하나 고민하기도 했죠. 차라리 그 시간에 학원에 다니고 수학 문제라도 하나 더 풀어보는 것이 좋지 않을까 생각했어요."

_진아 어머니 인터뷰 중

오히려 과거와 다른 공부 방식에 기대와 불안이 교차하면서 갈피를 잡지 못하는 부모가 많아진다. 프로젝트학습활동이 점점 아이들의 일상을 파고 들수록 걱정과 불안감은 더욱 커진다. 그럴 시간에 문제집을 풀거나 교과서 한 줄이라도 더 읽어야 한다고 여기며 우려스런 시선으로 바라본다. 급기야는 자녀들의 프로젝트학습 활동을 통제하거나 금지시켜가며 암기와 문제풀이 방식의 반복적인 공부를 다시 강요한다. 중요한 것은 프로젝트학습이 누군가의 강요로 진행되는 것이 아니라 아이들 스스로 활동을 선택하고 학습흐름을 마음대로 조절해 가면서 자발적인 참여에 의해 이루어진다는 점이다. 그리고 어떠한 학생들도 그러한 프로젝트학습 과정이 일반적인 수업이나 교과공부보다 결코 쉽다고 여기지 않는다. 심지어 과제 하나를 해결하는데 일주일 이상 온갖 노력을 쏟아 부어가며 머리를 움켜쥐고 괴로워하는데도 포기는 커녕 그 과정을 즐긴다. 거대한 산을 등반하는 산악인처럼, 모험심 가득한 탐험가처럼, 때론 수많은 실패에 단련된 창의력이 돋보이는 발명가가 되어 결코 쉽지 않은 난관을 극복해간다. 힘든 재미로 귀결되는 프로젝트학습의 활동 자체는 적극적으로 참여하는 학생들에겐 벅찬 성취감과 기대감으로 다가온다.

나는 내가 자랑스럽다. 시나리오를 쓰는데 시간이 많이 투자되었다. 하지만 재미가 솔솔한 것 같다. 다음주는 무엇이 나를 기다릴까 기대된다. [중략] 우린 과연 1년 동안 선생님 그리고 친구들과 함께 이 PBL 수업을 하면서 몇 번까지 할 수 있을지 궁금하다. 과연 우리는 몇 번째까지 할 수 있을까? 1년이 지나면 몇 번이나 했는지를 여기에다가 다시 작성해볼 생각이다. 어쨌든 간에 이번주는 어려우면서도 재미있는 1주일이었는데 저번에 선생님이 말하셨던 '하드펀의 길'로 조금씩 들어서고 있는 것 같다. 6학년 1반이 되어서 한편으로는 감사하고 고마움이 느껴진다.

_20140321 6학년 기성

35 디스트레스에서 벗어나 유스트레스 상황을 만들자

타인의 시각에선 사소해 보이더라도 개인에 따라 참기 힘들고 어려운 상황으로 느껴질 수 있습니다. 간혹 이런 상황이 심각한 문제로 이어지곤 하는데, 여기서 겪게 되는 부정적 스트레스를 '디스트레스(distress)'라고 부릅니다. 치열한 입시경쟁과 과중한 학업에 내몰린 대부분의 우리나라 청소년들이 디스트레스에서 자유롭지 못하죠. 디스트레스 상황이 지속되면 두려움과 비관에 빠져서 극단적인 감정표출을 하거나 폭식, 음주, 흡연, 게임(인터넷) 중독, 약물 복용 등 회피행동이 심화되기도 합니다.

반면 스트레스 상황이 본인의 자율과 선택에 의해 일부러 만들어진 것이라면 두려움이나 비관이 아닌 자신감과 낙관적인 태도를 보이게 된다고 합니다. 여기서 자신감과 낙관을 낳는 긍정적 스트레스를 '유스트레스(eustress)'라고 지칭하는데요. '좋다'라는 의미의 그리스어 '유(eu)'와 '스트레스(stress)'의 합성어 자체가 내포하는 뜻처럼 유스트레스는 어렵고 힘든 공부나 일 과정 자체를 즐기도록 만듭니다. 자발적으로 어렵고 힘든 일을 택하는 만큼 이전보다 도전에 맞설 자신감과 능력을 확장시켜주고 이를 통해 개인의 성장이나 발전의 계기를 마련해 줍니다. 이러한 스트레스 상황은 오히려 의욕과 흥미를 한껏 고조시켜 긍정적인 감정으로 일에 열중하도록 만듭니다. 하루속히 우리 아이들이 디스트레스에서 벗어나 유스트레스 상황에서 맘껏 공부하는 날이 오면 좋겠습니다.

프로젝트학습과정에서의 어렵고 힘든 과제들을 시간 내에 해결하는 것이 좀처럼 쉽지 않지만, 회피하지 않고 될 때까지 도전하게 되는 것은 긍정적 스트레스, 바로 유스트레스 덕분이다. 프로젝트학습의 과제가 충분히 해결할 수 있는 것으로 낙관하게 되면, 학생들은 자발적으로 참여하고자 하는 의지와 힘든 일을 기꺼이 하고자 하는 의욕으로 충만해진다. 더욱이 다양한 형태의 난관과 장애를 극복해가며 복잡한 과제를 해결한 직후에는 감정 상태가 최고조에 이르게 된다. 프로젝트학습의 재미는 어렵고 힘든 과정을 자발적으로 수행하는 학습자에게서 뚜렷하게 나타나는데, 과제의 난이도가 상대적으로 높을수록 두 팔을 하늘 높이 쳐들고 함성을 지를 것만 같은 짜릿한 감정을 경험하게 된다. 이러한 경험은 학생들의 행복과 삶의 만족도를 높이는 데 중요한 영향을 미친다. 이처럼 유스트레스는 아이들을 힘든 재미에 빠져들도록 만드는데 핵심적인 요소이다.

　　그런데 부모가 프로젝트학습을 중단시켜가며 강요했던 공부방식, 자신의 선택과 무관하게 학교와 학원을 오가며 이루어졌던 공부의 결과는 어떨까. 과연 효과는 있었을까. 순천대 장상수 교수에 따르면 2003년부터 10년간의 국제학생평가(PISA) 분석결과, 우리나라는 수학성적이 2위로 핀란드에 이어서 높게 나타나고 있다. 그런데 내용을 들여다보면 한국 학생들은 1주일에 평균 10.4시간을 공부하는데, 1위 핀란드 학생들이 4.5시간이나 3위인 네덜란드(4.9시간)에 비해서 월등히 많은 시간을 수학 공부를 위해 사용하는 것으로 나타나고 있다. 다른 국가에 비해 월등히 많은 시간을 쏟으면서 거둔 성과이며, 그것 자체가 정말 엄청난 노력의 증거다. 자신의 자유시간을 다 반납하고 밤늦도록 오로지 공부에만 매진하여 2등이라는 성적을 거둔 학생들의 노력이 가상하기까지 하다. 그렇지만 자신이 하고 싶은 것들을 맘껏 하면서 잠도 일찍 자는데 성적은 1등으로 나오는 핀란드 학생들이 왠지 더 부럽다. 핀란드 사람이 우월한 유전자를 타고나서 절반의 시간만으로 최고가 된다고는 볼 수 없을 것이다. 학습효율성이 OECD의 비교국가 가운데 최하위로 나타나고 있는 지금의 교육현실에 언제까지 눈과 귀를 막고 있어야 할까.

게다가 OECD 국가 중에서 주관적 행복감, 자기효능감, 삶의 만족도, 학습효율성 등 시험성적을 제외한 모든 평가항목에서 치욕스런 점수를 받은 지도 오래다. 부끄러운 우리 교육의 민낯이 다른 나라 사람들의 조롱거리가 되고 있다. 수학 흥미도 최하위가 말해주듯, 학생들은 몹시 싫어하는데도 어쩔 도리 없이 긴긴 시간을 버텨내고 있는 꼴이다. 그런데 참는 것도 한계는 있는 법, 금지옥엽처럼 여기는 OECD 성적도 고등교육으로 넘어가면 경쟁력을 전혀 보여주지 못한다. 평생학습의 기본이라 할 수 있는 책읽기도 가장 저조하다. 성인의 학습의지도 꼴찌다. 교양을 쌓고 좋아하는 공부를 찾아 전문성을 길러야 하는 시기에 오히려 공부를 멀리한다.

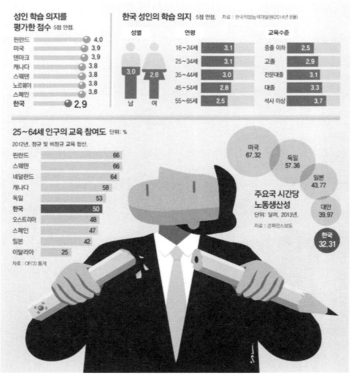

_출처: 2016.7.22. 동아일보 '성인 학습의지 꼴찌, 우리 미래가 어둡다'

불행히도 다시금 그들을 책상 앞에 앉히는 것은 혹독한 취업의 관문일 뿐이다. 학문하는 것에 대한 즐거움이 없는 상황에서 인생의 공부는 단지 무엇인가를 쟁취하기 위한 수단에 불가할 수밖에 없다. 좋은 대학에 들어가기 위한 수단으로 공부를 택한 것처럼 좋은 직장에 취업하기 위해 공부는 다시 수단이 된다. 공부 자체가 목적이 될 수 없는 상황에서 재미가 비집고 들어갈 틈은 없다. 이런 악순환의 고리는 우리 사회에서 좀처럼 끊어지지 못하고 있다.

반면 너무나 부럽게도 핀란드와 같은 교육선진국의 학생들은 유스트레스 환경 속에 살고 있다. 개개인의 자율과 선택이 존중되고 시험으로 줄 세우는 문화는 찾을 수가 없다. 독일의 혁신학교인 헬레네랑의 '만들고, 행동하고, 표현하라!'라는 원칙이 그들의 적용하는 프로젝트학습에 그대로 반영되어 있다. 자유롭게 탐구하고, 그만큼 학습의 책임감을 느끼면서 자발적인 학습참여가 이루어진다. 어렵고 힘든 과제라도 학습자 간의 협업과 교사의 도움으로 만족스럽게 해결해 나간다. 독서와 여행, 취미, 놀이 등 풍부한 감성을 끌어낼 수 있는 살아있는 배움의 현장 속으로 매일같이 등교한다. 학교는 창살 없는 감옥이 아닌 이들에겐 진지한 놀이터가 되어 준다. 유엔의 '2017 세계행복보고서'에 따르면 핀란드를 비롯한 북유럽 교육선진국의 행복지수 순위가 모두 최상위권에 위치하고 있는 것을 확인할 수 있다. 자신감과 흥미, 행복지수 모두 최하위를 나타내고 있는 우리나라와 달리 이들 국가가 나타내는 지표는 정반대를 가리키고 있다. 우리는 언제까지 유럽식, 한국식, 미국식 등을 구분해 가며 낡은 방식의 교육을 고집하고 있어야 할까. 교육의 본질이 사람을 향하고 있다면, 그것은 방식의 문제에 있지 않다.

그런 의미에서 어렵고 힘든 일을 좋아하고 그것 자체를 즐길 수 있도록 만드는 교육환경은 더 이상 미룰 수 없는 과제다. 동굴 밖으로 나와 세상을 마주했던 용기와 도전의식이 사람의 DNA 속에 살아있는 것처럼, 학생들에게 무엇인가 새롭고 웅대한 이야기 속의 주인공이 되어 문제를 해결할 수 있는 기회를 갈구한다. 아무쪼록 공부라는 진지한 놀이터에서 학생들이 유스트레스 상황을 만끽하며, 힘든 재미의 묘미에 푹 빠져들기를 간절히 바래본다.

36 스티브 잡스처럼 단순함이 진지한 재미로 이끈다

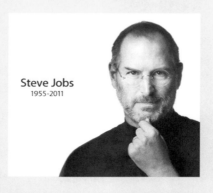

Steve Jobs
1955-2011

혁신의 아이콘인 스티브 잡스의 모든 행동과 철학은 '단순함(simplicity)'에서 비롯됩니다. 그는 단순함의 미학을 자신의 삶과 제품에 반영하면서 기념비적인 성과를 거두게 됩니다. 비록 짧은 생을 마감했지만, 그가 던진 화두는 지금도 제품의 디자인뿐만 아니라 사회문화 전반에 걸쳐 폭넓게 영향을 미치고 있습니다. 단순함은 진입의 장애가 되는 불필요한 복잡성을 제거해주고 줄여줌으로써 제품에 대한 사용자의 마음가짐을 다르게 만듭니다. 평생에 컴퓨터와 인연이 전혀 없었던 머리 희끗한 어르신까지 스마트폰 속의 SNS로 대화하고 인터넷으로 다양한 세상 접하기를 즐깁니다. 단순함은 디지털 융합시대의 다양하고 복잡한 기능을 익히고 활용하는데 용기를 내도록 만듭니다. 같은 맥락에서 '단순함'은 실제적이고 복잡한 과제를 중심으로 전개되는 프로젝트학습에서 중요한 조건이 됩니다. 만일 복잡한 과제를 복잡한 절차에 의해 복잡한 방법으로 해결해야 한다면 대다수의 아이들은 흥미를 잃어버리고 중도에 포기할 것입니다. 아이들이 복잡하고 어려운 과제를 직관적이고 명료한 접근이 가능한 학습 환경에서 해결할 수 있도록 해 주는 것이 중요합니다. 아이폰이 혁신적인 제품이 된 것도 인터페이스를 직관적이고 단순하게 디자인함으로써 기존의 복잡한 기능을 손쉽게 활용할 수 있도록 만들었던 것처럼, 학습의 과정이 직관적인 이해가 가능한 이야기와 그 속에 명료하면서 매력적인 목표가 있고, 그것을 해결해가는 절차의 수월성을 제공하고 있다면, 그 과정 자체는 충분히 재미로 수용될 수 있을 것입니다. 이러한 단순한 재미(simple fun)는 학습과정에서 진지한 재미로 이어지는 중요한 디딤돌이 되어줍니다.

주인의식에서 출발해 진지한 재미로 완성된다

최근 농구경기를 보러 갔는데 관중석에 있는 내가 경기에 참여하는 선수만큼의 재미를 추구할 수 있을까? 나는 절대 그럴 수 없다고 생각한다. 관람객도 재미를 느끼겠지만 그것은 반쪽 재미이다. 주인의식을 가지고 자기 주도적 학습이 이루어질 때 재미는 완전해진다.

_K대학교 교육대학원 정○진

프로젝트학습의 과정은 학생들 스스로 과제를 구조화하고, 대안을 창출하는 자기주도학습으로 채워진다. 프로젝트학습은 학습자의 능력을 고려한 도전적인 과제와 지속적인 자기평가, 문제해결에 필요한 명확한 목표, 주어진 상황에 대한 통제감을 가질 수 있는 환경을 제공한다. 대견하게도 학생들은 과제의 규명에서부터 출발하여, 학습목표나 학습에 필요한 단계를 선택하고, 학습과정, 절차를 계획하고 실행하며, 때론 자신의 견해를 설득시키기 위한 토론과정을 겪으며 최종 해결안을 완성해 나간다. 이러한 프로젝트학습과정에서 학습의 주도권, 선택권 모두가 아이들에게 부여되며 자율성과 책임감, 그리고 이를 통해 촉발된 자기 내부적인 동기부여를 통해 자기주도학습을 경험하게 된다. 여기서 학습자에게 요구되는 자기주도성은 기본적으로 학습에 대한 주인의식이 전제가 되어야 성립된다. 학습에 대한 주인의식은 재미의 깊이를 결정하는데 핵심적인 요소로 작용한다

본질적으로 주인의식은 공부의 주체가 '나'라는 인식에서 출발한다. 혜실이의 글에서 보듯 프로젝트학습의 주체가 '나'가 되어야 한다는 인식이 밑바탕에 깔려 있으며, '나'의 요구와 선택이 반영될 수 있는 허용적인 분위기가 중요하다. 또한 주인의식은 내가 하는 것에 대한 자부심과도 연결된다. 새암이의 글에서도 잘 드러나듯 학습경험에 대한 가치부여가 '나'의 것이 되고, 그것이 자부심으로 이어진다.

나는 이번 PBL을 상당히 기대를 많이 하고 있었다. 왜냐하면 정말 나의 의견이 많이 반영되었고, 내가 원하는 대로 척척 잘 이루어졌기 때문이다.

_20050406 혜실 성찰저널

> 난 기계로 작동하는 비행기보다 내가 정말 힘들게 만든 나의 소중한 은주호, 갈매기
> 호가 가장 멋있다고 생각을 한다.
> _20061103 새암 성찰저널

혜정이의 글에서 나타난 바와 같이 주인의식은 ④자기주도적 활동 속에서 형성되며, ②소유감으로 이어져 ③⑤행복감을 느끼게 하기도 한다. 이런 정서 경험은 프로젝트학습 전체에 대한 ①⑥재미로 확장된다.

> ①시나리오를 쓰는 것은 정말정말루 재미있다 ②내가 쓴 시나리오를 발표할 때 기분이란... 그것 보다 ③행복한 것은 많지 않을 것 이다 그래도 ④시나리오를 써야 하는 인생은 좀 까다롭다 아이들이 이것을 따지면 다음에 쓸 때는 이런 점을 고치고, 또 요런 점을 따지면 요런 점을 고쳐야 하고... 난 시나리오를 쓰는 게 ⑤정말로 행복하다. 요즘 ⑥pbl이 너무너무 재미있다.
> _20080624 혜정 성찰저널

그리고 어떤 빛깔의 재미든 공부의 과정이 칙센트미하이 교수가 강조하는 몰입(flow)의 핵심 전제조건인 자기목적적 경험이 충족되어야 지속된다. 그런 의미에서 프로젝트학습에 적극 참여한 아이들의 글에서 '내가' 가장 많이 나온 것도 단지 우연에 불과한 것은 아닐 거다. '내가' 학습에 대한 통제권과 자율권을 쥐고 학습의 주인이 될 때, 자발적인 참여와 그만큼의 풍부한 재미를 경험할 수 있다. 이렇게 학생들 개개인이 느끼는 여러 빛깔의 재미는 이를 결정짓는 다양한 요소들 간의 상호작용에 의해 빚어진다.

더불어 프로젝트학습은 학습의 진지함을 재미로 포섭시킬 수 있는 매력적인 환경을 제공해 준다. 자기주도성을 최대한 발휘할 수 있는 학습환경에서 자신의 삶에 부합하는 배움의 과정이 무엇인지 고민하고 선택할 수 있는 기회를 얻는다. 프로젝트학습은 모든 과정과 결과, 그리고 평가에 이르기까지 아이들에게 전적인 책임과 자율권이 부여된다. 학습 과정에서 다양한 형태의 지식이나 정보를 탐색하고 목적에 맞게 재구성하면서 자신의 견해나 입장을 상대방에게 적극적으로 알리고

설득하기도 한다. 공통의 목표를 지닌 동료들과 협력하고 대화와 토론을 통해 서로의 의견을 공유하면서 다양한 관점과 문화적 특성이 잘 드러난 아이디어 넘치는 학습결과물을 완성하게 된다. 프로젝트학습은 배움에 참여하는 학습자 간 상호 존중의 묘미와 독특하고 다채로운 창의적인 표현들 그리고 학습의 주인으로서 갖는 성취감, 자신감 등 매력적인 요소들로 가득 채워져 있다. 재미의 깊이는 학습의 진지함으로 결정된다. 진지한 여가이론이 말해주듯 '진지함'과 '재미'의 양립은 '성장'으로 이어지는 만큼, 작지만 의미 있는 '변화'가 프로젝트학습을 통해 일어날 수밖에 없다.

Nvivo의 어휘빈도 검색결과(word cloud)

결국 진지한 재미(serious fun)는 '진지(眞摯)'***[3]와 '진지(眞知)'****의 조화와 통합, 상호작용 과정 속에서 유발되는 것이다. 호기심에서 출발하는 깊이 있는 사고 과정과 풍부한 정서적 경험은 아이들로 하여금 '깊은 몰입(deep flow)'으로 이어지도록 만든다. 더 나아가 프로젝트학습과정에만 머물지 않고 다른 삶의 영역까지 확장되어

***마음 쓰는 태도나 행동 따위가 참되고 착실하다는 의미(국립국어원, 2011)로 사회적 측면으로 해석하고 있다.
****참된 지식을 의미(국립국어원, 2011)하며 인지적 측면으로 해석하고 있다.

낙관적인 태도와 도전에 대한 자신감을 끌어올린다. 쉬운 재미보다는 힘든 재미를 추구하고, 부정적인 스트레스에서 벗어나 유스트레스 상황을 즐긴다. 무엇보다 진지한 재미가 심리적 에너지로 쌓여갈수록 움츠러들기만 했던 아이들의 수동적인 학습태도가 적극적이고 능동적인 모습으로 탈바꿈하게 된다. 그야말로 학생들은 진지한 행위로 가득한 세상 속에서 자신의 흥미에 따라 제대로 놀줄 아는 진정한 호모루덴스가 된다.

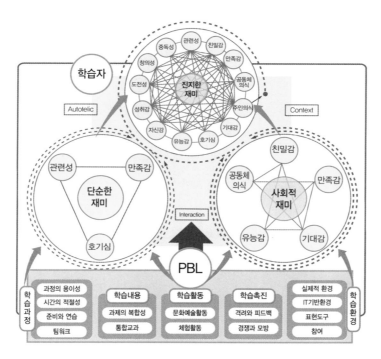

프로젝트학습의 세 가지 재미: 3S-Fun

37 프로젝트학습을 통해 사회적 재미를 추구하다

아직까지 우리 사회나 학교 모두 대체적으로 경쟁 일변도의 환경을 조장합니다. 시험성적으로 줄 세우는 것을 논외로 하더라도 아이들은 각종 행사와 대회를 거듭하며 서로 경쟁하는데 익숙해집니다. 개인의 능력은 경쟁을 통해 길러진다는 암묵적인 확신이 학교 현장을 경쟁의 무대로 만들어 버리곤 합니다. 하지만 프로젝트학습은 다른 생각에서 출발합니다. 경쟁보다 협업과 상생이 학습과정 내내 중요한 가치와 의미를 만들어 냅니다. 프로젝트학습은 최재천 교수가 21세기의

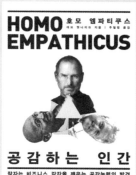

이상적인 인간상으로 제시한 '호모 심비우스(Homo Symbious)-협력하고 공생하는 인간'이나 '호모 엠파티쿠스(Homo Empathicus)-공감하는 인간'으로 키워내는 환경을 지향하고 있다고도 볼 수 있습니다. 그렇기 때문에 프로젝트학습은 다양한 관계 속에 '공동체의식', '친밀감' 요소를 바탕으로 한 재미가 끊임없이 유발됩니다. 프로젝트학습과정에서 동료학습자 간의 관계가 중요해지는 만큼 활발한 소통이 이루어지고, 그러한 과정 자체가 아이들에겐 재미로 수용됩니다. 이러한 '사회적 재미(social fun)' 역시 학습과정에서 진지한 재미로 이어지는 중요한 디딤돌이 되어줍니다.

'위대한 유산을 찾아 지식큐브를 완성하라!'는 독서교육과 연계하여 진행할 수 있는 수업입니다. 완전자율로 맡기기보다 분야와 영역, 주제 등을 제시하여 해당 범위 안에서 책을 선정하도록 하는 것이 좋습니다. 책 대신에 교과서를 활용해도 상관없지만, 참여하는 학생들의 흥미를 감안해서 적용하도록 합시다. 활동은 크게 둘로 나뉘어 있습니다. 위대한 유산으로서 가치를 지닌 책을 선정하는 활동과 과거-현재-미래로 연결되는 지식큐브를 만들어 게임을 벌이는 활동으로 구분됩니다. 학생들은 단순히 책을 읽는데 그치지 않고, 이를 토대로 자신의 현재를 진단하고 미래를 예측하는 활동을 경험하게 됩니다. 이 문제는 교과내용뿐만 아니라 창의적 체험활동, 자유학년활동 등에서도 폭넓게 활용할 수 있으니 다양하게 응용해서 활용하시기 바랍니다.

◆적용대상(권장): 초등학교 5학년–중학교 3학년
◆학습예상소요기간(차시): 주제선택(권장)
◆관련교과 내용요소(교육과정)

교과	영역	내용요소	
		초등학교 [5–6학년]	중학교 [1–3학년]
국어	문학	·동화, 동극 ·작품에 대한 생각과 느낌 표현 ·작품을 즐겨 감상하기	·이야기, 소설 ·극 ·작품의 이해와 소통
	쓰기	·마음을 표현하는 글 ·쓰기에 대한 자신감	·목적·주제를 고려한 내용과 매체 선정 ·독자의 존중과 배려
	말하기듣기	·표정, 몸짓, 말투	·발표[매체활용] ·체계적 내용 구성
	읽기	·내용 요약[글의 구조] ·주장이나 주제 파악 ·매체 읽기 방법의 적용	·내용 예측 ·내용 요약[읽기 목적, 글의 특성] ·관점과 형식의 비교 ·한 편의 글 읽기

문제제시 ▶

[동기유발] 14장에 소개된 'Find the Future!(미래를 찾아라!) 게임 사례를 소개하며 책 속의 지식이 미래를 위한 재료가 될 수 있음을 이야기하기

⬇

문제의 내용을 살펴보며, 두 가지 핵심활동 파악하기

⬇

교사에 의해 제시된 영역, 분야, 주제 등이 무엇인지 정확히 파악하기

⬇

과제수행계획서 작성 및 공유

과제수행 ▶

[활동1] 제시된 문제상황에 따라 위대한 유산으로서 가치를 지닌 5권 찾기

⬇

선정한 책의 인상적인 부분을 찾아 읽기(정독할 필요는 없음)

⬇

책제목, 지은이, 최고의 한 줄 등을 정리하기

⬇

[활동2] 지식큐브에 들어갈 내용을 작성하고 만들기

⬇

지식큐브 게임방법에 따라 놀이활동 진행하기

⬇

[결과정리] 자신이 획득한 지식큐브의 내용 정리하기

발표 및 평가 ●

[발표] 획득한 지식큐브를 발표하기

⬇

[평가] 최고의 현자를 선정하고 공표하기(가능하다면 일정기간 동안 학급의 리더로 삼기)

project

[활동❶] 책 속의 위대한 유산을 찾아라!

책 속에는 다양한 인물과 그들의 삶이 존재합니다. 책장을 넘기며 작은 이야기들에 빠져 들다보면 우리의 인생을 행복하고 풍요롭게 가꾸어줄 소중한 교훈들을 만나게 됩니다. 그리고 이들 중에는 시대와 민족을 초월하여 오랫동안 사랑받아온 책들이 있습니다. 이곳에는 각자의 흥미와 적성에 따라 꿈을 키우면서 행복한 사람으로 성장하는데 필요한 지식과 지혜가 가득 담겨있습니다. 자, 우리들의 삶에 길라잡이가 되어줄 위대한 유산(책)은 어디에 있을까요? 당신의 호기심과 흥미를 쫓아 지혜의 창고인 도서관 혹은 서점에서 위대한 유산 TOP5를 선정해 보도록 합시다.

TOP	위대한 유산 [핵심키워드]	책 제목 ㅣ 지은이	최고의 한 줄
01			
02			
03			
04			
05			

[활동❷] 과거-현재-미래가 담긴 지식큐브

　당신은 위대한 유산을 통해 현자(지혜로운 사람)가 되었습니다. 불확실한 미래를 살아가야만 하는 사람들에게 현자의 목소리를 들려주세요. 내가 속한 공동체의 발전과 안녕을 위해서라도 당신의 역할을 너무나도 중요합니다. 위대한 유산을 토대로 과거-현재-미래로 연결되는 지식큐브를 만들어 보세요. 지식큐브를 많이 획득한 현자가 세상의 주인공이 될 것입니다.

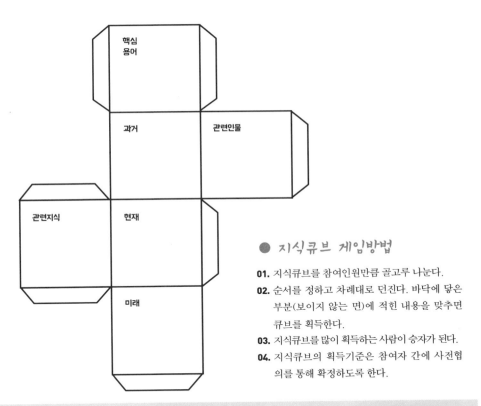

● 지식큐브 게임방법
01. 지식큐브를 참여인원만큼 골고루 나눈다.
02. 순서를 정하고 차례대로 던진다. 바닥에 닿은 부분(보이지 않는 면)에 적힌 내용을 맞추면 큐브를 획득한다.
03. 지식큐브를 많이 획득하는 사람이 승자가 된다.
04. 지식큐브의 획득기준은 참여자 간에 사전협의를 통해 확정하도록 한다.

1. 여러분은 제시된 영역(주제, 교과) 안에서 책을 선택해야 합니다. 사전에 읽고 싶은 책을 인터넷을 통해 찾아보시기 바랍니다.
2. 학교도서관 등에서 정해진 시간 안에 위대한 유산들을 찾아야 합니다.
3. 책의 전체내용을 읽을 수 있으면 좋겠지만, 일부의 내용만 활용해도 됩니다.
4. 지식큐브의 내용은 명확해야 합니다. 제시된 항목에 따라 빠짐없이 작성해 주세요.
5. 지식큐브 게임방법을 숙지하고 재미있게 즐기면 됩니다.

12

◆ 하우투런, 프로젝트학습의
교육적 효과를 논하다◆

　　테크놀로지의 진화는 사회·문화 전반에 걸쳐서 과거의 세대가 경험하지 못한 많은 변화를 몰고 오고 있다. 각종 '소셜 네트워크 서비스(Social Network Service: SNS)'들은 사람과 사람간의 소통 문화를 바꾸었고, 지식을 소비하고 생산하는 형태와 방식마저 완전히 바꾸어 놓았다. 이러한 환경 속에서 태어나고 자라난 아이들은 인터넷을 통해 접하는 다양한 정보에 자신의 흔적과 생각, 감정 등을 담아내길 좋아하며, 서로 나누고 공유할 수 있는 공간이라면 자신의 생각을 적극적으로 표현할 줄도 안다.

　　하지만 그들이 일상에서 경험하는 '소통'과 '참여'의 문화가 학교에만 오면 이질적인 것이 되어 버리기 십상이다. 다양한 관점이 허용되기 어려운 교과서 내용이 하나의 정답으로서 위력을 발휘하고, 지식의 전달자와 수용자로서의 교사와 학생의 역할이 교실 안에서 끊임없이 강조된다. 여전히 교사의 열정은 학생들이 교과서 내용을 하나라도 놓치지 않도록 하기 위한 온갖 방법을 강구하는데 쓰여진다. 혁신을 내세우며 자기주도학습을 강조하고는 있지만 진정으로 학생들의 자기주도성을 인정하는 학습환경을 구현해내지 못하고 있다.

이제 다르게 보고 다르게 접근할 때이다. 더 이상 교과서에 담겨진 지식이나 정보를 수동적으로 받아들이고 익히는 것이 공부의 전부가 되지 않도록 해야 한다. 교실은 학생들이 적극적으로 자신이 필요한 것을 탐색, 선별, 활용할 수 있는 자율적이며 자기주도적인 학습공간으로 다시 디자인되어야 한다. 모든 사람이 자신의 삶에 주인공인 것처럼 학생들이 자신의 학습 과정에서 진정한 주인공이 될 수 있는 환경을 제공해 주어야 한다. 학생들의 자기주도성이 바탕이 되는 학습환경에서는 자신의 삶에 부합하는 배움의 과정이 무엇인지 고민하고 선택할 수 있는 기회를 얻을 수 있으며, 자신의 삶에 필요한 배움으로 알차게 채워나갈 수 있는 평생학습에 필요한 기술과 역량도 쌓게 된다. 이는 산업사회 이후 학교라는 틀 안에서 합법적으로 침해했던 학습권을 학생들에게 다시 되돌려주는 것을 의미하는 것일 수 있다. 학생들의 삶이 그들의 것인 것처럼 삶과 연계된 학습의 주인 역시 학습자 개개인의 것임을 그동안 너무 잊고 있었던 것은 아닐까.

그런 측면에서 프로젝트학습은 교실 속에서 작지만 의미 있는 변화(학생들이 배움의 주인공이 되고 자기주도성을 최대한 발휘할 수 있는 학습 환경)를 가능하게 만들어 줄 대안적인 모형으로서 손색이 없다. 프로젝트학습은 학습의 모든 과정과 결과, 그리고 평가에 이르기까지 학생들에게 전적인 책임과 자율권이 부여된다. 학습 과정에서 다양한 형태의 지식이나 정보를 탐색하고 목적에 맞게 재구성하면서 자신의 견해나 입장을 상대방에게 적극적으로 알리고 설득하기도 한다. 공통의 목표를 지닌 동료들과 협력하고 대화와 토론을 통해 서로의 의견을 공유하면서 다양한 관점과 문화적 특성이 잘 드러난 아이디어 넘치는 학습결과물을 완성하게 된다. 프로젝트학습은 배움에 참여하는 학습자 간 상호존중의 묘미와 독특하고 다채로운 창의적인 표현들 그리고 학습의 주인으로서 갖는 성취감, 자신감 등 매력적인 요소들로 가득 채워져 있다.

기억에 오래 남는 수업

"기억나는 수업이요? 없는데요."

학생들에게 기억에 남는 수업을 물으면 대게 망설임 없이 '없다'라고 대답한다. 때론 순간의 만남도 기억 속에 오래 간직하는 법인데 긴긴 시간을 투자하며 참여했던 수업 중에 기억으로 간직하고 있는 것이 없다니 정말 서글픈 일이다. 아무래도 열정을 다해 수업을 임하는 교사들 입장에서 소수의 의견으로 치부하며 무시하고 싶은 반응일 것이다. 그런데 문제는 정말 기억이 나지 않는다는 데 있다.

세계 최고 수준으로 평가받는 미국의 행동과학연구소 NTL(National Training Laboratory)은 인간의 행동과 태도의 변화를 위해 가장 효과적인 교육방법을 찾아내기 위한 연구를 진행해왔다. 이들 연구 가운데는 기억률을 기준으로 학습효율성이 높은 학습방법을 분석하는 실험도 이루어졌다. 실험은 각기 다른 방법에 따라 학습을 진행한 실험자들이 24시간 후에 배운 내용을 얼마나 기억해 내는지 측정하는 방식으로 이루어졌다. 그런데 실험결과가 상당히 흥미롭게 나타났다. 지금껏 전통적인 수업에서 즐겨 사용해왔던 강의방식이 학습효율성 측면에서 최하위로 나타난 것이다. 물론 기억의 정도로만 학습효과를 논할 수 없다 하더라도 혼자서 책을 읽고 공부하는 수준보다 기억률이 낮게 나타난 것은 다소 충격적이다. OECD국가 가운데 우리나라 중·고등학생의 학습효율성이 가장 낮은 것이 결코 우연은 아니었다.

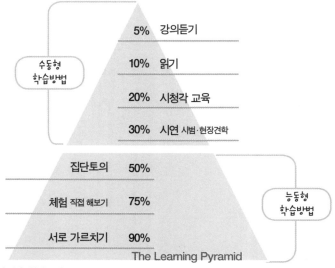

분명한 건 수많은 교실에서 이루어지고 있는 교사의 열정적인 강의가 해당 교과지식을 신속하고 정확하게 전달할지는 몰라도 학생들의 기억 속에 오래남지 않는다는 점이다. 이는 수업에서의 지식전달효율성을 학습효율성과 동일시하던 과거의 생각들이 명백히 착각임을 증명해주는 것이기도 하다. 제한된 시간 안에 많은 양의 교과지식을 효율적으로 설명해주었다고 해서 학습효율성이나 효과성이 높다고는 볼 수 없다. 오히려 다루는 지식의 양이 적더라도 토의, 체험, 서로 가르치기 등의 참여형 학습방법이 훨씬 학습효율성을 높인다는 것을 확인할 수 있다. 그런 의미에서 NTL의 교수방법에 따른 '학습피라미드(The Learning Pyramid)'는 교실 속 수업개선의 방향을 명확히 가리키고 있다. 이제 '밑 빠진 독에 물 붓기'식의 수업에서 벗어나 학습자 참여 중심의 방법을 적극 도입해 보는 것은 어떨까. NTL의 학습효율성 지표만 보더라도 프로젝트학습은 훌륭한 대안이 되어줄 수 있다.

38 부모 vs 학부모, 무엇을 선택해야 할까

부모 스스로 아이들에게 두뇌친화적인 학습환경이 되어주고 있는지 냉정히 되돌아 볼 필요가 있습니다. 아무리 좋은 공부방법이라도 부모가 어떤 환경이 되어주느냐에 따라 그 효과가 달라집니다. 부모로서 재미가 배제된 노력 중심의 공부에서 허우적대고 있는 아이들에게 구원의 손길을 내밀어 주세요. 아이들에게 학부모가 아닌 부모가 되어 주어야 합니다.
아이의 미래가 부모의 기대와 욕심으로 채워지지 않도록 경계하면서 「SBS스페셜 부모vs학부모(총3부작)」를 꼭 시청해 보길 바랍니다. 같은 주제로 책도 출판되었으니 관심 있는 분들은 꼭 읽어보세요.

20대가 훌쩍 넘긴 장성한 제자들이 오랜만에 찾아와 초등학교 시절의 PBL 수업을 추억하며, 이야기꽃을 피울 수 있는 것은 단지 우연이 아니다. 학창시절 소중한 추억의 한 자락을 차지하고 있는 그야말로 기억에 오래 남는 수업, 프로젝트학습은 문제의 규명에서부터 출발하여, 학습의 모든 과정과 결과에 이르기까지 학생들의 적극적인 참여를 전제로 진행되는 수업모형이다.

교실, 감성적 공동체로 발전하다

"선생님, 철수의 눈빛이 달라졌어요. 항상 화난 표정이었는데…, 비결이 뭐죠?"
"우리 아이가 작년에 학교 가는 걸 너무 고통스러워했는데, 이제는 너무 좋아해요."
"영호와 가람이는 항상 만나기만 하면 싸우기 일쑤였는데, 너무 친해졌어요."

프로젝트학습이 어느 정도 진행된 이후, 주변 선생님들과 부모로부터 흔히 듣는 반응 중에 하나다. 오랫동안 PBL 수업을 현장에 적용해 오면서 학생들의 눈에 띄는 변화를 꼽는다면 그건 폭력적 행동의 현저한 감소다. 과거에 악명(?)을 떨쳤던 학생들마저도 개과천선을 했는지 완전 다른 사람으로 탈바꿈하는 경우가 많다. 싸움이라곤 말다툼 수준이 전부이고 주먹다짐이나 집단따돌림은 좀처럼 발생하지 않는다. 문득 글을 쓰다가 궁금해서 한 아이에게 이런 질문을 한 적이 있었다.

"왜 너희들은 주먹질하며 싸우질 않아? 선생님은 올해 한 번도 보질 못했네."

그러자 돌아온 대답이 재미있다.

"다 아는 처지에…, 서로 친해져서 순간 기분 나빠도 그냥 말로 해요."

사회나 학교 모두 대체적으로 경쟁 일변도의 환경을 조장한다. 시험성적으로 줄 세우는 것을 논외로 하더라도 각종 행사와 대회를 거듭하며 동료 간에 서로 경쟁하는데 익숙하다. 개인의 능력은 경쟁을 통해 길러진다는 암묵적인 확신이 학교현장을 경쟁의 무대로 만들어 버리기 일쑤다. 하지만 프로젝트학습은 다른 생각에서 출발한다. 경쟁보다 협업과 상생이 학습과정 내내 중요한 가치와 의미를 만들어 낸다. 프로젝트학습은 학습이 진행되는 내내 사회적 관계가 중시되고 토론, 공유, 협력, 공동체, 집단지성 등이 강조된다.

흥미롭게도 학생들의 PBL 관련 글들에는 공통적으로 '같이, 함께, 모두, 우리'라는 단어가 빈번하게 등장한다. 이는 프로젝트학습이 '나'가 아닌 '우리'에 의해 완성되는 수업이라는 기본적인 전제가 반영되어 나타난 결과로도 이해할 수 있다. 학습의 과정을 자신과 함께한 구성원 모두의 성과로 인식하고, 학습성과의 공(功)을 자신이 아닌 공동체 구성원 모두에게 돌리는 모습은 수업 적용과정에서 종종 목격된다.

> 우리 2모둠이 최고다. 우리는 기여도짱!! 발표도 짱!! 내용도 짱!! 내가 들어가니 빛나던 2모둠이 더욱더 빛나는군...
> _20100409 민정 성찰저널

> 우리 모둠이 잘 한 것은 나 때문인 게 아니고, 모둠원들 모두가 열심히 했기 때문에 잘 된 거 같다고 생각한다.
> _20100326 우리 성찰저널

학습자의 시각에서 보더라도 프로젝트학습은 ①공감대 형성과 ②상호피드백의 과정을 제공하며, ③협력과 상생의 방법을 체득하고, ④개인보다 협업으로 얻는 결과가 더 값지다는 것을 인식함으로써 공동체의식을 함양하도록 이끈다.

> 친구들과 함께하면서 ①의견을 나누고 공감하며, 때로는 ②반대하고 지적하며 그 과정에서 난 친구들과 ③더불어 함께하는 법을 배웠고, ④혼자 잘 했을 때보다 함께 잘 했을 때의 기쁨이 훨씬 더 큰 걸 알게 되었고, 세상이 크고 넓다는 것도 알게 되었다.
> _20100207 유진 소감문

공동체의식이 형성되는 과정에서 다른 사람들의 감정과 시각을 감지, 파악하고, 그들의 생각과 요구를 존중하고 이해해주는 '정서적 공감(emotional empathy)' 능력이 발휘된다(Salovey, Mayer, 1990). 프로젝트학습의 다양한 갈등 상황 속에서 자기의 감정을 인식하고, 조절하는 것은 기본! 자연스럽게 타인의 감정과 생각을 읽고 그것을 이해하고 존중해주면서 감성적 능력이 향상된다. 그리고 프로젝트학습이라는 매력적인 공동의 목표를 향해 서로의 가치와 의미를 공유하면서 끊임없는 소통이 이루어질 때, 교실은 학생들에겐 가슴 떨리는 감성적인 학습의 장으로 다가가게 된다.

Guiding Tips 39 이기적인 아이 행복하는 부모

팀워크는 이기적인 개인에 의해 쉽사리 깨집니다. 공동체의 구성원으로서 공동의 권익을 존중하고 함께 추구하며 구성원의 조화로운 발전을 위해 생각하고 행동해야 하는데 전혀 그렇지 못한 것이죠. 학생들 가운데는 "안 돼"라는 말을 견디지 못하며 타인을 배려하지 못한 채, 자신의 이익만 앞세우는 모습을 보이게 됩니다. 여기엔 자녀에게 최고의 삶을 공짜로 주려고 하는 부모의 책임이 큽니다.

이기적인 자녀로 인해 고민이 많은 부모에게 에이미 맥크레디(Amy Mccready)의 저서 「이기적인 아이 행복하는 부모」를 추천해 주세요. 자기 밖에 모르는 이기적인 아이에서 벗어나 올바른 공동체의식을 가질 수 있도록 하는데 부모의 역할은 중요합니다.

감각적이고 창의적인 산출물을 뽐내다

프로젝트학습은 교과서의 계열화되고 세분화된 지식이나 정보를 습득하는 것이 아니라, 다양한 접근과 해결안이 가능한 복잡하고 실제적인 과제를 중심으로 학습자가 학습의 전 과정에서 주체가 되어야 하는 수업이다. 프로젝트학습은 문제해결을 위한 전 과정에서 학생들이 스스로 과제를 구조화하고, 대안을 창출할 수 있는 자기주도적 학습환경을 제공한다. 자기주도성을 인정받는 학습환경에서 학생들은 배움에 대한 주인의식을 갖게 되며, 이는 학습에 대한 내적 동기부여로 이어져 학습에 대한 적극적 관심과 흥미, 참여를 이끌어내게 된다. 프로젝트학습에서 다루는 과제는 흔히 다양한 접근방식과 융통성을 요구하는 경우가 많아서 학생들마다 새롭고 독창적인 방식의 접근이 이루어지게 된다.

그래서 길포드(Guilford, 1959)가 말하는 창의성의 기본요소인 유창성, 융통성, 독창성이 PBL 과정에서도 잘 나타난다. 내용을 간단히 살펴보면, 유창성은 제한된 시간 내에 많은 아이디어를 생산하는 능력으로, 문제해결을 위해 다양한 가설을 세우고, 다양한 정보를 수집하고, 여러 가지 해결방안을 모색하는 능력을 말하며, 융통성은 여러 관점의 아이디어나 반응을 종합하고 상황에 맞게 문제해결안을 도출할 수 있는 능력을 말한다. 마지막으로 독창성은 새롭고, 독특하고, 비상한 아이디어를 만드는 능력으로 문제를 새롭게 해석하고 구조화하여 정의하는 능력, 새로운 시각이나 방향에서 정보를 수집하는 능력, 지식이나 정보들을 결합하여 새로운 지식을 구성하고 창출하는 능력을 의미한다.

그래서인지 PBL에 대한 학생들의 시각은 대체로 단순한 공부가 아닌 창의력을 적극적으로 발휘하고 다양한 아이디어들을 표현해야 하는 수업으로 인식되고 있었다.

PBL이라는 것이 단순한 공부가 아니라 좀 더 많은 창의력 등을 발휘해서 하는 것이라고 생각하고 나의 생각을 마음껏 표현해야겠다.   _20070312 재원 성찰저널 프로젝트학습이 제공하는 특별한 상황 속에 일단 닻을 내리면 참여하는 누구든 그것에 적합한 참신한 결과물을 만들어내고 싶은 강한 욕구가 형성된다. 때론 이런 이유로 인해 결과물이 창의적이지 못하다고 판단되면 그것에 대한 만족감도 낮아지는 경향을 보인다. 그래서 창의성은 결과에 대한 차별화 성공의 주요 판단기준으로 작용되기도 한다.

> 이번 피비엘은 마무리를 결코 잘 지었다고 할 수는 없다. 조금 더 톡톡 튀는 아이디어로 했으면 좋을 텐데... 결국에는 보통 노말로 판정나고 말았지만 발표는 했다.
>
> _20061027 영재 성찰저널

> 4모둠은 정말 독특한 아이디어와 창의적으로 아주 잘하였는데 왜 우리 모둠은 안 되는 것일까?
>
> _20060324 주영 성찰저널

프로젝트학습에서 자신의 창의성이 충분히 발휘되어 새로운 아이디어가 반영된 결과를 얻게 되면 기대감이나 성취감으로 이어지는 모습을 자주 목격할 수 있다. 한 걸음 더 나아가 창의적인 결과물이 성취감으로 이어지는데 머물지 않고, 실제 세계에서 어떤 가치를 지녔는지, 그리고 장래에 어떻게 수용될지 관심을 기울이게 된다.

> 내가 하면 다시 모이자고 정말 기발한 아이디어였다.. 재미있을 것 같았고 기대하고 기대하고.. 그리고 석환이가 큰 역할을 해주었다.
>
> _20050704 은진 성찰저널

> 전자석이 활용되는 예와 그를 이용해 새로운 아이디어를 만들 수 있고 나의 상상력을 되짚어 보았던 PBL인 거 같다. 왠지 이 PBL을 하면서 무언가 했다는 성취감을 느낀 것 같다. 아이디어를 상상해보면서 미래에는 어떨까? 실제로 그렇게 될까 하는 생각에 빠지기도 했다.
>
> _20050717 정환 성찰저널

창의성이 필요로 하는 깊이 있는 사고의 인지처리과정은 기본적으로 정서반응의 강도에도 영향을 미치며, 인지와 정서의 통합적 상호작용을 활성화시키면서 지속적이고 심도 깊은 재미를 가능케 한다. 프로젝트학습의 재미에 푹 빠진 학생들은 프로슈머(prosumer)*****[3]로서 자기만의 색깔이 담긴 독특하면서 감각적인 창의적인 산출물을 뽐내게 된다.

PBL 사건번호 601 : 반전 편에서 학생들이 제작한 영화 장면

*****1980년 미래학자 앨빈 토플러가 그의 저서 《제3의 물결》에서, 21세기에는 생산자와 소비자의 경계가 허물어질 것이라 예견하면서 처음 사용된 용어이다. '생산자'를 뜻하는 'producer'와 '소비자'를 뜻하는 'consumer'의 합성어로, 지식 생산에 참여하는 소비자를 의미한다.

40 19세기 공장형 학교로는 21세기를 대비할 수 없다

무인자동차가 사고도 없이 완벽하게 도로를 주행하고, 인공지능이 체스대회와 바둑대결에서 인간을 이기고 우승을 차지할 뿐만 아니라 베테랑 금융투자전문가를 능가하는 실적을 거두고 어느 명의보다 암 진단과 처방을 잘 하는 오늘, 로봇이 통역과 번역은 물론 신문 기사까지 작성하고, 3D프린터로 건물까지 짓고 있는 현실, 과연 우리 아이들은 어떤 역량을 발달시켜야 자신의 삶을 윤택하고 행복하게 가꿀 수 있을까요? 분명한 것은 19세기 대량생산으로 대표되는 공장형 학교와 오랜 세월 함께해 온 획일적이고 반복적인 기계식 공부방법이 4차 산업혁명으로 대표되는 새로운 시대에 전혀 맞지 않는다는 사실입니다. 자신의 감정을 억누르며 특정 교과지식을 익히기 위해 온갖 시간과 노력을 쏟았음에도 그 모든 것이 허사가 될 수 있는 것이죠. 19세기 공부방법으로는 21세기에 요구되는 능력과 역량을 키울 수 없습니다. 「EBS다큐프라임 4차 산업혁명시대 교육대혁명(총3부작)」 등 4차 산업혁명과 관련된 방송콘텐츠를 보며 새로운 시대에 적합한 공부방법이 무엇일지 진지하게 고민해 보는 것은 어떨까요?

 project

맥락적인 지식을 구성하다

학교에서 배우는 내용은 학교라는 특수한 환경에만 적용될 뿐, 실제 세계에서는 거의 사용되지 못하는 지식, 어떤 기술로 여겨질 때가 많다. 하지만, 21세기 교육은 학교에서 배우는 지식, 기술이 곧 바로 사회에서도 유용한 지식과 기술이 될 수 있도록, 이전에 '단순화'라는 전제에 따라 탈맥락화하여 전하던 방식에서 벗어나 구체적 '상황'이나 '맥락'에 기인하는 과제를 통한 학습을 강조하고 있다. 이런 측면에서 프로젝트학습은 풍부한 상황을 배경으로 구체적인 맥락 속에서 학습을 진행한다.

PBL의 문제가 담고 있는 내용들은 우리들의 경험적인 세계와 연결되어 있는 것들이 대부분이다. 아래 글에서도 알 수 있듯이 학생들은 자신의 학습과정에서 얻어진 지식과 정보, 결과물들이 현실세계에 바로 적용할 수 있는 것이며, 그럴 가치를 지녔다고 여기는 경우가 많았다. 학습과정의 모든 것들을 '진짜'처럼 느끼고, 현실에서도 얼마든지 그것의 가치가 보존될 수 있다고 여겼던 것은 그만큼 PBL의 과정이 가상의 상황이지만 '현실감'있게 느껴졌다는 의미다. PBL은 학습자의 직·간접적인 경험의 세계와 유사한 환경을 제공함으로서 '관련성'을 높인다.

> 아이디어를 상상해보면서 미래에는 어떨까? 실제로 그렇게 될까 하는 생각에 빠지기도 했다. 정보를 올리면서 난 진짜 실용제안등록물품에 올리고 싶은 생각도.. 내가 생각한 아이디어 중 퍼펙트 플로그는 실용제안등록에 올리면 꼭 뽑힐 것 같다는 생각이 들었다. 오늘 아니면 나중에 실용제안에 등록해 볼 예정이다. _20050717 유빈 성찰저널

> 진짜 행사장 같은 분위기였고 사람도 많이 와서 재미있었고 신기한 아이템이 많이 있었다. 진짜로 개발하면 좋은 아이템들이 많이 있었다. 진짜로 하면 잘 팔릴 것 같은 것들이 많았다. _20110706 우리 성찰저널

이러한 관련성은 학습자의 환경, 흥미, 목적 등에 연결시켜야 학습에 대한 동기

가 유발된다고 본 켈러(Keller, 1983)의 주장과도 상통한다. 그의 이론에서 '관련성(Relevance)'은 동기의 구성요소거나 동기발생의 조건으로 개념화되어 있는데, 이는 PBL에서 강조하는 '맥락'과 밀접하게 연결되어 있다. 이는 교과서를 통해 배우는 지식들이 교과별로 추상화되어 학습자의 실제 삶과 제대로 된 연결고리를 맺지 못하는 것과 대비된다. PBL은 풍부한 실제적 상황을 바탕으로 학생들로 하여금 실제적이며 맥락적인 학습경험을 하도록 만든다. PBL의 맥락은 개별적, 사회적 요소를 모두 내포하고 있는 '실제적인(authentic)' 상황에서 비롯된다. 학습자 스스로의 자율적인 선택에 의해 주어진 상황에 부합하는 학습활동을 지속하고, 그 과정에서 자신만의 전략, 방법, 노하우 등의 '방법지(knowledge about know-how)'가 총동원된다. 그 결과 학습자는 자신이 가진 이해의 틀, 경험적 세계, 삶의 영역을 확장시키게 된다.

> 나의 삶, 미래와 관련이 있었던 프로그램이었기 때문에 재미를 느끼고 적극적으로 참여할 수 있었다. 모든 학습이 내 삶으로 스며들었다는 느낌을 받았다.
>
> _2012. 12. K대학 교 교육대학원 김○규

만약, 날씨와 관련된 단원을 교과서를 통해 공부한다면, 어떤 구체적인 상황과 관계없이 기상청에서 하는 일이나 일기도에 대한 지식을 배우는 평면적인 학습에 그칠 것이다. 하지만, 기상컨설턴트나 기상예보관이 되기 위한 취업 상황 속에 이루어지는 학습이라면 이야기가 달라진다. 학생들은 프로젝트학습이 제공하는 구체적인 문제상황을 해결해나가면서 실질적이고 맥락적인 학습결과를 도출하게 될 테니 말이다.

기상컨설턴트 취업을 위한 최종발표자료

보조자료	발표 시나리오
	안녕하세요?? 저는 이번 기상컨설턴트에 입사하기 위해 이 자리에 나오게 되었습니다. 저는 여러분의 마음을 바꿔놓기 위해서 3가지의 사례를 준비해서 왔습니다. 면접관님들?? 혹시..겨울에 옷을 어떻게 입으세요? 보통 사람들은 두꺼운 옷에, 잠바를 겹쳐있지 않나요?? 지금부터 여러분들은 그런 옷에 대한 편견을 버려야 합니다. 한 기업에서 면소재로 만든 두꺼운 옷보다 더 따뜻한 옷을 개발해 내었는데, 사람들이 '면 소재의 티는 겨울에 어울리지 않다, 춥다.'라는 편견을 가지고 있습니다. 그렇기 때문에 잘 팔리지 않는다면, 면접관님들은 어떻게 하시겠어요??
	제가 말씀드리겠습니다 저는 먼저 사람들의 편견을 버려야 한다는 생각으로, 광고를 내겠습니다. 이 자료화면을 보시죠.(화면을 가리키며...) 여기에는 두 사람이 있습니다. 하지만, 한 명은 두꺼운 소재의 긴 팔티와 자켓을 입고 있고, 한 명은 그 기업이 개발해 낸 따뜻한 면 소재의 옷을 입고 있습니다. 한 명은 두껍게 입었는데도, 불구하고 추운데, 한명은 얇게 입고도, 따뜻해 보입니다. 이것은 소비자들이 봤을 때에, 그 편견을 버리고, 따듯하다는 느낌이 들지 않을까요?? −생략−
	이제는 두 번째 사례를 말씀 해드리겠습니다. (주)레인보우 아이스크림 사장인 김씨는 겨울에 아이스크림이 잘 팔리지 않아 고민을 할 때, 여러분이라면 어떻게 할것입니까? 또, 통계자료로도 겨울에는 아이스크림이 잘 팔리지 않는다고 합니다. 저라면 겨울에 잘 먹는 음식. (화면을 보며..)핫도그, 오뎅, 떡볶이, 호떡, 찐빵 모양의 아이스크림을 만들어 소비자들이 봤을 때 따뜻한 느낌이 들도록 아이스크림을 만들어, 판매할 것을 제안하겠습니다. −생략−
	이번에는 세 번째 사례를 말씀드리겠습니다. 보통 여름보다 겨울에는 수영장을 찾아가는 사람들이 적기 마련입니다. 그리고 또, 통계자료로도, 여름보다 겨울에 수영장을 적게 찾아 간다고도 확인되었습니다. 저라면 수영장에 찾아오시는 분들게, 겨울에 눈이 오는날 눈이 1cm가 쌓이면 여름 무료 입장권을 2매 드릴 것을 제안합니다. 그리고, 수영장이 너무 피해가 많지 않도록, 눈이 1cm 쌓이지 않을 확률이 없을 때 예를 들어 토요일에 눈이 1cm 올 확률이 없을 때 이벤트를 여는 겁니다. −생략−

"지금 배우고 있는 지식은 나중에 다 써먹을 때가 있어." 학창시절 선생님께서 자주 하시던 말씀입니다. 그런데 막상 그렇게 배운 지식들이 사회 나가서 잘 활용되진 못합니다. 꺼내 쓰기는 커녕 기억조차 나지 않는 것이 일반적입니다. 왜 그럴까요? 그것은 학교공부를 통해 얻은 지식이 자신의 삶과 무관한 것으로 느껴지기 때문입니다. 상급학교진학과 시험성적을 올리는 것 외에는 딱히 공부할 할 이유가 없는 셈이죠. 배운 지식이 자신의 경험세계와 어떻게 연결되었고 활용되고 있는지 느끼고 체험할 수 있다면, 아마도 학생들의 반응은 종전과 완전히 달라지게 될 것입니다. 먼저 여행하기, 음식만들기, 놀이만들기 등 프로젝트학습와 연결짓기 수월한 주제부터 선정하여 학생과 함께 리얼한 공부를 시작해 보는 것은 어떨까요? 예를 들어 실제 가족여행을 프로젝트학습으로 수행하도록 하는 것입니다. 여행지 선택–해당 지역의 여행정보수집–지역여행상품조사–지역맛집 조사–여행계획수립–교통숙박예약–계획대로 여행하기–블로그를 통해 여행정보 공유하기–학급에서 결과발표하기 순으로 진행해 보세요.

도전이 있는 삶을 추구하다

프로젝트학습은 기본적으로 도전이 강조될 수밖에 없는 수업이다. 학습의 모든 권한이 학생들에게 주어지는 만큼, 막연한 두려움은 필연과도 같다. 학생들의 글을 보더라도 PBL에 있어서 도전이 중요하다는 것을 인식하고 있다.

> PBL은 정말 못할 거 같았지만 내가 하였다. 불가능은 없다(?) 솔직히 지금상태에서는 불가능이 있다. 하지만 불가능은 도전하라고 있는 법!! 이런 PBL 문제보다 더 어려운 PBL 문제가 나와도 열심히 하여 불가능을 가능으로 만드는 도전정신으로 바꿔야겠다.
>
> _20090416 하늘 성찰저널

PBL 문제는 정해진 정답이 없는 만큼, 그 특성상 복잡하고 어려우며, 낯설고 새롭다. 정해진 정답이 없는 만큼 불확실성이 높은데다가 타당성을 갖춘 해결안을 학습자가 직접 처음부터 끝까지 책임지고 완성해야 하는 부담감을 준다. 학습자는 자신이 기대하고 예측하지 못했던 새로운 문제가 제시되면 의심이나 당황스러움, 불일치, 부적절함을 느끼지만, 동시에 그러한 상태를 해소하기 위한 도전의식과 같은 내적 작용이 활성화된다. 도전은 '목표(goal)'와 '결과(outcome)'에 따라 다른 양상으로 전개되는데(Malone, 1980), 이런 의미에서 학습자에게 주어진 상황과 조건을 고려하여 스스로 목표를 도출하고, 그 목표를 달성하기 위해 구체적인 계획을 세우는 것, 그리고 그것을 바탕으로 결과의 불확실성을 해소하는 학습 과정 자체가 도전의 과정인 셈이다. 그리고 이러한 과정 속에서 칙센트미하이(Csikszentmihalyi)가 제시한 몰입의 조건 중에 하나인 자신의 실력과 도전 과제와의 균형이 무엇보다 중요하다.

어느 도전이든 항상 성공을 보장하는 것은 아니다. 프로젝트학습의 과정에는 늘 실패와 시행착오가 따라오기 마련이다. 그럼에도 불구하고 학생들의 글을 통해 엿볼 수 있듯이, 그러한 과정 역시 소중한 배움의 과정으로 수용한다. PBL 학습 과정에서 학생들이 도전 자체의 가치를 인식하게 될수록. 좌절과 절망과 같은 어려운 상황을 극복할 수 있는 용기와 강인한 정신을 배우게 된다.

> 내가 누구인가!! 나는 7번 넘어져도 8번 일어나는 칠전팔기의 순재가 아니던가!! 흠흠흠! 나는 이번 이 기회를 발판삼아 더욱 열심히 노력하고, 문제 요건 파악에 힘써야 할 것 같다.
>
> _20060406 명유 성찰저널

> 조금이라도 실수하면 어쩌나 챙피해서 어쩌나. 그런, 어리석은 생각들이다. 도전도 안해보고 실패라고 결정짓겠는가, 도전도 안해보고 두려움에 떠는 것은 정말 어리석은 것이다.
>
> _20041222 효정 소감문

42 전지전능한 교사로 등장하는 순간, 프로젝트학습은 망한다

발표는 공유의 무대면서 축제의 장이 되어야 합니다. 엄격한 잣대로 권위자(교사)에게 평가받는 자리가 돼서는 절대 안 됩니다. 문제해결과정을 통해 도출한 결과물을 발표하는 것이 검증에 무게를 두면 둘수록 경직된 수업으로 마무리될 수밖에 없습니다. 오히려 저마다의 다양한 접근 방식을 뽐내고, 직·간접적으로 경험하고 즐기는 시간으로 삼는데 초점을 맞추는 것이 효과적입니다. 프로젝트학습의 묘미 중에 하나로 '페이딩(Fading)'을 꼽을 수 있습니다. 프로젝트학습 초기에 교사가 학습과정에 적극적으로 참여하더라도 후반부로 갈수록 자신의 존재감을 서서히 지워내야 한다는 것이지요. 단지 교사는 주제와 문제 상황에 부합하는 발표 분위기를 실감나게 조성하고 진행에 필요한 기술적인 지원을 제공해 주면 그만입니다. 프로젝트학습의 마지막 과정에서 관찰자, 동료학습자 이상의 역할은 곤란합니다. 전지전능한 교사로 다시 등장하는 순간, 학생들이 쏟아부으며 채워왔던 모든 과정이 부정당하고 결국 실패로 인식될 수 있으니 유의해주세요.

프로젝트학습의 도전에는 학습자 스스로 정한 구체적인 목표가 있다. 학생의 글을 보더라도 주어진 과제에 적합한 ①구체적인 도전 목표와 실천(프레지로 발표자료 만들기)이 있고, 그것이 ②만족스런 결과로 나타내면, ③불확실성이 해소되면서 ④자신감으로 이어진다는 것을 잘 보여준다. 게다가 이런 도전의 과정이 그것으로만 그치는 것이 아니라, ⑤다른 도전으로까지 확장된다는 점을 잘 보여주고 있다.

①나는 이번 PBL에서 처음으로 프레지를 만들었다. 계속 어려울까봐 미루고, 미루어서 서툰 솜씨여도 열심히 만들었다. 잘 쓰여지진 않았지만, ②나 나름대로는 만족했다. 도전은 역시 좋은 것 같다. 내가 처음 도전한 프레지도 꽤 성공을 이루었고, 그 도전으로 나는 ③그것에 대한 두려움이 사라지고 ④자신감이 생겨났다. 친구들이 맡겨주지 않아도 내가 한다고 나서기라도 했다면 많이 도전할 수 있을 것이다. 지금이라

도 나 혼자 할 수 있는 힘을 키우고, ⑤도전! 도전을 많이 해봐야겠다.

_20110618 호주 성찰저널

도전은 또 다른 도전에 대한 추구로 이어진다. 그리고 공통적으로 도전을 자극할 수 있을 만한 과제의 난이도를 요구하는데, 보통 이전의 과제보다 더 어려운 과제가 나오길 원한다. 도전과제를 해결하기 위해 세운 자신의 목표를 달성하게 되면 도전에 대한 만족감을 갖게 되고, 학습자 본인의 능력에 대한 신뢰와 자신감인 '자아존중감(self-esteem)'으로 이어져 발전된 '실력(skills)'을 기반으로 보다 난이도가 높은 학습과제에 도전하게 된다(Engeser & Rheinberg, 2008).

그냥 긴 문제를 오랫동안 해결해서 하면 더 기분이 뿌듯한데.. 앞으로는 어려운 문제들도 많이~ 내 주세요..^^

_20100424 민정 성찰저널

유능감과 자신감으로 자존감을 높이다

유능감*은 자신이 스스로 상황을 극복할 수 있고, 자신에게 주어진 과제를 성공적으로 수행할 수 있다는 신념이나 기대(Bandura, 1993)인 '자기효능감(self-efficacy)'**으로 설명되기도 한다. PBL에서의 유능감은 학습자 본인이 가진 여러 능력을 새로운 상황에 적극적으로 사용하도록 하고, 그런 경험을 통해 자기 자신의 능력이 남보다 우수하다고 느끼는 것을 의미한다.

그 어려운 걸 다른 사람도 못 푸는 걸 나 혼자 풀 수 있다는 거, 그럴 때 기분이 어때요? 너무 좋아요. 자랑하고 싶어요.

_200504 하영 인터뷰

*유능감은 연구자에 따라 자신감과 거의 같은 의미로 사용되기도 하지만, 필자는 자기 자신의 능력이 남보다 우수하다는 감정, 일종의 '우월감(superiority feeling)'(Adler, 1964)을 포괄한 상징으로 자신감과 구분을 짓고 있다.

**유능감은 자아존중감(Coopersmith, 1967), 자아개념(Wylie, 1979), 자아효능감(Bandura, 1981) 등의 용어로 사용되기도 한다.

다른 사람이 하지 못하는 것을 자신만이 해낼 수 있다는 것은 누구한테든 자랑하고 싶은 부분일 것이다. 학생들은 PBL을 수행하면서 자기만이 할 수 있다는 일종의 자기 확신을 갖는 경우가 많다. PBL 과정에서 학생들이 갖는 유능감은 이전의 PBL 경험을 통한 성취나 능력향상과도 관련이 깊다. 학생의 글을 보면, ①PBL을 반복적으로 경험하면서 PBL이 제공하는 어떤 새로운 상황이라도 적응할 수 있다는 확신과 ②그 과정에서의 즐거움이 ③무슨 과제든 해결할 수 있다는 기대나 신념으로 이어지고 있음을 확인할 수 있다.

참말로 좋았다, ①나 이제 PBL이 만만해진다, PBL 그까짓것 아무것도 아니다.. 오히려 대사가 재밌고 내가 연극이랑 발표도 잘 하면서 나아가는 게 나는 참말로 좋다 ②난 이번 PBL에서 아주 즐거움을 느꼈고 ③난 내가 어느 것이라도 할 수 있다는 걸 알았다.

_20050524 소정 성찰저널

유능감은 자신의 능력에 대한 확신과 더불어 주어진 문제 상황에 맞게 그 능력을 발휘했을 때 나타난다. 학생들의 글은 자기능력에 대한 확신을 보여주고 있으며, PBL을 통해 ④자신이 갖게 된 능력을 발휘하면서 그 유능성을 인정받고 싶어하는 학습자의 심리상태가 잘 드러나고 있다.

④6학년 올라와서 온라인 PBL에다가 파워포인트까지 만들어서 잘난척이라고 할까? 하고 싶었고 잘났다는 것을 보여주고 싶었다....ㅋ 자랑이닷!>ㅁ< 모두들 이거 보는 애들은 재수없다고 생각하겠지...그렇지만 자랑하고 싶었다. 그리고 완벽하게 잘 한다는 것을 보여주고 싶었다.

_20050311 영희 성찰저널

한편, 유능감을 갖고 있다는 것은 그만큼 자신감이 크다는 반증이다. 유능감이 자신감 형성에 있어서도 결정적인 영향을 미치고 있음이 분명하다. 아래 글을 보더라도 자신감은 PBL의 과정을 통해 얻게 된 것임을 알 수 있다. 자신감은 ⑤용기와

⑥노력, ⑦도전을 통해 얻어지는 것이며 결국 ⑧능력의 향상으로 이어진다는 점을
잘 보여주고 있다.

> PBL을 통해 자신감, ⑤용기를 얻었다.. 나에겐 전혀 없었던 ⑥노력이라는 모습을 비
> 치게 만들었다.. 떠들고 노는 것만 잘하던 나는 ⑦노력을 기우려서 하지 못하던 시나
> 리오, 또 자신감이 없어서 못하던 발표, 해보지도 못했던 나혼자서의 파워포인트 만들
> 기를 할 수 있었다.. 즉 완벽하지는 않지만 ⑧모든 PBL으로서의 능력을 갖추었다.
>
> _20041222 준서 소감문

자신감은 기본적으로 이전의 PBL 경험에서 비롯된다. 학생의 글에서도 이런 점이
잘 나타나고 있는데, 이전의 활동(발표) 경험이 누적되면서 관련 활동에 대한 자신
감이 형성된다.

> 오히려 내가 발표를 하러 나가고 싶다. 발표 하는 게 재미있다. (중략) 처음에는 서
> 로 하기 싫어서 얼굴을 찡그렸던 아이들도 지금은 자신감이 많이 생긴 것 같다.
>
> _20050411 정환 성찰저널

다음 글을 통해서도 확인할 수 있듯이 자신감은 반복적이고 지속적인 유사한
활동에 의해 형성되는 것이며 다른 팀에서 도움을 요청할 정도의 능력을 갖추도록
이끈다는 것이다.

> 나는 처음에 너무 쑥스러워서 발표를 안했다. 나는 발표를 계속 하다보니 자신감이
> 생겼다. 그래서 나는 발표를 매일매일 하였다. 그리고 어쩌다가 다른 모둠에 특별출연
> 을 하였다. 발표하는 것이 점점 재미있어진다.   _20050715 용해 소감문

결국 유능감과 자신감을 가진 학생들은 프로젝트학습에서 요구하는 어렵고 힘
든 과정을 피하지 않고 그것 자체를 즐기는 모습을 보인다. PBL 과정에서 학생들

이 경험하는 다양한 활동이 능력의 향상으로 이어지고, 그것이 긍정적인 에너지로 축적되면서 매사 자기 자신을 가치 있고 긍정적인 존재로 평가하기에 이른다. 이처럼 프로젝트학습은 학생들로 하여금 자존감이 높은 사람으로 성장해 가는데 좋은 환경이 되어줄 수 있다.

43 열등감을 극복하는 과정에서 유능감이 형성된다

대부분의 사람들은 마음속 한편에 열등감을 안고 살아갑니다. 아무리 완벽해 보이고 부러워할 만한 사람일지라도 그렇죠. 열등감 자체는 정상적인 감정입니다. 심지어 프로이트, 융과 함께 세계 3대 심리학자로 손꼽히는 아들러(Adler)는 열등감을 자연이 인간에게 준 축복이라고 설명하기도 합니다. 열등감은 각 개인이 처한 상황에 따라 극복해야 할 과제가 무엇인지 분명히 알려줍니다. 때론 잠재능력을 발현시킬 수 있는 자극제와 촉진제의 역할도 해 줍니다.

그리고 마침내 열등감을 극복하게 되면서 그 자리에 유능감으로 채워지게 되는 것입니다. 이러한 과정을 많이 겪은 아이일수록 열등감이라는 감정에 크게 휘둘리지 않고, 낯선 상황에서도 낙관적인 자세로 자신감을 갖고 도전할 수 있게 되는 것이죠. 다만 열등감이라는 감정에 개인의 삶이 휘둘리게 되면 무력감에 빠지게 되고 우울감에서 좀처럼 벗어나지 못하는 경향을 보입니다. 학생들이 열등감을 극복하지 못한 채, 병리적인 콤플렉스로 변질되지 않도록 주의해야 할 것입니다. 특히 공부에 대한 그릇된 접근 방법으로 인해 교사 스스로가 학생들의 열등감을 조장하고 있는지 반성해 볼 필요가 있습니다. 이와 관련해서 좀 더 공부해 보고 싶은 분들은 아들러의 저서 「열등감, 어떻게 할 것인가」를 읽어 보시길 바랍니다.

호기심에서 시작되는 학습으로 회복시키다

> 호기심은 억지로 만들어지는 것이 아니라 관심과 흥미가 유발될 때 비로소 궁금한 것
> 이 생기고 그것을 해결하고자 하는 열정이 샘솟는다. _K대학교 교육대학원 김O리

호기심은 여러 연구에서 학습의 출발점으로 자주 언급된다. 특정 연구가 아니더라도 우리의 경험을 되짚어보면 호기심은 학습과 밀접한 관련이 있다. 더구나 구성주의적 관점에서 호기심은 '인지적 혼란(cognitive disturbance)'을 겪는 과정에서 필연적으로 발생한다. 이 이론에서 표현한 '인지적 혼란'은 인지구조의 변화를 촉발하는 지점이며, 학습의 출발점으로 설명된다. 이 호기심은 학생들의 글에서 엿볼 수 있듯이 '새로움'이 전제되어 있다.

> 피비엘을 하면서 항상 느끼는 것이지만 하나하나의 피비엘을 할 때마다 새로운 느
> 낌이 든다. _20051008 하영 성찰저널

> 다 새로운 것이어서 처음에는 이게 뭔가..했지만 새로운 경험을 하게 되어서 좋았
> 고, 아주 좋은 기회였다고 생각한다. _20051015 영희 소감문

프로젝트학습에서 경험하게 되는 호기심은 다음 글을 통해 알 수 있듯이 이전에 경험하지 못했던 ①새로운 것을 접하게 되거나, ②마치 실제처럼, 실제와 같은 상황에 놓였을 때 발생하게 되며, ③이를 충족하기 위한 학습과 실천의 과정에서 ④ 긍정적인 정서로 이어지게 되는 것을 알 수 있다.

> ①새로운 것을 배울 수 있기 때문에, 더 재미있을 거라 생각했다. 해 보니 재미있었
> 다. ②기상캐스터처럼 일기예보도 하고..ㅋ ③나는 기상청 홈페이지에 들어가서 정보
> 를 찾으려고 했다. 이번 PBL은 기상청이 많이 도움을 준 것 같다. 기상청 홈페이지에
> 들어가보니 들어가자마자 태풍 카눈에 대한 정보가 떴다. 그래서 그것도 에듀플러그

에 올리고. 그에 맞는 날씨랑, 위성사진을 올렸다. 다 좋은 자료인 것 같아서 ④기분
좋았다.^^
_20050915 혜실 성찰저널

PBL에서의 호기심은 문제 자체에서 비롯되는 경우가 대부분이다. 문제의 해결안을 만들어내는 창의적인 과정이 호기심을 충족하는 과정이 되면서 더 깊은 사고와 이해를 수반하게 된다. 이러한 학습경험은 살아 움직이는 것처럼 다른 호기심에 영향을 미치며 다른 학습 상황에까지 확장된다. 호기심은 기본적으로 ⑤재미에 대한 기대를 내포하고 있으며, 호기심을 충족하기 위해 진행되는 학습과 실천 자체를 흥미롭게 여긴다. 또한 호기심의 충족은 ⑥학습에 대한 만족감으로 이어지고, 이에 따른 긍정적인 정서를 경험하게 되면서 후속 PBL에서의 적극적인 참여를 이끌어 낸다.

⑤변사극 PBL을 처음 시작할 때부터 왠지 재미있을 것 같았다. 우리가 직접 영화 시나리오 만들어서 찍고, 변사처럼 (생략)
_20050722 진아 성찰저널

⑥'오호~~이런 것들도 있구나!!' '이렇게 좋은 아이디어도 있나?!!' 이런 생각들이 들면서 진짜 신기하게 느껴졌다. 그리고 왠지 내가 몰랐던 것을 배우는 것 같아서 정말 좋았다. 이런게 PBL의 장점인가?ㅎ
_20050909 소정 성찰저널

김학진 등은 『디지털 펀! 재미가 가치를 창조한다(삼성경제연구소)』라는 책을 통해 학습은 기본적으로 호기심에서 시작하는 재미의 선순환적 구조를 가지고 있으며, 재미의 선순환 고리가 완성되려면, 호기심이 중요한 요인으로 작용해야 한다고 설명한다. 이런 맥락에서 호기심이 학습과 실천으로 이어지고, 그것에 대한 충족이 다음 호기심에 영향을 미친다는 사실은 명백해진다. 호기심은 '호기심(문제)-학습과 실천(문제해결과정)-긍정적 정서경험-호기심(다음 문제)'으로 이어지는 선순환적 구조로 이해될 수 있는 대목이다.

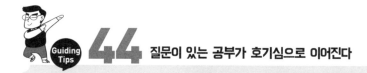

학생들을 호기심으로 이끄는 가장 좋은 방법은 '질문'에 있습니다. 어린 아이일수록 궁금한 것이 생기면 곧바로 질문으로 이어지곤 합니다. 그런데 불행히도 질문이 없는 학습 환경에 오랜 기간 노출될수록 호기심 가득한 아이들의 모습이 사라지기 시작합니다. 호기심이 없는 공부는 학습이 된다는 착각만 있을 뿐, 실제로는 학습이 이루어지지 않는다는 것을 앞서 다룬 본문내용을 통해 알 수 있을 것입니다. 프로젝트학습이 아니더라도 질문이 있는 공부방법을 실천하게 된다면 학생들의 잊혀 진 호기심을 소환할 수 있을 겁니다. 수업에서 쉽게 적용해 볼 수 있는 공부방법으로는 유대인 교육법 '하브루타(Havruta)'가 있습니다. '서로 가르치기' 활동이 핵심인데요. 시험을 앞두고 서로 문제내고 맞추기 식의 활동이 하브루타라고 여기면 곤란합니다. 어떤 주제에 대해 자신의 생각과 의견이 반영된 설명하기가 활동의 중심이 되도록 이끌어주세요. 하브루타와 관련된 책은 상당히 많이 출판되어 있습니다. 개인에게 맞는 책을 골라서 읽어보면 도움이 될 것입니다.

사실, 우리 모두는 스스로 학습할 수 있는 힘을 지니고 태어났다. 누가 가르쳐주지 않아도 넘어지고 부딪히며 걸음마를 배웠고, 말하는 방법도 스스로 터득하였다. 다섯 가지 감각을 총동원하며 각종 사물에 대한 정보를 파악하고, 자신을 둘러싼 모든 것에 호기심을 느끼며 관련 지식들을 적극적으로 섭렵했다. 일상의 작은 것들도 그냥 지나치는 법은 없었다. 길을 걷다가도 땅에 떨어져 있는 종이조각을 뒤적거리고, 가로수 나뭇가지에 줄지어가는 개미를 관찰의 대상으로 삼기도 했다. 보도블록 사이 금을 밟지 않기 위해 이리저리 피하다가도, 주위 건물 벽을 타고 올라간 담쟁이에 시선을 한참동안 시선을 빼앗기기도 했다. 길가의 나무와 들풀에 관심을 쏟기도 하고, 머리 위에 있는 구름이나 별빛을 바라보며 상상의 나래를 펼치기도 했다. 흥미와 호기심을 좇아 배움의 즐거움을 만끽할 수 있는 존재로 타고

난 만큼, 학습은 그 자체만으로도 신나고 즐거운 진지한 놀이가 되었다. 이런 측면에서 프로젝트학습을 통해 완전히 거꾸로 뒤집기, 곧 전통적인 교육방식을 구성하는 요소에 대한 획기적인 해체와 탈피는 학습의 주도권을 본래의 주인인 학습자에게 돌려주는 일이며, 인간 본연의 타고난 본성에 부합하는 학습의 본질, 즉 호기심에서 시작되는 자기목적적 학습으로 회복시키는 것이기도 하다.

디지털리터러시를 기르다

"○○정류장에 곧 정차합니다. 내리실 분 있으면 출입문 가까이로 오세요. 안계시면 오라이~!"

누구에겐 어린 시절 어렴풋한 추억의 한 장면을 차지하고 있을지도 모르겠다. 요금징수와 승하차를 돕던 '버스안내양'은 당시 운전사만큼이나 많은 여성들이 종사하던 직업이었다. 그때까지만 해도 수십 년간 지속돼왔던 버스안내양이라는 직업이 이렇듯 허무하게 사라지게 될 거라곤 대부분 예상치 못했다. 이 불행의 시작은 버스 자동문이 개발되면서부터였다. 자동문이 달린 새로운 버스가 도입되는 속도만큼이나 버스안내양의 일자리도 빠르게 사라져갔다. 물론 기술의 진보가 직업의 존재를 위협하기만 한 것은 아니다. 대부분 효율성과 생산성을 높이는 방향으로 기술이 도입됐고, 존재하지 않았던 새로운 일자리도 제법 만들어냈다. 그래도 우리 기성세대까진 어린 시절 꿈꾸던 대부분의 유망 직업들이 어른이 돼서도 그대로 존재했으니 요즘 학생들보다 나은 편이었다. 하지만 학생들의 상황은 기성세대가 겪어왔던 것들과 완전히 차원을 달리한다. 인공지능, 무인자동차, 3D프린터, 사물인터넷, 드론 등 혁신적인 기술들이 하나둘씩 우리 일상을 파고 들면서 예견되던 많은 일들이 실제 현실로 나타나고 있다. 이제 과거에 요구되던 '리터러시(literacy)' 수준만 가지고는 이런 변화에 능동적으로 대처하거나 적응하기 어려워진 것이다.

언어를 읽고, 쓰고, 수를 셈하는 것이 '리터러시'의 기본이라지만, 그 이상으로 새로운 디지털 문화를 읽어낼 역량을 기를 필요가 있다. 이는 '통합(convergence)'이라는 거대한 흐름 속에서 학문 간의 경계가 무너지고 현실의 복잡성을 그대로 반영하는 실제적 성격의 과제를 중심으로 통합교과적 교육이 확산되고 있는 것과 궤를 같이 한다. 여기에는 '다양한 디지털 매체의 활용과 이해'와 관련된 테크놀로지 리터러시, '정보 검색, 수집, 분석, 종합, 활용'과 관련된 정보 리터러시 등 다양한 개념의 디지털 리터러시가 요구된다. PBL에서 학생들은 문해력이나 글쓰기와 같은 기본적인 리터러시뿐만 아니라 주어진 문제를 해결하기 위해 반드시 요구되는 '정보 리터러시', 학습결과물을 완성하는 과정에서 다양한 매체를 활용할 수 있는 '테크놀로지 리터러시' 등 자신의 디지털 리터러시를 발전시킬 수 있는 기회와 만나게 된다.

프로젝트학습에서 대부분의 학습과정이 팀원 간에 협업을 통해 이루어지며, 자신이 분담한 역할에 맞게 정보탐색 및 자료수집 활동을 개별적으로 전개한다. 학생들은 자신이 탐색한 정보 및 자료, 의견 등을 온라인 학습커뮤니티에 올리고, 공유하게 되는데, 이 과정에서 학생들은 문제해결을 위해 필요한 정보가 무엇인지, 어떻게 활용하면 좋을지, 탐색한 정보를 분석하고 종합하게 된다. PBL의 이러한 학습과정은 학생들로 하여금 디지털 시대에 요구되는 '정보 리터러시'를 함양할 수 있게 해 준다. 또한, 학생들은 분석과 종합의 과정을 거친 정보를 문제에서 요구하는 학습결과물로 완성하기 위해서 다양한 디지털 도구들, 이를테면 디지털 카메라, 동영상 편집 소프트웨어 등을 활용하여 새로운 형태의 지식정보를 창출하는 과정을 경험하게 한다. 학생들은 문제의 성격에 따라 일반적인 보고서 형태의 자료에서부터 책이나 광고지, 방송프로그램이나 광고영상 등 다양한 형태로 만들게 되며, 이러한 학습결과물을 만들어내기 위해 스마트폰의 각종 앱을 포함한 워드프로세서, 스프레드시트, 프레젠테이션, 그래픽편집, 동영상 편집 등 다양한 소프트웨어를 활용하여 학습결과물을 완성한다. 이른바 '테크놀로지 리터러시'는 이러한 학습과정 속에서 자연스럽게 향상된다.

학생들이 만든 웹소설과 웹툰

45 학습자원으로서 영상콘텐츠에 주목하자

프로젝트학습에서 양질의 학습자원을 제공하는 것은 문제
해결의 질을 결정할 정도로 매우 중요한 사안입니다. 검증되
지 않은 지식과 정보를 활용하는 것은 아무래도 타당성 있
는 해결안을 도출하는데 적합하지 않죠. 요즘은 주제별로
15분 내외의 미니강연영상을 서비스하는 곳이 다수 있습니
다. TED(ted.com)와 세바시(sebasi.co.kr) 등이 대표적인데요.
주제별 강연을 찾아보거나 문제 해결에 필요한 영상을 확보
하는데 안성맞춤입니다.

한편 교사나 부모들의 평생교육을 위해 도움이 될 만한 강
좌서비스가 있습니다. 국내외 유명대학 및 기관에서 자발적
으로 공개한 강의 동영상 및 관련 자료를 무료로 제공하는
서비스인데요. 전공별, 테마별로 수준 높은 강좌를 손쉽게 접
할 수 있습니다. 고등학생들 수준에서 진로를 심화시키는데
도 적절히 활용할 수 있으니 KOCW(kocw.net)에 관심을 가
져 보길 바랍니다.

메타인지능력이 향상되다

"선생님, 학원에서 6개월 전에 공부해서 다 알고 있어요."

교과수업에 집중하지 못하는 학생에게 이유를 묻자 돌아온 답변이다. 교과 선행학습이 많이 이루어진 학생들 중에 유독 수업에 집중하지 못하는 경우를 종종 목격하게 되는데, 이는 우리 두뇌가 가진 어떤 능력에 기인한다. 그 어떤 능력이란, 무엇을 배우거나 실행에 옮길 때, 자신이 알고 있는 것과 모르는 것을 정확히 파악할 수 있도록 돕는다. 굳이 두뇌 전체를 살펴보지 않더라도 즉각적인 판단을 내린다. 우리가 '네 알아요'와 '아니요 몰라요'의 대답을 거의 동일한 속도로 할 수 있는 것도 이 때문이다. 자신의 사고능력을 객관화하여 바라볼 수 있는 눈, 바로 '메타인지(metacognition)'는 무엇을 알고 모르는지를 아는 것부터 모르는 부분을 배우기 위한 계획과 계획의 실행과정 및 결과를 평가하는 것에 이르는 전반을 의미한다 (Flavell, 1979). 이는 학습(인지구조의 변화)이 이루어지는 과정에 등장하는 '동화'와 '조절'이라는 두 가지 내적 행동(piaget, 1952)과 연관지어 생각해 볼 수도 있다. 흔히 메타인지를 두 가지로 분류하는데, 동화는 메타인지적 지식(metacognitive knowledge)과 조절은 메타인지적 기술(metacognitive skill)과 관련이 깊다. '동화'는 경험을 조직해 가는 것으로 세상(학습의 대상)을 자신의 인지구조로 보려는 현상을 뜻한다. 이런 동화의 과정에는 내가 아는 것과 모르는 것을 정확히 판단할 수 있는 능력, 즉 메타인지적 지식이 활용된다. 이어서 '조절'은 인지적 불평형을 해소하기 위한 성찰적이며 통합적인 행동인데, 학습계획을 세우고, 이를 효과적으로 수행할 전략과 방법을 적용하는 능력, 즉 메타인지적 기술이 여기에 해당한다.

　따라서 구성주의적 학습환경을 추구하는 프로젝트학습은 당연히 메타인지적 활동을 지향한다. 노골적으로 메타인지적 활동을 요구하기까지 한다. 과제수행계획을 세우는 단계부터 'Facts(알고 있는 사실들)'와 'Learning Issues(더 알아야 할 사항들)'을 구분하도록 하면서 아는 것과 모르는 것을 끊임없이 판단하도록 하고(메타인지적 지식), 그것을 해결하기 위한 전략과 방법이 담긴 'Ideas(가설/해결안)'를 짜내도록 하니 말이다(메타인지적 기술). 프로젝트학습에서 학생들은 문제에 적절한 해결책을 찾아 구체화할 수 있는 논리적이고 체계적인 사고와 분석적인 사고, 문제해결을 위한 다양한 접근방식과 융통성을 발휘하게 된다. PBL은 학습자로 하여금 자신이 무엇을 알고 있으며, 어떻게 새로운 지식을 구성하거나 만들어 낼 수 있는가에 대한 객관적 관찰과 성찰이 가능하도록 최적화된 학습 환경을 제공해 주는데, 그 안에서 학생들은 자신의 생각에 대한 위치나 다른 사람들의 다양한 견해에 대한 타당성을 평가하면서 과제 해결안을 구체화시키게 된다.

PBL에서의 메타인지적 활동은 학습자로 하여금 자신이 속한 전문 분야에서 필요로 하는 전문지식이나 기술을 적절하게 사용하거나 나타낼 수 있으면서 나아가 해당 분야의 새로운 지식과 기술을 지속적으로 습득해 나갈 수 있는 평생 학습자로서의 능력을 함양시켜준다. PBL은 학습에 대한 자기 성찰적 활동과 분명한 인식을 통해 '학습하는 방법에 대한 학습(Learn how to Learn)' 또는 '방법지(Knowledge about know-how)'를 알게 하고, 학습자 스스로 평생에 걸쳐서 학습활동을 자기 주도적으로 펼쳐 나갈 수 있는 역량을 키워준다.

Guiding Tips 46 링겔만 효과와 시너지 효과, 주인의식이 결정한다

한 명씩 줄다리기를 하면 자신의 힘 100%를 쏟지만 두 명이면 93%, 세 명이면 85%, 여덟 명이면 64%의 힘만 쏟는다.
_뉴욕대 링겔만 교수

내 일이야!

게임이나 할란다

안해도 그래

늦다 하잖아

문제의 핵심은 주인의식입니다.
주인의식을 가지면 100%, 200%의 시너지 효과를 낼 수 있습니다.

프로젝트학습을 실천할 때, 예상외로 적극적으로 참여하고 있는 학생의 부모님이 불만을 갖는 경우가 있습니다. 어떤 이유인지 구체적으로 살피고 공정하지 못한 부분이나 오해한 부분이 있다면 해당 사안에 맞게 해소하면 됩니다. 다만 적극적인 참여 자체에 문제를 제기하는 경우엔 자기주도학습의 핵심인 주인의식을 들어 설명해주길 바랍니다.

다만 적극적인 참여 자체에 문제를 제기하는 경우엔 자기주도학습의 핵심인 주인의식을 들어 설명해주길 바랍니다.

심리학자 링겔만(Ringelmann) 교수는 줄다리기를 통해 집단 속 개인들의 공헌도 변화를 측정하였습니다. 그 결과 한명씩 줄다리기를 하면 100%의 힘을 기울인 반면, 2명이면 93%, 3명이면 85%, 8명이면 49%로 1인당 공헌도가 감소하는 것으로 나타났습니다. 이런 링겔만 효과는 모둠활동을 하다보면 자주 겪는 현상이기도 합니다. 모둠과제 해결 과정에서 아무런 노력을 기울이지 않고 다른 팀원들이 어렵게 완성한 결과에 편승하는 학생들, 바로 '프리라이더(무임승차자)' 덕분에 익숙하게 느껴질 것입니다. 분명한 것은 프리라이더가 모둠 전체의 사기와 성취도를 저하시키는데 많은 영향을 미친다는 것입니다. 모둠의 팀워크를 저해하는 주요원인이 됩니다. 거기다가 모둠 안에서 갈등이라도 일어나면 감정이 상한 부모들까지 가세해서 프로젝트학습활동 중지를 요청하기까지에 이릅니다. 모둠 안에서 과제에 대한 책임감을 갖고 적극적으로 참여한 학생의 부모는 마치 큰 손해라도 봤다고 생각하며 "아무개가 하지 않는데 바보처럼 넌 그걸 다하고 있니? 그러면 평생 손해만 보고 살 거야. 다른 아이들이 하지 않으면 너도 그냥 아무것도 하지마!"라고 하면서 말이죠. 화가 나면 그럴 수도 있겠다고 생각할 수 있겠지만, 아이의 미래를 놓고 본다면 치명적인 실수일 수 있습니다. 아이가 주인의식을 갖는 것이 어리석은 것이라 꾸짖은 것이기 때문입니다. 오히려 선생님과 부모님은 학생이 보여준 주인의식을 높이 평가해주고, 상처받은 부분만 어루만져 주면 되는 일입니다. 어느 학생이 모둠 과제의 절반 이상을 다했다면, 그만큼 학습역량과 능력을 키운 시간이 되었으니 손해 볼 것이 없습니다.

성서에 기록된 예화 중에는 주인과 삯군에 대한 이야기가 있습니다. 주인은 답을 내리는 반면 삯군은 문제만 제기하고, 주인은 방법을 찾지만 삯군은 변명을 찾습니다. 주인은 해결방안을 제안하지만 삯군은 불만을 말합니다.

 주인은 책임을 지지만 삯군은 비판만 합니다. 주인은 항상 감사하지만 삯군은 불평을 합니다. 정리하자면 주인의식은 자기 주도적이고 자기 삶과 미래에 대해 긍정적인 마인드를 형성하는 반면, 삯군의식은 수동적이거나 무기력하고, 자기 삶과 미래에 대해 부정적인 마인드를 가지게 된다는 것입니다. 21세기 우리사회가 요구하는 리더십(leadership)과 팔로워십(Followership) 모두 주인의식이 없다면 형성될 수 없습니다. 주인의식은 그야말로 학생들의 잠재력을 끄집어내고 기대 이상의 역량과 능력을 신장시킬 수 있는 핵심요소인 셈입니다. 그러므로 프로젝트학습활동에서 아이가 맡은 역할은 다르더라도 주연이건 조연이건 모든 구성원이 주인의식을 가질 수 있도록 긍정적인 피드백을 제공하는 것이 중요합니다. 그렇게 되면 학생들은 환상적인 팀워크를 자랑하며 링겔만 효과가 아닌 시너지 효과를 발휘하며 감탄을 자아내는 집단지성으로 화답할 것입니다.

project

'PART2. 프로젝트학습에 담긴 철학이 무엇일까'에서 배운 내용 가운데 핵심용어
중심으로 지혜나무를 완성해주세요. 관련성이 높은 용어들을 한 가지에 묶어주는 것이
중요합니다. 주어진 공간 외에도 탐스런 열매가 가득 차도록 자유롭게 꾸며주시면 됩니다.

기억 속에 오랫동안 간직하고 싶은 지식(이론)은 무엇인가요? 여러 지식 가운데 엄선하여 보물상자에 소중하게 담아주세요.

memo

지혜나무와 지식보물상자에 담긴 지식들을 그림으로 나타내어 봅시다. 정해진 형식은 없습니다. 자신만의 방식대로 자유롭게 맘껏 표현하면 그만입니다.

Visual Thinking

The Big Idea!

'PART2. 프로젝트학습에 담긴 철학이 무엇일까' 편을 읽으면서 배우고 느낀 점은 무엇입니까? 머릿속에 떠오르는 생각의 흐름대로 꺼내어 마인드맵처럼 표현해 봅시다. 무엇보다 자신만의 영감과 통찰을 통해 빚어낸 빅아이디어(창의적인 생각)가 무엇인지 꼭 정리해 봅시다!

Big Idea! Creative Thinking!

나의 지식사전

절대 놓치고 싶지 않은 중요한 지식이 있다면 '나의 지식사전에 남기도록 합니다. 특히 해당 지식과 관련하여 배우고 싶은 주제를 함께 기록해 보도록 합니다.

핵심용어	중심내용	배우고 싶은 주제

프로젝트학습은
진화하고 있다

03

IBM Watson

　2016년 미국 조지아공대의 고엘(Goel) 교수는 컴퓨터공학과 수업에서 인공지능을 조교로 활용하는 실험을 진행했다. 인공지능 조교의 이름은 질 왓슨(Jil Watson), 흥미롭게도 학기가 끝날 때까지 어떠한 학생도 그녀의 정체를 알아채지 못했다. 조교 왓슨은 학기 내내 온라인상에 올린 학생들의 질문에 답변을 하거나 이메일로 답장을 했으며, 토론 주제도 올리고, 토론을 유도하는 등의 활동을 벌였다. 심지어 학생들은 왓슨을 20대 백인여성이라고 여겼으며, 가장 인기 있는 조교로 꼽기까지 했다. 수업과 관련해서 왓슨에게 쏟아진 질문은 1만 개에 달했다. 특히 왓슨은 97% 이상의 정확성이 확인될 때, 답변하도록 디자인됐는데, 과거 수업에서 오가던 모든 데이터를 스스로 학습하도록 함으로써 답변의 정확성을 높이고, 사람과 자연스런 의사소통이 가능하도록 했다.

IBM에서는 인공지능 왓슨을 의료와 교육 분야에 특화시켜 개발하였고, '빅 데이터(big data)'가 쌓여가는 속도만큼 진화를 멈추지 않고 있다. 각 분야에서 활약하고 있는 인공지능이 괄목할 만한 성과를 나타내면서, IBM은 앞으로 10년 이내 미국의 모든 초·중등학교와 대학교에서 인공지능이 사람을 가르치게 될 것이라 장담하고 있다. 이미 일부 학교에서는 인공지능 프로그램이 도입되어 시범적으로 교육이 이루어지고 있기도 하다. 그 중에서도 대학의 온라인 공개강좌(Massive Open Online Course: 이후 MOOC)에서 인공지능 조교의 활약이 두드러지고 있다. 특히 조지아공대는 MOOC로 컴퓨터과학 전공의 석사학위를 취득할 수 있는 프로그램을 만들었고, 여기에 미국 시민권자만 1854명, 총 80개 국의 학생들이 지원했다고 한다. 조지아공대는 가까운 미래에 1만 명까지 학생 수가 늘어날 것이라 예상하고 이에 대응할 수 있는 인공지능 조교를 개발하고 있기도 하다. 가까운 미래, 수많은 학생들이 동시다발적으로 쏟아내는 질문에 능숙하게 대처하고, 어떤 상황에서도 친절함을 잃지 않는 사람보다 더 사람 같은 인공지능 로봇이 전통적인 교사의 역할을 대신할지도 모를 일이다.

하지만 지나친 우려는 불필요하다. 로봇이 사람을 완전히 대체해 교사의 일자리를 빼앗는다는 식의 막연한 두려움을 확산시킬 필요도 없다. 세계경제포럼의 미래보고서(2016년)에 따르면, 교사들의 일자리는 다른 직업분야와 달리 오히려 증가할 것이라고 전망(2020년 기준)하고 있다. 여러 분야에 걸쳐 4차 산업혁명 기술로 인해 사라질 일자리가 총 710만 개에 이른다는 예측에 적어도 교사직종은 포함돼지 않은 것이다. 물론 이런 예측에는 교육의 변화가 기술의 변화속도보다 훨씬 느린 이유도 작용했겠지만, 새로운 시대에 요구되는 핵심역량의 대부분이 사람 간의 지속적이고 깊이 있는 상호작용을 통해 길러지기 때문이기도 하다. 이에 따라 교사의 역할은 달라질 수밖에 없다. 교사가 지금껏 맡아왔던 지식전달, 정보제공 등의 전통적인 역할은 기능적으로 뛰어난 매체나 인공지능이 대신하게 될 가능성이 높다.

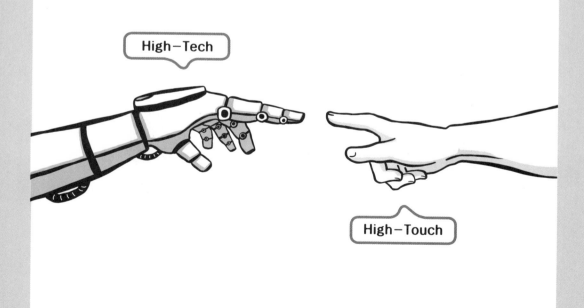

그렇다면 이러한 '하이테크(High-Tech)'의 시대에 적합한 수업은 어떤 모습일까, 최근 들어 프로젝트학습(Project Based Learning: PBL)이 혁신학교, 거꾸로 수업, 융합교육(STEAM), 자유학년제 등에 단골로 등장하고 있는 것은 단순한 우연이 아니다. 유수의 교육기관들과 교육선진국들이 앞다투어 교육현장에 도입하는 데도 그만한 이유가 있다. 분명한 것은 프로젝트학습이 반복적이고 획일적인 기계적 학습에서 벗어나 학습자의 자율성과 자기주도성 등을 토대로 상상의 나래를 펼치도록 촉진하는 창의적인 학습환경을 구현하고 있다는 점이다. 그야말로 사람 간의 상호작용을 통해서만 가능한 '하이터치(High-Touch)', 지극히 인간적인 감성이 프로젝트학습에 고스란히 담겨있다. 그런 의미에서 새로운 시대에 적합한 형태로 끊임없이 변화하고 있는 프로젝트학습을 그때그때 읽어내는 것은 교사로서 매우 중요한 일이다. 아무쪼록 PARTⅢ을 통해 교육의 변화와 프로젝트학습의 진화상에 주목하면서 자신의 실천현장을 변화시킬 구체적인 방안을 모색해보길 바란다.

Guiding Tips 47 인공지능을 이기는 교육

EBS 지식채널e 「인간을 위한 기술혁명 2부: 인공지능을 이기는 교육」 편에는 4차 산업혁명 시대에 적합한 교육으로 프로젝트학습을 소개하고 있습니다. 관련해서 교사 자신의 이해를 높이는데 활용해 보도록 하세요.

PBL을 적용하는데 있어서 부모나 학생의 이해를 돕기 위한 설명 자료로 활용하는 것도 적극 권장합니다.

13

◆ 하이테크 하이터치,
교육의 변화는 이미 시작됐다 ◆

2006년, 길거리의 모습은 눈에 띄게 달라지고 있었다. 당시 휴대폰으로 위성방송을 시청할 수 있는 DMB 서비스가 본격화되었고, 거리 곳곳에서 이른바 '핸드폰 TV'를 즐기는 사람을 쉽게 만나볼 수 있었다. 휴대폰으로 음악을 즐기고, 사진과 동영상을 찍는 모습은 일상의 풍경이 되었다. 어느 곳에서든 영화를 즐기고, 온라인 게임을 즐기며, 채팅, 인터넷 검색 등을 할 수 있는 '와이브로(Wi-Bro)' 서비스의 시작을 앞두고 있기도 했다. 언제, 어디서나, 어떤 단말기로도 네트워크에 접속할 수 있는 꿈의 정보통신환경이 성큼 다가오던 시기였다. 이러한 때와 맞물려 마크 와이저(Mark Weiser)의 예측이 시선을 끌었다. 그는 '미래의 컴퓨터는 우리들이 그 존재를 의식하지 않은 형태로 생활 속에 파고들 것이며, 하나의 방에 수백 개의 컴퓨터들이 유선네트워크와 양방향 무선 네트워크로 상호 접속될 것'이라 예견했다. 그러면서 우리의 눈엔 보이지 않지만 분산되어 있는 수많은 컴퓨터들이 서로 연결되어 있어 컴퓨터들을 의식하지 않고도 자연스럽게 컴퓨팅 기술을 이용할 수 있는 '유비쿼터스 컴퓨팅(ubiquitous computing)'* 시대의 도래를 예측했다(Weiser, 1991). 요즘 유비쿼터스라는 용어는 거의 사용하지 않고 있지만, 거의 동일한 개념 가운데 '사물인터넷(Internet of Things: IoT)'이 있다.

아무튼 필자는 마크 와이저의 예측한 테크놀로지의 발전이 필연적으로 교육환경의 변화로 이어질 것이라 여겼고, 그런 학습환경에서 프로젝트학습이 어떻게 구

---

* 미국의 대표적 과학저널의 하나인 '사이언티픽 아메리칸(Scientific American)' 1991년 9월호에 컴퓨터 과학자들이 유비쿼터스 컴퓨팅의 원전이라 부르는 '21세기를 위한 컴퓨터(The Computer for the 21st Century)'라는 논문에서 마크와이저는 유비쿼터스 컴퓨팅 시대의 도래를 예측하였다.

현될지 몹시 궁금했다. 그래서 모바일 기반의 e-Learning(m-Learning) 환경의 특성을 분석하고, 해외사례 등을 참고해서 프로젝트학습이 구현된 모습을 가상시나리오에 담고자 했다. 지금의 시각에서 본다면 너무나도 당연해보이지만, 가상시나리오를 작성하던 당시(2006년)만 해도 상상으로 존재하던 미래의 모습이었다. 가상시나리오는 「유비쿼터스 시대에 학습테크널러지가 지닌 교육적 함의」라는 제목으로 학술지에 실린 바 있다(강인애, 정준환, 2007). 이때는 애플의 아이폰이 등장하기도 전이었으며, '스마트폰'이라는 대중적인 용어도 사용되지 않았던 시기였다.

 가상시나리오 : 프로젝트학습과 함께하는 초등학생의 하루

　가상시나리오는 새로운 모바일 인터넷 환경에서 어떻게 프로젝트학습이 진행되는지 시간 단위로 보여주고 있으며, 주5일제 수업이 시범 실시되던 때(전면 시행은 2011년)였던 만큼, 이를 대비한 측면도 있었다. 2006년에 작성된 가까운 미래의 가상이야기지만 현재의 시점에서 시나리오를 살펴보는 것도 나름 흥미진진하리라 본다. 그 당시 필자가 예측한 것과 오늘날의 IT 환경을 비교해보는 것도 나름 의미가 있지 않을까. 그럼, 지금부터 과거에 예측한 가까운 미래이야기, 2010년 프로젝트학습과 함께 한 초등학생의 하루 속으로 들어가 보도록 하겠다.

오늘은 2010년 5월 1일 토요일, 주5일 수업이 시행된 이후, 주말이면 특별한 PBL 수업이 영희를 기다리고 있다.
오늘 영희에게는 어떤 일이 일어날까?
오전 7시, 영희의 단잠을 깨우는 휴대폰 알람 소리가 경쾌하게 울린다.

　"즐거운 토요일, 일어나세요! 일어나세요! 삐리릭~~~"

영희가 가진 휴대폰은 카메라, 캠코더, TV, MP3 등의 기능뿐만 아니라 과거 PDA가 갖고 있던 강력한 기능들을 가지고 있다. 이제 휴대폰으로 인터넷과 TV를 즐기는 것은 너무나도 자연스러운 모습이다.

영희의 휴대폰으로 오늘 해야 할 일에 대한 담임선생님의 동영상 메시지가 도착했다. "안녕, 신촌초등학교 5학년 1반 친구들, 잠은 푹 잤나요? 오늘 하루동안 진행될 특별한 PBL 수업이 여러분들을 기다리고 있어요. 우선, 선생님 블로그에 접속해서 동영상으로 제작된 문제내용을 확인하고 모둠별로 학습계획을 세우세요." 영희는 담임선생님의 안내에 따라 휴대폰으로 선생님의 블로그에 접속했으며, 학습안내방에 제시된 PBL 문제를 파악했다.

가상역사체험 : 역사 뒤집기

지금으로부터 130여년 전, 우리나라는 서양 세력과 일본, 중국, 러시아 등 주변 국가들의 식민지 쟁탈전에 휘말리는 위기에 처하게 됩니다. 우리 조상들은 '풍전등화(風前燈火)'의 국가적 위기에서 이를 극복하기 위한 대책을 세우고, 수많은 노력들을 기울입니다. 하지만, 이러한 노력에도 불구하고, 결국 우리나라는 일본에게 나라를 빼앗기는 전대미문(前代未聞)의 불행한 역사를 겪게 됩니다. 저는 가슴 아픈 우리 역사를 떠올릴 때마다, '박하사탕'이라는 영화에서 "나, 다시 돌아갈래!"라고 외치던 그 주인공 심정이 되어 버립니다. 불행한 역사의 수레바퀴를 제자리로 되돌리고, 다시 시작할 수만 있다면 얼마나 좋을까요? 만약, 타임머신이라도 있으면 그 당시로 돌아가서 선택의 주인공들에게 옳은 선택이 무엇인지 알려줄 수 있을 텐데 말입니다.

_이하 생략 : 잼공팩토리❶에 전체 문제내용 수록

학생들은 휴대폰을 통해 블로그에 올려진 최근 게시물을 확인할 수 있으며, 자신과 타인의 블로그에 의견이나 탐색한 정보를 문자, 음성, 동영상 등의 다양한 형태로 제작하여 전송할 수 있다. 그리고 최근에는 휴대폰의 최첨단 음성인식기술 덕분에 학생들의 음성을 텍스트 자료로 전환시켜 주거나 문자입력 대신 음성명령을 통해 인터넷 접속과 정보탐색이 가능해졌다. 제시된 PBL 문제를 어떻게 해결하면 좋을지 곰곰이 생각하고 있던 중, 같은 모둠 친구인 소정이에게 화상전화가 왔다. 2010년에 휴대폰을 통한 화상통화는 일상적인 일이다. 휴대폰을 통해 화상전화뿐만 아니라 화상회의도 가능하며 동시에 다양한 형태의 실시간 자료공유도 가능하다.

오전
9시 오늘 안으로 주어진 문제를 해결하기 위해서는 모둠원들 간에 머리를 맞대어 문제해결 계획을 세워야 한다. 영희와 소정이의 화상통화에 같은 모둠 친구인 하영이와 혜실이도 참여하였다. 휴대폰의 멀티화상통화 기능으로 여러 명이 함께 토론하는 일은 어려운 일이 아니다. 영희는 멀티화상통화를 통해 토론한 내용을 동영상으로 바로 저장해서 자신의 블로그에 올렸다.

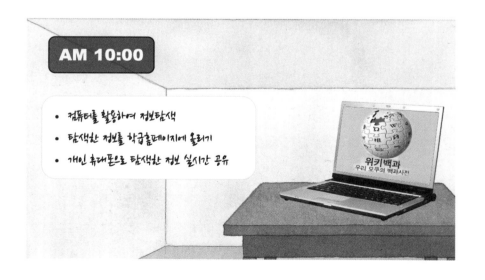

오전 10시 영희를 비롯한 블루베리 모둠원들은 130년 전 암울한 우리 역사와 관련된 다양한 정보들을 찾아보았다. 영희는 집에 있는 관계로 휴대폰보다 정보탐색이 편리한 컴퓨터를 활용하여 다양한 정보들을 찾았다. 영희는 정보탐색 과정에서 흥선대원군의 잘못된 정책으로 인해 국력이 약해지고, 명성황후시해라는 비극적인 사건을 겪게 되며, 일본에게 국권을 빼앗기는 수치스러운 역사를 겪게 된다는 사실을 알게 됐다. 영희는 인터넷을 통해 찾은 정보를 학급홈페이지에 올렸으며, 동시에 모둠 친구들 휴대폰으로 탐색한 정보를 전송했다. 1시간 동안 영희를 비롯한 블루베리 모둠 친구들은 다양한 정보를 공유했으며, 이를 통해 130년 전 암울한 역사의 중심에 흥선대원군과 명성황후, 그리고 고종황제라는 인물이 있었다는 사실을 알게 되었다.

AM 11:00
- 효과적인 답사를 위해 팀 구성: 유적 팀과 유물 팀
- GPS 기능을 활용하여 답사코스 정하기
- 휴대폰을 통해 가상박물관 접속, 관람계획(코스, 시간 등) 세우기
- 휴대폰을 통해 박물관 관람계획과 유적탐사계획 공유

오전 11시 약속대로 블루베리 모둠은 영희네 집 앞에 모두 모였다. 서로 공유한 정보와 의견들을 종합해 보고, 실제 역사적 사건과 관련된 유물과 유적을 찾아서 어

떤 곳을 답사할지 의견을 나누었다. 이들은 시간을 아끼기 위해 서로 답사할 장소를 나누고 긴밀히 연락하기로 하였다. 역사적 사건과 관련된 유적을 찾아보기로 한 영희와 소정이는 답사 코스를 정하기 위해 휴대폰을 꺼냈다. 휴대폰의 GPS 기능은 이들에게 답사할 행선지를 정확하게 알려주며, 찾아가는 방법이나 비용 등의 정보를 함께 제공해 준다. 휴대폰에 흥선대원군과 명성황후, 고종황제와 관련된 유적 정보와 조건(이동시간 1시간 이내 등)을 입력하자, 화면에는 한 시간 거리 안에 위치한 유적 위치가 GPS 지도에 표시됐다. 소정이와 영희는 GPS 안내에 따라 가까운 곳부터 차례로 역사적 흔적들을 더듬어 나갔다. 한편, 역사적 사건과 관련된 유물을 찾아보기로 한 하영이와 혜실이는 국립중앙박물관으로 향했다. 박물관으로 향하는 전철 안에서 하영이와 혜실이는 관련 유물을 찾아 헤매지 않기 위해 가상 박물관에 접속해서 관람계획(코스, 시간 등)을 세웠다. 휴대폰을 통해 접속한 가상 박물관에 유물과 관련된 키워드를 입력하면 해당 유물목록이 나오고 유물이 위치한 공간과 이동코스, 예상소요시간 등이 나온다. 하영이와 혜실이의 박물관 관람계획과 영희와 소정이의 관련 유적탐사계획은 휴대폰을 통해 곧바로 공유됐다.

오후
12시
　경기도 남양주시에 거주하고 있는 영희와 소정이는 가장 가까운 유적인 흥선대원군의 묘를 거쳐 명성황후와 고종황제가 잠든 홍유릉을 돌아보고 있는 중이다. 이들은 관련 유적의 사진을 찍고, 중요한 사진자료는 음성설명과 함께 자신의 블로그에 올리고 있다. 모르는 부분이 있으면 관련 정보를 탐색해서 보충하기도 하였다. 영희는 묘 앞에 위치한 여러 석물들을 살펴보다가 향토학자를 만났다. 그는 친절하게 고종황제와 명성황후의 묘에 대해 자세히 설명해 주었으며, 그 당시의 역사적 사건에 대해서도 간단하게 설명해 주었다. 소정이는 향토학자의 동의를 얻어서 설명내용을 동영상으로 저장했으며, 국립중앙박물관에 있는 하영이와 혜실이의 휴대폰으로 동영상이 실시간으로 전송됐다. 이어서 소정이는 홍유릉에 대한 답사 내용을 간단히 정리해서 블로그에 올렸다.

PM 01:00

• 가상박물관에 접속하여 유물목록과 위치 파악
• 유물에 대한 정보와 자료 수집
• 이동시간을 이용하여 휴대폰으로 관련성이 높은 방송프로그램 시청하기

오후
1시
　하영이와 혜실이는 휴대폰으로 전송된 향토학자의 설명을 듣고 난 이후, 박물관 관람계획에 따라 관련 유물을 본격적으로 살펴보기로 하였다. 하영이와 혜실

이가 국립중앙박물관에서 관련 유물을 본격적으로 찾아 나선 시간은 대략 오후 1시, 이들은 먼저 휴대폰으로 가상 박물관에 접속해서 살펴보아야 할 관련 유물목록과 위치를 파악했다. 혜실이는 관련 유물을 촬영하고, 정보를 수집했으며, 유적답사 팀의 요청에 따라 관련 자료를 탐색하기도 하였다. 한편, 홍유릉을 떠나 경복궁으로 향하고 있는 영희와 소정이는 KBS '역사스페셜 : 러시아 비밀문서 명성황후 최후의 날'이라는 방송프로그램을 보고 있다. 방송콘텐츠의 DB 구축으로 8년 전에 방송됐던 프로그램이라도 이제 쉽게 찾아 볼 수 있다.

오후 2시 8년째 PBL 수업을 해오고 있는 신촌초등학교 주난샘은 블루베리 모둠의 영희와 소정이, 하영이와 혜실에게 화상전화를 걸었다. 주난샘은 이미 블로그에 올린 다양한 정보와 자료에 대해 피드백을 주었으며, 피드백 내용은 휴대폰을 통해 각 학생에게 알려졌다. 주난샘과 함께 블루베리 모둠의 임시 화상회의가 이루어졌다. 서로 간에 학습 진행과정을 점검하고, 혼자 해결하기 복잡한 부분에 대해 서로 간의 의견을 교환하였다.

오후 3시 영희와 소정이는 경복궁에 도착해서 명성황후의 시해과정을 하나하나 더듬어 보면서 살펴보기로 하였다. 이들은 휴대폰으로 좀 전에 시청했던 방송프로그램과 명성황후 시해사건에 대한 실제 역사적 흔적들을 비교하면서 살펴보았으며, 중간 중간 모르는 부분이 생겼을 때, 선생님 블로그의 질문코너에 다양한 형태의 메시지를 남겼다. 소정이는 실제 역사적 현장을 사진과 동영상으로 담아서 자신의 블로그에 시간 순서별로 올렸다. 소정이가 시간 순서별로 올린 자료는 국립중앙박물관에 있는 하영이와 혜실이에게도 공유됐다. 이제 하영이와 혜실이는 사이버 박물관에 접속해서 전시되고 있는 유물 외에 타지역 박물관에 소장되고 있는 관련 유물을 살펴볼 계획이다.

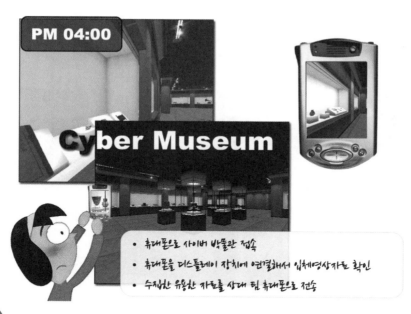

- 휴대폰으로 사이버 박물관 접속
- 휴대폰을 디스플레이 장치에 연결해서 입체영상자료 확인
- 수집한 유용한 자료를 상대 팀 휴대폰으로 전송

오후 4시 하영이는 휴대폰으로 타 지역의 사이버 박물관을 둘러보려고 한다. 다른 지역의 박물관도 가상현실(virtual reality)로 실제 박물관과 똑같은 형태의 전시공간을 구현했으며, 관련 유물의 입체영상자료와 정보를 손쉽게 확인할 수 있다. 하영이는 휴대폰을 국립중앙박물관에 구비된 디스플레이 장치에 연결해서 큰 화면으로 사이버 박물관에 전시된 유물의 입체영상자료와 정보를 실감나게 살펴볼 수 있었다. 유용한 정보는 영희의 휴대폰으로 곧바로 전송했다. 한편, 영희는 하영이가 보낸 관련 유물자료와 정보를 확인하고, 이를 보충할 수 있는 관련유적을 정리해서 하영이 휴대폰으로 보냈다. 영희와 소정이는 휴대폰으로 명성황후 시해사건을 비롯해서 흥선대원군의 쇄국정책과 관련한 역사 유적을 살펴보고 관련 정보를 수집하여 정리하였다. 정리한 내용은 곧바로 개인 블로그에 올려졌다.

PM 05:00
• 화상통화를 통해 조사한 내용에 대해 정리하기
• 휴대폰의 음성인식기술을 활용하여 집에 오는 길에 최종의견정리

오후 5시 블루베리 모둠은 화상통화를 통해 지금까지 조사한 유물과 유적에 대해 간략하게 정리해 보고, 문제해결을 위해서 어떻게 활용하면 좋을지 토론하였다. 그리고 이어서 각자 토론결과를 종합하고 자신의 의견을 덧붙여서 정리하였다. 휴대폰에 적용된 음성인식기술 덕분에 최종 의견 정리는 집으로 돌아오는 길에 이루어졌다. 음성을 인식하고 인식한 내용을 텍스트로 변환하는데 1초도 걸리지 않는다.

🐋 영희의 최종 정리

이번 문제를 받고 정말 나는 충격과 동시에 우리 조상들이 더 나은 선택을 했으면, 우리나라가 어려움에 처하지 않았을 텐데라는 생각에 아쉬움만 남았다. 지금 쯤 하늘나라에 계시면서 분통을 터트리고 계실 조상님들을 생각하니 이번 문제를 정말 잘 해결해서 앞으로 이런 일이 없도록 해야 한다는 생각이 들었다. 이미 벌어진 역사적 사실이지만 역사를 뒤집어 보면서 다시 이러한 잘못을 되풀이 하지 않는 것도 큰 의미라고 생각한다. 나는 우리 조상이 더 나은 선택을 했더라면 상황이 과연 어떻게 바뀔지 궁금했다. 그리고 한편으로 그때 당시의 명성황후를 생각해보니, 정말 분통이 터졌다. 그때의 자객들이 함부로 쳐들어와서 죽였다니….

나는 이해가 가지 않았다 나라 안에서는 명성황후를 죽게 그냥 내버려 둘 정도로 그렇게 나라가 약할 수 있는지…, 그 시대의 군사들은 무엇을 했으며, 왕은 무엇을 했는지, 백성들은 무엇을 했는지…, 너무 이해가 가지 않았다. 만약 그 시대의 군사가 튼튼하였다면, 우리나라 군사들이 일본 자객들을 모두 물리쳐서 명성황후를 자객들이 죽이지 않았을 수도 있었을 텐데…, 잘 훈련된 군대도 제대로 갖지 못했던 조선이 한심하기만 했다. 나는 관련 정보와 자료를 수집하면서 잘 훈련된 군대를 가질 수 없었던 이유를 알았다. 그건 한 마디로 돈이 없었기 때문이다. 관료들의 부정으로 인해 국가재정이 어려운 상태에서 흥선대원군의 쇄국정책으로 인해 여러 나라와 경제, 문화 교류가 제대로 이루어지지 않아서 국가재정이 바닥이 났다. 쇄국정책을 펼쳐서 여러 나라와의 교류를 하지 않았고, 결국 제대로 된 군사마저 가질 수 없을 정도로 약해져버린 나라를 만든 것은 여러 원인들이 있겠지만 흥선대원군의 쇄국정책이 가장 큰 원인이라고 생각한다. 과거 우리나라는 되돌릴 수 없는 선택으로 힘겨운 나날들을 보내왔다. 하지만 우리가 그 잘못된 선택을 고쳐 바른 선택을 한다면 다시금 그런 잘못을 되풀이 하지는 않겠지?

PM 06:00

• 집에 도착한 후, 학급홈페이지에 접속
• 하루 동안 수집한 정보 및 의견 확인
• '금강산도 식후경' 즐거운 저녁식사

오후 6시 영희를 비롯한 3명의 블루베리 모둠 친구들은 각자 집에 도착했다. 영희는 집에 도착하자마자 블로그에 접속해서 오늘 하루 동안 수집한 정보 및 의견들을 시간 순으로 다시 한번 살펴보았다. 영희는 PBL 문제에서 요구하는 학습결과물을 도출하는데 수집한 모든 정보나 자료를 활용할 수는 없겠지만, 130년 전 역사적 현실과 비극적인 역사 사건이 일어나게 된 배경을 구체적으로 알 수 있게 되어서 무척 기쁘게 생각하고 있다. '금강산도 식후경', 어머니께서 정성스럽게 준비해 주신 저녁식사에 또 다시 기쁨을 느끼며 굶주린 배를 채우기 시작했다. 저녁식사가 끝날 무렵, 소정이로부터 화상전화가 왔다.

오후 7시 계획대로 가상역사체험 시나리오 작성을 위한 화상통화가 이루어졌다. 화상통화에서는 블루베리 모둠의 최종안을 정리하는데 목적이 있기 때문에 통일된 의견을 만들기 위한 의견교환이 활발하게 이루어졌다. 결국, '명성황후 시해사건'과 같은 비극적인 역사는 흥선대원군의 쇄국정책이 원인이 됐으며, 이로 인해 국력이 약해졌다는 방향으로 의견합의가 이루어졌다. 최종안을 만들기 위한 역할분담도 함께 이루어졌다. 가상역사체험 시나리오 작성은 영희와 소정이가 맡기로 하였으며, 소품 및 발표자료 제작은 하영이와 혜실이가 맡기로 하였다.

오후
8시
영희와 소정이는 가상역사체험 시나리오를 만들기 위해 서로 머리를 맞대고 고민하기 시작했다. 물론 그들을 연결해 주는 것은 화상통화 기능이 있는 휴대폰이다. 상대방에게 자신의 생생한 표정과 목소리가 휴대폰을 통해 전달됐다. 드디어 시나리오 완성!

오후
9시 영희와 소정이는 완성한 가상역사체험 시나리오를 학급홈페이지에 올리고 하영이와 혜실이에게 전송했다. 하영이는 시나리오를 바탕으로 발표를 위한 소품을 준비했으며, 혜실이는 발표를 위한 프레젠테이션 자료를 제작했다. 블루베리 모둠의 발표는 월요일 사회수업 시간에 진행될 예정이다.

오후
10시 소정이는 학습의 전 과정을 되돌아보며 학급홈페이지에 성찰저널을 남겼다. 음성을 통해 간단히 작성하는 방법이 있지만, 배움의 과정을 천천히 곱씹어 보면서 기록하기에는 자판을 두드리며 입력하는 것만큼 좋은 방법은 없다.

나는 PBL 문제를 해결하면서 영화 '박하사탕'의 주인공이 기찻길에 올라가 '나, 다시 돌아갈래'라는 말처럼 다시 옛날로 돌아가 우리 조상들의 잘못된 선택을 바르게 고치고 싶었다. 그래서 이번 문제를 해결하기 위해 관련 유적과 유물을 돌아보면서도 흥선대원군이 실제 역사와 다른 선택을 했다면, 어떻게 일이 전개되었을지 많이 생각도 해보고 고민도 하였다. 나는 이번 보고서를 쓰면서 우리 조상들이 어떤 선택을 하여 어떤 일이 일어났는지 자세히 알게 되었다. 흥선대원군의 쇄국정책으로 인해 화가 난 일본이 명성황후 시해사건을 일으킨 일도 그중에 하나이다. 또, 어떤 선택을 했으면 그 뒤로 어떤 일이 일어났을지도 예상해 보았다. 만약 나라에서 군사를 튼튼하게 했다면 일본 자객이 명성황후를 시해하는 목적으로 쳐들어왔다고 해도, 우리나라의 튼튼한 군사가 있었으면 명성황후를 일본인들이 잔인하게 시해하지는 않았을 것이다. 또, 흥선대원군이 다른 나라와 교류를 하여, 서양의 많은 문물들을 받아 들였다면 일본이 감히 우리를 침범할 일도 없었을 것이고, 일본자객들이 명성황후를 시해하는 일도 없었을 것이다. 지금 하늘에서 옛날 일들을 생각하면서 분통하고 있을 조상들을 위해 우리라도 지금 우리 대한민국의 역사를 바로 세우기 위해 열심히 노력해야겠다.

2010년 초등학생의 하루를 그린 가상시나리오, 여기서 예측했던 IT 환경은 실제로 스티븐잡스가 들고 나온 아이폰 출시를 기점(2008년)으로 2010년 무렵 기술적으로 완전히 실현됐다. 지금은 가상시나리오에 담긴 내용대로 다양한 IT 활용을 근간으로 하는 '개별적', '협력적', 'PBL'의 '혼합적' 학습환경을 얼마든지 구현할 수 있다. 그런데 이상한 점은 가상시나리오의 학습활동이 아직까지 우리에게 낯설게 느껴진다는 것이다. 기술적으로 충분히 구현가능해진 환경임에도 막상 실천으로 옮기자니 엄두가 나질 않는다. 과거 컴퓨터에만 담겼던 IT 기술이나 매체, 도구가 스피커를 비롯해 각종 가전제품, 자동차, 보일러 등등 일상의 모든 물건으로 완전히 스며들어 구분조차 되지 않는 상태, 곧 사물인터넷(IoT) 시대로 빠르게 접어들고 있음에도 그때나 지금이나 수업은 별반 달라지지 않았다. 1초면 20GB의 파일이 전송되는 5G 통신환경, 유비쿼터스 컴퓨팅에서 강조한 '5A(Any-where, Any-time, Any-network, Any-device, Any-service)'(Weiser, 1991) 환경에서 여전히 초고화질 교과강의영상이나 디지털 교과서의 활용을 강조하고 있다. 테크놀로지의 발전에 따라 교육현장의 하드웨어는 신속하게 업데이트 중이지만, 소프트웨어(내용과 방법)의 변화는 더디기만 하다. 이대로 괜찮을까. 과연, 해왔던 방식대로 그냥 그대로 계속 가는 것이 옳은 선택일까. 더 이상 시대의 변화를 외면해서는 안 된다. 그것에 맞게 교사가 행동으로 옮길 때이다. '변화냐', '아니냐'의 갈림길에서 무엇을 선택하는 것이 좋을까. 먼저 미국교육의 사례를 살펴보며, 그 해법을 모색해 보도록 하겠다.

48 스마트폰을 금지시킨다고 해결될까

아이에서 어른까지 외부로부터 즐겁고 유쾌한 자극을 끊임없이 받으며, 삶의 활력을 얻고자 합니다. TV나 스마트폰 등을 통해 스트레스를 해소하고 마음의 위로가 된다고 여기면서 말이죠. 그러나 흥미로운 것은 이런 활동이 그 순간 재미있는 것처럼 착각하게 만들지만 실상은 기분을 나아지게 만들지 못한다는 사실입니다. 오히려 자극이 종료된 이후에는 권태와 우울감을 더 키운다는 연구결과를 내놓고 있습니다. 요즘 청소년들이 스마트폰의 다양한 게임과 채팅 등을 통해 쉽게 재미를 얻고자 하지만, 그렇다고 그것이 청소년의 자살률을 낮추면서 행복감을 높이는 결과로 이어지지 못하는 것과 같은 맥락입니다. 사람들이 외부의 자극에 의존해 재미를 얻고자 하는 성향이 강해질수록 좀처럼 어렵고 힘든 일을 견디지 못하고, 공부나 일에 대한 무력감에 빠지게 될 위험이 높아집니다. 외부 자극에만 의존하는 비중만큼이나 심리적인 불안감이 커지게 되고, 이런 자극의 소멸을 극도로 두려워하게 됩니다. 온라인 게임을 못하도록 PC방을 금지시키고, 컴퓨터의 코드를 잘라버린다고 해서, 스마트폰을 학생들로부터 빼앗아 금지시킨다고 해서 해결될 수 있는 간단한 문제가 아닙니다. 스마트폰, 컴퓨터, TV 등에 문제의 본질이 있는 것이 아닙니다. 본질은 우울감이며 낮은 자존감과 학습된 무력감에서 원인을 찾아야 합니다. 스마트폰, 컴퓨터, TV 등의 매체는 필요악이나 바보상자가 아닙니다. 이들 모두 학습환경, 학습도구로서의 가치가 있으며, 기존의 인쇄매체보다 효율적이며 효과적인 학습을 가능하게 해줍니다.

학력(3R)이 아닌 역량(4C), 그래서 다르다

제4차 산업혁명을 주도하는 국가를 꼽자면 단연 미국이다. 구글, 애플, 페이스북, 유튜브, 아마존 등의 거대기업들이 매력적인 소프트웨어를 앞세워 새로운 세상을 열어가고 있다. 이들 대부분은 십 수년 전만 해도 존재감이 없었던 작은 회사에 불과했지만, 차별화된 소프트웨어의 힘으로 급성장하였다. 거기에는 미국 사회의 전방위적인 지원이 있었고, 무엇보다 미래를 내다본 교육개혁이 뒷받침됐다. 과거 오바마 미국대통령이 미국 학생의 기초학력저하에 문제제기를 하며 한국교육을 비교대상으로 삼아 한국 언론에 주목을 받기도 했지만, 그것은 그의 사견에 불과하며 사실 정치적 수사에 가까웠다. 미국은 2002년 실질적인 권한을 갖고 있는 '전미교육협회(National Education Association)'가 교육개혁의 방향을 정한 이후, 단 한 차례도 노선을 바꾸지 않았으니 말이다.

2000년대 초까지만 해도 우리나라와 마찬가지로 읽고, 쓰고, 셈하기, 즉 3R이 미국교육정책의 근간을 이루었다. 하지만 이러한 능력들을 종합적으로 연구한 결과, 21세기를 주도할 인재를 양성하는 데 여러모로 적합하지 않다는 결론에 이르게 된다. 이에 따라 전미교육협회는 기존의 3R 중심의 정책에서 과감히 탈피하는 결단을 내렸고, 21세기형 인재양성을 위한 새로운 기준을 도출하게 된다. 이른바 4C, 즉 '창의력(Creativity)', '협동능력(Collaboration)', '비판적 사고능력(Critical thinking)', '의사소통능력(Communication)'을 21세기 핵심역량으로 정하고 이를 교육정책의 중심에 두게 된 것이다. 바로 이어서 이러한 교육목표를 구체적으로 달성하기 위해 프로젝트학습을 포함한 학습자의 역량을 강화시켜줄 교수학습모형을 교육현장에 적극 도입하였다. 비영리단체인 "21세기 역량 파트너십(The Partnership for 21st Century Skills)"을 설립하여

21세기형 인재를 양성하기 위한 구체적인 사례와 교육방법이 담긴 안내서를 보급하고 대대적인 교사연수를 실시하기도 했다. 당시 최고의 IT 기업이었던 마이크로소프트(Microsoft)와 인텔(Intel), IBM 등이 막대한 예산을 집행하며 교육개혁을 지원하기도 했다.

결과적으로 보면 지식의 단순한 이해와 기억에 초점을 둔 3R 정책의 폐기는 미래를 정확히 내다 본 '신의 한수'였다. 4C 중심의 교육환경에서 길러진 당시 학생들은 어느덧 30대가 되어, 4차 산업혁명을 선도하는 인재로서 활약하고 있으니 말이다.

그러나 안타깝게도 우리나라는 여전히 3R 중심의 교육정책을 고수하고 있다. 겉으로는 교육혁신을 부르짖고 있지만, 기존의 것에 하나씩 더하는 개념일 뿐, 근본적인 변화와는 거리가 멀다. 덕분에 미국 등의 다른 선진국들에 비해 우리나라의 기초학력 수준은 매우 높은 편이다. 수학성적이 하위권인 학생이 미국학교로 갔더니

1등을 하더라는 말까지 더하며 상대적인 우월성을 표현할 정도니 말이다. 국제학업성취도 비교평가인 PISA 성적이 늘 상위권에 있는 것도 3R을 중심에 둔 교육정책의 성과로도 볼 수 있다. PISA 성적을 기준으로만 보자면, 미국은 한국에 명함도 내밀지 못하는 수준이다. 하지만 대학이라는 고등교육으로 넘어가게 되면, 완전히 다른 성적을 받아들게 된다. 줄곧 1등을 하던 학생이 어느 날 갑자기 꼴찌로 전락하듯 한국과 미국의 전세는 완전히 역전되고야 만다. 이후로 그 간극은 전혀 좁혀지지 않고 끝끝내 더 벌어지게 된다.

1989년에 개봉한 '행복은 성적순이 아니잖아요'라는 영화가 흥행에 성공하며, 사회적인 메시지를 던져주기도 했지만, 아직까지 시험성적은 학생의 가치를 매기는 주요잣대로 활용되고 있다. 문제는 3R을 기준으로 학력을 평가하면서 21세기 핵심역량을 기르겠다고 말하는 모순된 행보에 있다. 정말 이런 넌센스가 따로 없다. 지필시험으로 3R이 기준인 학력수준을 평가할 수 있다하더라도(필자의 의견은 다소 부정적이다), 창의력, 협동능력, 비판적 사고능력, 의사소통능력 등의 핵심역량을 제대로 평가하는 건 불가능에 가깝다. 국내외 글로벌 기업들이 입사지원자의 역량을 검증하기 위해 손쉬운 지필시험이 아닌, 심층면접과 팀 프로젝트 수행 등의 여러모로 번거롭고 비용도 많이 드는 평가방법을 택할 수밖에 없는 이유도 여기에 있다. '진단평가를 실시해서라도 학력을 끌어올리겠다'식의 접근이 반복되는 현 상황에서 21세기 핵심역량 강화에 중심을 둔 교육의 전환은 요원해 보인다.

위만 쳐다보고 있으면 목만 아픈 법이다. 이럴 때일수록 앞을 직시하며 교육자로서 용기 있게 나아가야 한다. 학생들의 미래를 위한 일이니 현실적인 불편들은 기꺼이 감수하면서 말이다. 학생들이 어떤 역량을 갖춰야 할지 면밀히 살펴보고, 이를 기준으로 교실 속 수업을 하나씩 하나씩 실천해 가야 한다. 역량을 기르는데 방해가 되는 지필시험은 폐지하거나 축소하고, 학생들의 역량향상에 초점을 둔 수행평가와 자기평가 등을 강화하여 실천하는 것도 중요하다. 조그만 관심을 기울이면, 자신의 주변에 새로운 길을 걷고 있는 교사들을 발견할 수도 있다. 가능하다면 이들과 함께 그 길을 걷는 것은 어떨까. 교실에서의 작은 실천들이 모이면, 분명 사회와 교육전반의 변화를 몰고 올 거대한 물결이 형성되리라 믿는다. 이왕이면, 프로젝트학습을 통해 6Cs 특성(강인애, 2006)을 가진 학습환경을 교실 속에 구현하여 학생들이 맘껏 21세기에 필요한 핵심역량을 기를 수 있도록 해보자.

Community
개인이 아닌 커뮤니티 중심

Connectivity
사람들 간에 지속적으로 연결된 사회

Constructivism
지식의 전달과 습득이 아닌 지식구성

Communication
일방향적인 강의가 아닌 대화와 토론 중심

Collaboration
개별적 학습이 아닌 협력적 학습 중심

Contents
일정한 형태가 아닌 지속적으로 변화하고 구성되며 공유되는 형태의 콘텐츠

49 성적 없는 성적표

Guiding Tips

4차 산업혁명을 주도하고 있는 미국에서 파격적인 교육개혁이 진행되고 있습니다. 그 중에 하나가 대학입시를 결정하던 전통적인 성적표의 폐지를 들 수 있습니다. 앞으로 성적표는 어떻게 바뀌게 될까요? 급변하는 시대, 교육이 어떤 방향으로 나아가고 있는지 확인할 수 있는 책으로 류태호 교수의 '성적 없는 성적표'를 강력 추천합니다.

스콧 루니 교장은 영어, 수학, 화학, 물리, 생물, 미술, 음악 등으로 나뉘는 교과목 분류도 문제라고 지적했다. 누가 언제 이런 분류를 시작했는지도 모른 채 그저 지금까지 그렇게 해왔으니 여전히 사용되고 있다는 것이다. 하지만 화학과 물리를 통합해 설명할 때 더 잘 이해되는 경우도 있을 수 있으며, 학생의 관심에 따라 생물과 미술을 통합해 수업하는 것이 더 도움이 될 때도 있을 수 있다. 무엇보다도 모든 학생이 나이대로 모여 개인별 관심이나 이해 또는 숙달 정도와 상관없이 모든 수업을 똑같이 듣는 것은 학생 중심의 수업과는 거리가 멀다.

결국 이런 문제를 해결하기 위해 스콧 루니 교장은 역량 중심 성적표 발행이라는 교육혁신을 단행하기로 결정하고 역량 중심 성적표 컨소시엄(Mastery Transcript Consortium: MTC)을 구성, 본격적인 준비 작업에 착수했다. 2018년 2월 현재 역량 중심 성적표 컨소시엄에는 1700여 개의 미국 사립고등학교와 여러 나라의 국제학교가 동참하고 있다.

가까운 미래, 우리교육은 어떻게 변하게 될까

가까운 미래에 살고 있는 동주는 중학교 3학년 학생이다. 그는 소프트웨어 개발자가 꿈인데, 이를 이루기 위한 개인목표를 학기마다 세우고, 과정마다 담임교사와 빅데이터 전문가가 참여했다. 학교는 필수적으로 배워야 할 최소한의 기본교육과정을 운영하고, 대부분의 시간은 동주의 진로와 관심에 따라 선택된 프로젝트학습 활동으로 채워졌다. 프로젝트학습의 과정과 결과, 산출물, 자기평가 등을 근거로 상시적인 역량평가가 이루어진다. 여기서 동주가 문제해결을 위해 탐색한 정보부터 팀원과 공유한 자료 및 의견, 산출물에 이르기까지 거의 모든 것이 교육용 빅데이터로 저장된다. 평가의 기준으로 삼고 있는 핵심역량은 총 10가지이다. 학생과 부모들은 이를 기준으로 자신의 역량이 얼마나 성장하고 있는지 온라인 공간을 통해 수시로 확인할 수 있다.

소프트웨어 개발자가 꿈인 동주가 갖추어야 할 역량은 복합적 문제해결능력, 창의력, 인지적 유연력, 협업능력으로 분석됐다. 인공지능은 매일매일 업데이트되고 있는 동주의 빅데이터를 분석해서 현재의 학습상태를 알려준다. 빅데이터 전문가는 인공지능이 분석한 내용을 토대로 동주의 담임교사에게 어떤 역량을 보완하고 강화해야 하는지 구체적인 정보를 제공한다. 오늘 확인한 결과에 따르면 동주는 창의력과 협업능력이 목표기준에 비해 낮은 것으로 나타났다. 담임교사는 동주와 부모에게 이들 역량을 강화하기 위해 선택하면 좋을 수업이나 프로젝트학습활동을 자세히 알려주고, 동주 스스로 자신에게 필요한 학습프로그램을 선정하도록 안내한다. 동주가 참여한 수업이나 프로젝트학습은 각 주제와 활동의 성격에 따라 고안된 디지털배지로 인증하게 되는데, 그렇게 모은 디지털배지는 'e-포트폴리오'로서의 역할을 하게 된다.

　디지털배지는 학교수업이나 프로젝트학습에서만 획득할 수 있는 것이 아니다. 교육청, 대학교, 박물관 등에서 개설한 온라인 공개강좌나 교육프로그램을 인수해도 받을 수 있다. 뿐만 아니라 전 세계 유명 교육기관에 개설된 교육과정에 참여해도 디지털 배지가 제공된다. 동주의 학습과정이 고스란히 담긴 빅데이터와 e-포트폴리오는 상급학교 진학에 중요한 자료로 활용된다. 시험점수로 학교 간 서열을 부추기고, 학생들의 우열을 매기던 입시제도가 폐지된 이후 교육용 빅데이터 분석을 통한 상급학교 진학이 보편화되었다.

　가까운 미래에 가상시나리오에 그려진 교육환경처럼 실제 구현될 수 있을까. 이야기 속 동주처럼, 학생들 모두가 개인의 흥미와 관심, 진로적성을 쫓아 학습활동을 벌이는 시대가 진짜로 올까. 결론부터 말한다면, 망설일 것도 없이 'YES'다. 물론 앞으로 어떤 변화가 일어날지 구체적으로 예단할 수는 없겠지만, 기술적인 측면만 놓고 보았을 때, 충분히 실현 가능한 미래이다. 어떻게 보면, 오늘 정책적 결단만 내린다면, 당장 내일부터라도 시작할 수 있는 일일지도 모른다. 분명, 시기가 언제가 될지 특정할 순 없지만, 4차 산업혁명 시대가 본격화되는 어느 시점부터 가상시나리오에 담긴 교육환경은 어느새 우리의 삶 속으로 들어와 자리 잡게 될 것이다. 이러한 예측이 견고한 입시정책이 버티고 있는 현재의 시각으로 볼 때, 현실성 없는 이상적인 이야기정도로 여겨질지 모르겠다. 그도 그럴 것이 지금까지 실천해 왔던 온갖 혁신적인 노력들이 학력저하의 우려와 입시경쟁 앞에 번번이 후퇴해 왔으니 말이다. 학교교육현장에서 프로젝트학습의 적용이 어렵다고 호소하는 사례를 따지고 봐도 대학입시라는 현실적 제약과 관련이 깊다. 필자 역시, 지금처럼 상급학교 진학에 있어 시험이 결정적인 역할을 하는 동안엔 가상시나리오에 나타난 교육환경으로의 변화는 사실상 불가능하다고 보고 있다.

이쯤하면, 필자가 어떤 근거로 학교교육의 근본적인 변화가 이루어질 것이라 예측하고 있는지 그 이유를 묻고 싶을 것이다. 더욱이 가상시나리오에 담긴 교육환경이 구현되려면 입시제도가 폐지되어야 한다고 가정했는데, 어떻게 그런 일이 벌어질 수 있을지 궁금하기도 할 것이다. 그런데 이러한 예상은 개인적인 차원의 상상에서 비롯된 것이 아니다. 시나리오에 담긴 내용의 대부분은 미래교육학자들이 공통적으로 예측한 미래의 모습이기도 하다.

여기에는 분명한 근거가 있으며, 기본적으로 공교육 기관인 학교의 졸업장이 개인의 학력을 보증하던 전통적인 교육시스템의 퇴조와 관련이 깊다. 명문대학에서 인증하는 학위 자체가 개인의 능력을 보증해준다고 여겼고, 기업은 이들을 망설임 없이 채용하던 시기도 있었다. 대부분의 기성세대들은 개인의 역량보다 학위를 인증한 교육기관이 어디인지가 더 중요했던 시절을 살아왔다. 그래서 경제적인 부와 사회적 지위를 획득하는데 있어서 출신대학교가 명암을 가른다는 경험적인 믿음을 갖고 있다. 하지만 요즘은 많이 달라졌다. 명문대학교 졸업장을 갖고 있어도 취업이 안 되는 젊은이들의 목소리에 조금만 귀 기울여 들으면 쉽사리 알 수 있는 문제다.

⊛ 동아일보

서울대 취업률 70%? 거품 빼니 45%

A16면 1단 ・ 기사입력 2018-12-18 03:02 ・ 기사원문 ・ 스크랩 ・ ● 본문듣기 · 설정

👍 27 💬 29

요약봇 가 🖨 ↗

대학측 진학-입대자 등 제외 계산... 졸업생중 실제 취업자와 큰 차이
70.6% vs 45.7%

서울대가 10일 발표한 '2018 서울대 통계연보'를 보면 2015년 8월과 2016년 2월에 학부를 졸업한 학생들의 취업률은 70.6%로 나와 있다. 심각한 청년실업을 감안할 때 나쁘지 않은 결과로 여겨질 수 있다. 하지만 실제 취업자는 1543명(45.7%)뿐이다. 학교 측이 발표한 취업률과 실제 취업률이 약 25%포인트 차이가 난다. 왜 이런 차이가 생길까.

대학에서 발표한 취업률은 전체 졸업생에서 진학자, 입대자, 사망·이민 등으로 취업이 불가능한 자, 외국인유학생 등을 뺀 인원을 기준으로 취업한 사람의 비율로 산출한다. 졸업생 중 실제 취업한 사람의 비율보다 높을 수밖에 없다.

전체 졸업생 3375명 가운데 1081명(32.0%)이 대학원에 진학했고, 642명(19.0%)은 취업준비, 진학준비, 국가고시 준비 중임을 의미하는 '기타'로 분류됐다. 또 입대 46명, 취업불가능자 10명, 외국인유학생 53명 등 109명도 취업 대상 인원에서 빠졌다. '70.6%'는 이를 모두 제외한 졸업자 2185명 중 1543명이 취업했다는 의미다.

물론, 청년실업률이 높아진 사회적 문제가 크게 작용한 결과라고 볼 수도 있겠지만, 그보다는 기업이 더 이상 졸업장만 믿고 사람을 채용하지 않고 있는 이유가 크다. 사실 지금의 학교가 학력인증기관으로서 공신력을 확보할 수 있었던 것은 기업을 포함해 그 사회가 졸업장에 가치와 의미를 부여해주었기 때문에 가능했던 일이다. 당연히 개인의 진로와 취업에 있어서 졸업장이나 자격증을 빼놓고 자신의 능력을 증명해내기란 불가능에 가깝다고 여겨왔다. 하지만 졸업장의 힘이 예전만 못해지면서 변화가 뚜렷이 나타나기 시작했다. 입사시험을 폐지하고, 특정 분야의 파워블로거, 마니아(덕후), 책 저자 등을 채용하는 대기업이 늘고 있다. 어린 꼬마시절부터 자동차가 너무 좋아서 자신의 블로그에 관련 정보와 자료를 꾸준히 남겼던 지원자가 단지 그 이유만으로 글로벌 자동차 회사에 입사하는 등 선입견으로 작용할 위험이 있는 출신학교, 자격증, 학점, 영어성적 등을 의도적으로 배제하고 지원자의 역량에 중점을 두는 방식으로 채용을 늘리고 있다.

만약에 졸업장이 개인의 진로와 취업에 전혀 도움이 되질 않게 된다면 학교에는 어떤 일이 벌어지게 될까. 과연, 사람들은 미래에 쓸모가 없음에도 불구하고 졸업장을 수여받기 위해 비싼 비용을 지불하며 학교를 다니긴 할까. 게다가 얼마든지 다른 방식으로 자신의 역량을 증명할 수 있고, 이를 실제로 뒷받침해줄 기술이 구현된다면 어떤 선택을 하게 될까. 그렇더라도 지금의 학력체계는 그대로 유지될 수 있을까. 지금으로선 극단적인 가정으로 비춰질 수 있겠지만, 변화의 속도를 감안한다면 머지않아 현실적인 고민이 될지도 모를 일이다.

세계 휴대폰 시장의 40%를 점유했던 노키아가 2007년 아이폰 출시를 계기로 몰락의 길로 들어섰던 것처럼, 시기의 문제일 뿐, 교육의 변화는 갑작스레 다가올 가능성이 높다. 이와 관련하여 필자는 교육계의 엄청난 변화를 몰고 오게 될 4차 산업혁명의 핵심기술 중에 '블록체인(Blockchain)'에 주목하고 있다. 블록체인하면 먼저 가상화폐가 연상될 것이다. 미래기술이라고 칭송하고 있지만, 가상화폐에서의 투기적 현상 때문에 부정적 인식을 가지고 있는 이들도 있다. 분명한 것은 이미 이 기술이 금융환경뿐만 아니라 다른 분야에 엄청난 변화를 가져오고 있다는 사실이다. 신용이 생명인 화폐에 블록체인이 접목되었다는 것만 보아도 위변조가 불가능한 공정성과 투명성을 확보한 기술임을 확인시켜 준다.

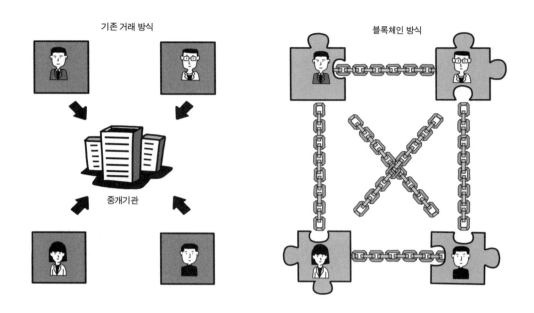

블록체인의 기술적 핵심은 분산화에 있다. 이는 기존의 금융거래를 떠올리면 쉽게 이해할 수 있다. 송금이든, 대출이든 모든 금융거래는 중앙의 금융기관을 거쳐서 이루어지게 되는데, 이들 기관은 고객의 신원을 등록하고 보증해 주거나, 거래에 따른 수수료 등을 챙기며 수익을 낸다. 다만 금융기관을 중심에 둔 중앙집중형 네트워크는 여러 위험에 노출되어 있다. 해커들의 공격을 받았을 때, 금융정보와 거래가 왜곡될 수 있으며, 해당 금융기관이 파산이라도 하게 되면 주거래 개인들에게 막대한 손해를 입히기도 한다. 그러나 블록체인 기술에 의한 금융거래는 이런 위협으로부터 자유롭다. 심지어 국가가 파산해도 개인의 자산은 가치 그대로 보존된다. 그럴 수 있는 것은 블록체인 네트워크엔 중앙의 금융기관이 존재하지 않기 때문이다. 개인과 개인이 직접 거래하며, 그 내역이 네트워크 참여자 모두에게 곧바로 공유된다. 설사 어느 개인의 데이터가 일시적으로 변조된다 하더라도 네트워크에 참여한 모든 이들이 원래의 데이터를 가지고 있기 때문에 곧바로 회복된다.

그렇다면 블록체인 기술이 교육영역에 어떤 변화를 가져오게 될까. 놀랍게도 교육 분야에 블록체인 기술을 접목시키기 위한 움직임은 이미 본격화되고 있다. 바로 교육계의 비트코인을 꿈꾸며 등장한 '에듀블록(EduBlocks)'이 대표적이다. 에듀블록은 2016년 3월 SXSWedu(South by South West Education) 국제교육 컨퍼런스에서 처음 세상에 소개되었다. 에듀블록은 개인이 언제 어디서든 학습활동을 할 때마다 부여되는 것으로, 학교가 아니더라도 어떤 교육기관이든, 기업이든, 박물관(미술관)이든, 지역사회의 어느 곳이든지 수여할 수 있다. 그리고 '레저(Ledger)'라 불리는 일종의 가상학습장부에 이렇게 획득한 에듀블록이 빠짐없이 기록되고 보관된다. 앞서 가상 시나리오에 등장했던 '디지털배지'가 에듀블록이고, 'e-포트폴리오'가 레저로 보면 이해가 수월할 것이다. 암튼 에듀블록은 자신의 생애에서 어떤 학습활동을 해왔는지 투명하게 드러낸다. 어떤 분야에 흥미와 관심을 가지고 있는지, 무엇을 배우고 익혀왔는지가 고스란히 담겨 있어서 그것 자체가 개인의 역량을 인증해주는 역할을 해준다. 지금도 개인블로그를 주요 근거로 삼아 기업에 필요한 인재를 선발하고 있음을 고려해 본다면, 이런 에듀블록과 블록체인 기반의 인증프로그램이 사회로부터 어떤 의미와 가치를 인정받게 될지 쉽사리 짐작해 볼 수 있다.

결국 블록체인 기술이 교육영역 전반으로 확대된다면, 생존을 위해서라도 전 세계 유수의 교육기관이 블록체인 네트워크에 참여하게 될 것이 분명하다. 저마다 경쟁력 있는 프로그램을 내세워 학생들을 유치하고, 해당 프로그램을 수료하면 그것을 인증해주는 방식으로 운영될 가능성이 높다. 지금처럼 단순히 4년, 2년, 6개월 등의 일방적인 기간을 수료(인증)에 기준으로 삼지 않고, 해당 프로그램별(주제별) 참여를 기준으로 삼게 될 것이다. 그렇게 되면, 학교는 점진적으로 오프라인 중심, 학과정원별로 학생을 선발하는 기존의 방식에서 벗어나 온·오프라인이 혼합된 방식을 택해 국적과 상관없이 가급적 많은 학생들의 참여를 유치하는데 중점을 두게 될 것이 뻔하다. 학교의 경쟁력을 확보하기 위해 개설된 프로그램을 지속적으로 모니터링하면서 지식의 반감기를 고려해 프로그램(수업)의 개선 혹은 도태를 신속하게 결정할 것이다. 더불어 새로운 지식과 정보, 기술 등을 다루는 프로그램을 신속하게 개발하거나 개설하여 운영코자 할 것이다. 특히 블록체인 네트워크 속에서 학생들은 소속 학교에 구애받지 않고, 물리적 경계를 넘나들며 배우고 싶은 프로그램(수업)을 선택하여 참여할 수 있게 된다. 이는 학생들이 세계적인 명성을 가진 해외교육프로그램에 직접 참여하는 일이 수월해진다는 의미이기도 하다. 이렇게 자신이 참여한 모든 학습활동은 '레저(Ledger)'와 같은 가상학습장부에 빠짐없이 기록되며, 누락될 염려 없이 평생 동안 활용이 가능해진다.

한편, e-포트폴리오(가상학습장부)에 보관된 디지털배지(또는 에듀블록)는 개인의 학습역량을 나타내는 교육용 빅데이터로서의 가치를 지닌다. 이를 활용해 개인의 적성과 진로를 분석해 개별화된 목표와 교육과정을 수립하거나, 대학전공이나 회사 업무에 적합한 사람을 선발, 채용하는 근거로도 얼마든지 활용할 수 있다. 이처럼 교육영역에 구현된 블록체인은 지금껏 보지 못했던 전혀 새로운 형태의 변화를 가져오게 될 것이다. 블록체인의 특성상 학교, 지역, 국가 간의 경계는 존재하지 않는다. 가상화폐가 모든 국가에서 통용되는 것처럼 블록체인 네트워크 속 가상학습장부에 담긴 '에듀블록(발행주체에 따라 다른 이름으로 불릴 수 있다)'은 어느 나라에서든

'나'의 역량을 증명해줄 테니 말이다. 군이 국가나 특정교육기관이 '나'를 인증해주지 않더라도, 자신의 역량을 입증해줄 시스템이 우리의 일상으로 파고들 날도 그리 머지않았다.

50 학습은 어디에서나 발생한다

영국의 오픈배지아카데미(OBA)의 홈페이지에 들어가면 상단에 'Learning happens everywhere'라는 문구가 눈에 들어옵니다. 이곳은 영국의 초중고 학생들을 대상으로 한 'Badge the UK'라는 디지털 배지 플랫폼을 제공하고 있는데요. 학교수업에 외에 120여개의 관계사에서 운영하는 교육프로그램에 참여하면 해당 디지털 배지를 받을 수 있도록 고안되어 있습니다. 학생들은 자신의 흥미에 따라 공부도 하면서 디지털 배지를 모으는 재미도 느낄 수 있습니다. 온라인상에 자신이 획득한 디지털배지를 한 눈에 확인할 수 있을 뿐만 아니라, 각 디지털배지마다 인증서도 출력할 수 있습니다. 이외에도 학교에서 디지털 배지 시스템과 e-포트폴리오를 운영하는 사례도 점점 늘어나고 있습니다. 디지털 배지가 학습자의 역량을 인증하고, e-포트폴리오를 만들어 전시도 할 수 있도록 온라인 플랫폼을 제공합니다. 이미 블록체인 기술이 아니더라도 개인의 역량을 인증할 도구들은 우리 일상으로 들어와 빠르게 자리 잡고 있습니다.

누구로부터 무엇을 배웠는지가 중요해진다

지금의 교육체계는 어떤 학교를 나왔는지가 중요할 뿐, 누구로부터 무엇을 배웠는지 여부는 그리 중요치 않다. 하지만 산업사회 이전에는 그렇지 않았다. 누군가의 제자라는 사실이 그 사람의 많은 것을 대변해 주었다. 어떤 사상과 철학에 영향을 받았는지, 무엇을 배워왔는지가 어떤 사람의 제자라는 사실만으로 증명됐다. 그러나 19세기부터 만들어진 학교는 그 누군가를 철저히 배제시켰다. 교과별로 가르치는 교사들은 과거보다 더 많아졌지만, 주요 가르침은 교사 자신이 아닌 교과서로부터 나왔다. 어찌 보면 학생들로서는 교과서가 곧 스승이고, 이 스승의 말씀을 잘 전달해준 사람이 교사였던 셈이다. 그렇다보니 교과서 중심의 학교교육에서 벗어나지 못하는 상황에서 누구에게 배운다는 자체가 본질적으로 중요할 리 없다. 물론 학생들 하나하나를 인격적으로 대해주고, 정성을 다해 삶의 지혜를 깨닫게 해준 선생님께 누구나 큰 고마움을 가지고 있다. 허나 그것은 교과서와 무관한 것이며, 정서적 관계에서 비롯된 개인적인 감정과 관련이 깊다.

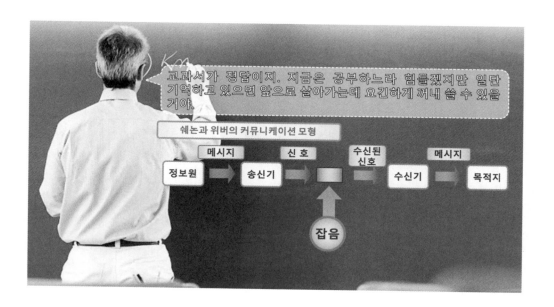

지식전달 중심의 전통적인 교육 하에 교사가 진정한 스승이 되기란 구조적으로 어렵다. 이는 쉐논과 위버의 커뮤니케이션 모형(Shannon, Weaver, 1949)을 통해 확인할 수 있다. 흔히 일방향적이며 획일적인 수업을 설명할 때, 이들의 커뮤니케이션 모형이 활용되곤 한다. 눈치가 빠르다면 모형만 봐도 단박에 이해가 될 것이다. 여기서 정보원은 교과서이며, 메시지는 교과내용이다. 당연히 송신기는 교사, 수신기는 학생이 된다. 성공적인 커뮤니케이션은 송신기가 보낸 신호를 메시지 그대로 수신해서 최종 목적지인 학습자의 뇌에 안전하게 도달하도록 하는데 있다. 불편하게 들릴지 모르겠지만, 교사는 이러한 커뮤니케이션 환경에서 메시지의 훼손 없이 깨끗하게 전송해줄 송신기 역할을 맡는다. 이런 송신기 역할에 충실할수록 다른 생각과 다른 의견이 침투해 신호를 왜곡시키지 않도록 철저히 잡음을 제거하며 침묵이 가득한 수업을 추구할 수밖에 없다. 슬프게도 학생들이 수신기로서 기계적인 학습을 할 때, 교사 또한 송신기로서 기계적인 역할을 수행한다. 이런 커뮤니케이션 환경에서 사람이 보일 리 없다. 그곳에선 오로지 교과서에 담긴 내용(메시지)을 원형 그대로 잘 전달해줄 성능 좋은 송신기와 메시지 그대로 목적지에 도달하도록 집중하는 수신기만 필요할 뿐이니까 말이다.

그러나 교육의 변화는 이러한 '기계적인 학습'을 배격하고 지식의 전달이 아닌 공유에 목적을 둔 학습자 중심의 수업을 추구한다. 한마디로 '사람'을 중심에 둔 교육에 가치와 의미를 둔다. 교과서는 하나의 참고자료에 불과하며, 그보다는 교사와 학생이 공유한 지식을 출발점으로 새로운 지식을 창출하는 과정이 중심이 된다. 교사의 역량에 따라 수업의 질이 달라지는 것은 물론, 교사 각자가 지닌 흥미와 개성에 따라 다채롭게 설계되고 적용된다. 평생학습사회, 교사라는 직업도 예외일수 없다. 시대의 변화를 읽으며, 누구보다 적극적으로 새로운 지식과 정보를 섭렵하는데 앞장서야 한다. 학습자의 흥미와 관심을 이끌어낼 만한 참신한 주제와 과제를 개발하고, 수업이라는 예술작품을 만들기 위해 기꺼이 창작의 고통에 빠져지낼 줄도 알아야 한다. 그야말로 미래의 교사는 수업이라는 창조적인 사고와 활동의 산물을 공들여 만들고 현장에 적용하는 직업적 특징을 가지게 될 것이다.

51 모든 것이 연결되고 보다 지능적인 사회로의 진화

2016년 스위스 다보스포럼을 시작으로 4차 산업혁명은 전 세계적인 화두가 되고 있습니다. 인공지능, 사물인터넷, 자율주행, 로봇, 드론, 3D프린터 등 혁신적인 기술들이 인간이 가지고 있던 기존의 일자리를 빠르게 빼앗을 것이라 예측되기도 합니다.

분명한 것은 이런 예상들이 상당한 근거를 가지고 있다는 점입니다.

하지만 당장의 현실을 보며, 여전히 "그렇지만…"이라는 이유를 대며 눈에 보이는 변화마저 외면하고 있습니다. 그도 그럴 것이 과거의 산업혁명 때도 '기계가 일자리를 대체할 것이다'는 경고가 있었지만 실제는 사라진 일자리보다 그보다 많은 새로운 일자리가 생겼기 때문입니다. 물론 '4차 산업혁명'도 충분히 그럴 수 있습니다. 미래는 아직 결정되지 않았으니까요. 저명한 미래학자들이 하나같이 사회의 급변을 예상하고 있으나 여전히 먼 나라 이야기로 들릴 뿐입니다. 그러나 교사는 변화에 예민해야 합니다. 그래야 학생들을 세상의 변화에 적응할 수 있는 사람으로 키울 수 있으니까요. 학생들 스스로 자신을 둘러싼 세상의 변화를 읽을 수 있어야 변화의 흐름에 맞게 자신의 미래를 당당히 개척할 수 있는 힘을 기를 수 있습니다. 학생 각자가 미래학자처럼 생각하고 통찰을 얻어 주저함 없이 행동으로 옮길 수 있는 능력을 갖춰야 할 것입니다. 학생들 스스로 '내가 어디로 가고 있는지', '변화의 흐름에 부합하는지', '어떤 영향을 받게 될지' 등을 종합적으로 생각하며 한 걸음 한 걸음 신중하게 내딛도록 안내해 주세요.

_출처 : 과학기술정보통신

이쯤하면, 어디서 배웠는지가 중요한 것이 아니라 무엇을 배웠는지, 더 나아가 누구로부터 배웠는지가 더 중요해지기 마련이다. 블록체인 네트워크 속에서 배움을 위해 맺은 사람 간의 관계망을 쉽게 파악할 수 있고, 이를 종합적으로 분석하게 되면 누구로부터 어떤 영향을 받았는지, 어떤 역량을 길러왔는지 자세히 확인할 수 있다. 이런 환경에서 학교의 명성보다 창의적인 수업을 펼치는 교사 개개인의 특색 있는 콘텐츠가 점점 더 중요해지기 마련이다. 누구로부터 무엇을 배웠는지 여부가 중요해질수록 학교는 장소적 의미만 남게 된다.

과연 학교이름 뒤에서 기존의 교사역할을 고집하며 버티는 것이 언제까지 가능할까. 이제 교사 스스로 시대의 변화를 읽어내며 본격적인 준비를 시작할 때이다. 이를 위해 그동안 송신기로서 해오던 기계적인 역할부터 청산할 필요가 있다. 그리고 그 자리는 자신만의 특색 있는 콘텐츠로 새롭게 덧입혀진 매력만점의 수업들로 채워져야 한다. 교사 자신의 이름이 내걸린 세상에 둘도 없는 나만의 수업, 상상만 해도 즐겁지 아니한가.

그래서 하이테크 하이터치!

지금 이 순간, 자신의 분야에서 나름 탁월한 능력을 인정받던 사람들이 인공지능과 로봇 등에 밀려 직장을 잃는 사태가 벌어지고 있다. 기계가 어떤 오차도 없이 주어진 일을 빠르게 처리하고, 더구나 24시간 내내 쉬지 않고 일을 하는데 어떤 사람이 당해낼 수 있을까. 하이테크(high-tech)는 인간의 삶을 보다 편리하게 만들어 주고 있지만, 다른 한쪽에선 인간의 생계를 위협하고 급기야 빼앗기까지 하는 것만은 분명하다. 이들 영역에서 사람은 기계에 상대가 되질 않는다. 현재로선 기계가 잘할 수 있거나 잘할 가능성이 높은 분야에 뛰어들지 않도록 교육시키는 외에 달리 방도가 없어 보인다.

이와 관련하여 인공지능 분야의 최고 권위자이면서 무인자동차의 아버지라 불리는 세바스찬 스런(Sebastian Thrun)은 국어, 외국어(영어), 수학 등에서 다루는 교과지식들 모두 인공지능이 더 잘할 수 있는 영역이라 밝힌 바 있다. 인공지능이 장차 다양한 직종에서 인류를 위협하게 될 텐데, 지금의 교육과정 하에선 속수무책으로 당할 수밖에 없다는 것이다. 그는 국·영·수 과목중심의 현행 교육과정에서 하루속히 탈피하여 지금과는 전혀 다른 새로운 교육과정의 도입이 시급하다고 주장한다.

그런데 문제는 우리 교육이 여전히 학생들에게 이런 승산 없는 싸움을 준비시키며 시간을 허비시키고 있다는 점이다. 여전히 '망각'이라는 인간의 고유속성을 거부하며 오로지 '기억'을 위한 교육에 매진하고 있다. 세계에서 가장 기억력이 뛰어난 사람일지라도 구형 컴퓨터만 못하고, 사칙연산을 아무리 신속하게 풀 수 있다 하더라도 계산기를 따라가긴 힘든 데도 컴퓨터와 계산기가 없던 시절부터 이어져왔던 교육방식을 고집하고 있다. 설사 피땀을 흘리며 기계와의 경쟁에서 우위를 확보한다고 하더라도 그것은 잠시뿐이다. 하이테크의 속성상 오류를 보완하고 갭을 메우며 완벽하게 일을 처리할 수 있게 될 테니 말이다. 인간의 본성을 억누르며, 흥미와 관심과 동떨어진, 주어진 그대로 수동적으로 공부해야만 하는 현행 교육에 미래를 맡길 수 있을까.

모두가 알다시피 인간의 존재는 기계와 태생부터 다르다. 기계의 입장에서 본다면, 인간은 절대적인 존재이며 창조주다. 기계란 수동적인 존재로서 인간이 정해놓은 길에 따라 묵묵히 일을 하고 학습할 뿐이다. 태생적으로 직감이나 통찰력, 창의력, 비판적 사고력 등을 발휘해 지금껏 해오던 방식을 스스로 깨고, 다른 길을 개척하지 못한다. 부당함을 거부하고, 자신의 권리를 내세울지도 모른다. 또한 쉼 없이 어떤 제품을 만들고 대량생산할 순 있어도 그 제품을 발명하거나 개발하진 못한다. 어떤 종류의 기계(기술)든 그 탄생은 오로지 인간만의 독창적인 사고능력에 의한 것이다.

사실 기계와 달리 인간은 스스로 학습할 수 있는 힘을 지니고 태어났다. 누가 가르쳐주지 않아도 넘어지고 부딪히며 걸음마를 배웠고, 말하는 방법도 스스로 터득했다. 다섯 가지 감각을 총동원하며 각종 사물에 대한 정보를 파악하고, 자신을 둘러싼 모든 것에 호기심을 느끼며 관련 지식들을 적극적으로 섭렵했다. 언제, 어디서나 마주한 상황에 따라 인지와 정서가 춤을 추듯 작용하며 학습이라는 결과로 이어진다. 자율성과 학습의 주도권만 부여되어 있다면, 이런 타고난 본성은 언제든 깨어날 수 있다(정준환, 2015).

사람 중심의 교육은 기계적인 학습을 거부하는 것에서부터 출발한다. 반복적이고 획일적인 비인간적인 교육으로부터 벗어나야 기계가 범접할 수 없는 우위를 점할 수 있게 된다. 만일 하이테크가 전통적인 교육방식을 더 공고하게 하고, 학습자를 더욱 수동적인 존재로 만들고 있다면, 기계와의 승부는 시작도 하기 전에 갈리게 될 것이다. 인간이 기계의 교육대상으로서, 기계를 통해 지식을 전수받는 존재로 길러지는 것이 미래라면 상상만으로도 암울해진다. 미래교육은 학습의 주체로서 기계(기술)를 도구적으로 활용하고 이전의 지식을 토대로 새로운 지식을 끊임없이 창조해낼 역량을 기르는데 초점을 두어야 한다.

그래서 교육은 '하이터치(high-touch)'이어야 한다. 이와 관련하여 미래학자인 존 네이스비츠(John Naisbitt)는 인류사회에 고도의 첨단기술이 도입될수록 그 반작용으로 보다 인간적이고 감성적인 것이 유행하게 될 것이라 예측하면서 이른바 '하이테크, 하이터치(high-tech, high-touch)' 현상이 점차 두드러질 것이라 내다보았다. 그의 예상대로 오늘날 이런 기술과 감성의 융합 현상은 거의 모든 분야에서 나타나고 있다(Naisbitt, 1982). 또한 그가 저술한 '메가트랜드(Megatrends)'는 탈공업화, 글로벌 경제, 분권화, 네트워크형 조직 등을 특징으로 하는 현대사회의 거대한 조류를 그려내고 있다. 그는 전 세계가 하나의 경제권으로 전환되는 만큼, 국가단위의 경제는 더 이상 무의미한 존재가 될 것이라 예측하기도 했다. 1982년, 이 책이 처음 출간되었을 당시 많은 이들이 반신반의했지만 그의 예측은 정확히 들어맞고 있다.

지금까지 테크놀로지는 사람이 가진 다양한 욕구를 실현시키기 위한 방향으로 발전되어 왔다. 예를 들어 '사회화(socialization)'에 대한 욕구를 지닌 인간의 본성, 만남과 소통, 그리고 연결을 원하는 사람들의 바램과 요구에 의해 사람들 간의 연결을 촉진하는 수단으로서 각종 SNS가 만들어진 것처럼 말이다. 결과적으로 이러한 기술을 통해 사람 간의 토론이나 대화가 시공간의 제약 없이 촉진되었고, 다양한 형태의 지식과 정보를 공유하고 생산하는데 용이한 환경이 마련되었다. 사람 간의 협력적 역량과 사회적 관계가 더욱 확장되고, 정보공유와 지식생산이 폭발적으로 증가되는데 있어서 이와 같은 기술의 발전이 없었다면 불가능했다. 그야말로 하이테크가 하이터치를 촉진시키며 장소와 시간, 심지어 국경을 뛰어넘는 지식정보화 사회가 구현된 것이다.

그러한 이유로 네이스비츠가 말한 '하이테크'는 19세기부터 기계적인 삶의 굴레에 놓여 있던 인간으로 하여금 그것으로부터 완전히 벗어날 수단(도구) 이상의 의미를 지닌다. 테크놀로지는 기본적으로 사람을 향하고 있어야 하며, 마땅히 사람이 사람다운 삶을 살아가도록 돕는데 가치와 목적을 두어야 한다. 여기서 교육 분야라고 예외일까. 인간의 본성에 반하는 기계적인 학습에서 벗어나 사람의, 사람에 의한, 사람을 위한 개별화 교육이 하이테크를 통해 구체화될 수 있다. 전체주의적 사고방식을 탈피하여 개인의 흥미와 관심, 그리고 호기심을 쫓아 자유롭게 학습할 수 있는 환경을 제공해준다. 특정 집단의 논리를 무비판적으로 수용하거나 반복적인 암기, 문제풀이 위주로 공부하던 과거의 교육방식과 결별하도록 돕는다. 한 걸음 더 나아가 하이테크는 인간으로 하여금 더 이상 기계적인 일을 수행할 필요가 없도록 만든다. 반복적이고, 수동적인 주어진 환경에 순응하며 살아야만 했던 시대의 종언을 재촉하고 있다.

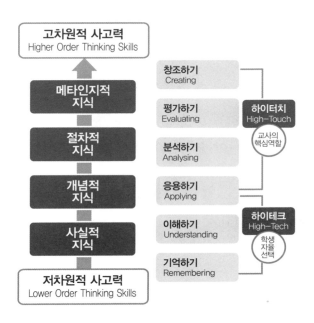

이러한 하이테크와 하이터치를 블룸의 신분류체계(Anderson et al, 2001)에 입각하여 임의로 구분해본다면, 그림과 같이 표현할 수도 있을 것이다. 홀로그램, 가상현실 등 특정 지식과 정보를 실감나게 전달해주고 이해를 돕도록 고안된 하이테크(매체)가 교사의 기존 입지를 위태롭게 만든다고 볼 수 있지만, 그보다는 교사가 그런 역할로부터 완전히 자유로워질 수 있음에 주목할 필요가 있다. 점점 더 기억과 이해를 목적으로 한 학습에서 그것에 맞게 최적화된 하이테크를 활용하는 것이 더 효과적일 수밖에 없다. 그러나 고차원적인 사고력이 요구되는 학습일수록 얘기가 달라진다. 하이테크를 도구적으로 활용하긴 하겠지만, 본질적으로 사람 간의 상호작용을 통해 이들의 사고력이 촉진되기 때문이다. 더욱이 21세기 핵심역량으로 꼽힌 '창의력(Creativity)', '협동능력(Collaboration)', '비판적 사고능력(Critical thinking)', '의사소통능력(Communication)'은 오로지 인간적이고 감성적인 접근에 의해서만 함양할 수 있다(류태호, 2017). 그런 의미에서 앞으로 교사의 핵심역할은 여기에 있다. 수업의 목적이 저차원적인 사고력이 요구되는 3R에 중심을 두는 것이 아닌, 4C 등의 역량 중심으로 전환해야 하는 이유이기도 하다.

그래서 우리 교사들에겐 기계적인 학습에 사활을 거는 '주객전도(主客顚倒)'된 교육을 당장 멈춰야 할 책임이 있다. 로봇이 인간을 지배하는 상황은 공상과학영화 속 이야기 정도로 족하지 않을까. 어디까지나 기술(기계)은 주인인 사람을 위해 존재하는 것이니 그럴 수 있는 역량을 교육을 통해 길러야 한다. 학생들로 하여금 새로운 시대의 주인으로서 지위와 품위를 잃지 않도록 '하이터치'를 지향하는 더욱 인간적인 교육의 실천으로 나아가야 한다. 교사 개개인의 실천이 모이고 모인다면 얼마든지 의미 있는 변화들을 만들어낼 수 있다.

52 매체가 곧 메시지이다

21세기 정보통신기술의 발전은 교육환경의 변화에 막대한 영향력과 원인이 되고 있습니다. 이들 테크놀로지(Technology)는 교육에 혁명적인 변화를 가져올 정도의 무한한 잠재력을 가지고 있지만, 그것만으로 교육환경을 변화시킬 수 없습니다. 테크놀로지의 특성과 그 맥을 같이 하는 학습이론과 이를 바탕으로 하는 구체적인 실천모델이 없으면, 학습패러다임의 전환을 가져올 만큼의 혁신적인 매체라도 교육적 의미를 가질 수 없는 것이지요. 이는 첨단매체에 의존하는 수업이 교육의 본말을 전도시켜 '교육'이 아닌 '단순 지식의 습득'이나 '기술전수'에 머무르고 있다는 비판처럼, ICT의 활용을 이전 학습패러다임에 근거한 일방향적인 매체들(슬라이드, OHP, 필름, 사진, 실물환등기, CAI 등)에 대한 이해와 활용 정도를 그대로 적용, 연장하는 것에 불과합니다.

결국 맥루한(McLuhan, 1967)의 '매체가 곧 메시지이다(The medium is message)'라는 명제에서도 잘 드러나듯이 각 매체는 그 매체의 특성에 따라 각기 다른 일종의 메시지를 전달해 준다고 할 수 있습니다. 이러한 매체적 특성에 적합한 학습환경이 구현될 수 있도록 그 시대가 요구하는 사회적 요구를 충족시킬 수 있는 교수학습이론(학생 중심적, 학생 주도적, 삶과 연계된, 협력적, 통합적 교육 환경 구현)과 그것의 구체적 실천을 가속화하고 용이하게 해줄 테크놀로지의 활용을 통해 구현될 수 있는 것입니다(강인애, 2006). 그래서 하이테크를 도구적으로 활용할 수 있도록 만드는 교수학습이론이 중요한 것이지요. 아무쪼록 학교현장에서 매체에 적합한 교육, 하이테크를 활용해 하이터치로 완성되는 수업을 실천해 봅시다.

잼공FACTORY **11** 가상역사체험『역사뒤집기』

SYNOPSIS

　'가상역사체험「역사뒤집기」'는 사회(역사) 교과를 중심으로 다른 교과와 연계하여 진행할 수 있는 수업입니다. '어떤 역사적 인물이 실제와 다른 선택을 했다면 과연 어떤 일이 벌어졌을까?'라고 상상하며 가상시나리오를 작성하는 것이 핵심활동인데요. 가상역사체험 프로그램을 개발하는 것이 실제 목표는 아니지만 스토리보드에 프로그램의 모습을 엿볼 수 있도록 해야 합니다. 문제출발점의 시대적 배경이 130년 전 무렵으로 특정하고 있지만, 얼마든지 삼국시대든 고려시대든 바꾸어 진행할 수 있습니다. 당시 시대적 배경을 이해하고 이를 바탕으로 역사적 상상력이 지속적으로 이루어지도록 도와주세요. 빈약해 보이더라도 질 좋은 이해가 수반되는 것이므로 열린 마음으로 피드백해 주는 것이 중요합니다. 5단계로 나누어 과제(퀘스트)를 제시하고 있지만, 얼마든지 생략하거나 추가할 수 있습니다. 실천현장상황을 고려해 융통성 있게 적용해 주세요.

◆**적용대상(권장):** 초등학교 5학년-중학교3학년
◆**학습예상소요기간(차시):** 주제선택(권장)
◆**관련교과 내용요소(교육과정)**

교과	영역	내용요소	
		초등학교 [5–6학년]	중학교 [1–3학년]
국어	문학	·이야기, 소설 ·일상 경험의 극화 ·극	·이야기, 소설 ·개성적 발상과 표현 ·극
	말하기듣기	·발표[매체활용] ·체계적 내용 구성	·발표[내용 구성] ·청중 고려
	쓰기	·목적·주제를 고려한 내용과 매체 선정 ·독자의 존중과 배려	·감동이나 즐거움을 주는 글 ·표현의 다양성
실과 정보	자료와정보	·소프트웨어의 이해	·자료의 유형과 디지털 표현 ·자료의 수집 ·정보의 구조화
사회	역사	·새로운 사회를 향한 움직임	·조선의 개항 ·조선의 근대화 운동

문제제시 ▶	과제수행 ▶	
[동기유발] 2009 로스트 메모리즈 등 가상의 역사상황을 그린 영화를 소개하며 가상역사체험 문제 제시하기	[활동1] 가상역사체험 프로그램 개발을 위한 조사연구를 실시하고, 사건과 인물 중심으로 정리하기(퀘스트1)	[결과정리] 가상역사체험 프로그램 홍보이벤트 준비하기(연극공연, 홍보영상 등) (퀘스트5)
문제출발점을 제시하며 가상역사 체험의 내용이 기존의 역사적 사건을 뒤집는데 있음을 강조하기	[활동2] 가상역사체험 프로그램 에 포함시킬 역사적 사건과 인물을 선정하고 핵심정보와 선정이유 정리하기(퀘스트2)	발표 및 평가 ●
'만약 흥선대원군이 쇄국정책이 아닌 적극적인 개방정책을 추진했 으면 어떤 일이 벌어졌을까.' 등 실제 역사와 다른 선택의 결과가 어떨지 자유롭게 이야기하기	[활동3] 실제 선택과 다른 선택(최소 2가지)별로 가상시나리오 작성하기(퀘스트3)	[발표1] 가상역사체험 프로그램 홍보이벤트 벌이기
		[발표2] 가상역사체험 프로그램 스토리보드 공유하기
학습흐름에 따른 과제수행계획 세우기	[활동4] 가상역사체험 프로그램 설계하기 과제 수행하기, 게임형 식으로 디자인하고, 스토리보드로 표현하기(퀘스트4)	[평가] 상호평가 및 성찰저널 작성하기

지금으로부터 130여년 전, 우리나라는 서양 세력과 일본, 중국, 러시아 등 주변 국가 들의 식민지 쟁탈전에 휘말리는 위기에 처하게 됩니다. 우리 조상들은 '풍전등화(風前 燈火)'의 국가적 위기에서 이를 극복하기 위한 대책을 세우고, 수많은 노력들을 기울입 니다. 하지만, 이러한 노력에도 불구하고, 결국 우리나라는 일본에게 나라를 빼앗기는 전대미문(前代未聞)의 불행한 역사를 겪게 됩니다. 가슴 아픈 우리 역사를 떠올릴 때마 다, '박하사탕'이라는 영화에서 "나, 다시 돌아갈래!"라고 외치던 그 주인공 심정이 되어 버립니다. 불행한 역사의 수레바퀴를 제자리로 되돌리고, 다시 시작할 수만 있다면 얼 마나 좋을까요? 만약, 타임머신이라도 있으면 그 당시로 돌아가서 선택의 주인공들에 게 옳은 선택이 무엇인지 알려줄 수 있을 텐데 말입니다.

안녕하세요. 저는 (주)사이버월드의 나미래 사장입니다. 현재 제작 중에 있는 컴퓨터 가상프로그램 "가상역사체험『역사 뒤집기』"는 바로 이런 배경에서 기획되고 있습니 다. 비록, 현실 속에서는 역사의 수레바퀴를 되돌릴 수 없지만, 저희 가상역사체험 프 로그램 안에서는 불가능한 일을 가능한 일로 만들어 줄 수 있습니다. 가상현실 속에 서 여러분들이 바로 역사의 주인공이 될 수 있으니까요. 역사뒤집기, 지금부터 바로 도 전해보세요!

Quest 퀘스트 01 프로그램 개발을 위한 조사 연구 ★★★

조선말기인 130년 전 무렵, 이 땅에는 어떤 역사적 사건들이 일어났을까요? 가상역사체험프로그램을 만들기 위해서는 실제 있었던 역사적 사건들을 정확하게 조사해야 합니다. 풍전등화와 같은 조선의 현실을 잘 말해줄 수 있었던 사건들을 조사해 보고, 그 시기에 서로 다른 선택을 해야 했던 역사적 주인공들(이를테면, 흥선대원군, 명성왕후, 고종황제 등)에 대해서 꼼꼼하게 살펴봅시다.

구분		사건/인물	조사연구내용(요약)
역사적 사건	01		
	02		
	03		
역사적 인물	01		
	02		
	03		

관련교과	국어	사회	도덕	수학	과학	실과			체육	예술		영어	창의적 체험활동	자유학기활동		
						기술	가정	정보		음악	미술			진로 탐색	주제 선택	예술 체육
		●											●			

1. 130여년이라는 표현 때문에 130년 전 사건에만 초점을 맞추지 마세요. 대략적으로 대한제국이 성립되기 바로 직전인 조선말기의 역사적 사건을 다루면 됩니다.
2. 교과서에 수록된 내용을 참고하세요. 자세한 정보는 책과 인터넷을 통해 확인하는 것이 좋습니다.
3. 유명강사의 역사 강연이나 다큐멘터리, 드라마 등에서 보다 생생한 정보들을 얻어 보세요. 조사한 사건과 인물에 대한 깊이 있는 이해가 가능해집니다.

가상역사체험 프로그램에 적용할 역사적 사건을 선택해 주세요. 아울러 그 사건과 관련이 깊은 인물을 선정합니다. 역사적 인물이 되어 참가한 사람들은 가상현실에서 실제 역사와 다른 선택을 할 수 있게 됩니다. 가상역사체험 프로그램 안에서 얼마든지 역사뒤집기가 가능해지는 것이지요. 프로그램의 배경이 될 역사적 사건과 프로그램의 주인공이 될 역사적 인물 선정은 그래서 중요합니다.

구분	사건/인물	조사연구내용(요약)
사건		
인물		

관련교과	국어	사회	도덕	수학	과학	실과			체육	예술		영어	창의적 체험활동	자유학기활동		
						기술	가정	정보		음악	미술			진로 탐색	주제 선택	예술 체육
		●											●		●	

Fun Tips

1. 프로그램 반영에 필요한 정보는 프로그램의 성격(가상역사체험)에 맞게 풍부한 이야기를 담고 있어야 합니다.
2. 기본적으로 가장 뒤집고(바꾸고) 싶은 역사적 사건과 이와 관련된 인물을 선택하는 것입니다. 선정이유에 뒤집고 싶은 이유를 포함하여 기술해주세요.

Quest 퀘스트 03 가상시나리오 작성하기 ★★★★

　　프로그램의 주인공인 역사적 인물의 선택에 따라 그와 관련된 사건들이 다르게 전개될 수 있습니다. 실제로 발생한 역사적 사건들도 중심인물의 선택에 따른 결과이기도 합니다. 당신은 프로그램 개발자로서 주인공의 선택에 따른 가상시나리오를 작성해야 합니다. 실제 인물과 다른 선택을 정하고, 그에 따라 어떤 사건이 발생할지 가상시나리오를 작성해 보세요.

	실제선택	가상의 선택	가상시나리오
01			
02			
03			

관련교과	국어	사회	도덕	수학	과학	실과			체육	예술		영어	창의적 체험활동	자유학기활동		
						기술	가정	정보		음악	미술			진로 탐색	주제 선택	예술 체육
	●	●											●		●	

 1. 실제 역사적 인물의 선택과 다른 선택의 결과를 시나리오에 담아야 합니다. 찬반처럼 실제 선택과 반대의 경우만 가정하지 말고, 절충이나 중도의 입장을 보이는 경우도 포함시켜 적어도 2가지 이상의 가상시나리오를 완성해 주세요.
2. 가상시나리오는 주인공의 선택이 어떤 결과로 이어지게 될지 상상하여 작성하는 것입니다. 그 시대의 역사적 배경, 여러 조건들을 감안하여 작성해 주세요.

Quest 퀘스트 04 가상역사체험 프로그램 설계하기 ★★★★★

이제 본격적으로 가상역사체험 프로그램을 개발할 것입니다. 이를 위해서는 프로그램 설계도(스토리보드)가 필요합니다. 설계도만 완성된다면 프로그램의 완성은 시간문제입니다. 가상역사체험프로그램은 게임형식으로 개발될 계획이니 이를 고려해 주세요. 게임하듯 참가자들이 가상역사체험 프로그램을 맘껏 즐길 수 있도록 스토리보드를 짜면 됩니다.

	화면구성	스토리
01		
02		
03		
04		
05		

관련교과	국어	사회	도덕	수학	과학	실과			체육	예술		영어	창의적 체험활동	자유학기활동		
						기술	가정	정보		음악	미술			진로 탐색	주제 선택	예술 체육
	●	●				●							●		●	

Fun Tips
1. 스토리보드는 파워포인트 등을 이용하면 좀 더 수월하게 작성할 수 있습니다. 기능에 따른 버튼 배치와 화면구조를 간단하게 표시해 주세요.
2. 가화면구성에 따른 스토리는 가상시나리오를 활용하면 됩니다.

Quest 퀘스트 **05** 가상역사체험 『역사뒤집기』 홍보하기 ★★★★★

당신의 노력으로 가상역사체험 프로그램이 성공적으로 완성됐습니다. 이제 프로그램이 많은 사람들의 주목을 받을 수 있도록 특별한 홍보이벤트가 필요합니다. 가상 시나리오를 바탕으로 한 연극공연을 포함해 많은 사람들로부터 관심을 끌어 모을 방안을 연구 중입니다. 아무쪼록 특별한 홍보이벤트가 준비되도록 다양한 아이디어를 모아주세요. 여러분들의 멋진 활약을 기대하겠습니다.

홍보방법	아이디어 및 내용
연극공연	
동영상	

관련교과	국어	사회	도덕	수학	과학	실과			체육	예술		영어	창의적 체험활동	자유학기활동		
						기술	가정	정보		음악	미술			진로 탐색	주제 선택	예술 체육
	●	●				●							●		●	

1. 홍보를 통해 프로그램의 모든 내용을 공개하기보다는 사람들의 관심과 호기심을 유발할 수 있도록 흥미를 끌만한 내용으로 선정합니다.
2. 연극공연이나 홍보영상을 촬영하여 인터넷 공간에 올린다면 홍보 효과를 더 높일 수도 있을 것입니다.
3. 인터넷을 통해 각종 홍보사례를 참고해서 홍보이벤트를 준비해 보세요.

◆ 게이미피케이션,
프로젝트학습에 게임을 더하다 ◆

　도서관에 갇혀 밤을 지새우며 100권의 책을 살펴보고, 틈틈이 글을 써야 한다면 기분이 어떨까. 잠을 청하기 위해 책을 꺼내 드는 일반적인 사람들에겐 너무나도 고통스런 상황일지 모르겠다. 게다가 어린 시절 독후감이나 서평쓰기를 억지로 했던 기억이 있다면 시작도 하기 싫은 끔찍한 활동이지 않을까. 그런데 놀랍게도 이런 활동이 게임으로 만들어져 이미 적용된 바 있다는 사실이다.

　2011년 5월, 뉴욕시립도서관에서는 특별한 게임이 벌어졌다. 이름하여 '미래를 찾아라(Find the Future)', 미국전역에서 치열한 경쟁률을 뚫고 500명의 참가자들이 모여들었다. 이 게임은 도서관에서 100가지 '유산(artifact)-사전에 지정한 도서(고전) 등'을 찾아 '세상을 바꾸는 책(world-changing book)'에 담길 이야기를 쓰는 것이 핵심활동이다. 게임 참가자들은 밤새도록 제시된 '퀘스트(quest)'를 수행해 가면서 서고 곳곳에 숨겨진 위대한 유산(책)을 찾아 영감을 얻고, 이를 근거로 미래의 유산으로 남을 만한 가치 있는 이야기를 써내려갔다. 참가자들은 각자의 미션을 하나하나 수행해가며, 상호검증을 거치면서 공동의 목표를 달성하기 위해 온힘을 기울였다. 참가자들은 하나의 게임으로 인식하며 즐겁게 참여했는데, 그 재미의 원천은 생산적이고 창조적인 학습활동에 있었다. 놀이와는 여러모로 거리가 있어 보이는 도서관이라는 공간을 게임을 통해 어떻게 탈바꿈시킬 수 있는지 여실히 보여주는 사례라 할 수 있다. 필자의 시각에서 게임이라는 타이틀만 내려놓고 본다면, 이 게임의 활동내용이 프로젝트학습과 다를 바가 없었다. 이는 다른 대체현실게임

(Alternate Reality Game)인 '석유 없는 세상(world without oil)'을 통해서도 느낄 수 있다.

켄 에클런드(Ken Eklund)의 기획에서 탄생한 이 게임은 1900명의 자발적인 호응에 힘입어 6주 동안 삶을 바꾸는 실험에 동참하도록 만들었다. 게임은 석유 부족 현상이 일어날 때를 대비해 함께 해결책을 모색해 보자는 취지로 시작되었다. 이 게임은 석유고갈로 초래되는 가상의 위기상황들에 따라 참가자들이 미래 예측전문가, 관련 분야의 전문가, 생존전문가 등이 되어 해결방안을 도출하도록 하고 있다.

참가자들은 단지 석유가 없는 세상을 예측하는데 그치지 않고 실제 사건인 것마냥 행동하며 그 결과를 공유하기까지 했다. 결과적으로 '석유 없는 세상' 게임이 진행되는 동안, 미래 예측 문서가 2천여 편, 이와 관련한 블로그 글과 기사 1만 편 등 모두 10만 개가 넘는 멀티미디어 자료가 생산됐다. 단순히 '석유 사용량 줄이는 방법 조사하기'와 같이 주제와 활동만 던져주었다면 이러한 참여와 성과는 불가능했을 것이다. 참고로 이 게임을 모티브로 개발한 '석유 없는 세상'이라는 동명의 PBL 수업이 「설레는 수업, 프로젝트학습 PBL 달인되기1: 입문」 '9장 석유 없는 세상, 혼란 속에 빠지다' 편에 자세히 소개되고 있다.

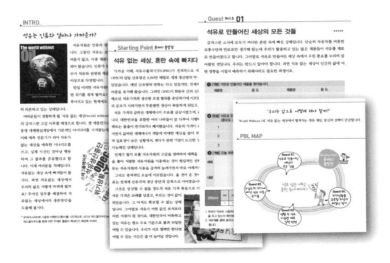

53 누구나 게임을 한다

Guiding
Tips

'미래를 찾아라!' 게임을 디자인하고 기획한 제인 맥고니걸 (Jane McGonigal)은 게임을 통해 지금보다 더 나은 세상을 만들어 갈 수 있다고 주장하는데요. 그녀의 저서에서 게임의 본질에 대한 심층적인 이야기를 다루고 있습니다. 과연 게임의 본질은 무엇일까요? 흥미롭게도 게임 학자들은 이구동성으로 그 본질이 '학습의 재미'에 있다고 말합니다. 맥고니걸이 말하는 게임에 대해 좀 더 알고 싶다면 「누구나 게임을 한다」를 읽어 보시기 바랍니다.

이처럼 '미래를 찾아라!'와 '석유 없는 세상'은 놀이와 학습이 갖는 경계의 모호성을 여실히 드러내는 사례로 게임의 디자인적 사고와 기법이 더해졌을 때, 프로젝트학습이 어떤 모습으로 구현될 수 있는지 짐작하도록 해준다. 더욱이 제인 맥고니걸(Jane McGonigal)**³이 제안한 게임의 4가지 조건, 즉 '즉시적 낙관주의(Urgent Optimism)', '튼튼한 사회망(Social Fabric)', '행복한 생산성(Blissful Productivity)', '웅대한 의미(Epic Meaning)'는 프로젝트학습이 강조하는 기본조건과 다르지 않다. 프로젝트학습에서의 도전의식은 실패에 대한 두려움이 없는 일종의 낙관적 태도에서 비롯된다(즉시적 낙관주의). 수업에 참여하는 학생들은 학생과 학생, 학생과 교사 등의 사회적 관계를 기반으로 문제를 해결하며(튼튼한 사회망), 상황에 부합하는 질 좋은 생산물을 만든다(행복한 생산성). 더불어 문제 안에 담긴 특별한 가치가 학습의 유의미성을 증대시키는 구조를 지닌다(웅대한 의미).

**그녀는 '미래를 찾아라!' 게임을 디자인했으며, 게임의 조건과 관련된 설명은 TED 2010 "Gaming can make better world"에서 확인할 수 있다.

복잡하고 예측불허인 모순 가득한 실제 세상을 배경으로 펼쳐지는 게임, 그 게임을 통해 좀 더 나은 방향을 모색하기 위한 실질적인 활동이 이루어진다면, 우리 교육이 지향하는 바와 다를 것이 없다. 게임과 학습을 이분법적으로 구분하지 않고 통섭적 시각으로 접근한다면 프로젝트학습에 게임을 더하기 위한 시도가 가능하다. 얼마든지 이들 수업을 게임의 디자인적 사고와 전략, 기법을 입힌 프로젝트학습의 형태 중에 하나로 이해하고 수용할 수 있게 된다. 한 걸음 더 나아가, 프로젝트학습에 게임요소를 반영하는 작업에 그치지 않고, 학교교육 전반에 게임의 디자인적 사고와 기법을 입혀서 전혀 새로운, 그야말로 혁신적인 교육과정을 구성해낼 수도 있다. 불가능하다고 단정 짓지 말자. 내 머릿속 고정관념에서 벗어난다면 충분히 가능한 일들이다.

프로젝트학습의 전략적 선택, GAMIFICATION

컴퓨터를 처음 배우는 시기엔 누구나 키보드 자판을 익히기 위해 애쓰게 된다. 초기에는 손가락 두 개를 사용해 자판 하나하나를 보며 입력하는 독수리 타법으로 버텨보지만 과제의 양이 많아질수록 한계에 다다른다. 타자치는 법을 손에 익혀서 속도를 높이는 건 반복적인 연습밖에 없고, 그만큼 시간도 많이 걸린다. 지루한 시간들을 참아내며 타자실력을 향상시켜내는 건, 여간 어려운 일이 아니다. 무작정 참고 견디며 익히는 방식으로 타자 연습을 고집했다간 중도에 포기하기 십상이다. 컴퓨터의 사용 훨씬 이전부터 타자기의 보급이 이뤄졌음에도 대중화가 되지 못했던 것도 이런 이유가 작용했을 것이다.

그러나 오늘날은 완전히 바뀌었다. 적어도 컴퓨터의 키보드 자판을 익히는 과정에서 이전의 진입장벽은 존재하지 않는다. 이러한 인식의 변화는 컴퓨터와 함께 한글 자판을 익히는 게임들이 속속 등장하면서부터다. 이들은 몇 가지 단순한 규칙과 피드백을 추가함으로써 타자 치는 행위를 하나의 게임으로 탈바꿈시켰다.

지루하고 단조로운 일상의 행위가 게임으로 인식될 수 있었던 것은 자발적인 참여를 이끌어낼 매력적인 규칙이 있었기 때문이다. 이런 맥락에서 규칙이라는 하나의 획을 프로젝트학습에 어떻게 긋느냐에 따라 게임과의 이상적인 만남을 성사시킬 수 있다. 자발적인 참여를

이끌어낼 만한 규칙이 적용되기만 하면, 게임이나 놀이처럼 재미있으면서도 학습의 몰입감을 높일 수 있다.

결국 학습자 시각에서 게임처럼 재미있는 활동으로 프로젝트학습을 인식하도록 만들려면, 이러한 '규칙(rule)' 외에도 게임의 본질적인 특징으로 꼽히는 '목표(goal)', '피드백시스템(feedback system)', '자발적 참여(voluntary participation)' 등을 어떻게 구현했는지가 중요하다(McGonigal, 2011). 이와 관련된 논의들은 활발히 이루어지고 있으며, 이미 게임이 아닌 분야까지 확대되어 구체적인 결과물로 나타나고 있다. 게임의 요소나 디자인적 사고를 다른 분야에 적용하여 이전보다 즐겁고 매력적인 것으로 변화시키려는 시도, 이른바 '게이미피케이션(Gamificaton)'이 대표적인 주인공이다(Lee & Hammer, 2011; Mckenzie, 2011; Zichermann & Cunningham, 2011). 게이미피케이션은 게임의 재미를 결정짓는 요소와 게임적인 사고와 기법을 게임이 아닌 분야에 적용하려는 구체적인 움직임을 뜻한다. 오래전부터 게임과는 무관한 여러 영역에서 사용자의 관심과 흥미, 지속적인 반응을 이끌어내기 위한 전략으로 '게임기법(game mechanics)'이 채택되곤 했다. 다양한 현실 문제에 게임 요소를 반영하여 참여자의 자발성과 생산성을 극대화하기 위한 시도가 이루어졌으며 믿기지 않은 성과들도 도출됐다.

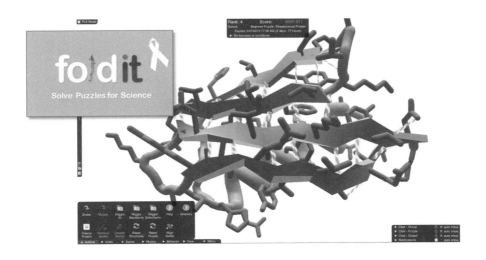

　대표적으로 10년이 넘도록 생명과학자들을 괴롭혀왔던 난제, 프로테아제 효소의 단백질 구조를 게임을 통해 단 3주 만에 밝혀낸 사례를 들 수 있다. 에이즈, 암 등의 각종 난치병 치료에 열쇠가 될 단백질(아미노산)의 접힌 구조를 과학자들이 아닌 게이머들이 풀어내도록 디자인했다. 이렇게 탄생한 '폴드 잇(fold it)'은 실제 단백질 구성원리에 따라 3차원 구조를 자유롭게 움직여가며 퍼즐(아미노산 사슬)을 배열하도록 하고 있다. 피드백은 효율적인 형태로 바꿀 때마다 점수가 부가되는 것이 전부였으며, 이를 다른 참가자들과 비교할 수 있도록 리더보드(점수판)가 제공될 뿐이었다. 그럼에도 불구하고 이 게임은 10만 명이 넘는 사람들의 자발적 참여를 이끌어냈고, 이들의 직관력과 퍼즐을 푸는 능력으로 인해 프로테아제 효소의 구조를 완벽하게 해독하기에 이른다. 게임을 통한 연구 성과는 2011년 네이처 구조분자 생물학회지에 발표되었으며, 논문에는 5만 7천여 명의 게이머들이 공동저자로 올라가기도 했다. 2014년 '아이와이어(eye wire)'라는 퍼즐게임으로 망막 신경세포 95개의 구조를 밝혀내는 등 생명과학분야의 난제들이 게임을 통해 해결되고 있다는 점은 무척 흥미로운 대목이다.

　한편, 미국의 시장조사업체 '가트너(Gatner)'는 2011년에 게이미피케이션에 관한 보고서***[4]를 발표한 바 있다. 특히 보고서 내용 중에는 게이미피케이션을 구현하기

*** 원문 출처 : http://www.gartner.com/it/page.jsp?id=1629214

위한 4가지 조건을 제시하고 있는데, 이들 조건, 즉 '설득력 있는 내러티브', '도전적이더라도 달성 가능한 과제', '명확한 목표와 게임의 규칙', '신속한 피드백 사이클'을 충족해야 한다고 보았다. 가트너가 제시한 조건들은 'Gamification PBL'을 디자인하기 위한 구체적인 아이디어와 실천적 기준을 제시해 준다는 점에서 의미가 있다.

다만, 게이미피케이션이라는 것이 '○○의 충족'이라는 궁극적인 목표를 달성하기 위한 전략적인 선택임을 잊어서는 안 된다. 간혹 현장에서 게임과 게이미피케이션을 혼동하는 경우가 생기는데, 이는 개념적 이해가 분명하지 못해 발생하는 문제로 볼 수 있다. 게임과 놀이의 대부분이 즐거운 경험 자체에 목표를 두고 있는 반면, 게이미피케이션은 이들의 기법과 요소, 디자인적 사고 등을 전략적으로 이용해 해당 영역의 목표를 성공적으로 달성하는데 목적을 두고 있기 때문에 그렇다. 당연히 프로젝트학습에 있어서 게이미피케이션은 하나의 전략에 불과하며 본질은 아니다. 오로지 PBL 과정에서 학습의 재미를 증대시키고, 수업목표(학습목표)를 효과적으로 달성하도록 하는데 목적을 두고 활용되는 것임을 잊지 말자.

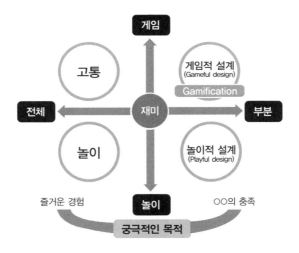

54 세계평화게임, 수업이 게임이 되다

존 헌터(John Hunter) 선생님은 오랜 세월동안 자신의 수업을 게임으로 만들어 실천해 왔습니다. 그의 TED강의 덕분에 전 세계 많은 사람들에게 그의 성과를 알리기도 했는데요. 2012년에는 타임지가 선정한 12인의 교육운동가로 꼽히기까지 했습니다. 이른바 '세계평화게임(world peace game)'은 1978년 어느 도심의 공립학교에서 시작됐습니다.

그는 아프리카에 관한 수업교재를 고안하던 중 온 세계의 갖은 문제들을 펼쳐놓고 학생들이 직접 해결안을 만들어 낼 수 있는 일종의 게임을 만들게 되었는데요. 수업을 거듭하며 13쪽에 달하는 위기상황 문서와 50가지의 연계 문제들, 아크릴 다층구조로 만든 실감나는 게임 환경까지 담아내게 됩니다. 여기서 학생들은 소수민족 간 갈등, 화학물질과 핵 누출 사고, 핵확산 문제, 기름유출, 환경 재앙, 물 확보를 위한 분쟁, 국가의 분리, 기근, 동물의 멸종위기, 지구온난화 문제, 국가 간 전쟁 등 다양한 주제를 중심을 세계평화를 지키기 위한 게임을 벌이게 됩니다. 게임의 일관된 목적이 세계를 구하고 평화를 달성하는 것이지만, 방해공작원들을 통해 게임상 모든 것들의 기반을 흔들어 놓기도 하고, 때론 거짓정보, 모호하거나 전혀 무관한 정보를 은밀히 제공하면서 학생들에게 의도적인 혼란을 야기하기도 합니다. 이들 문제를 해결하는 과정에서 다양한 모색과 깊이 있는 사고가 유발되록 게임의 다양한 기법들이 활용됩니다. 이렇게 헌터는 게임을 통해 실제 세상과 유사한 복잡한 상황 속으로 아이들을 몰아넣는데 성공하는데요. 그의 이야기가 궁금하다면 그의 저서나 TED(ted.com)에서 이름이나 게임제목으로 검색해서 확인해 보세요.

한편, TED(Technology, Entertainment, Design)는 미국의 비영리 재단에서 운영하는 강연회입니다. 정기적으로 기술, 오락, 디자인 등과 관련된 강연회를 개최하는데요. 최신 과학에서 국제적인 이슈까지 다양한 분야가 망라되며, 강연은 18분 이내로 이루어집니다. 이들 강연 하나하나를 'TED TALKS'라 지칭하며 "알릴 가치가 있는 아이디어"(Ideas worth spreading)를 모토로 하고 있습니다(출처: 위키백과). 강연콘텐츠는 한국어 자막설정이 가능해서 내용을 이해하는데 별 어려움이 없습니다. 주제별 검색이 지원되므로 학교수업에 적극 활용해 보길 바랍니다.

설득력 있는 내러티브
_Compelling Narrative

게임은 탄탄한 서사구조를 지닌 이야기가 기반이 되어 가상의 공간을 만들어 낸다. 이야기가 빈약한 게임은 초반에 열광할지 몰라도 금세 관심이 시들어 버리기 마련이다. 온라인 게이머들이 오랫동안 열광해 온 게임들의 성공 비결 중에는 공통적으로 블록버스터 영화를 능가하는 웅대하고 매력적인 서사구조가 자리하고 있다. 프로젝트학습의 중심에도 다양한 이야기를 배경으로 한 '문제(Problem)'가 있는 만큼, 게임과 같이 가상의 경험을 특별하게 만들어줄 서사구조를 반영해 볼 수 있을 것이다.

© 정준환

　그렇다면 프로젝트학습 속에 매력적인 이야기를 어떻게 담아내면 좋을까. 물론 능력만 받쳐준다면 처음부터 끝까지 교사가 직접 이야기를 창작해보는 것도 좋겠지만 현실적으로 녹록치 않다. 무작정 학생들에게 이야기 창작을 강요할 수도 없는 노릇이다. 교사의 불필요한 수고를 덜 면서도 최상의 효과를 거둘 수 있는 유일한 방안은 모방뿐이다. '인터스텔라' 문제의 예처럼 영화도입부 상황을 그대로 가져와서 프로젝트학습을 시도해볼 수도 있다. 학생들이 흥미를 가질 만한 매력적인 작품에서 이야기의 모티브를 얻어 프로젝트학습을 구성하는 것도 좋은 전략이다. 평소 학생들이 열광할만한 소설, 영화, 드라마 속 이야기들에 주목하고, 어떤 활동이 적합한지 생각하다보면 문득 좋은 아이디어들이 떠오를 수 있다.

매력적인 이야기를 담고 있는 프로젝트학습의 문제는 그것 자체만으로도 자발적인 학습참여를 이끌어낸다. 완성도 높은 문제일수록 학생들의 다양한 사고과정을 촉진하며 미완성된 이야기를 자기만의 방식으로 채워나가는 창작과정을 요구하기도 한다. 다양한 문제 상황 속, 실제 세계에 존재할 법한 이야기에 빠져들면서 문화재 보존전문가, 큐레이터, 나무치료사, 여행설계사, 기상캐스터, 경찰관, 법의관 등등 각 세계 속에 존재하는 가상의 인물이 되어 주어진 상황에 적합한 해결안을 적극적으로 내놓게 된다. 그래서 설득력 있는 내러티브는 학습의 목표를 매력적인 것으로 만든다. 교과서 안에 수많은 목표들이 단원과 차시 단위로 촘촘히 제시되고 있지만, 그런 세부적인 목표가 학생들의 흥미와 진로로 이어지지 못하고 있는 반면, 프로젝트학습에 담긴 매력적인 이야기가 이들의 인생에 긍정적인 영향을 미치게 된다.

사실 우리가 살아가는 세상은 표현의 방식만 다를 뿐, 거의 대부분이 이야기의 힘을 빌리고 있다. 이야기로 뒤덮여 있는 세상 속에서 사람들은 서로 공감하고 느끼며, 자신의 삶에 필요한 지혜를 얻는다. 다양한 분야에서 쏟아지고 있는 이야기들 가운데 프로젝트학습에 담아낼 수 있는 꺼리는 무궁무진하다.

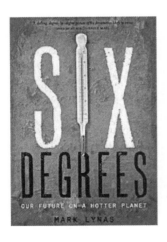

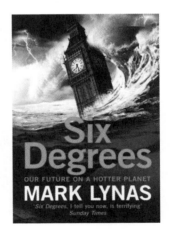

예를 들어, 마크 라이너스(Mark Lynas)가 쓴 '6도(Six Degrees)'는 1도부터 6도까지의 지구 온도 상승 시나리오를 담고 있다. 온도 상승에 지구환경에 미치는 재앙적인 결과를 과학적으로 상세하게 그려내고 있는 작품이다. 그의 작품은 내셔널지오그래픽의 다큐멘터리로 실감나게 그려지기도 했다. 라이너스의 작품은 지구온난화의 파괴적인 영향력에 대해 강력한 경각심을 심어주기에 충분했다. 라이너스의 이야기는 필자가 PBL 문제를 개발하는데 있어서 중요한 모티브로 작용하기도 했다. 참고로 이 프로그램은 「설레는 수업, 프로젝트학습 PBL 달인되기 2: 진수」 '4장. 6℃의 악몽' 편에 자세히 소개되고 있다.

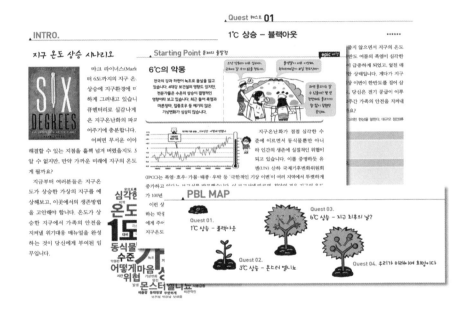

아무튼 작가가 아닌 이상, 교사들이 매력적인 이야기를 창작해낸다는 건 여간 어려운 일이 아니다. 소설, 영화, 게임, 다큐멘터리, 기사문 등 세상의 흥미진진한 이야기들이 넘쳐나는 만큼, 이들을 모티브로 삼아서 PBL 문제를 만드는 것은 얼마든지 가능하다. 문제개발과정은 카피(copy) 수준의 단순한 베껴 쓰기만 아니라면, 모방으로 시작해 새로움을 담고자 하는 창조적 행위로 채워지기 마련이다.

55 Gamification PBL과 Game Based Learning, 무엇이 다를까

프로젝트학습에 '게이미피케이션(gamification)'을 시도했다고 해서 게임기반학습(Game Based Learing) 모형이 되는 것은 아닙니다. 게이미피케이션은 하나의 전략 혹은 기법일 뿐, 그것 자체가 중심이 될 수 없기 때문에 그렇습니다. 프로젝트학습에서 게이미피케이션을 채택하지 않더라도 상관없는 이유죠. 반면 게임기반학습은 '게임'이 핵심이며 그것을 통해 학습이 이루어지는 모형이므로 분명히 구분됩니다. 게이미피케이션은 기본적으로 게임의 디자인적 사고, 기법 등을 게임이 아닌 분야에 전략적으로 반영하는 것을 의미합니다. 프로젝트학습에 게이미피케이션을 시도하는 목적도 재미로 설명되는 인지와 정서의 조화로운 학습환경을 구현하는 데 있습니다. 재미에 조건화된 학습환경을 구현하기 위한 실험적인 시도라고도 볼 수 있습니다. 그렇기 때문에 게이미피케이션을 채택하지 않더라도 프로젝트학습을 적용하는데 문제가 없지만 게임기반학습에서 게임을 빼는 것은 수업 자체가 성립되지 못함을 의미하는 것입니다.

학생들의 흥미를 자극할 매력적인 이야기를 토대로 만든 PBL 문제일수록 교사의 별다른 노력 없이도 학습자의 자발적인 참여와 몰입이 이루어지는 신기한(?) 경험을 하게 될 것이다.

도전적이더라도 달성 가능한 과제
_ Tasks that are Challenging but Achievable

학생들이 수업에서 제시된 PBL 문제를 버거운 과제로 인식하고 시작부터 포기상태에 빠져버릴 때마다 어찌해야 할지 난감해진다. 정성스럽게 준비한 문제가 아무리 흥미진진한 이야기를 담고 있다고 하더라도 달성해야 할 목표가 현실성이 없거나 큰 부담으로 작용하면, 자발적인 참여를 통한 학습의 질 향상을 기대할 수 없게 된다. 이러한 이유로 필자는 게임 상에서 각종 임무, 과제 등을 일컫는 '퀘스트(Quest)'에서 하나의 해법으로서 아이디어를 얻고자 했다. 대부분의 게임은 각자의 세계에서 생존하고 고유의 목적을 달성하기 위해 각종 퀘스트를 수행하도록 하는데, 상황마다 다양한 형태로 제공되는 퀘스트 덕분에 자발적인 플레이가 이루어진다. 게임의 서사가 매력적이고 달성할 목표가 분명하게 제시되었더라도 퀘스트의 질이 따라오지 못하면 게임플레이어들의 관심은 금세 식을 수밖에 없다.

그렇다면 프로젝트학습 상황에서 퀘스트를 어떤 식으로 구현하면 좋을까. 기본적으로 퀘스트는 문제 상황과 맥락을 같이 해야 하며, 작은 임무들을 하나하나 수행해 나가면서 궁극적인 학습목표에 이르도록 안내해 주는 역할을 맡아주어야 한다. 이를 위해 칙센트미하이가 몰입의 조건으로 강조했던 '도전적이더라도 달성 가능한 과제'로 인식시켜주는 것은 물론, 학습자가 길을 잃지 않고 자발적인 참여를 지속할 수 있는 환경이 되어줄 필요가 있다. 물론 퀘스트가 디딤돌처럼 PBL의 출발지점(문제제시)에서부터 도착지점(최종결과도출)까지 안전하게 건널 수 있도록 돕는데만 목적을 둔 것은 아니다. 게임의 본질인 재미가 학습과정에서 끊임없이 샘솟도록 하는데 궁극적인 목적을 가진다.

필자의 대표적인 저서인 「설레는 수업, 프로젝트학습」 시리즈가 PBL 문제를 퀘스트형으로 구성해 제공하고 있다. 퀘스트로 불리는 각 단계별 시나리오에 학습활동의 성격을 직관적으로 파악할 수 있는 활동지, 활동을 진행하는 동안 길을 잃지 않도록 돕는 팁(fun tips) 등 수록되어 있다. 흥미로운 점은 학교현장에 처음 적용했을 때 학생들의 반응이었다. 게임이 청소년들의 핵심적인 놀이문화라서 그런지 퀘스트라는 용어에 상당히 친숙한 모습을 보였다. 용어가 주는 친근감이 학습과정에 대한 막연한 두려움을 어느 정도 해소해주는 역할도 했다. 프로젝트학습 문제를 퀘스트형으로 재구성하니 기존의 PBL 수업진행 방식과 여러모로 차이를 나타냈다. 문제의 출발점에서부터 'PBL MAP'을 통해 어떤 성격의 활동이 전개될지 짐작할 순 있었지만, 구체적으로 어떤 학습활동인지 정확히 알 수 없는 상황이 연출됐다. 불확실성이 학생들에게 다음에 나올 퀘스트에 대한 기대감으로 이어졌고, 긴 호흡으로 가야했던 기존방식에서 짧은 시간 안에 퀘스트를 해결해야 하는 방식으로 바뀌면서 이전에 없던 긴박감이 더해졌다. 이러한 현상은 퀘스트 형식을 도입한 다른 PBL 수업에서도 거의 일관되게 나타났다.

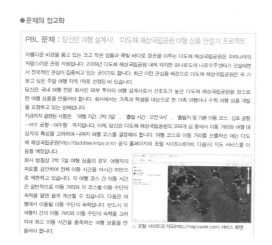

한국교육학술정보원과 한국마이크로소프트의 지원으로 전국단위로 개설됐던 e-PBL 설계과정 연수과정에서 소개되기도 했던 '주말 관광 상품 개발하기' 문제는 이후에도 고학년을 대상으로 꾸준히 현장에 적용되곤 했다. 이 문제는 과제수행절차를 별도로 제시하지 않고 있어서 학습자 스스로 계획을 세워 최종 해결안을 도출하도록 하고 있다. 'STEAM(Science, Technology, Engineering, Arts, Mathematics)'처럼 과학적 원리(물체의 속력)를 이해하고 여러 교과지식을 활용한 통합적 접근이 필요한 문제라서 그런지 학생들에 따라 어려움을 호소하는 경우가 많이 발생하기도 했다. 개인적으로 출판이나 연수, 강의 등을 통해 자주 소개했던 문제인 만큼 곧바로 퀘스트 형식으로 바꾸었으며, 현장에 바로 적용했다.

'당신은 여행설계사' 문제는 학생들이 주어진 퀘스트를 하나하나 수행하다가 자연스럽게 최종 도달점에 도착하도록 디자인됐다. 보통 일주일 단위로 적용되는 PBL 수업에서 간혹 활동을 미루다가 막판에 몰아치기를 해서 허접한 결과를 내놓곤 하는데, 퀘스트 형식은 그런 일을 방지해 주었다. 퀘스트가 제한된 시간 안에 해결해야 하는 특성을 가지고 있고, 주어진 퀘스트를 수행해야 이를 기반으로 다음 퀘스트가 제시되기 때문에도 그렇다. 또한 예상하지 못했던 부분이기도 한데 퀘스트 방식의 프로젝트학습은 교사에게도 수업적용의 수월함을 제공해준다. 기존의 PBL 수업에서는 동일한 문제라도 교사의 역량에 따라 차이가 많았고, 문제를 개발한 교사가 아닌 이상 학습과정 전체를 조망하고 학생들에게 적절한 피드백을 주며 이끌어가기가 쉽지 않았다. 이는 프로젝트학습의 현장적용을 가로막는 요인으로 작용하기도 했다. 그런데 퀘스트 형식으로 구성한 PBL 문제는 이러한 진입장벽을 상당부분 해소해 주었다. 더욱이 '무임승차'가 기존 PBL 방식에 비해 많이 줄어들었다는 평가도 상당했다. 퀘스트는 학생뿐만 아니라 교사에게도 수업의 좋은 길라잡이가 되어 주고 있었다. 참고로 이 프로그램은 「설레는 수업, 프로젝트학습 PBL 달인되기 2: 진수」 '3장. 당신은 여행설계사' 편에 자세히 소개되고 있다.

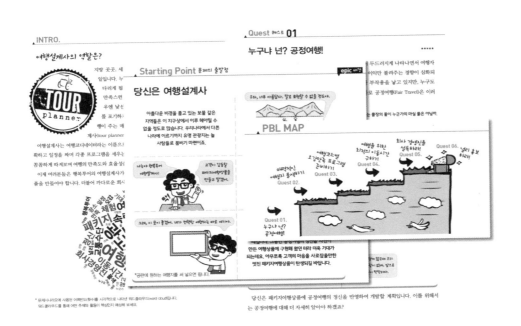

'잼공팩토리 ⓬-무성영화와 함께하는 변사극'은 2005년에 만들었던 문제로서 우연히 변사극과 관련한 TV 뉴스를 접하면서 만들게 된 작품이다. 당시 일제강점기와 관련한 역사수업을 하고 있던 김에 그 시대를 배경으로 한 무성영화를 만들면 좋겠다는 생각이 들었다. 마침 무성영화가 도입됐던 시기도 일제강점기와 맞물려 있었다. 일제강점기를 배경으로 한 무성영화를 제작하고, 변사가 돼서 극을 꾸미는 활동이 주를 이루는 PBL 수업이었다. 이 수업을 경험했던 학생들의 반응은 상당히 좋았다. 성인이 되어 만나는 제자들마저도 생생하게 기억하며 즐겁게 추억하는 PBL 목록에 언제나 등장하는 수업이었다. 개인적으로 애착이 가는 수업인 만큼, 다른 방식의 퀘스트를 적극적으로 도입하고 싶었다. 이를 위해 작은 활동 단위로 세분화시켜 '미니퀘스트'로 만들고. 이들 퀘스트에 무성영화제작과정과 변사극의 준비과정이 밀도 있게 담기도록 구성했다. 학생들은 긴박하게 주어진 퀘스트에 따라 런닝맨의 주인공이 된 것 마냥 학교의 이곳저곳을 누비며 활동을 했고, 각 과정마다 놀라운 집중력을 발휘했다. 결국 크고 작은 미션을 단 4일 만에 비교적 완벽하게 수행했고, 최종 도달지점인 변사극을 무대에 올리는데 성공했다.

퀘스트는 문제 상황과 직접적인 관련이 없더라도 특별한 목적을 달성하기 위해 만들고 적용해볼 수 있다. 게임처럼 긴장감을 주는 흥미진진한 임무가 퀘스트를 통해 개별적으로 부여될 수 있으며, 이를 통해 얼마든지 무임승차를 예방하고 PBL과정에 대한 몰입감을 높일 수 있다. 더욱이 그러한 임무들이 동료들이 눈치 채지 못하게 은밀히 진행되는 것이라면 예기치 못한 상황 덕분에 재미가 배가 되기도 한다.

이런 비밀퀘스트는 PBL을 수행하는데 필수적인 역할 외에도 팀에 혼란을 유발해야하는 '엑스맨'이나 엑스맨을 잡아야 하는 '탐정K', 다른 동료의 비밀 임무를 밝혀서 그대로 따라해야 하는 '쉐도우 요원', '몰래카메라 기자' 등과 같이 독특한 임무를 담아낼 수 있다.

온라인 커뮤니티를 통해 프로젝트학습 주제와 관련된 '돌발퀘스트'도 제시할 수 있다. 돌발이 의미하는 바와 같이 예상치 못한 어느 시점에 갑작스레 제시하는 것이 핵심 포인트다. 퀘스트 내용이나 형식은 특별히 정해놓지 않아도 된다. 프로젝트학습 주제와 관련해서 놓치지 말아야 할 교과지식이나 정보를 살펴보기 위한 목적이거나 문제 상황 속 이야기에 관한 이해를 돕거나 동기유발을 위해 돌발퀘스트를 활용할 수 있다. 생활 속 지혜를 묻거나 직접 체험을 유도하기 위한 목적의 퀘스트도 얼마든지 가능하다.

'Gamification PBL'의 성공적인 구현은 '도전적이더라도 달성 가능한 과제' 성격을 충족하는 퀘스트 제공이 뒷받침되어야 가능하다. 다만 여러 목적을 담긴 퀘스트가 지나치게 남발될 경우 역효과가 발생할 수 있으니 주의할 필요가 있다. 만일 프로젝트학습에 매력적인 이야기와 질 좋은 퀘스트를 담아냈다면 게이미피케이션의 첫 단추는 제법 잘 꿴 셈이다.

명확한 목표와 게임의 규칙
_Clear Goals and Rules of Play

일반적인 수업에서 목표 제시 단계는 매우 중요한 과정으로 여겨진다. 열성적인 교사는 학생들이 수업목표를 제대로 인식할 수 있도록 각종 효과음, 멀티미디어 자료를 총동원하기도 하고, 갖가지 방법과 부가적인 설명을 동원해서 목표의식을 형성하도록 애쓴다. 교과서나 지도서를 펼쳐보면 교과영역별, 단원별, 차시별 목표들이 정교하게 잘 짜여 있음을 발견할 수 있다. 게다가 이들 목표는 평가의 준거로서 학습자의 학업성취수준을 가늠하는 잣대로 사용되는 터라 무시할 수 없다.

56 퀘스트로 수업하는 혁신학교가 있다

규칙과 상징과 의미를 지닌 보상체계로 학교를 디자인한다면 어떤 모습일까요. 지키고 싶지 않은 규칙으로 디자인된 학교를 지키고 싶은 규칙으로 다시 디자인한다면 과연 어떤 변화가 일어날까요. 이에 대한 답은 수업, 활동, 과제, 교수 및 평가방법 등 모든 교육과정을 게임화 시킨 세계 최초의 학교 '퀘스트 투 런(Quest to Learn)'을 보면 조금이나마 짐작해 볼 수 있습니다. 이 학교는 뉴욕시에 위치한 6–12학년 학생을 위한 자율형 공립학교이며 'Q2L'이라고도 불립니다. Q2L은 맥아더 재단과 게이츠 재단의 후원을 받아 2년 동안 교육전문가와 게임개발 전문가의 협업을 통해 특별한 교육과정을 완성했고, 2009년 가을에 첫 입학생을 받았습니다. 시간표만 놓고 봤을 때, Q2L의 교육과정이 주변의 일반 공립학교와 크게 다르진 않습니다. 하지만 속을 들여다보면, 학습방식 자체가 완전히 다릅니다. 대부분의 수업은 게임과 프로젝트학습이 절묘하게 섞인 방식으로 운영되고, 학교생활에 충실히 참여하면 누구나 레벨 업을 할 수 있는 환경을 제공합니다. 한 번의 평가를 통해 성적이 결정되는 구조가 아니라서 퀘스트라 불리는 과제 수행에 실패하더라도 다른 퀘스트 수행으로 얼마든지 대체하며 점수를 높일 수 있습니다.

평가는 A에서 F까지 성적으로 우열을 나누는 것이 아니라 퀘스트를 수행하며 레벨을 올려 A에 상응하는 결과를 얻도록 합니다. 다양한 주제의 퀘스트를 끊임없이 도전하면서 실패에 대한 두려움 없이 학습에 참여하도록 촉진합니다. Q2L의 교육과정에서 제시한 17가지 퀘스트 유형을 프로젝트학습에 접목시켜보는 것도 흥미로운 도전이 되지 않을까요?

그러나 문제는 이들 목표가 학생들 대다수의 마음을 사로잡지 못하고 있다는 점이다. 언뜻 게이미피케이션에서 강조하는 명확해 보이는 목표가 있지만 게임과 같은 자발적 참여를 끌어내진 못한다.

왜 그럴까. 교과별로 체계화시킨 지식들은 그 특성상 해당 교과나 분야의 권위자에 의해 추상화된 개념에 기초할 수밖에 없다. 학생들의 입장에선 그런 지식들이 어떤 경험적 세계에서 비롯됐는지 알 수가 없다. 학습자가 자신의 경험적 세계와 어떻게 연결되었는지 알 수 없다면 아무리 체계화된 지식이라도 명확한 목표로 다가갈 수 없다. 더불어 교과 수업에서 제시되는 목표는 해당 내용 지식의 이해와 습득에만 초점을 두는 경우가 대부분이다. 교과지식을 학습자 머리에 입력하고 저장하는 것에만 치우친 나머지, 진작 해당 지식들을 학생들이 배워야 할 이유는 생략된다. 단순히 아는 것으로 그치는 교육은 현실 세계로 가져갔을 때, 전혀 힘을 발휘할 수 없다. 학생들이 공감을 이끌어내지 못하는 목표들은 어떠한 이유에서든 달성될 수가 없다. 자신의 삶에 맥락과 연결된 명확한 목표가 실종된 교실에서 학생들에게 공부란, 각종 시험에 특화된 문해력을 기르는 것이며, 핵심 교과지식을 오래 기억할 수 있는 암기력을 배우는 일일 것이다.

그러나 실제 우리들이 경험하는 세상은 마케팅, 제품생산, 각종건설, 금융상품 개발, 영화제작, 생태환경 조성 등 구체적이고 뚜렷한 목표들로 가득하다. 관련 지식은 이들 목표를 실현시키는데 꼭 필요한 무형의 자원으로 활용된다. 현실 세계에서 지식의 소비는 모두 생산적인 활동과 연결되어 있다. 게임도 다르지 않다. 한때 세계에서 두 번째로 큰 위키였던 「월드 오브 워크래프트(world of warcraft)」의 경우 수십만 개 이상의 정보가 수록되어 있는데. 매월 수백만 명이 그 위키를 이용하며 지식보고서를 만든다. 게임의 독특한 세계를 구성하는 매력적인 이야기가 지식의 끊임없는 생산과 소비를 촉진한다. 게임 플레이어들은 가상으로 펼쳐놓은 세계 안에서 유용하게 활용할 지식을 갈구하며, 이야기 속의 삶을 살기 위해 자발적인 학습을 지속한다.

'문명하다가 운명하셨다'라는 유행어가 생길 정도로 시드마이어(Sid Meier)의 「문명(civilization)」은 많은 게임 이용자들의 잠을 빼앗아버린 '악마의 게임'으로 유명하다. 5000년의 인간 역사를 자기 스스로 건설하는 게임으로 게임플레이어가 그리스나 로마 같은 '문명'을 선택해 과거시대에서부터 현재를 지나 미래까지 발전시키는 일을 하게 된다. 문명을 건설하는 것은 현실 세계와 마찬가지로 상당히 어려운 과제다. 정치와 경제, 군사, 외교, 사회, 문화 전반에 걸쳐 다양한 분야의 식견을 길러야 한다. 게임의 이야기는 역사적 사실이 바탕이 된다. 이를테면 31개국 중에 한국의 조선을 선택하게 되면, 게임플레이어는 세종대왕으로서 조선의 당시 과학과 기술을 바탕으로 문명을 발전시켜야 하는 과제들이 주어진다. 게임이라는 가상 세계 안에 이야기의 주인공이 된 게임플레이어들은 문명을 발전시키기 위한 구체적인 목표 속에 외교, 사회제도, 지형, 자원, 과학기술 등등 다양한 지식들을 섭렵하고 활용하게 된다.

이처럼 게임이나 실제 세상이 보여주는 목표들은 학교 수업에서 일반적으로 접하는 목표들과 차이를 나타낸다. 그렇기 때문에 게임화된 수업에서 제시할 목표는 구체적으로 생산해야 할 유·무형의 산출물로 구현될 도달지점을 갖고 있어야 한다. 이러한 명확한 목표만 있다면, 지식의 습득과 활용은 자연스럽게 이루어지게 된다. 무엇보다 가상의 세계를 만들어내는 이야기 속의 주인공이 되면 목적의식은 분명해진다. 이야기에 담긴 상황을 통해 해야 할 일과 도달한 목적을 자연스럽게 도출하면서 해당 학습과정은 자발적인 참여를 기반으로 진행되게 된다. 이런 부분은 프로젝트학습이라고 다르지 않다. 게임화를 적용하지 않은 일반적인 PBL 문제라도 담고 있는 이야기 안에 학습자가 해야 할 목표가 명확하게 제시되어 있다. 학생들이 문제 속 이야기의 주인공이 되기만 하면, 저절로 주어진 상황에 맞는 목적을 실현하게 되어 있다.

이를테면 '잼공팩토리❸-도전! 유라시아 대륙횡단을 해야 하는 탐험대원으로서 서울에서 유럽의 어느 국가까지 여러 난관을 해소하며 '유라시아 대륙횡단 계획 수립'이라는 목표를 달성하는 경우처럼 말이다. 유라시아 대륙횡단 계획을 수립하기 위해 학생들은 속력, 지도의 축척, 비와 비율, 유라시아 대륙에 있는 국가와 도시들, 기후와 자연환경, 고유의 음식문화, 내전이나 야생동물의 위협 등 안전에 관한 정보, 지형 정보, 위도와 경도 등에 이르기까지 다양한 지식을 습득하고 활용하게 된다. 만약 구체적인 상황을 담은 이야기 없이 '유라시아 대륙횡단 계획 수립하기' 활동을 진행하였다면 어땠을까? 아마도 학생들이 내놓은 결과물은 유라시아 대륙 횡단 코스 짜기에 불과했을 것이다. 현장에서 적용되고 있는 프로젝트학습들 가운데는 이야기가 생략된 채, 주제와 활동만 제시되어 진행되는 경우가 많다. 학습 과정에서 맥락적인 지식구성이 이루어지게 하려면 풍부한 상황과 조건을 담은 이야기는 필수다. 매력적인 이야기가 목표를 명확하게 만들며, 재미를 동반한 자기주도적인 학습이 이루어지도록 만든다.

또한 PBL 문제에 담긴 매력적인 이야기가 목표를 명확하게 해준다지만, 그 안에는 그런 목표달성을 방해하는 다양한 조건(규칙)이 포함되어 있다. 이를 통해 학습자는 다양하고 창의적인 사고를 발휘하게 되고, 학습자 스스로 여러 장애물에 맞서도록 자극한다.

> 여러 가지 새의 부리모양과 먹이의 관계를 조사하고 발표하기

이와 관련해 앞서 소개한 예를 들어 설명해 보자면 이렇다. 여러 가지 새의 부리모양과 먹이의 관계를 조사하고 발표하는 과제는 관련 정보조사와 발표라는 두 가지 조건만 충족시키는 것으로 목표를 달성할 수 있다. 게임으로 치면 2개의 방해

물만 해치우면 과제수행이 완료되는 것이다. 자료 수집의 시간은 다소 걸릴지 몰라도 넘기 힘든 장애물이 많지 않은 만큼 목표를 달성하는 것은 그리 어렵지 않다. 그런데 조사할 내용이 교과서에 그대로 수록되어 있을 때엔 이마저도 장애물이 되지 못한다. 마치 해답지를 보며 문제풀이를 하는 상황이라고 볼 수 있다. 특별한 장애물이 없어진 만큼 발표는 싱겁게 끝나버릴 가능성이 크다. 대다수의 아이들은 별 고민 없이 관련 교과지식을 베끼거나 요약하는 정도로 과제를 마무리하게 되고, 발표할 내용도 모두 비슷비슷할 것이다. 당연히 이런 문제유형의 경우 학생들의 창의적인 생각이 비집고 들어갈 틈이 없다.

발명가 K는 먹이에 따라 다양한 모양으로 진화해 온 새부리를 연구해서 유용한 채집도구를 개발하려고 합니다. 새부리의 특징을 잘 반영해서 채집대상에 따른 시제품을 만들어 보세요.

잘 만든 프로젝트학습 문제일수록 제시된 이야기 속에 규칙으로 작용할 만한 여러 조건들이 내포되어 있다. 위의 문제처럼 발명가 K의 입장, 다양한 모양의 새부리 연구, 유용한 채집도구 디자인, 채집대상에 맞게 새부리의 특징이 반영된 시제품 개발 등 목표 달성을 어렵게 만드는 조건들이 제시된다. 이러한 조건들은 학생들로 하여금 다양하고 깊이 있는 사고를 지속하게 만들고 난관을 넘고자 하는 도전의지를 불태우게 한다. 거기다가 놀이나 게임에서 즐겨 사용되는 규칙들을 도입할 때면 훨씬 적극적인 참여가 이루어질 수 있다. 하다못해 시간제한을 두는 것만으로도 학습에 대한 집중력과 몰입도를 높일 수 있다.

수업시간 퀘스트 수행 시 '시간제한'을 둠으로써 짧은 시간 안에 심장이 터질듯 몰입하여 집중할 수 있었다.

_K대학교 정○원 성찰저널

사실 특별한 이야기가 없더라도 단순한 규칙만으로 게임이나 놀이가 되는 예는 얼마든지 있다. 강에 돌 던지는 행위가 멀리던지기, 특정 목표물 맞추기, 던진 돌이 수면 위로 튕겨 오르게 하기(물수제비) 등의 규칙적용으로 하나의 놀이가 된다. 사과 껍질 깎는 일상적인 행위가 최대한 가늘고 얇게 깎기, 중간에 끊어지지 않게 깎기, 짧은 시간 안에 깎기 등의 규칙만 더하면 하나의 게임으로 받아들여진다. 인스턴트 재료만 사용, 육해공의 조건 충족, 조미료 사용하지 않기, 정해진 예산 충족, 시간제한 등의 규칙으로 요리를 게임으로 만들 수도 있다. 일상생활 속에서 만나는 작은 일들마저도 규칙 하나만 더하게 되면 얼마든지 게임이 된다. 이와 같이 게임처럼 느껴질 만한 규칙을 반영한다면 'Gamification PBL'의 완성도를 보다 높일 수 있을 것이다.

Guiding Tips **57** 단순한 규칙 하나가 넛지 효과를 불러 온다

2017년 노벨경제학상을 수상한 리처드 탈러(Richard H.Thaler) 교수는 네덜란드 암스테르담 공항 화장실에서 한 가지 흥미로운 실험을 하게 됩니다. 남자변기에 파리스티커를 붙여 소변이 밖으로 새는 것을 방지하는 실험이었는데요. 그 결과가 기대 이상이었습니다. 변기 주변의 소변의 양이 무려 80%가량 줄어들고, 화장실 청결을 위해 지출했던 비용도 감소하는 효과를 가져 오게 된 것이죠. 이와 같은 현상을 '넛지 효과(nudge effect)'라고 부르게 됩니다. 수업 시간에 졸고 있는 친구의 옆구리를 슬쩍 찔러서 공부에 집중할 수 있도록 유도하는 것처럼, 부드러운 개입을 통해 자발적인 행동의 변화가 일어날 수 있도록 하는 것입니다.

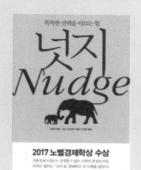

무엇인가 사냥하고 싶어 하는 인간의 수렵 본능을 파리스티커가 일깨워 준 것처럼, 게임의 다양한 규칙과 보상들이 학생들로 하여금 공부가 몹시 하고 싶어지도록 만드는 역할을 해 줄 것입니다. 프로젝트학습에서 규칙을 더하고 상징과 의미로 빚어낸 보상을 통해 넛지 효과를 유도해 보는 것은 어떨까요?

신속한 피드백 사이클
_Accelerated Feedback Cycles

게임은 기본적으로 즉각적인 반응이 일어날 수 있는 신속한 피드백을 제공해 준다. 그러나 피드백의 속도가 빠르다고 해서 게임플레이어의 만족감을 지속시켜준다는 보장은 없다. 오히려 게임의 재미를 결정짓는 요소에는 신속한 피드백 못지 않게 성취감이나 만족감을 줄 수 있는 보상체계의 유무에 있다. 게이미피케이션에 성공한 다른 분야의 사례를 보더라도 그들 만에 차별화된 보상체계를 갖추고 있음을 확인할 수 있다.

포스퀘어(foursquare)

PBL에 적합한 보상체계를 구현하기 위해 여러 사례를 살펴보던 가운데 「포스퀘어」가 시선을 사로잡았다. 「포스퀘어」에 참여하는 방법은 간단하다. 마음에 드는 공공장소를 발견하게 되면 스마트 폰의 애플리케이션을 구동시켜 위치를 알리면 된다. 이를 '체크인'이라 하는데 음식점, 주점, 박물관 등 어디서든 가능하다. '체크인'을 하게 되면 등록된 지인들에게 실시간으로 알려주게 되며, 근거리에 있는 사람들의 만남을 가능하게 만들어 준다. 또한 어떠한 장소에선 체크인 횟수가 제일 많은 사람들이 '시장'의 자리를 차지하며 특별 우대를 받기도 한다. '시장' 자리는 체크인이 많은 사람들이 나타나면 언제든 뺏길 수 있다. '시장'이라는 지위를 차지하거나 지키기 위한 경쟁이 해당 매장의 실제 매출 증대로 이어지기도 했다. 가상

배지와 트로피를 제공하는「포스퀘어」의 보상시스템은 지속적인 게임 참여를 이끌었다. 매장방문이라는 지극히 일상적인 행위를 특별한 의미로 탈바꿈시킬 만한 상응하는 가치와 결합시키면서 이용자의 만족감을 극대화시켰다. 눈여겨 볼만한 부분은 당시「포스퀘어」는 배지와 트로피를 다른 보상물로 대체하지 않았다는 점이다. 10개의 배달쿠폰을 모으면 주문한 음식을 공짜로 주는 방식이 아니라 보상물 그 자체의 의미 외엔 두지 않았다.

사실, 우리 세상은 특별한 행위를 더욱 돋보이게 하는 방법으로 물질적인 보상뿐만 아니라 명예롭게 만드는 가치 있는 상징물을 수여해왔다. 올림픽 시상대에서 메달을 걸며 감격의 눈물을 흘리는 선수의 모습을 연상해 보면 쉽게 이해할 수 있는 부분이다. 훈장, 트로피, 각종 휘장, 상장, 명패 등 모양과 색을 달리하고 있지만 그것이 품고 있는 의미로 인해 무엇과도 바꿀 수 없는 가치를 만들어낸다. 이처럼 현실 세계에서는 극소수에게만 허락되는 영예로운 상일지라도 게임 안에선 누구든 획득할 수 있는 보상물이 될 수 있다. 이처럼「포스퀘어」는 '시장'으로 대표되는 가상의 지위와 다른 것으로 대체 불가능한 상징물 획득을 내세워 특별한 보상 체계를 완성할 수 있었다.

유독 끌렸던「포스퀘어」의 보상체계를 참고하여, PBL의 학습 과정에 특별한 의미와 가치를 부여할 수 있는 상징물을 제공해 보기로 했다. PBL이 자발적인 학습 참여를 전제로 하는 만큼, 그런 학습활동을 인증해 줄 만한 보상체계는 필요하다고 판단했다. PBL만의 특별한 의미와 상징성을 지닌 배지를 중심으로 보상체계를 구축해 보았다. 초기에는 경험치나 능력치 등의 포인트 시스템과 연계하지 않고 PBL에 적극적으로 참여한 학생들에게 일종의 인증 배지를 제공하는 방식으로 진행됐다. 그러나 교사의 평가에 의존하여 제공된 배지는 명확한 기준에 의한 것이 아니라서 공정성을 유지하기 어려웠다. 간혹 교사의 감정적인 개입으로 인해 수여자가 늘어나거나 줄어들기도 했다. 배지 획득의 일관성이나 공정성이 확보되지 않다보니 점점 배지에 대한 관심은 멀어졌다. 학생들에게 만족감을 주기보다 불평불만을 야기하는 원인이 되다보니, 자연스레 배지 수여 횟수도 줄어들게 되었다. 게임처럼 공정한 규칙 속에서 수여되어야 깨끗한 승복 문화가 만들어지고, 배지의 가치도 유지될 수 있음을 배우게 된 계기였다. 여러 시행착오를 겪고 점차 포인트 시스템 외에 여러 피드백 체계를 구축해 가면서 이와 연계된 다양한 목적의 배지가 자연스럽게 탄생했다.

흔히 게임의 보상시스템을 이용해 사용자의 흥미와 참여를 유도하는 하나의 기법으로 제한하여 게이미피케이션이 이해되고 적용되는 측면이 있다. 게임에서 포인트와 배지를 제공하는 시스템을 적용한 '게이미피케이션 고리(Gamification Loop)'(Liu, Alexandrova, Nakajima, 2011)가 대표적인데, 이를 기본으로 하여 PBL에 적합한 피드백 시스템을 구현할 수 있다.

Gamification Loop

프로젝트학습의 기본정신을 상기해 본다면, Gamification PBL에서 강조하는 피드백 시스템의 방점은 정확한 자기평가가 가능한 환경을 구현하는데 있어야 한다. '프로그래스바(progress bar)'를 통해 학습자 스스로 자신의 학습 진행 정도를 파악하고, 동료와 비교해가며 과제수행의 질을 따져보도록 유도해볼 수 있다. 주기적으로 현재의 레벨 위치를 확인할 수 있는 '리더보드(Leader Board)'를 제공해주는 것도 같은 이유에서 비롯된다. 시각적 디자인을 달리하며 제공되는 현황판은 자기점검을 지속시켜주는 좋은 환경이 되어 준다.

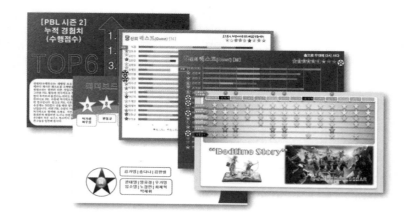

특히 PBL에 적용된 포인트 시스템은 자기평가의 동력으로 활용할 수 있다. 과제수행과정에서 자연스럽게 누적되는 경험치를 기본으로 하면서 자기평가 체크리스트와 상호평가결과 등을 연계할 수 있으며, 파워포인트, 프레지(Prezi) 등을 활용하여 프레젠테이션 자료를 만들거나 동영상 제작, 시나리오 작성, 소품 만들기 등 역할 수행에 따른 능력치(어떤 일을 감당해 낼 수 있는 힘의 수치)를 도입하여 반영할 수도 있다. 능력치가 쌓이면 '○○달인', '○○의 제왕', '○○요원', '○○박사' 등의 칭호(혹은 상징물)를 얻게 되면서 자신의 역량을 인증 받게 된다. 때론 포인트가 '환금성'을 지니도록 할 수도 있다. 과제수행을 통해 획득한 포인트로 무언가를 구입하는 등의 경제적 행위를 하도록 함으로써 가상의 경제공간을 구현해 볼 수 있는 것이다. 더불어 '카르마(karma)', 즉 선행과 악행으로 쌓인 업보를 포인트에 반영할 수도 있다. 학습자의 참여태도, 협업, 배려, 기여 정도 등을 따져서 포인트에 부가하는 방식이다. 이처럼 경험치와 능력치를 비롯해 상호평가와 자기평가 결과, 환금성, 카르마 등이 반영된 점수체계를 구현하게 되면 여기에 다양한 가치와 의미를 부여하는일이 가능해진다.

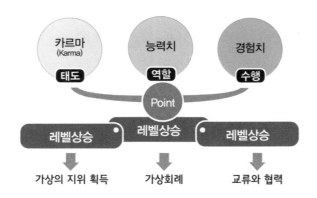

특정 PBL 수업에 국한시키지 않고 학생들의 공부(생활) 전반으로 확대하여 폭넓게 활용할 수도 있다. 예를 들어 학교숙제하기, 일기쓰기, 책읽기, 교과문제집 풀기, 영어단어 익히기 등등 하나하나를 퀘스트로 보고 경험치를 부여하는 방식도 가능하다. 이를 위해서는 각 활동마다 교사와 학생 간의 합의를 통해 책정된 경험치를 기준으로 활동결과들을 매일매일 학생들 스스로 기록으로 남기도록 해야 한다.

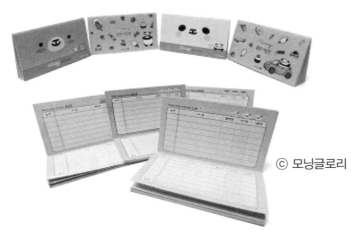

ⓒ 모닝글로리

시중에 판매되고 있는 어린이용 용돈기입장

예를 들어 시중에서 쉽게 구입할 수 있는 어린이용 용돈기입장 등을 활용해 특별한 통장(필자는 시드머니통장으로 부른다)을 준비하고 활동마다 부가되는 경험치를 사전에 약속된 가상화폐가치로 표기하는 방식이다. 이때 가상화폐는 직접 제작하거나 블루마블과 같은 보드게임에서 제공되는 것으로 활용해도 좋다. 공부에서 생활 전반까지 각각의 활동이 가상의 경제활동으로 연결되는 만큼, 수입과 지출 대상을 명확하게 할 필요가 있다. 특히 가상화폐는 통장에 저축해야 인정되는데, 이렇게 되면 각각의 수입내용(활동내용)들이 매일매일 기록으로 남게 된다. '자기기록'은 '자기점검' 못지않게 중요한 자기평가요소임을 감안한다면, 게이미피케이션이 적용된 가상의 통장 자체는 자기기록을 위한 유용한 공간으로서 가치를 지닌다.

날짜	내 용	들어온돈	나간돈	남은돈
10/2	수학문제집 2쪽 풀기	30시드		30시드
10/2	일기 쓰기	20시드		50시드
10/3	사회숙제하기	50시드		100시드
10/3	PBL 올클리어 뱃지 구입비		40시드	60시드
10/4	책 한권 읽기(제목: 윔피키드5)	50시드		110시드
10/5	영어단어 10개 익히기	30시드		140시드
10/6	교실 알뜰바자회 물건 구입		120시드	20시드
10/6	셀프프로젝트학습결과 발표	100시드		120시드

과제수행을 통해 한푼 두푼 통장에 모아둔 가상화폐는 학생들의 필요에 따라 언제든 꺼내 쓸 수 있도록 한다. 사전에 지출가능범위(품목)를 학생들에게 공지해서 운영하거나 환전개념을 도입해서 환율에 따라 실제화폐를 사용하도록 하는 방법도 있다. 물론 주의해야 할 것은 학생들의 무분별한 욕구를 채우는 보상으로 작용하지 않도록 해야 한다는 점이다. 결국 어떤 규칙을 더하고, 어떤 상징과 의미를 지닌 보상방식을 채택했는지 여부가 게이미피케이션이 반영된 자기평가환경의 매력도를 결정하게 된다. 더불어 규칙에 따른 공정한 보상체계를 마련하여 학생들로

하여금 공부에 대한 자발적인 참여 의지를 높여주는 것이 꼭 필요하다. 철저히 결과가 아닌 과정을 중심으로, 겉으로 드러난 모습보다 내실 있는 수행에 중점을 두면서 학생들과 함께 재미와 게임으로 빚어낸 신나는 프로젝트학습을 구현해 보도록 하자.

58 책과 연수로 만나는 "재미와 게임으로 빚어낸 신나는 프로젝트학습"

Guiding Tips

「재미와 게임으로 빚어낸 신나는 프로젝트학습」은 학습자의 시각에서 드러난 학습의 재미를 토대로 프로젝트학습을 안내해주는 책입니다. 특히 재미의 조건화된 게임의 다양한 요소를 프로젝트학습에 반영하여 적용한 수업사례를 자세히 다루고 있기도 합니다.

초등학교에 갓 입학한 학생들을 대상으로 벌였던 교실 속 작은이야기들을 비롯해 가정에서 어린 자녀와 함께 했던 박물관수업, 그리고 대학에서의 첫 프로젝트학습 등에 이르기까지 필자의 프로젝트학습 도전기가 가득 담겨 있습니다. 이번 14장을 포함해 이 책의 곳곳에는 「재미와 게임으로 빚어낸 신나는 프로젝트학습」에서 논의하던 이론적 내용이 녹아있습니다.

Gamification PBL의 이론과 사례가 궁금하다면 「재미와 게임으로 빚어낸 신나는 프로젝트학습」을 꼭 읽어 보시기 바랍니다. 동명의 온라인 교사연수(30시간)가 에듀니티(happy.eduniety.net)를 통해 개설되어 있으니 관심 있는 분들은 수강해 보세요.

'무성영화와 함께하는 변사극'은 국어와 사회(역사)를 비롯해 실과(기술), 미술교과 등과 통합적으로 연계하여 진행할 수 있는 수업입니다. 특히 미션카드를 이용해 게임 과 같은 몰입감을 제공하도록 고안된 것이 특징입니다. 무성영화(변사극) 주제 정하기 부터 시나리오작성, 배우오디션, 콘티작성, 소품제작, 영화촬영, 변사극 등 다채로운 활동들이 속도감 있게 진행되는 것이 중요합니다. 물론 실천현장에 따라 얼마든지 변 형이 가능하며, 활동을 생략할 수도 있습니다. 교사의 시각에서 부족한 면이 보이더라 도 학생들을 믿고 뚝심 있게 실천하길 바랍니다.

◆**적용대상(권장)**: 초등학교 5학년-중학교3학년
◆**적용대상(권장)**: 주제선택(권장)
◆**학습예상소요기간(차시)**: 6-8일(10-12차시)
◆**관련교과 내용요소(교육과정)**

교과	영역	내용요소	
		초등학교 [5-6학년]	중학교 [1-3학년]
국어	문학	·이야기, 소설 ·일상 경험의 극화 ·극	·이야기, 소설 ·개성적 발상과 표현 ·극
	말하기듣기	·발표[매체활용] ·체계적 내용 구성	·발표[내용 구성] ·청중 고려
	쓰기	·목적·주제를 고려한 내용과 매체 선정 ·독자의 존중과 배려	·감동이나 즐거움을 주는 글 ·표현의 다양성
실과 정보	자료와정보	·소프트웨어의 이해	·자료의 유형과 디지털 표현 ·자료의 수집 ·정보의 구조화
사회	역사	·일제의 침략과 광복을 위한 노력	·일제의 식민지 지배 정책 ·전시 동원과 인권 유린 ·3·1 운동과 대한민국 임시 정부 ·민족 운동의 전개
미술	표현	·표현 방법(제작) ·소재와 주제(발상)	·표현 매체(제작) ·주제와 의도(발상)
	체험	·이미지와 의미 ·미술과 타 교과	·이미지와 시각문화 ·미술관련직업(미술과 다양한 분야)

문제제시 ▶

[동기유발] 키워드 검색을 통해 무성영화나 변사라는 직업, 변사극 등에 대한 영상자료 보기

↓

문제의 내용을 살펴보며, 핵심활동이 무엇인지 정확히 파악하기

↓

제한된 시간 안에 해결해야 하는 미션카드활동 주제 엿보기

↓

과제수행계획서 작성 및 공유

과제수행 ▶

[활동1] 무성영화(변사극) 주제 탐색하기(미션카드1-3)

↓

[활동2] 촬영장소 섭외, 배우오디션(미션카드4-6)

↓

[활동3] 무성영화 시나리오 작성하기(미션카드7-9)

↓

[활동4] 무성영화콘티작성, 소품 제작 및 준비(미션카드10-11)

[활동5] 무성영화촬영, 배경음악 선정, 포스터촬영, 최종편집 (미션카드12-15)

↓

[결과정리] 무성영화에 맞게 변사극 시나리오 작성, 무대꾸미기 (미션카드 16-17)

발표 및 평가 ●

[준비] 변사극 리허설 (미션카드 18)

↓

[발표] 무성영화와 함께하는 변사극 공연

한마음 극단은 우리 마을에 전용 극장을 열고, 지역 주민과 어린이들을 위한 첫 공연을 기획 중에 있습니다. 첫 공연의 기획 책임을 맡고 있는 김 대표는 관객들의 호응과 관심을 불러일으키기 위한 방법을 물색하던 중에 우연히 TV 뉴스를 통해 좋은 아이디어를 얻게 됩니다.

▷ 다음은 김 대표가 우연히 본 TV 뉴스 내용입니다.

앵커멘트

60년대 추억의 한국영화를 변사의 해설로 보는 이색무대가 열리고 있습니다. 사라져 가는 변사의 맥을 되살리기 위한 것이라고 합니다. 이 기자가 다녀왔습니다.

기자

형제들을 먹여 살리기 위해 돈을 벌러 나선 어린 윤복이. 그 절절한 심정이 앳된 변사의 목소리로 관객들에게 전해집니다. 지난 65년 서울에서만 30만 관객을 동원했던 김수용 감독의 영화 '저 하늘에도 슬픔이'가 변사극으로 무대에 옮겨졌습니다. 해설만 하는 변사가 아니라 춤과 노래까지 소화해 낸 주인공은 불과 12살의 소녀입니다.

인터뷰 : 박해수, 변사

"전에 변사 신출 선생님과 지방공연을 다니면서 보게 됐거든요. 그때 변사가 어떤 건지 처음 알았죠."

기자

볼 기회가 많지 않은 변사극을 통해 관객들은 향수에 젖고 색다른 재미도 맛봅니다.

인터뷰 : 양말심, 관객

"옛날에 친구들과 보러다니곤 했는데 지금 보니 그때 생각도 나고…"

인터뷰 : 김정현, 초등학생

"옛날 영화를 이렇게 보니까 감동적이기도 했어요."

기자

이 작품과 함께 역시 60년대 영화인 강대진 감독의 '마부'도 공연됩니다.

인터뷰 : 박구홍, 극단 '양산박 퍼포먼스' 대표

"맥을 잇자는 거죠. '검사와 여선생'의 뒤를 잇는 작품들을 만들어 내고자 한국영화의 명작들을 골라 무성영화 형식으로 변사극을 만들고 있습니다."

기자

'오발탄'이나 '맨발의 청춘' 등 추억의 한국영화들을 무대에서 만나게 될 날도 멀지 않았습니다.

_이상 DBS 이 기자입니다.

'변사극?' 그녀는 무성영화 시대와 함께 했던 변사라는 직업은 익히 알고 있었지만, '변사극'이라는 새로운 형태로 다시 관객들과 만나고 있는 줄은 미처 몰랐습니다. 그녀에게 '변사극'은 그야말로 신선한 충격으로 다가왔습니다. 이러한 '변사극'을 그대로 놓친다는 것은 그녀 사전에 있을 수 없는 일이지요. 남녀노소 가릴 것 없이 관객 모두가 '변사극'이 주는 매력에 흠뻑 빠져들 수 있다는 확신을 가지게 됐습니다.

첫 공연 무대에 '변사극'을 올리고자 했던 그녀의 생각은 한마음 극단의 든든한 동반자인 단원들의 동조에 따라 실현될 수 있게 됐습니다. 한마음 극단의 첫 공연을 '변사극'으로 결정하고, 극의 분위기를 충분히 살릴 수 있도록 <u>무성영화와 변사들이 활약했던 1920~1940년대 시대를 배경</u>으로 공연을 준비하기로 결정하였습니다. 한마음 극단의 '변사극'이 성공적으로 무대에 올려 지기 위해서는 무엇보다 구성원 모두의 적극적인 참여가 필요합니다. 여러분들의 멋진 활약을 기대하겠습니다.

1. EBS 잊혀져가는 것들 "마지막 변사" 편을 보고 무성영화와 변사에 대해 이해합니다[선택].
2. 제시된 문제조건을 충족하도록 주제를 정하고 공연을 준비합니다.
3. 1920-1940년대 일제강점기를 배경으로 한 무성영화제작이 필요합니다.
4. 변사극을 준비하는 순서는 아래와 같습니다.
   [주제선정]→[자료탐색 및 재구성]→[무성영화 시나리오 작성]→[제작 콘티 완성]→[무성영화 촬영]→[변사 시나리오 작성]→[무성영화와 함께 변사극 시작]
5. 미션카드로 수행 시 제한된 시간 안에 임무를 달성하는 것이 중요합니다.

무성영화와 함께하는 변사극 미션카드

Q3. 책의 내용 중에서 영화 시나리오에 반영할 내용 정리해서 올리기

책제목 (저자/출판사)과 핵심내용, 시나리오에 반영할 내용
제한시간 25분

Q4. 영화 촬영 창소를 섭외하라! (5곳 이상)

섭외한 장소에서 인증 촬영하고 모둠게시판에 공유하기
제한시간 25분

Q5. 배우의 감정 연기를 점검하라! (얼굴로 희노애락 표현하기)

영화배우로서 감정표현은 중요합니다. 게다가 무성 영화이기 때문에 풍부한 얼굴표정이 특히 중요하겠죠? 모든 구성원이 오디션에 참여한 배우가 되어 희노애락을 표현해야 합니다. 동영상으로 찍어 모둠게 시판에 올려주세요!
[제한시간 20분]

Q6. 영화의 공포를 연출하라! (표정과 연기로 완성하기)

공포영화가 아니더라도 극의 긴장감을 높이기 위해 필요한 장면들이 숨겨있습니다. 표정과 연 기문과 간단한 공포상황을 연 출하고 촬영해서 올리세요.
[제한시간 20분]

Q7. 내가 쓰는 영화시나리오 (각자 작가가 되어 시나리오 쓰기)

기발한 아이디어가 중요합니다. 자신만의 맛보기시나 리오를 완성해 주세요. 특정 부분만 써도됩니다. 중요한 것은 자신만의 시나리오를 써 보는 것이죠.
[제한시간 25분]

Q8. 1914년 작품, 무성영화 찰리채플린의 틸리의 깨진 사랑(Tillie's Punctured Romance)'을 감상하 고, 제작할 영화에 반영하면 좋을 인상적인 아이디어 나 기법을 작성해서 올리세요.

영화가 상영되는 시간 안에 올려야 합니다. 영화를 보 면서 인상적인 부분이 나타나면 바로 바로 올려주세요.

Q9. [무성영화 시나리오 초안을 작성하세요!] 무성영화 시나리오는 대화 내용이 중심이 아닙니다. 오히려 표정 과 몸짓에 초점을 맞춘 시나리오가 중요합니다.

각 장면(씬 scene)별로 역할을 나눠서 진행해 주세요. 초안 작성이 시간 안에 이루어지려면 역할분담은 기본입니다.

Q10. [무성 영화 콘티 만 들기] 무성영 화 시나리오 에 따라 각 장면별 콘티 를 만듭니다.

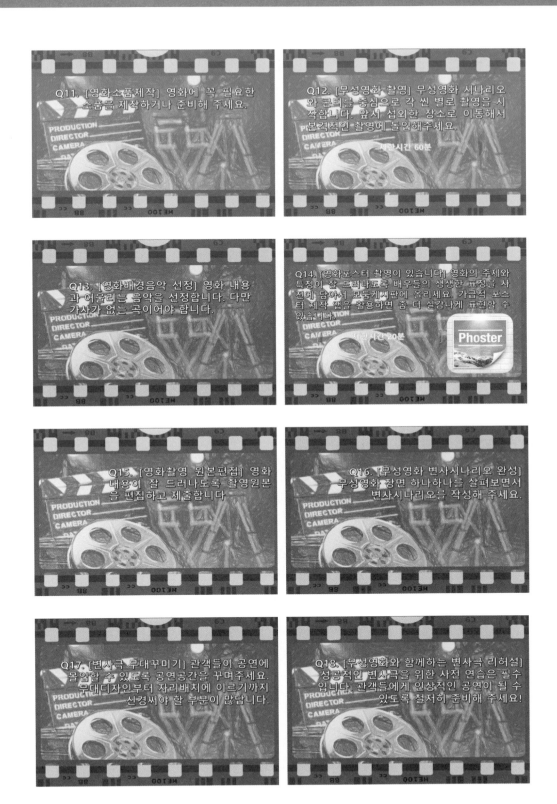

Q11. [영화소품제작] 영화에 꼭 필요한 소품을 제작하거나 준비해 주세요.

Q12. [무성영화 촬영] 무성영화 시나리오와 콘티를 중심으로 각 씬 별로 촬영을 시작합니다. 앞서 섭외한 장소로 이동해서 본격적인 촬영에 돌입해주세요.
제한시간 60분

Q13. [영화배경음악 선정] 영화 내용과 어울리는 음악을 선정합니다. 다만 가사가 없는 곡이어야 합니다.

Q14. [영화포스터 촬영이 있습니다] 영화의 주제와 특징이 잘 드러나도록 배우들의 생생한 표정을 사진에 담아서 모둠게시판에 올리세요. 가급적 포스터 제작 앱을 활용하면 좀 더 실감나게 표현할 수 있습니다.
제한시간 20분
Phoster

Q15. [영화촬영 원본편집] 영화 내용이 잘 드러나도록 촬영원본을 편집하고 제출합니다.

Q16. [무성영화 변사시나리오 완성] 무성영화 장면 하나하나를 살펴보면서 변사시나리오를 작성해 주세요.

Q17. [변사극 무대꾸미기] 관객들이 공연에 몰입할 수 있도록 공연공간을 꾸며주세요. 무대디자인부터 자리배치에 이르기까지 신경써야 할 부분이 많답니다.

Q18. [무성영화와 함께하는 변사극 리허설] 성공적인 변사극을 위한 사전 연습은 필수입니다. 관객들에게 인상적인 공연이 될 수 있도록 철저히 준비해 주세요!

15
CHAPTER

◆ 학교 담을 넘으면
살아있는 교육현장이 펼쳐진다 ◆

    2014년 세상에 없던 학교가 탄생했다. 이름하여 '미네르바 스쿨(Minerva schol)', 이 대학교는 지원자 100명 중 2명 미만이 합격의 기쁨을 누릴 정도로 하버드, 에일, 스탠퍼드 등의 미국의 명문대학을 누르고 단숨에 최고의 인기를 구가하고 있다. 세계적으로 주목받고 있는 미네르바 스쿨의 가장 큰 특징은 물리적인 교실이 없다는 점이다. 모든 수업은 100% 온라인으로 진행되며, 학생들이 전원 기숙사 생활을 한다. 전교생의 80%가량이 미국이 아닌 70여개 나라에서 모여든 학생들로 채워지기 때문에 기숙사 생활 자체가 다양한 문화를 배울 수 있는 장이 된다. 그 뿐만 아니라, 기숙사는 학기마다 다른 국가의 도시로 이동한다. 처음 1년 동안은 '비판적인 사고능력(critical thinking)', '창의적인 사고능력(creative thinking)', '효과적인 의사소통(effective communication)', '효과적인 상호작용(effective interaction)'의 4대 핵심역량을 기르기 위한 집중수업을 본부가 있는 미국 샌프란스시코에서 진행하지만, 2학년부터는 매학기(4개월) 다른 나라에서 수업이 펼쳐진다. 독일, 아르헨티나, 인도, 한국, 대만, 영국 등에 마련된 기숙사에서 생활하며, 각 나라의 문화를 직접 체험하고, 머무르는 도시에서 인턴 근무를 하는 등 글로벌 역량을 높이는데 중점을 둔다. 공동생활을 통해 교우들 간의 협업이나 생활 예절들을 배울 수 있을 뿐만 아니라 다른 문화권에서 성장한 사람들을 이해하면서 글로벌 감성을 기를 수 있게 된다.

    미네르바 스쿨의 수업이 100% 온라인에서 진행된다고 해서 설렁설렁 할 수는 없다. 월요일에서 목요일, 오전 3시간 정도로 진행되지만, '액티브 러닝 포럼(active learn-ing forum)'이라는 특별한 온라인 공간에서 수업이 이루어지기 때문에 무임승차는 불가능하다. 온라인 시스템에 접속하면, 화면에 참여하는 학생들 모두가 일렬로 표기되며, 각자의 음성을 인식해 발언빈도가 색으로 나타난다. 교수는 발언이 부족한 학생들을 체크해 집중 질문을 하며 수업의 이해도를 높인다.

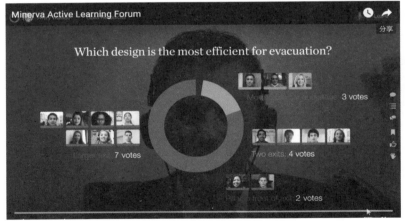

미네르바 스쿨의 수업정원은 20명으로 제한된다. 강의식보다는 토론수업, 프로젝트학습 중심으로 이루어지는데, 노트북이나 테블릿PC만 있으면 어디서든 수업을 받을 수 있다. 기숙사 안이든 밖이든, 혹은 분위기 좋은 카페가 오늘의 교실이될 수도 있다.

"인류문명이 시작했을 때부터 2003년까지 창출한 정보의 총량이 이제는 2일마다 창출되고 있다. 2020년에는 이러한 양이 2시간 마다 창출될 것이다."

에릭슈미트(Eric Schmidt) 구글회장의 말처럼 지식의 양은 급격히 증가하고 있으며, 속도 또한 더욱 빠르게 변화하고 있다. 그러나 학교교육은 여전히 이런 속도를 전혀 반영하지 못하고 있다.

4년 동안 대학에서 기껏 배운 지식들이 사회에 나가면 쓸모없어지는 일들이 벌어지다 보니 이에 대한 변화요구가 점차 커질 수밖에 없다. 유다시티(Udacity)의 "나노디그리(Nanodegree)"는 이런 변화 요구에 부응하는 프로그램 중 하나다. 실리콘밸리의 혁신적인 기업들이 필요로 하는 지식과 기술이 하루가 다르게 급변하고 있는데, 이를 활용할 IT 인력이 턱없이 부족한 것에 주목하였다. 이런 지식과 기술을 습득하는데 기존 4년제 대학은 너무 긴 시간이었다. 좀 더 빠르게 배우고 신속하게 적용할 필요가 있었다. 그래서 유다시티는 3개월에서 6개월 코스로 짜여 진 '나노디그리' 프로그램을 도입하게 된다. 주목할 것은 이들 프로그램들이 세계 유수기업과 연계되어 있으며 그들의 요구가 충실히 반영되어 있다는 점이다. 심지어 구글, 페이스북 등 나노디그리 프로그램을 수료해야만 채용의 기회가 부여되는 기업도 늘어나고 있다. 나노디그리 사례를 통해 학교교육이 어떻게 변화할지 예상해 보는 것은 어떨까.

아울러 다른 나라로 이동할 때마다 그곳과 관련이 깊은 PBL 과제를 수행하기도 한다. 이를테면 샌프란시스코에서 IT를 활용해 정치적 참여를 촉구하는 이벤트를 중학생과 함께 개최하거나, 베를린에서는 현지 대학생과 함께 시리아 난민문제의 해결책을 제안하는 식이다. 무엇보다 온라인 수업시간을 제외하고는 과제에 전념하거나 각 나라의 문화를 직접 체험하고 교류하는 등 학생 개개인의 자율적인 선택에 의해 채워진다.

한편 학생선발은 명문대학교들과 달리 토플(TOEFL)이나 미국대학입학 자격시험(SAT) 등의 시험성적은 입시에 전혀 반영되지 않는다. 학생선발의 전 과정은 온라인으로 진행되는데, 학력측정은 역량 중심으로 이루어지며 미네르바 스쿨만의 독자적인 방식을 활용한다. 입시과정에 별도의 비용은 들지 않는다. 연간 등록금도 하버드대학을 기준으로 5분 1에 불과하며, 그마저도 80% 이상의 학생이 장학금을 받는다. 캠퍼스 건설비용이나 시설관리, 청소, 대학스포츠 팀 운영, 연구시설 등의 비용이 발생하지 않기 때문에 등록금이 비쌀 이유가 없는 것이다. 분명한 것은 4차 산업혁명 시대로 접어들면서 지금껏 보지 못했던 유형의 학교들이 속속 등장하고 있다는 사실이다. 미네르바 스쿨사례가 보여주듯 급진적인 시도임에도 불구하고, 사회는 이런 실험적인 학교를 별거부감 없이 신속히 수용하고 있다. '학교'라는 물리적인 울타리를 넘어서자 전혀 새로운 형태의 매력적인 교육환경이 펼쳐지고 있는 것이다.

형식의 파괴가 혁신이다

흔히 우리는 교육의 유형을 형식이 있는지 없는지 여부에 따라 분류하곤 한다. 오랫동안 이런 분류방식은 학교교육과 그 외의 교육을 구분 짓는 기준으로 사실상 활용되어 왔다. 형식이 있는 교육을 실천하는 곳은 학교가 유일하며, 그 외에는 형식이 없는 교육을 실천하는 곳이라 규정한다. 형식과 비형식의 구분은 교육하고자 하는 목적의식, 의도성 등의 유무와 관련이 깊지만, 언제부터인가 건물, 시설, 교과서, 교사와 학생 등 외형적 조건을 따지기 시작했다. 특히 19세기 이후 제도화된 교육의 등장으로 형식적인 요건이 강화되면서 학교가 유일한 형식적 교육기관으로 인정받게 된다. 이는 학교가 명확한 교육이념과 목표가 있고, 교과서와 건물, 시설이 준비되어 있으며, 즉각적인 실천이 가능한 교육과정이 짜여져 있는 등 교육에 필요한 모든 형식적 요건이 갖춰져 있다고 보았기 때문이다.

그런데, 이런 구분은 지나치게 학교에 편향된 기준을 두고 있어서 그리 공정하다고만은 볼 수 없다. 다분히 학교교육과 다른 교육을 이분법적으로 나누어 상대적 우월성이나 중요성을 부각시키려는 의도가 깔려있다. 물론 교육의 대중화와 보편화, 평등을 촉진하는데 이런 형식적 요건이 기여하긴 했지만, 그만큼 획일화, 전체주의, 학력주의를 심화시키는 결과를 낳기도 했다. 만일 '형식'이라는 것이 대량생산을 위한 거푸집으로서 공장형 학교체계를 뒷받침해왔다면 이제는 그런 형식적 틀은 깨져야 마땅하지 않을까.

진정한 이노베이션(innovation), 즉 혁신은 조셉 슘페터(Joseph Schumpeter)****의 말대로 창조적 파괴와 재결합의 과정을 담아야 비로소 완성된다. 기존의 학교교육방식을 고수하면서 어떤 새로운 수업모형 하나를 더한다고 혁신이 절로 이루어지는 것은 아니다. 완전히 다른 생각, 다른 접근, 창조적 파괴가 선행되어야 학교에서 진정한 의미의 '혁신'이 가능해진다.

사실 미네르바 스쿨처럼 생각지 못했던 새로운 형태로 등장하는 학교들을 보더라도, 이들 학교수업의 중심축을 이루는 프로젝트학습의 특징을 상기하더라도 기존의 형식과 질서에 대한 창조적인 파괴가 어떤 대안을 만들어내고 있는지 알 수 있다. 이처럼 학습의 영역을 삶으로부터 분리하고자 했던 객관주의적 인식론이 형식과 비형식의 구분을 정당해왔지만, '삶과 학습의 일치', '맥락적, 실제적 지식'을 강조하는 구성주의적 인식론의 대두로 이미 설득력을 잃었다. 프로젝트학습을 통해 견고한 교과의 경계를 넘어 통합을 추구할 수 있는 것도, 학교라는 특정 형식의

****슘페터는 그의 분야에서 '혁신'을 처음 사용한 경제학자로 유명하다. 자본주의 경제적 발전은 창조적 파괴의 과정이며 각 요소간의 새로운 결합으로 인해 내부로부터 변혁되는 것이라고 설명한다.

장에 머물지 않고 지역사회, 박물관, 미술관 등 비형식의 장으로 확대할 수 있는 것도 이런 이유에서다.

이런 맥락에서 형식에서 자유로운, 창조적 파괴가 수용되는 진정한 혁신학교, 사회적 네트워크를 기반으로 한 학교로의 변화는 유·무형의 경계(형식과 비형식)로 구분 짓던 과거의 낡은 패러다임으로부터 완전히 자유로워짐으로서 이룰 수 있다. 그래야만 학교, 교실이라는 특정 건물에 갇힌 수업에서 벗어날 수 있으며, 교과서에 갇힌 지식을 실제 삶의 영역으로 확장시킬 수도 있다. 박제된 지식을 머릿속에 기억시키기보다 이를 무형의 자원으로 삼아 새로운 지식을 끊임없이 창조해내는 최적의 학습환경을 구현해낼 수 있는 것이다.

새로운 시대, 형식과 비형식의 구분은 더 이상 중요치 않다. 이제 이 모든 것을 아우르고 넘나들며 교육의 영역을 확장시키기 위한 교사의 용기 있는 행동이 필요할 뿐이다. 이를 위해 교사 스스로 고정관념을 깨는 혁신적인 수업을 설계하고, 끊임없이 시도해야 하며, 그것이 교과의 벽, 학교라는 물리적인 담을 넘어 맘껏 펼쳐지도록 애쓰고 힘써야 한다. 이때 혁신이라는 창조적 파괴의 과정이 완전한 해체나 소멸이 아닌 새로운 결합과 재구조화에 목적을 두고 있으며, 궁극적으로 학교에 새로운 생명력을 불어넣기 위함임을 잊지 말아야 할 것이다.

그렇다면, 형식적 교육에서 자유하기 위해선 어떻게 해야 할까. 그것은 우선 전통적인 학교의 형식이 어디에 기반을 두고 있는지 아는 것으로부터 출발해볼 수 있다. 모두가 알다시피 지금의 학교는 산업혁명의 결과물이라고 볼 수 있다. 대부분이 어업, 농업, 축산업 등 1차 산업에 종사하던 시대만 해도 관련 지식과 기술의 습득을 목적으로 한 도제식 교육으로 충분했다. 그러나 이들 전통적인 산업들이 급격한 기계화 과정을 겪고, 특정 제품의 대량생산을 목적으로 한 제조업(2차 산업)이 중심이 되면서 사람이 필요한 곳이 공장과 사무실이 되어버렸다. 여기서 공장에서 일하는 블루칼라든, 사무실에서 일하는 화이트칼라든지 간에 읽고 쓰고 계산하는 능력(3R)이 기본적으로 필요하게 됐다. 이들 능력을 기르기 위한 목적으로 국어, 영어, 수학 과목이 등장했고, 기초소양을 가르치기 위해 사회, 과학, 예술 교과로 세분화되면서 오늘날에 이르게 된 것이다. 그런 의미에서 당시 산업의 특성을 그대로 담아낸 학교의 등장은 자연스러운 것이었다. 도제식, 개별화 교육방식으로 도저히 교육수요를 감당할 수 없었던 현실적인 문제 앞에 대량생산공장과 같이 효율성을 극대화시킨 형태의 학교가 안성맞춤이기도 했다. 더불어 산업에 필요한 일꾼을 체계적으로 양성하기 위한 형식, 이를테면, 학생들의 연령에 따라 일방적으로 나눈 '학년제', 개인의 요구와 상관없이 제공되는 '교과수업', 학년에 따라 배워야 할 내용(교과지식)을 중심으로 편성한 '교육과정', 교사와 학생의 역할, 교과서라는 교재, 학교(교실)라는 건물 등이 이런 학교시스템을 든든히 뒷받침해 주었다. 이러한 전통적인 학교가 지닌 견고한 형식 덕분에 교사의 역할은 제한적일 수밖에 없었으며, 오히려 이를 넘어서기 위한 구체적인 시도들이 배척당하기 십상이었다.

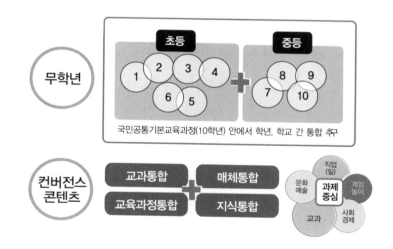

결국 진정한 의미의 혁신교육은 기존의 형식을 얼마나 넘어서는지에 따라 결정된다. 연령에 따라 일방적으로 나눈 학년제에서 벗어나 개별화 교육에 초점을 둔 무학년제, 교과 중심적 사고에서 탈피하여 통합교과를 지향하면서 지식의 소비보다 생산에 가치를 두는 수업, 3R과 특정교과지식의 기억과 이해보다 비판적 사고력, 창의력, 의사소통능력, 협동능력 등 역량에 중심을 둔 교육과정편성, 지식의 전

달자가 아닌 학습설계자이면서 퍼실리테이터(촉진자, 안내자)로서의 교사역할변화, 지역사회 네트워크 기반의 학교로 진화 등등 이들 교육환경의 변화는 창조적인 파괴를 전제한다.

주목할 것은 세계 유수의 미래학교들이 무학년제를 기본으로 삼고 있으며, 프로젝트학습을 중심으로 수업이 이루어지고 있다는 점이다. 오랜 세월동안 누적시켜온 다양한 PBL 수업사례가 학년과 교과를 넘어 주제중심의 통합으로 이어졌고, 이에 적합한 물리적인 환경의 변화로 나타난 것이 이들 혁신학교의 모습이다. 구성주의로 대변되는 학습에 대한 패러다임 변화가 교사 각자의 다양한 실천과 시도로 연결되면서 전통적인 학교의 형식에서 점차 자유로울 수 있었던 거다. 이는 단순히 혁신학교를 지정하고 첨단기자재를 도입한다고 해서, 그렇다고 학년을 무조건 없앤다고 해서 도달할 수 있는 지점은 결코 아니다.

우리가 학교를 뒷받침하는 형식의 본질이 하드웨어가 아니라 소프트웨어에 있음을 안다면 더욱 그렇다. 90년대에 불었던 열린 교육의 열풍이 파격적인 시도에도 불구하고 그리 오래 지속되지 못했던 것은 소프트웨어에 해당하는 내용적인 변화가 뒷받침되지 못했기 때문이었다. 과감하게 교실 벽을 허물고, 모둠책상으로 교체했지만, 교과서 위주의 기존 수업방식은 전혀 바뀌지 않았다. 이는 물리적인 변화를 형식의 파괴와 동일시했기 때문에 벌일 수 있었던 '우(愚)'이다. 안타깝게도 여전히 종이교과서를 전자교과서로 바꾸기 위해 막대한 예산을 쏟아 붓거나, 교사의 강의영상을 스마트폰으로 시청할 수 있도록 온라인 환경을 제공하는 등 하드웨어적인 접근에 치중하는 모습에서 벗어나지 못하고 있다. 여전히 학습패러다임 전환이 첨단기자재의 도입이나 특정제도의 개혁으로 이룰 수 있다는 착각 속에 빠져 있는 것이다.

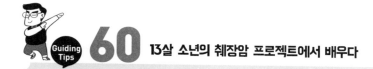
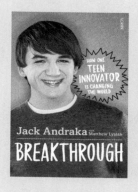

13살 소년이었던 잭 안드라카(Jack Andraka)는 가족처럼 가까웠던 이웃이 췌장암으로 죽는 것을 경험하게 됩니다. 허망한 죽음에 상실감이 컸던 그는 췌장암 환자의 85% 이상이 암 말기에 진단되고 생존확률도 2%에 불과하다는 사실을 인터넷 조사를 통해 확인하게 됩니다. 게다가 췌장암 진단방법이 무려 60년이 지났고, 검사비용도 지나치게 비싼데다 30%에도 미치지 못하는 정확도를 가지고 있음을 알게 됩니다.

그래서 잭은 무작정 더 좋은 췌장암 진단방법을 찾기로 결심하기에 이릅니다. 놀랍게도 13살 어린 소년의 결심은 그로부터 2년 후 구체적인 결실로 나타납니다. 그것도 오로지 인터넷 조사를 통해서 말이죠. 그야말로 어려운 난제였지만, 잭은 기존의 연구결과들을 바탕으로 차근차근 문제해결에 접근하기 시작했습니다. 잭은 췌장암에 걸린 환자의 혈액에서 발견되는 약 8,000종의 단백질을 조사했고, 대략 4천 번째 조사에서 '메소텔린'이라는 단서를 찾게 됩니다. 이 메소텔린이 췌장암, 난소암, 폐암에 걸렸을 때 어김없이 수치가 증가하는 것으로 나타났던 것입니다. 잭은 곧바로 췌장암 진단의 키를 쥐고 있는 메소텔린을 측정방법을 조사하게 됩니다. 그리고 마침내 '나노탄소튜브'에 관한 논문에서 결정적인 힌트를 얻게 됩니다. 나노탄소튜브는 특별한 능력을 가지고 있는데, 이를 활용하면 하나의 특정 단백질과 반응하도록 할 수 있음을 알게 된 것입니다. 결과적으로 췌장암에 대한 궁금증에서 시작된 인터넷 조사는 기존 췌장암 진단 방식보다 168배나 빠르고, 26,000배나 더 저렴하고, 400배 더 민감한 진단키트 개발로 이어졌습니다. 정확도 100%, 췌장암 환자의 생존확률 100%인 발병초기에 찾아낼 수 있는 진단방법이었죠. 호기심에서 시작된 소년의 췌장암 프로젝트는 그렇게 인류의 질병을 정복하는데 한걸음 더 나아가도록 만들었습니다. 이 소년에게 전교과목 우수생을 바랬다면, 아마도 이런 성과는 불가능했겠죠? 소년의 췌장암 프로젝트는 철저히 학교 밖에서 이루어졌으며, 교사의 도움이라곤 없었으니 말입니다. 99%의 노력보다 1% 영감이 더 중요하다고 한 발명왕 에디슨의 말이 새삼 떠오르는군요.

결국 교육의 혁신은 형식의 창조적 파괴과정이며, 그것을 가능하게 해줄 소프트웨어의 적용에서 출발한다. 이는 아이디어 차원의 논의만으로 불가능하다. 교사 개개인의 각성과 통찰, 형식의 파괴를 이끌어낼 구체적인 수업실천들이 모여야 실현가능한 일이다. 이런 까닭에 교사는 절대로 혁신의 대상이 아니다. 소프트웨어적인 변화를 이끌어낼 주체이며, 본질임을 자각할 필요가 있다. 능동적으로 교육과정을 재구성하고, 독창적인 교수학습프로그램을 만들어 수업의 변화를 도모해야 하는 것도 이 때문이다. 촘촘한 교사네트워크를 통해 서로의 노하우를 공유하고 확산시켜 형식의 파괴를 주도해야 한다. 4차 산업혁명 시대, 미래교육의 성패는 이런 인식을 지닌 교사의 무한도전과 그에 따른 변화에 달려 있음을 잊지 말아야 할 것이다.

경계를 넘어 통합의 길을 열어 볼까

프로젝트학습을 선택했다면 학년과 교과를 구분 짓지 않는 통합의 길에 이미 들어선 것이다. PBL 문제 자체가 초등과 중등을 가리지 않는다. 동일한 문제라도 얼마든지 적용할 대상을 달리할 수 있으며 서로 다른 교과시간을 활용할 수도 있다. 프로젝트학습을 통해 형성된 자발적 개념을 얼마든지 교과에서 강조하는 과학적 개념과 연계하여 심화시킬 수 있으며, 이를 통한 다양한 경험은 앎의 흐름을 만들어내고 교과학습의 질 좋은 출발점을 만들어낼 수 있다. 지식의 쓰임을 배우며, 학습에 대한 자기목적을 형성하게 된다.

재현고등학교 김홍순 선생님이 만든 '잼공팩토리❸ - 나의 스승 아르키메데스' 역시 학년의 경계를 넘나든 사례로 손색이 없다. 고등학교 1학년 학생을 대상으로 적용하기 위해 만든 문제였지만 이 수업은 얼마 지나지 않아 초등학교 6학년 학생들에게도 적용됐다. 연령 차이가 커서 이질적으로 보일 수도 있겠지만 참여한 학생들 모두 동일한 문제를 받아들고 멋지게 과정을 수행해냈다. 이들은 문제 상황 속 아르키메데스의 제자가 되어 수학자와 기술자로서 주어진 임무를 수행했다. 문제에 등장하는 어려운 용어와 개념을 이해하고 활용해서 각자의 수준에 맞게 결과물을 만들어냈다.

> "이번 피비엘 문제의 주제는 기하학을 이용한 투석기를 만들어서 전쟁을 벌이는 내용이었다. 이번 피비엘에서는 좀 어려운 말인 유클리드 기하학이 나왔다. 기하학이란 말만 들으면 좀 어려워 보이는데 기하학이 먼지 알게 되니까 꽤 쉽다는 것을 알았다. [중략] 이번 피비엘은 먼가 수학인 듯 과학 아닌 기술 같은 걸 한 것 같은 기분이 든다."
>
> _2014. 10.02. 김한별 성찰저널 중

물론 약간의 차이는 존재했다. 기술수업시간에 진행된 PBL 수업이었던 만큼 고등학생들에게 요구된 것은 수학과 과학, 기계적 원리가 반영된 투석기 제작에 있었다. 반면 초등의 경우엔 유클리드 기하학에 착안하여 교과서의 도형 개념을 끌어들였다. 일례로 전개도를 그려 입체도형을 만들어야 하는 단원이 있었는데 손수 제작한 다양한 입체도형으로 성을 쌓고 투석전을 벌이도록 했다. 교과서 수업은 전개도를 그리고 접어서 입체도형을 만드는데 그쳤지만, 제시된 문제 상황으로 인해 투석전을 대비한 성 쌓기라는 구체적인 활동 목적 하에 이루어졌다. 이렇다보니 마지막 마무리 방식에도 다소 차이가 있었다. 고등학생들을 대상으로 적용된 프로젝트학습은 기술교과에 중심을 두고 있었던 만큼 투석기의 완성도와 성능을 비교 측정하는 과정에 공을 들였던 반면, 초등학생들은 청팀과 홍팀으로 나누어 투석전을 벌이는 것으로 끝맺음할 수 있었다. 이처럼 전체적으로 수행해야 할 과정은 거의 동일하지만, 운영하는 교사가 어떤 교과 혹은 활동에 초점을 두느냐에 따라서 결과의 차이는 발생하기 마련이다. 실천의 과정에서 교사의 자율적인 재구성은 얼마든지 가능하다. 그리고 그런 부분이 프로젝트학습의 묘미 중에 하나다.

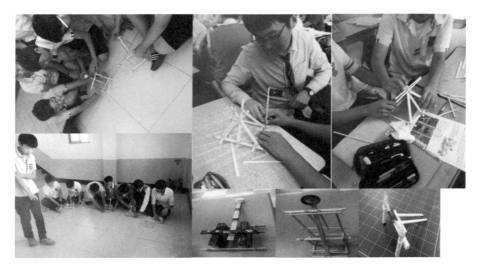

나의 스승 아르키메데스 활동 장면 및 결과물(고등학교 1학년)

나의 스승 아르키메데스 활동 장면 및 결과물(초등학교 6학년)

교과를 엄격하게 구분하고 보수적으로 접근하는 교사에겐 프로젝트학습이 불필요하게 여겨질 수 있다. PBL 수업의 활동들이 자신의 교과와 무관하게 느껴질수록 현장 도입은 꺼려진다. 안 그래도 가르쳐야 할 교과내용이 산더미인데 프로젝트학습이 비효율적으로 느껴지는 건 어찌 보면 당연하다. 심지어 자신의 교과와 전통을 버리는 행위라 여기며 배척하는 현장교사들도 다수 있다. 옳고 그름을 떠나 분명한 건 프로젝트학습을 적용하기 위해선 '통섭(consilence)'적 시각을 가져야 한다는 점이다. 통섭을 화두로 던진 에드워드윌슨(Edward Wilson)이나 최재천 교수가 그들이 딛고 있는 학문의 경계를 넘어 앎의 영역을 확장시켰던 것처럼, 자신이 딛고 있는 교과를 넘어 통합의 길로 나아가야 한다. 관점만 바꾼다면, 프로젝트학습을 통해서 얼마든지 자신이 딛고 있는 교과를 중심으로 한 통섭을 시도해볼 수 있다.

경희중학교 김재훈 선생님은 직업체험과 관련한 업무를 맡게 되면서 야심차게 프로젝트학습을 도입하고자 했다. 단순히 직업현장을 방문하고 체험하는데 그치지 않고 문제 상황에 따라 자신의 진로를 진지하게 탐색하고 학생 모두가 참여하고 공유하는 장을 만들기 위함이었다. 한 학년 전체를 대상으로 하는 만큼 녹록치 않은 과정이 기다리고 있을 수밖에 없었지만 용기 있는 선택을 감행했다. 자신의 얼마 되지 않은 교과 시간을 할애해가며 학습의 질을 끌어올리기 위한 노력도 기울였다. 자신이 딛고 있는 도덕교과와의 연계를 위한 고민을 지속하고 반영하고자 애썼다. 외견상 드러나는 학생들의 미지근한 반응에 실망도 하고 한 달 이상 진행되는 활동에 지치기도 했지만 결국 의미 있는 성과들을 얻어냈다.

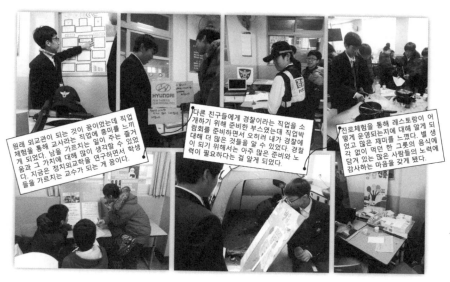

경희중학교 직업박람회 장면

직업세계가 다양한 만큼 연계된 분야나 영역, 교과 또한 다양할 수밖에 없었다. 각 직업에서 활용되는 지식들이 도덕교과와는 무관한 것으로 여겨질 수 있다. 다루는 지식 또한 천차만별이라서 어떤 교과나 분야와 연관지어야 할지 불분명하기도 하다. 학생들이 선택한 직업에 대해 알아가는 과정, 이를테면 파티쉐가 하는 일을 조사하고, 기초적인 제빵·제과 기술을 배우는 활동이 도덕시간에 이루어진다면 어떨까. 보수적인 교과 틀을 가진 선생님이라며 도저히 수용하기 어려운 상황일 수 있다. 그러나 앞서 강조한 '통섭'의 시각이라면 다르게 수용되기 마련이다. 프로젝트학습 속의 활동들이 지엽적인 시각에서 각기 다른 교과에서 다루는 지식일 수 있지만, 그런 지식을 알아가는 과정이 도덕적 주체인 '나'를 발견하고 자신의 진로를 모색하는 활동일 수 있다. 프로젝트학습에서 교과의 경계를 넘나드는 것은 당연하다. 다만 어떤 주제를 품고 있느냐에 따라 특정 교과와 분야를 중심으로 한 질서 있는 통합이 얼마든지 가능하다.

중학생을 대상으로 적용된 김재훈 선생님의 PBL 문제는 거의 동시에 초등학생을 대상으로도 적용되었다. 제시된 문제 상황은 동일했지만 세부적인 활동에는 차이가 있었다. 중학생들은 정해진 기간 동안 직업현장에서의 체험이 이루어졌지만 초등은 여건상 인터뷰 활동으로 대체됐다. 때마침 국어교과서에 관련된 단원이 있어서 제시된 면담 절차에 따라 내용을 정리하고 이를 적극적으로 활용하도록 했다. 초등의 경우엔 5일이라는 짧은 시간 동안 진행됐지만 참여한 학생들의 반응은 그야말로 폭발적이었다.

> 자기의 꿈을 찾는 퀘스트였다. 나는 이 PBL이 정말 많은 도움이 되었다. 솔직히 전에는 꿈이 있었는데 확실하지도 않았고 어떻게 되는지도 몰랐다. 근데 퀘스트를 수행하다보니 나의 꿈에 대해서 확실히 알게 되었다. 처음엔 "아 힘들어 그냥 대충하고 말아야지"라고 생각했다. 그런데 뒤적뒤적 찾다보니 세무사라는 꿈을 가지게 됐다. 계획도 확실히 정했다. (중략) 회계학과에 간 다음 세무사 자격을 갖겠다. 그리고 공무원으로 15년 정도 지내다가 독립할 것이다. 빨리 나의 어른 모습을 보고 싶다.
>
> _2014.09.20. 최재혁 성찰저널 중

퀘스트2에서 자신이 되고 싶은 직업을 가지고 있는 사람과 면담하는 것이었다. 이건 국어 듣말쓰와 관계가 아주 깊어 보였다. 나는 극작가님들을 수소문해서 두 분의 작가님께 메일을 보냈다. 설마 올까...? 라는 심정이란 제발 와라... 라는 심정으로 답메일을 기다리고 있었는데 한분의 작가님으로부터 메일이 도착했다. 알찬 내용들로 구성하여 답변해주셨고, 나는 감사하다는 말만 연신했다. 시인이자 극작가이신 분. 암튼 그렇게 보내주신 내용들로 다음 퀘스트를 준비했다. _2014.09.19 김가영 성찰저널 중

꿈을 잡아라! 'Dream Job Fair' 활동 장면

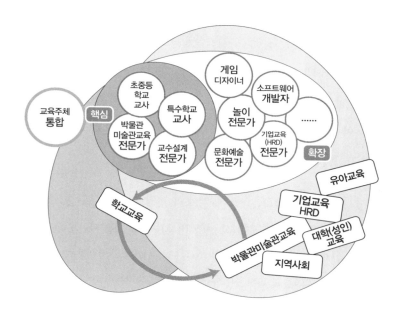

얼마든지 프로젝트학습을 통해 교과와 학년의 벽을 넘어설 수 있으며, 학교 밖 지역사회, 박물관·미술관 등으로 수업의 장을 확장해 나갈 수 있다. 교육실천가 들이 서로 딛고 있는 교과와 맡고 있는 학년, 소속기관이 다를지라도 얼마든지 함 께 수업을 준비하고 적용할 수도 있다. 실천공동체 안에서 협업을 통해 문제를 만 들고, 각자 만든 문제를 공유하고 재구성하는 가운데 혼자만으로 불가능한 혁신 적인 시도를 벌일 수 있다.

필자의 경우, 재미교육연구소(이후 잼랩)가 이런 시도를 맘껏 펼칠 실천공동체가 되어주고 있다. 잼랩은 '진지한 재미로 수업을 디자인하라!'를 표방하며 초·중등교 사와 학예사 등이 뜻을 모아 운영하는 비영리 단체다. 기본적으로 프로젝트학습 을 통해 학년과 교과의 경계를 허물고 형식교육의 장(학교)과 비형식교육의 장(박물 관·미술관, 지역사회 등)을 넘나들기 위한 실질적인 콘텐츠 생산과 실천에 중점을 둔다. 잼랩이 시작된 2014년 이후로 꾸준한 활동 덕분에 주옥같은 교실 밖 PBL 프로그 램들이 탄생되기도 했다. 이를테면 일제강점기 독립운동을 하다가 옥고를 치르는 애국투사로 분하여 탈옥을 위해 서대문 형무소 곳곳을 누비는 '붉은 벽돌의 눈물: 김재만 탈옥기'처럼 말이다. 이 프로젝트학습 사례는 KBS 다큐멘터리 「4차 산업혁 명 시대의 교육 2부(2017. 9. 22.)」에서도 소개된 바 있다.

학교 밖 세상의 모든 공간이 신명나는 배움의 터가 될 수 있음은 자명하다. 교사 스스로 이들 공간을 학교교육의 무대로 가져올 방안을 구체적으로 모색해야 한다. 더불어 가정·지역사회가 학교로 들어오는 것이 아니라 학교가 가정과 지역사회로 깊숙이 들어가도록 힘써야 한다. 배움의 현장이 교실을 넘어 지역사회 곳곳으로 확장될 수 있도록 실질적인 환경을 마련해야 한다. 건물 중심의 전통적인 학교가 아니라 교실 밖 세상의 모든 공간을 포섭하는 열린 네트워크 학교로 발전할 수 있도록 프로젝트학습을 통해 초석을 놓아야 한다. 이를 실현해내는 것은 사실 거창한 것이 아니다. 특정 공간에 부합하는 콘텐츠(PBL 프로그램 등)만 준비되어 있다면, 당장이라도 실천으로 옮길 의지가 있는 교사만 있다면 언제든 가능하다. 그곳이 어디든, 어떤 장소든지 생동감 넘치는 이야기와 활동으로 채워진 특별한 무대를 연출할 수 있다.

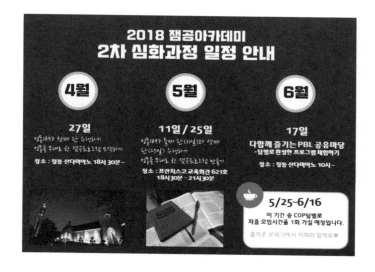

잼랩에서는 매년 상반기에 학교 밖 세상을 무대로 '잼공아카데미'라는 배움의 장을 열고 있다. 미네르바스쿨과 비교할 만한은 것은 아니지만, 담고 있는 철학만큼은 이에 못지않다. 잼공아카데미가 열리는 공간은 특별히 정해져 있지 않다. 활동의 주제와 성격에 따라 결정되며, 오프라인뿐만 아니라 온라인을 통한 적극적인 참여와 끊임없는 소통을 바탕으로 진행된다. 잼공아카데미에는 교사를 비롯해 교육실천가라면 누구든 참가자격을 얻을 수 있다. 다만 소그룹 단위로 활동이 진행되는 관계로 참여인원은 제한될 수밖에 없다.

2018년에 열린 잼공아카데미의 경우, 정동의 역사현장을 무대로 심화과정이 펼쳐졌다. 정동이라는 공간이 배움의 장이 된 만큼, 그 공간을 충분히 활용하게 해줄 PBL 프로그램이 필요했다. 그래서 채택한 프로그램이 '정동1897', 잼랩의 연구원들이 2014년에 개발했던 '정동구락부*****'를 좀 더 보완하고 완성도를 높여 만든 작품이다. 잼공아카데미 심화과정 참가자들에게 '정동1897' 초대장이 보내졌고, 활동규칙에 대한 설명으로 이어졌다. 더불어 참가자들이 주어진 퀘스트(Quest)를 단순히 수행하는데 그치지 않고, 이를 토대로 새로운 프로그램 개발에 도전해야 함을 시작부터 강조했다.

정동의 역사적 공간마다 부여된 퀘스트에는 그곳에 얽힌 이야기와 관련 인물의 이해를 높이는 임무가 기본적으로 주어지며, 이를 해결할 때마다 문제개발을 위한 아이디어맵을 생산하도록 요구하였다. 또한 이런 과정이 프로그램개발을 위한 구체적인 프로세스와 연결될 수 있도록 했다.

***** '정동구락부' 적용사례는 「재미와 게임으로 빚어낸 신나는 프로젝트학습(2015년)」에 수록되어 있다.

특히 정동1897은 게이미피케이션 전략을 적극 반영한 PBL 프로그램으로 디자인 되었다. 각 퀘스트(임무)를 수행할 때마다 경험치(XP), 보너스(BP), 능력치(CP)를 부여 하고, 온라인 커뮤니티를 통해 다양한 방식의 피드백이 신속하게 제공되도록 했다. 게임과 같은 몰입감은 피드백의 속도와 방법에 따라 영향을 많이 받는데, 정동 1897도 예외가 아니었다.

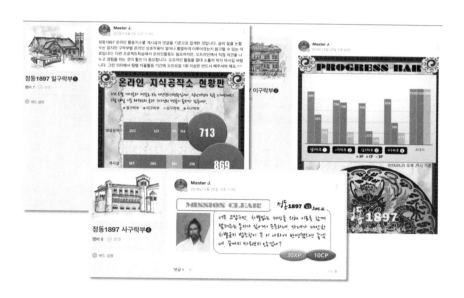

두 달간 진행된 '정동1897'에 모두가 함께 참여했고, 돌발미션과 각종 퀘스트, 파이널 미션까지 무임승차 없이 성공적으로 마무리됐다. 대한민국의 의미를 부각시킨 올클리어 인증서가 '정동1897' 활동이 품고 있는 가치를 확인시켜주었으며, 참가자들은 과정 하나하나를 곱씹으며 성찰저널을 작성하기까지 했다. 그러나 이것은 진정한 피날레가 아니었다. 지금까지의 과정보다 더 중요한 활동이 남아있었기 때문이다.

"와우~~~ 미션 수행에다가 정동야행까지, 정말 정신이 하나도 없었다. 하지만, 정동은 정말 멋진 곳이었다. 아픈 역사를 돌아볼 수 있었고, 역사의 순간순간에 다녀온 기분이 들었다. 이 와중에 더 놀라운 것은 이구락부 팀원들이었다. 미션이 올라오면 선생님들의 다리는 이미 미션 장소에 도착해 있다. 선생님들의 손은 이미 관련 정보를 공유하고 아이디어를 적고 있다. 정말 빠르다."

_2018. 5. 28 써니쌤의 성찰저널 중

드디어 참가자들은 '정동1897'프로그램을 직접 체험하며 교실 밖 프로젝트학습의 실전 노하우를 익혔고, 이를 토대로 잼공아카데미 심화과정의 최종 목적지인 새로운 PBL 프로그램의 개발에 이르게 되었다. 집단지성의 힘은 그야말로 대단했다. 구락부(팀)별로 만든 프로그램들마다 주제의식과 매력이 넘쳤으며, 완성도도 무척이나 돋보였다. 당연히 잼공아카데미의 피날레는 팀별로 개발한 PBL 프로그램의 공유마당이 차지했다. 직접 체험해야 개발한 프로그램에 대해 제대로 알 수 있는 법, 공유마당은 개발한 프로그램을 서로 체험하면서 실제 상황에서의 적용여부를 따져보는 시간으로 꾸려졌다. 그리고 이러한 '파일럿 테스트(pilot test)' 결과를 참고하여 PBL 프로그램의 완성도를 높이기 위한 과정을 밟아나갔다.

2019년 1월 10일, 잼랩은 동남아의 대표적인 여행지인 태국으로 향했다. 거창하게 말하자면, 국내를 주요무대로 삼았던 잼공의 활동반경을 5주년을 맞아 국외까지 확장하는데 의미를 둔 것이기는 했지만. 낯선 장소에 뭔가 새로운 시도를 한다는 것 자체가 끌렸다. 팀별로 하루씩을 책임지고, 이른바 '단내투어' 미션을 수행하도록 하는 방식이었다. 팀별 준비과정을 거치자 태국을 무대로 한 단내투어 프로그램들이 구체화되기 시작했다. 현지에서 피로도를 감안하여 축소되어 운영되긴 했지만 이들 프로그램들 안에는 태국의 구석구석을 가득 담아내고 있었다. 잼랩연구원 각자 딛고 있는 교육현장과 전공이나 관심분야 모두가 달랐지만, 오히려 그러한 다양성이 창의적인 프로그램 개발을 가능하게 한다. 서로의 영역을 넘나들며 경계를 허물고, 통합적 접근과 새로운 시도를 벌이는데 주저하지 않게 된다. 얼마든지 관점만 바꾼다면, 국내든, 국외든 장소에 구애받지 않고 우리들의 삶의 현장을 진지한 놀이터로 탈바꿈시킬 수 있다. 도전과 실천이 '나' 혼자가 아닌 '함께'라면 실현 가능성은 더욱 커지기 마련이다. 프로젝트학습을 통해 경계를 넘어 통합의 길을 열어가고 있는 잼랩의 도전은 우리가 꿈꾸는 교육 세상이 실현되는 그날까지 계속될 것이다.

태국의 단내투어 활동장면

전국에 수없이 많은 박물관과 미술관이 운영 중에 있습니다. 그만큼 교실 밖 프로젝트학습무대가 많다는 것이죠. 그러나 이들에 대한 정보는 직접 방문하지 않고서는 잘 알지 못할 때가 허다합니다.

그나마 국가나 지자체가 운영하는 박물관이나 미술관 정도의 정보만 조금 알고 있을 뿐입니다.

특정 박물관에 직접 방문하지 않더라도 지역별로 어떤 문화유산이 소장되고 있는지 파악할 수 있는 방법이 있습니다. 그 중 'e뮤지엄'이 대표적인데요. 이 곳에선 전국의 박물관, 미술관들이 소장하고 있는 다양한 문화유산정보에 대한 통합검색서비스를 제공하고 있습니다. 약간의 정성이면 우리 고장에 어떤 문화유산이 소장되고 있는지 쉽사리 파악할 수 있습니다.

더불어 지역별로 어떤 박물관과 미술관이 있는지 확인할 수 있는 방법도 있습니다. '한국박물관협회'에 등록된 국립, 공립, 사립, 대학 소속 박물관과 미술관 정보가 홈페이지를 통해 제공되고 있는데요. 특히 지역별(시도단위)로 분류한 박물관과 미술관 정보를 쉽게 확인할 수 있습니다.

_한국박물관협회 : www.museum.or.kr

교실 밖 프로젝트학습을 실천할 계획이 있는 분들이라면 'e뮤지엄'과 '한국박물관협회' 정보를 사전에 참고해 보시길 바랍니다.

FACTORY **13 나의 스승 아르키메데스: 청출어람**

SYNOPSIS '나의 스승 아르키메데스'는 기술과 수학교과를 연계하여 진행하기 적합한 수업입니다. 고대 아르키메데스 시대로 가서 투석기를 개발해야 하는 주인공이 되어 퀘스트를 수행하도록 하고 있습니다. 문제출발점부터 시작하여 '퀘스트1. 수학자를 뛰어 넘어라! - 퀘스트2. 기술자의 길 - 퀘스트3. 전쟁을 승리로 이끈 아르키메데스의 제자' 순으로 제시된 대로 활동을 진행하면 됩니다. 공정성을 위해 투석기 제작의 기본재료(조건)을 지키도록 하고 약속된 게임규칙에 따라 투석전을 벌이도록 합니다.

◆적용대상(권장): 초등학교 6학년-고등학교 1학년
◆적용대상(권장): 주제선택(권장)
◆학습예상소요기간(차시): 4–6일(8–10차시)
◆관련교과 내용요소(교육과정)

교과	영역	내용요소		
		초등학교 [5–6학년]	중학교 [1–3학년]	고등학교 1학년
실과 정보	기술활용	·발명과 문제해결	·기술적 문제해결	·창의공학 설계
수학	도형	·직육면체, 정육면체 ·각기둥, 각뿔 ·원기둥, 원뿔, 구 ·입체도형의 공간 감각	·입체도형의 성질	

_나의 스승 아르키메데스 PBL 문제의 원작자는 재현고등학교 김홍순 선생님입니다.

나는 어린 시절부터 만들기를 좋아하고 수학과 과학이라는 학문을 사랑하였다. 그런 나의 모습을 지켜보신 부모님께서는 좋은 스승과의 만남을 도모해 주셨다. 10대가 되던 해, 선생님의 성함이 '아르키메데스'라는 것을 알게 되었고, 긴 시간 동안 그분과 다양한 공부를 즐겁게 할 수 있었다. 그리고 어느덧 나라에 발명가이면서 기술자로 자리 잡았다. 나의 꿈은 여기서 멈추는 것이 아니라, 수학자와 기하학자가 되어 국가에 기여하는 인물이 되는 것이다.

◆◆◆

스승님과 함께 지레의 원리에 대하여 연구하던 BC 218년, 지중해의 패권을 둘러싼 로마와 카르타고의 전쟁(포에니 전쟁)이 발발하였다. 내가 살고 있던 시라쿠사(그리스시

대에 건설된 도시: 현재 이탈리아의 시칠리아 섬)는 카르타고의 편을 들어 로마군의 공격을 정면으로 받기 시작하였다. 전쟁이 시작할 때쯤 왕의 전갈을 받은 스승님께서 나를 부르셨다.

> "이번 전쟁에서 우리는 로마군의 위협적인 공격을 받고 있다. 나는 시라쿠사의 왕 히에론 앞에서 지렛대와 지렛목만 있으면 지구라도 움직여 보이겠다고 말한 적이 있다. 그런 모습을 본 왕이 친히 나에게 전갈을 보내왔다. 내가 연구하고 있는 지레를 이용하여 로마군을 저지할 수 있는 강력한 무기를 만들어 달라고 부탁을 하더구나."

나는 나라의 위기를 구하기 위하여 무기를 만들어야 한다. 스승님께서 말씀해 주신 도형의 모양과 지레의 원리, 탄성의 원리 등의 지식을 총동원하여 돌을 투척하는 강력한 무기를 만들고자 한다.

스승인 아르키메데스에게 귀류법을 사용하여 문제를 증명하는 방법과 실제 문제해결에 수학(기하학)을 사용했던 방법을 배운 나는, 지중해 패권을 차지하는 이번 전쟁에서 사라쿠사를 구하고자 온 힘을 기울일 것이다. 과연 후대에 나는 어떤 인물로 기억될까.

※ 귀류법 : 수학이나 자연과학에서 애호되는 논증법 중 하나. 명제 A의 부정으로부터 모순을 끌어내어 A의 부정이 옳지 않다는 것을 증명한다. 즉, A가 성립함이 참을 말해주는 증명 방법이다. 이 증명의 최종 목적은 A의 증명에 있다. 즉 A를 먼저 증명하지 않고, 귀류법에 의하여 A의 부정을 부정하는 것을 시도해 보는 간접적인 증명방법이라 할 수 있다.

※ 기하학 : 토지 측량을 위해 도형을 연구하는데서 기원했으며, 공간의 수리적 성질을 연구하는 수학의 한 분야. geometry(기하학)은 geo(토지)+ metry(측량)을 뜻하며, 두 삼각형의 합동, 비례정리 등을 다룬다. 도형에 대해 공부하는 학문이라 생각하자.

Quest 퀘스트 01 수학자를 뛰어 넘어라! ★★★★★★★★★

    무기를 제작하는 데 있어서 기하학이라는 학문은 매우 중요합니다. 생소한 학문일 수도 있지만 우리의 일상생활에서 많은 부분을 차지하고 있는 것이 기하학입니다. 아이스크림 콘, A4용지 규격, 63빌딩, 바코드 등에서조차 기하학의 원리를 찾을 수 있습니다. 우리가 제작하려는 투석 무기를 선과 면, 다면체로 이루어져 있습니다. 좀 더 완성도 높은 무기를 제작하기 위해서는 기하학에 대한 기본적인 이해가 필요합니다. 지금부터 강력하고 정교한 투석 무기를 만들기 위한 미션을 수행해 주세요.

▶8개 이상의 별을 획득한 팀은 다음 퀘스트를 수행할 수 있으며 [수학자]라는 칭호를 얻게 됩니다.

❶	[개별] 초등기하학(유클리드 기하학)의 의미를 찾아보고, 일상생활에서 쓰이는 기하학의 예시를 2가지 찾아보세요. ★★★★★

❷	[팀별] 실제 제작할 무기에 사용되는 도형 2가지를 선정하고 그 도형의 특징과 활용방법을 설명해 주세요. ★★★★★

1번 도형 그림	도형에 대한 설명
2번 도형 그림	**도형에 대한 설명**

관련교과	국어	사회	도덕	수학	과학	실과			체육	예술		영어	창의적 체험활동	자유학기활동		
						기술	가정	정보		음악	미술			진로 탐색	주제 선택	예술 체육
				●									●		●	

1. 기하학의 역사와 관련 학자들을 중심으로 접근하면 조금 쉽게 이해할 수 있습니다.
2. 선택한 2개의 도형은 아르키메데스의 다면체에 대한 이해를 바탕으로 '면'과 '다면체'로 작성해 주어야 합니다.
3. 도형에 색을 칠하고, 설명 시 수학적 공식을 추가하면 추가 ★을 획득할 수 있습니다.

Quest 퀘스트 **02** 기술자의 길 ★★★★★★★★★

　수학자의 칭호를 얻은 당신은 기술자의 길을 걸어야 합니다. 나라를 지킬 무기 제작에 앞서, 연구한 2개의 도형이 무기의 모양에 드러나 있어야 합니다. 또한, 견고한 무기 제작을 위해서는 과학적인 설계가 필요합니다. 설계가 끝나면 스승님에게 배운 지레의 원리, 탄성의 원리를 고려하며 무기를 분석해 보세요. 미션 1까지 마치면 무기제작 기본재료를 공급 받을 수 있을 것입니다.

　▶기본재료: 나무젓가락 15개, 고무줄 30개, 종이컵, 창의적 물품 1개(모둠별 준비), 기본 재료를 공급 받은 팀을 실제 제작에 들어갑니다. 제작이 끝나면 스승님에게 배운 지레의 원리, 탄성의 원리를 고려하여 무기를 분석해 보세요. 그리고 부족한 부분을 보완하여 로마군을 무찌를 수 있는 강력한 무기를 완성시켜 보세요.

---

❶　[모둠별] 2개의 도형이 포함된 투석기의 모양을 디자인 해주세요. 투석무기의 전후좌우 설계도를 그려주세요. ★★★

---

❷　[모둠별] 설계도를 바탕으로 제작하고 제작과정을 4단계로 촬영해 주세요. ★★★★

| 1단계 | 2단계 | 3단계 | 4단계 |

---

❸　[개별] 제작 완성된 무기의 사진을 포함시키고, 무기 안의 과학적 원리를 2가지 이상 제시하세요. ★★★

관련교과	국어	사회	도덕	수학	과학	실과			체육	예술		영어	창의적 체험활동	자유학기활동		
						기술	가정	정보		음악	미술			진로 탐색	주제 선택	예술 체육
					●	●							●		●	

1. 주어진 재료 이상은 공급이 어려우니 개수를 고려하여 설계에 접근하는 것이 좋습니다.
2. 창의적 물품은 1가지만 허용됩니다. 반드시 필요한 물품을 사용해 주세요.
3. 무기가 완성된 이후, 관리에 주의해 주세요. 특히 다른 사람을 향해 발사하거나 허락 없이 다른 모둠의 무기를 만지는 것은 삼가야 합니다.

Quest 퀘스트 03 전쟁을 승리로 이끈 아르키메데스의 제자 ★★★★★★★★★

이제 당신은 수학자를 뛰어넘는 기술자가 되었습니다. 시라쿠사를 지키기 위해 로마군단의 주둔지를 괴롭혀야 합니다. 적들은 전방 7m 앞에 방어진을 구축하고 주둔해 있습니다. 10개의 석포탄으로 그들에게 위협을 가해야 합니다. 그들이 구축한 방어진을 석포탄의 파괴적인 위력 앞에 굴복시키게 만들면 로마군은 물러가게 될 것입니다. 전장에 나서기 전에 투석을 해보며 정확한 거리와 방향을 연구하도록 하세요. 자 이제 나라를 지키는 영웅이 되어 스승을 뛰어넘는 위대한 기하학자가 되어봅시다!

▶공급재료: 공깃돌 10개(석포탄), 로마군 주둔지 만들기 재료(두꺼운 종이)

❶ 석포탄을 공급 받아 정확한 방향과 발사 거리를 실험해 봅시다. ★★

	1차 투석	2차 투석	3차 투석	4차 투석	5차 투석
발사 거리	M	M	M	M	M
문제점					
보완사항					

❷ 입체도형(각기둥, 각뿔, 원기둥, 원뿔)으로 로마군 주둔지를 완성해 주세요(입체도형끼리 접착제 사용금지, 수학책 부록 활용 가능). ★★★

❸ 투석무기를 활용한 전쟁이 시작됩니다. 과연 승리자는 누구일까요? ★★★★

[게임방법]
1. 청팀(1, 2, 3)과 홍팀(4, 5, 6)으로 나누어 투석전을 진행합니다.
2. 공격 : 각 모둠별로 만든 투석기 3대를 이용하여 상대편 로마군 주둔지로 석포탄을 발사합니다(각 모둠별 석포탄 10발). 명중한 입체도형의 점수를 누적시킵니다.
3. 공격은 1차와 2차로 나누어 진행되며, 1차와 2차 사이 휴전 시간에 무기 보완을 할 수 있습니다.
4. 수비 : 입체도형으로 로마주둔지를 구축합니다. 전면에 상대편이 점수를 확인할 수 있도록 노출시켜야 합니다. 석포탄의 피해를 최소화시킬 수 있는 방법으로 구축하는 것이 중요합니다.
5. 공수를 1회씩 번갈아가며 실시하고 공격의 결과를 점수로 나타내어 승리자를 가립니다.

관련교과	국어	사회	도덕	수학	과학	실과			체육	예술		영어	창의적 체험활동	자유학기활동		
						기술	가정	정보		음악	미술			진로 탐색	주제 선택	예술 체육
				●		●							●			

1. 로마군주둔지는 입체도형 8개로 만듭니다. 반드시 제시된 4종류의 입체도형이 모두 활용되어야 합니다. 각 입체도형에는 고유 점수를 차등해서 넣도록 합니다. 모든 입체도형은 최소한 높이가 10cm, 가로, 세로 또는 지름이 5cm 이상이어야 합니다.
2. 5개의 입체도형의 점수는 1~5점으로 차등하며, 꽝은 2개, 마이너스 1점 1개로 표기합니다.
3. 투석무기 재료의 보완은 기본재료 내에서만 가능합니다.

16
CHAPTER

◆ 메이커교육, 4차 산업혁명 시대의
프로젝트학습을 만나다 ◆

값싼 노동력을 찾아 중국과 동남아시아, 중남미 등으로 생산시설을 옮겼던 다국적 기업의 제조공장들이 하나둘씩 자국으로 돌아가고 있다. 이런 현상은 제품을 생산하는데 인간의 노동력이 필요로 하지 않는 무인공장, 즉 '스마트팩토리(smart factory)'의 등장과 관련이 깊다. 대표적으로 세계적인 스포츠 브랜드인 아디다스의 사례를 들 수 있다. 이 회사는 2016년 9월부터 3D프린터와 로봇 등으로 운영되는 일명 '스피드팩토리(Speed Factory)'를 자국(독일) 내에 가동하고 있다. 공장 상주 인력은 10명에 불과하지만, 생산량은 연간 100만 켤레나 된다. 게다가 개인 맞춤형 신발제작에 일반 공장은 최소 20일이 소요되는 반면, 스피드팩토리는 단 하루면 충분하다. 소비자가 원하는 디자인의 신발주문이 들어오면, 이를 제조해 1-2일 만에 배송하는 것이 가능하다. 600명의 숙련공이 매달려야 겨우 달성가능한 생산량을 3D프린터와 로봇이 가뿐하게 대신하고 있다. 3D프린터의 신발생산속도를 높이기 위한 투자와 연구도 지속적으로 하고 있기 때문에 생산량은 더욱 늘어날 전망이다.

문제는 아디다스 신발을 생산하던 숙련 노동자들의 일자리에 있다. 아디다스는 협력업체까지 포함해 아시아 지역에 대략 100만 명을 직·간접적으로 고용하고 있는데, 당장은 아니더라도 이곳에 종사하고 있는 노동자들의 일자리가 스마트팩토리로 인해 사라질 위협에 놓여 있는 것만은 틀림없다. 그렇다고 이런 문제가 아디다스라는 기업에만 국한된 것도 아니다. 나이키를 비롯한 경쟁사들도 앞다투어 스마트팩토리를 건설 중에 있으며 곳곳에서 운영을 시작하고 있다. 노동집약적인 제조업의 거의 대부분이 스마트팩토리로 대체돼 가고 있으며, 기술의 발전 속도만큼이나 빨라지고 있다. 아마도 스마트팩토리의 초기건설비용이 낮아질수록 제조업의 변화는 이전보다 더 급진적으로 일어날 가능성이 높다. 더욱이 과거 글로벌 기업들이 인건비 부담으로 저개발국가에 생산기지를 옮긴 덕에 우리나라처럼 관련 기술을 습득하고 이를 토대로 경제발전도 이룰 수 있었지만, 4차 산업혁명 기술을 기반으로 한 제조업의 변화는 이를 원천적으로 불가능하게 만들고 있다. 인공지능(AI), 사물인터넷(IoT), 빅데이터, 클라우드, 5G 기술 등을 핵심으로 '설계-제조-유통'에 이르는 전체 생산과정이 스마트 팩토리 안에서 모두 이루어지다보니 굳이 저임금 노동자들을 찾아 별도의 생산시설을 건설할 필요가 없게 된 것이다. 주문량에 따라 생산량을 조절할 수 있기 때문에 재고가 쌓일 염려도 없다. 수요를 예측하고 대량으로 제품을 생산하여 물류창고에 보관, 유통하던 방식에서 벗어나 오늘 주문받아 제조하고 내일 배송하는 것이 스마트팩토리 안에서 충분히 가능하기 때문이다.

이처럼 글로벌 기업들이 막대한 자본력을 바탕으로 스마트팩토리에 공격적인 투자를 감행하고 있지만, 이런 것들 때문에 후발주자의 추격이 어려워지는 것은 아니다. 로봇, 3D프린터 등 스마트팩토리의 핵심장비들만 있다면 작은 규모의 회사더라도 얼마든지 동질의 제품을 생산해낼 수 있기 때문이다. 심지어 좀 먼 미래얘기로 들릴 수 있겠지만, 신발과 옷 등 필요로 하는 제품을 가정에 있는 3D프린터가 바로바로 생산할 날이 올지도 모른다. 이처럼 과거, 도제식으로 전수(교육)해야만 했던 독점적인 제조기술들이 첨단 기기들로 인해 더 이상 진입장벽으로 작용하지 않게 되면서, 누구나 '메이커(Maker)'로 활약할 수 있는 민주적인 제조환경이 구현되기 시작했다.

경희대학교 강인애 교수 등이 집필한 「메이커교육, 4차 산업혁명 시대에 다시 만난 구성주의」는 메이커교육의 이론적 배경과 STEAM 교육의 진화, 메이커교육 평가틀 탐색, 국내외 메이커 교육 및 활동 사례 현황 분석 등에 대한 논의들이 자세히 다뤄지고 있습니다. 이 책은 크게 세 파트로 나누어져 있습니다.

첫 번째 파트는 메이커교육을 이해하는데 필요한 이론적인 내용을 담고 있고, 두 번째 파트는 학교현장에서 이루어졌던 실제 사례들이 담겨 있습니다. 세 번째 파트는 학교 밖 비형식교육기관에서 이루어지고 있는 사례를 중심으로 제시하고 있는 것이 특징이죠. 더불어 '메이커교육의 이론과 실천'을 함께 읽는다면 도움이 많이 될 것입니다. 메이커교육에 대한 깊이 있는 교육을 원하는 선생님이라면 이 두 권의 책을 꼭 읽어보길 권합니다.

메이커란 무엇일까

우리들은 특정 제품을 제작한 사람보다는 그가 속한 회사를 가리켜 메이커라는 말을 사용하는데 익숙하다. 동일한 질의 제품이더라도 유명 메이커가 생산 혹은 유통했는지 여부에 따라 가격이 달라진다. 분업화된 컨베이어 시스템에서 대량으로 생산된 제품일지라도 메이커라는 이미지에 기대어 소비를 유혹하기도 한다. 때론 메이커가 어떤 사람의 소득수준, 경제적 지위를 나타내기도 한다. 사람마다 메이커를 선호하는데 있어서 각기 다른 이유를 갖고 있지만, 제품을 직접 만들거나 기여한 사람과는 무관한 경우가 대부분이다. 공장 안의 노동자들이 회사차원에서 결정된 디자인(시안)대로 오차 없이 해당 제품을 제작하더라도 이들이 메이커로 수용되지는 않는다. 오히려 제품을 디자인한 사람이나 이를 결정한 회사가 메이커로 내세워진다. 이런 현실이 관점에 따라서는 노동력 착취나 개인의 권리를 침해한 부당한 처사라 여길 수도 있겠지만, 이는 인류문명역사와 함께해온 오래된 인식 가운데 하나다.

창조하다 創造-- [창:조하다] ◀)) ★ ⊕
1. 동사 전에 없던 것을 처음으로 만들다.
2. 동사 신(神)이 우주 만물을 처음으로 만들다.
3. 동사 새로운 성과나 업적, 가치 따위를 이룩하다.
유의어 만들다, 짓다[1], 창출하다
반의어 답습하다, 모방하다
표준국어대사전

_이미지 출처: 네이버국어사전

더불어 이러한 인식은 메이커의 본질인 '만든다'에 내포된 의미를 살펴봄으로써 이해할 수 있는데, 표준국어대사전에 기록된 '창조하다'의 유의어와 반의어를 살펴보면, 그 의미가 명확해진다. 공장으로 대표되는 '답습'과 '모방'에 의한 제조과정 속에 진정한 메이커가 없는 이유가 여기에 있다.

　그렇다면 메이커를 어떻게 규정하는 것이 좋을까. 우리나라의 역사적 인물 가운데 메이커로서 명성을 날린 이들을 소환해 본다면 이해가 좀 더 수월할지도 모르겠다. 대표적으로 조선시대의 과학을 한 차원 끌어올린 인물인 세종대왕과 장영실을 메이커의 모범으로 꼽아 볼 수 있다. 예를 들어 자격루로 명명된 자동물시계를 만들 때, 각 분야의 기술자들이 참여해 완성했지만, 그것을 만든 사람으로 기록된 것은 장영실과 세종대왕뿐이다. 장영실은 제한된 문헌에도 불구하고 자신의 창의적인 상상력을 토대로 세상에 없던 자동물시계를 설계했고, 세종대왕은 장영실이 설계한 내용을 보완하고 검증하여 최종 승인하였다. 그런데 진작 구슬땀 흘려가며 밤낮없이 직접 자격루를 만들었던 기술자들의 공은 역사책 어디에도 기록되지 못했다. 무엇인가를 만든다고 해서 무조건 메이커가 되는 것은 아니란 의미다. 발명왕으로 이름을 떨친 에디슨이 그의 생애동안 수많은 창작품을 쏟아냈지만 그것들 모두를 직접 만들진 않았다. 대부분 에디슨이 그려낸 설계도면에 따라 해당 분야의 기술자들이 심혈을 기울여 구현해냈다. 에디슨이 직접 만들지 않았지만, 그의 창의적인 아이디어에서 비롯된 것이기 때문에 결과적으로 그가 만든 것이 되어버린 것이다. 우리는 이러한 역사적 인물을 통해 메이커의 본질이 '손발(숙련된 기술)'이 아닌 '머리(창의적인 아이디어)'에 있음을 알 수 있다. 어떤 제품을 직접 제작해낼 기술을 갖고 있지 않더라도 메이커가 될 수 있는 이유다.

스페인 바르셀로나에 가면 '사그라다 파밀리아(la sagrada famila)' 성당이 아름다운 위용을 자랑한다. 이 건축물은 1882년부터 착공에 들어간 이래 지금도 계속 건축되고 있다. 긴긴 세월 동안 수많은 사람들이 이 성당을 짓는데 참여했으며, 지금 이 순간에도 동참하고 있다. 그런데 이 성당의 메이커는 건물을 짓기 위해 평생을 바친 기술자들이 아닌 이를 설계한 '가우디(Antoni Gaudi)'이다. 그가 사망한지도 100년이 가까워지고 있지만, 여전히 사그라다 파밀리아 성당은 가우디가 만들고 있는 셈이다. 메이커 활동은 깊이 있는 사고력이 요구되는 창조적 행위이며 그 결과는 '변화'와 '새로움'을 수반할 수밖에 없다.

이는 이른바 '빌바오 효과(bilbao effect)'를 가져온 어느 건축물에서도 확인할 수 있다. 스페인의 공업도시 바스크주 빌바오시는 철강과 조선 산업의 몰락으로 지역경제가 붕괴할 정도의 어려움을 겪게 된다. 생존을 위한 돌파구가 필요했고, 상식의 틀을 깨는 메이커가 필요했다. 바스크주 정부가 구겐하임 재단으로부터 미술관 유치에 성공하게 되자, 적임자로 '프랭크 게리(frank gahry)'를 낙점하게 된다. 그는 기존의 건축 질서나 양식에서 자유로운 행보를 보이며 파격적인 작품을 선보였던 인물로 유명했다. 빌바오의 선택은 적중했다. 그의 설계대로 완성한 구겐하임 미술관 건물은 독창적이면서 아름다운 외관을 자랑했다. 수많은 사람들이 이 건축물을 관람하기 위해 방문했고, 덕분에 침체를 겪던 지역경제가 극적으로 살아나기 시작했다. 만약 프랭크 게리라는 걸출한 메이커가 없었다면, 빌바오시의 이런 변화는 아마도 불가능했을 것이다. 그러므로 진정한 메이커는 기존의 질서와 양식에 순응하지 않고, 비판적으로 사고하며, 형식적 틀에 얽매이지 않고 능동적, 자율적, 자기주도적인 활동을 벌이는 이들이다. 그들은 기술자라기보다 창조적 설계자이면서 발명가이고 혁신가에 가까웠다.

프랭크 게리(왼쪽) | 빌바오 구겐하임 미술관 스케치와 실제 외관(오른쪽)

　한편 이런 맥락에서 교사의 역할도 이해해볼 수 있다. 주어진 형식과 내용에 따라 있는 그대로 전달하는데 온 힘을 기울이는 기술자인지, 비판적 관점에서 해석하고 통합적이고 창의적인 수업을 설계하여 교육의 혁신을 도모하는 메이커인지 스스로를 조금만 성찰해본다면 알 수 있다. 더욱이 학습자로 하여금 이미 정해진 틀에 맞게 수동적인 방법으로, 무비판적으로 지식을 기억하고 이해하도록 강요하고 있는지 따져본다면, 교사 자신이 메이커를 길러낼 교육을 실천하고 있는지 여부를 확인할 수 있다. 앞서 13장에 쉐논과 위버의 커뮤니케이션 모형을 들어 수신기로서 기계적인 학습을 하는 학습자 뒤에 송신기로서 기계적인 역할을 수행하는 교사가 있음을 강조한 바와 같이 메이커가 아닌 교사가 메이커로 성장할 인재를 길러낸다는 것 자체가 불가능하다. 이런 이유로 교사가 기존의 지식전달 기술자에서 벗어나 창의적인 학습설계자로 거듭나는 것이 중요하다. 세상에 없는 창조적인 수업을 만드는 메이커로서 교육의 혁신, 교실의 '변혁(transformation)'적 확장을 이끌어낼 주체로서 교사가 그 중심에 서야 한다.

『MAKE:』를 창간하고 메이커페어를 시작한 데일 도허티(Dale Dougherty)는 메이커운동과 메이커교육을 주도한 인물입니다. 이 책은 기본적으로 어떻게 개인이 메이킹을 통해 배우고 성장하며 일하는 능력을 키우고 나아가 사회발전에 영향을 미쳤는지 탐색합니다. 아울러 메이킹을 통해 우리가 어떻게 수동적인 소비문화에서 벗어나 삶의 주도권을 되찾을 수 있는지 설명하고 있습니다.

또한 그녀는 인터넷 발전과 디자인과 생산 기술의 대중화로 메이킹이 어떻게 성장하고 있는지 기술하면서 우리가 메이커로 거듭나야 하는 이유를 제시하고 있습니다. 'Free to Make'라는 원제목이 내포하는 의미처럼 어느 곳에서든 자신이 원하는 것을 자유롭게 만드는 공간이 필요합니다. 값비싼 장비가 구비된 특별한 공간이 아니더라도 메어커마인드를 기를 수 있습니다. 메이커로 거듭나기 위해 무엇이 필요한지 「우리는 모두 메이커다」를 통해 배우길 바랍니다.

project

메이킹활동, 디자인 싱킹과 소프트웨어 코딩이 핵심!

지금까지 독창적인 아이디어를 가지고 있더라도 그것을 실제세계에 곧바로 구현해내기란 쉽지 않았다. 제품의 질을 높이기 위해선 해당 분야의 숙련된 기술자가 필요했고, 그것에 특화된 기계(장비)들이 있어야 했다. 물론 이들 기계들은 일반인이 다룰 수 있는 차원이 아니었다. 오랜 시간 체계적으로 교육을 받아야 했고, 이를 인증할 자격증을 발급받아야만 했다. 머릿속에 좋은 아이디어가 있더라도 그것을 실현하는데 현실적인 제약이 따를 수밖에 없었던 것이다. 그러나 4차 산업혁명이라 불리는 기술의 획기적인 진보가 이러한 제약들을 하나둘씩 거둬내기 시작했다. 특히 머릿속에 그려낸 설계대로 출력이 가능한 3D프린터나 인간보다 더 정교한 로봇 기술의 발전이 메이커로서 개개인이 살아갈 환경적 토대를 제공해주고 있다.

메이커에 대한 인식의 변화는 이러한 기술의 발전과 밀접한 관련이 있으며, '메이커 운동(Maker Movement)'의 확산으로 이어지고 있다. 현재 메이커 운동은 전문적인 제작도구의 활용이 용이해지고 오픈소스 기반의 하드웨어보급이 활발해지는 속도에 비례해 전 세계적으로 빠르게 확대되고 있는 중이다(강인애, 윤혜진, 2017). 과거

숙련된 소수의 사람만이 독점했던 기술들이 새롭게 출시된 영리한 도구들로 인해 민주화되면서 누구나 메이커가 될 수 있는 환경이 조성되고 있는 것이다. 게다가 SNS, 블로그, 유튜브 등의 각종 온라인 커뮤니티와 1인 미디어를 통해 새로운 정보와 지식, 아이디어, 기술, 노하우 등이 거의 실시간으로 퍼져나가다 보니 언제 어디서나 누구와도 관심분야에 따라 상호교류와 협력이 충분히 가능하다. 개방적인 온·오프라인 커뮤니티에서 자발적으로 형성된 집단이해, 집단지성 등이 참여자 개개인의 발전과 메이커로서의 성장을 촉진하는 자양분으로 작용하고 있는 셈이다.

그래서 메이커 운동은 특정 마니아들의 취미활동이 아닌, '공유', '참여', '협력'을 바탕으로 차별 없이 누구에게든 열려 있는 디지털버전의 '메이킹(making)' 공동체를 지향한다고 볼 수 있다. 메이커의 자유로운 제작(창작) 활동은 각종 재료, 디지털 첨단장비, 소프트웨어, 지식·정보 등이 공유되는 공간인 '메이커 스페이스(maker space)'를 통해 극대화될 수 있다(Dougherty, 2013). 여기에서 메이커 스페이스는 사람과 사람 간의 공유와 참여가 일어나는 실천적인 커뮤니티지만, 본질적으로 인간과 기계의 분업과 협력을 기반으로 하고 있다. 창의적인 아이디어를 바탕으로 디자인하는 것은 인간이 맡고, 정해 놓은 일의 순서에 따라 그대로 제작하는 역할은 기계에게 맡겨지기 때문이다. 그러므로 메이커의 핵심역할을 설명할 때, '나는 생각한다 그러므로 존재한다(Cogito, ergo sum)'라고 말한 철학자 데카르트(Descartes)의 표현을 인용해도 그리 어색하지 않다.

이런 이유로 메이킹활동의 대부분은 '창의적 사고(creative thinking)', '비판적 사고(critical thinking)' 등의 고차원적인 사고과정으로 채워지기 마련이다. 메이커의 역량은 기계로 대체될 정교한 제작 기술이 아닌, 어떤 문제를 창의적으로 해결하는데 목적을 둔 다양한 생각의 힘에 의해 길러진다. 그리고 머릿속에 그려낸 실험적인 결과물들은 그것에 적합한 소프트웨어와 만나 실제 구현될 수 있는 형태로 다듬어진다. 메이킹활동의 중심에 각종 소프트웨어의 도구적 활용이 필수일 수밖에 없는 이유다. 이는 네덜란드의 스타트업인 MX3D(mx3d.com)의 사례를 통해서도 확인할 수 있다. 이 기업은 2015년, 3D프린터를 이용해 암스테르담 운하를 가로지르는 다리를 건설하겠다는 야심찬 계획을 발표했지만, 그 과정은 녹록치 않았다. 예상치 못한 문제들의 대부분은 다리를 건설해줄 3D프린터가 아닌, 다리를 디자인하는 과정에서 발생했다. 400년 역사의 운하에 어우러질 창의적인 디자인과 안전, 하중 등의 복합적인 요소를 반영해야하다 보니 최종 설계안이 나오는데 오랜 시간이 걸렸다. MX3D의 실험적인 도전은 2017년 3월 공장 내부에 재현해 놓은 부두에서 3D프린터가 건설을 시작하며 눈에 보이는 결실로 이어지게 된다. 드디어 이듬해 길이 12.5m, 폭 6.3m 크기의 수려한 곡선이 돋보이는 유기적인 형태의 아름다운 다리가 디자인한 그대로 오차 없이 출력되었다. 컴퓨터로 그린 그림을 컬러프린터로 출력하듯, MX3D의 다리는 디자이너와 소프트웨어 엔지니어들의 협업을 통해 정밀하게 그려졌고, 3D프린터에 의해 최종 출력되었던 것이다.

이런 측면에서 볼 때, 메이커 활동의 핵심은 '디자인씽킹(design thinking)*'과 '소프트웨어 코딩(software coding)'에 있다고 볼 수 있다. 디자인 씽킹은 그 용어 자체에 드러나 있듯이 전문적인 디자이너들이 어떤 문제를 해결하기 위해 무엇인가를 디자인하며 사고하는 방식을 의미한다. 그들은 문제 자체보다는 최종 소비자가 경험하게 될 최종결과물에 초점을 두며, 기술적으로 구현할 수 있는지, 이윤을 남길 수

---

* 디자인 씽킹은 독일 SAP의 '하소 플래트너(Hasso Plattner)' 의장이 만들고, '스탠퍼드 대학의 D스쿨(Institute of Design at Stanford: D. School)'이 이를 도입하여 교육프로그램으로 제공하면서 주목받기 시작했다.

있는지, 소비자를 만족시킬 만한 것인지 여부 등을 꼼꼼하게 따져 해결책을 도출한다. 이 과정에서 비판적 시각과 창의적 사고뿐만 아니라 대중과 깊이 공감할 수 있는 감수성과 비즈니스적인 전략적 사고 등이 발휘된다. 일반적으로 디자인씽킹은 인간의 필요에 공감하거나 잠재적 욕구를 자극할 시제품(prototype) 제작까지 포함되는데, 철저히 사람 중심의 관점에서 문제를 분석하고 모든 것을 종합적으로 고려해 창의적으로 해결한다는 점에서 '메이킹활동'이 지향하는 바와 일치한다.

_사진출처: MX3D 홈페이지

코딩 경험이 거의 없는 학생들에게 적합한 프로그램이 '스크래치(scratch)'입니다. 무료로 배포되고, 사용법도 어렵지 않아서 전 세계 학생들에게 사랑받는 프로그램이기도 합니다. 특히 코딩을 통해 손쉽게 게임을 만들 수 있어서 게임제작을 목적으로 한 프로젝트학습도 얼마든지 시도해볼 수 있습니다.

홈페이지(scratch.mit.edu)에 가면 상당히 많은 양의 스크래치 작품들이 공유되고 있습니다. 공개소스를 변형하여 자신이 원하는 프로그램을 만드는 것도 가능하니 SW 교육시간에 활용해 보도록 하세요.

『20 코딩 게임 WITH 스크래치』은 퍼즐 게임, 미로 게임, 드라이빙과 벽돌깨기 등의 다양한 게임을 직접 코딩할 수 있도록 구성되어 있습니다. 이 책은 게임을 직접 디자인하고 코딩하여 만드는 법을 담고 있어서 코딩 경험이 거의 없는 아이들도 차근차근 따라할 수 있습니다. 굳이 이 책이 아니더라도 스크래치 관련 책이 상당히 많이 출판되어 있습니다.

스크래치를 배우는 좋은 길라잡이가 되어줄 책을 찾아 활용해 보세요.

더불어 메이킹활동은 소프트웨어 활용과 컴퓨터 프로그래밍(코딩) 능력을 기본적으로 요구한다. 4차 산업혁명 시대의 인공지능, 3D프린터 등의 모든 기술들, 제조업의 거의 전 분야가 소프트웨어(이후 SW)에 의해 구동되는 만큼, SW 활용능력은 미래 생존을 위한 필수적인 역량인 셈이다. 그런 의미에서 디자인씽킹을 통해 도출한 해결책(설계안)을 컴퓨터가 이해할 수 있는 언어(파이썬, C언어, 자바 등)와 알고리즘(algorithm)**에 맞게 바꾸는 과정은 메이킹활동에서 빼놓을 수 없는 과정이다. SW라는 디지털 도구를 잘 다룰 수 있어야 메이커가 설계한 어떤 것이든 현실세계에 등장시킬 수 있다. 이쯤하면 우리나라를 포함해 전 세계적으로 불고 있는 코딩교육의 열풍에 대해 수긍되는 면도 있을 것이다. 물론 창의적이고 비판적인 사고력 등이 메이커로서의 역량을 결정하는 것이지만 디지털 도구의 활용능력에 따라 결과의 질이 달라진다는 점에서 절대 소홀히 할 수 없는 부분이다. 그런 의미에서 교사는 학생들이 메이커로서 자신의 흥미와 관심에 따라 실험적인 시도들을 맘껏 펼쳐나가도록 SW 코딩교육에도 관심을 기울일 필요가 있다.

메이커교육 설계원칙 5On's

앞서 소개된 메이킹활동의 특성에 대해 조금이라도 이해를 했다면, 특정 교과지식의 이해나 기억을 위한 목적과는 무관하다는 것쯤은 알 수 있을 것이다. 메이커교육은 기본적으로 교과 경계에 구애받지 않고, 분야와 영역을 자유롭게 넘나들며, 창의적인 해법에 따라 자신이 생각하는 바를 직접 만들어낼 수 있는 환경이 요구된다. 오로지 '자기주도적(self-directed)'인 학습환경에서만 메이킹활동의 본래 의미와 가치가 지켜질 수 있다는 의미다. 이는 최첨단 디지털 장비를 갖춘 '메이커스페이스(maker space)'를 학교 안에 전격 도입했다고 해서 절로 구현되는 것은 아니다. 비록 디지털 도구와 장비가 턱없이 빈약한 일반교실일지라도 그곳에서 메이커교육에

** 어떤 문제를 해결하기 위한 절차, 방법, 명령어들의 집합, 알고리즘은 논리 요소(logic component)로서 문제를 해결하기 위해 사용되는 지식과 통제 요소(control component)로서 지식을 사용하기 위한 절차, 방법 등의 전략으로 구성된다(Kowalski, 1979). '알고리즘=논리+통제'

담긴 패러다임이 실천되고 있다면, 그 자체만으로도 훌륭한 메이커스페이스가 될 수 있다. 결국 중요한 것은 하드웨어가 아니라 소프트웨어에 있음을 잊지 말자.

이런 맥락에서 디지인씽킹과 메이커교육관련 다수의 문헌에서 구성주의를 이론적 토대로 삼고 있는 프로젝트학습이 단골로 등장하고 있다는 사실이 결코 우연은 아니다(강인애, 2017; Matinez, Stager, 2014). 이 책의 첫 장부터 읽은 독자라면 프로젝트학습이 스스로 필요한 지식과 기술을 습득하고, 때론 공유하고 협력해가며 주어진 상황에 부합하는 해결안(새로운 지식)을 생산하는 그야말로 프로슈머(prosumer)*** 로서의 역할을 강조한다는 점을 잘 알고 있을 것이다. 이는 PBL 모형이 지식의 폭발적인 증가와 그에 따른 지식의 생애주기 단축으로 인해 전통적인 지식관이 급격히 퇴조하던 시대와 관련이 깊어서이기도 하다. 이른바 지식정보화 시대는 어떤 고정된, 불변의 지식습득보다 학습자 스스로 지식구성의 주체가 되어 틀에 박히지 않은 창의적인 아이디어로 타당하고 유용한 지식의 생산여부가 중요했다(강인애, 1997).

이렇듯 프로젝트학습에 담긴 고유의 지식관은 메이커교육에서도 그대로 이어진다. 다만 그동안의 프로젝트학습이 문제해결안, 즉 '지식의 생산'이라는 무형의 결과물에 초점을 두고 있었던 반면, 메이커교육은 여기에 더해 '실제적 구성물(유형의 결과물)' 제작에 중점을 두고 있다는 점에서 차이를 갖는다. 사실 이러한 차이는 이들의 탄생에 기여한 시대와 무관치 않다. 일반적인 유형의 프로젝트학습이 3차 산업혁명으로 분류되던 지식·정보화 물결 속에서 등장했다면, 메이커교육은 4차 산업혁명기술의 확산과 맞물려 주목받게 되었으니 말이다. 이처럼 서로의 강조점이 다른 이유는 산업의 변화흐름과 관련이 깊지만 그렇다고 이들이 품고 있는 철학마저 다르다고 보면 곤란하다. 4차 산업혁명으로 꼽히는 기술들이 지식정보화시대의 토양 위에 발전하고 진화된 결과임을 안다면 프로젝트학습과 메이커교육을 분리하기보다 하나의 연속선상에 놓고 보는 것이 타당하다(강인애, 2017; 강인애, 김홍순, 2017).

*** 생산자(producer)와 소비자(consumer)를 합성한 말

65 메이커스페이스, 무한상상실 아트팹랩

국립현대미술관(mmca.go.kr) 서울관 내에 마련된 무한상상실 아트팹랩은 한국과학창의 재단과의 협업을 통해 2015년 문을 연 '미술관 속 예술창작 공간'입니다. '아트팹랩'이란 '예술(Art)', '제작(Fabrication)', '실험실 (Laboratory)'의 합성어로 '예술을 제작하는 실험실'이라는 뜻을 지니고 있습니다. 아트팹랩의 가장 큰 장점은 3D프린터와 3D스캐너, 레이저커터 등 고가의 디지털 제작기기를 직접 활용해 볼 수 있다는 것입니다. 월요일에서 토요일까지 교육프로그램이 운영되지 않는다면 장비예약을 하고 무료로 이용할 수 있습니다. 더불어 국립현대미술관에서는 정기적으로 많은 사람들이 아트팹랩을 활용할 수 있도록 다양한 교육·문화프로그램을 운영하고 있습니다.

주요 프로그램으로는 팹랩 투어, 팹랩 셀프워크숍, 팹랩 오픈토크, 주제별 창작 팹랩 아트워크숍 등이 있으니 참고하세요. 국립현대미술관이 운영하는 아트팹랩 외에도 지역거점마다 무료로 이용 가능한 메이커스페이스인 무한상상실이 있습니다. 홈페이지(ideaall. net)를 참고하여 지역무한상상실의 위치와 운영현황 등을 파악해 보세요.

그런 의미에서 프로젝트학습이 품고 있던 지식에 대한 관점, 교육패러다임은 4차 산업혁명 시대의 메이커교육에 와서도 여전히 유효하다. 이제 우리는 머릿속의 아이디어나 지식에 머물지 않고, 곧바로 보고 만질 수 있는 지식의 생산시대로 전환되었다는 점에 주목해야 한다. 무형의 아이디어가 유형의 결과물로 손쉽게 만들어지다 보니, 머릿속을 들여다보기 위해 애쓰지 않더라도 실제 구성물의 형성과정을 통해 지식구성의 과정을 알 수 있다. 이는 메이커교육이 피아제(piaget)와 비고츠키(vygotsky)보다 페퍼트(Papert)가 주장하는 구성주의(Constructionism)****로 설명되는 것과 맥을 같이 한다(Papert, Harel, 1991). 페퍼트는 개별적(사회적으로 검증된)인 지식구성을 강조하는 기존의 구성주의(Constructivism)와 의미는 동일하지만, 학습자의 삶 속에서 공동체와 공유할 수 있는 무엇인가를 만들 때 더 깊은 학습이 이루어진다고 보았다. 학습자가 직접 만든 결과물을 두고 다양한 해석과 상호작용이 이루어질 때 새롭게 구성된 인지구조가 더 견고해진다는 것이다. 그래서 페퍼트는 개인의 생각, 지식, 이해, 활용 등 구체적 사고과정이 담긴 가시적인 결과물의 중요성을 강조한다(Ackermann, 1996). 이는 그의 스승인 피아제(Piaget)가 '머릿속에(in the head)'서 벌어지는 인지적 변화과정을 '세상 속에(in the world)' 드러내고자 했던 지점과 맞닿아 있기도 하다(Papert, Harel, 1991).

페퍼트의 구성주의 이론이 반영된 설계원칙에 따라 메이커교육의 특성을 비교해 보면 둘의 관계를 보다 명확하게 파악할 수 있다. 기존의 프로젝트학습이 '3On's(Minds-on, Hands-on, Hearts-on)'에 의거해 학습원칙이 설명되곤 하는데(설연경, 이재경, 이성아, 2016), 메이커교육은 여기에 두 가지 영역을 더해 '5On's(+Social-on, Acts-on)'로 구분하여 제시하고 있는 것이 특징이다(윤혜진, 2018).

**** 페퍼트는 인지적 변화에 초점을 둔 'Constructivism'의 철학을 계승하면서 지식구성의 구체적인 결과물을 강조하기 위해 'Constructionism'이라는 용어를 사용한다. 이들을 번역하면 '구성주의'로 동일하다.

구성주의(constructionism)적 설계 원칙과 메이커교육과의 공통점

영역구분	페퍼트의 구성주의에 따른 중요 설계 원칙	메이커교육의 특성
Minds-on (인지적)	·개인의 맥락적 상황에 따른 문제해결안 탐구 ·다양한 해결방안 연구 ·성찰적 태도 ·다양한 관점에서 바라보기	·다학문적인 탐구 활동 ·문제 해결을 위한 창의적 사고활동 ·자기주도적인 활동 ·성찰적 사고
Hands-on (체험적)	·가시적인 결과물 ·구체화, 실체화의 강조 ·도구 사용	·다양한 도구와 재료 활용 ·결과물 제작
Hearts-on (감성적)	·몰입 ·도전하는 재미(Hard-fun)	·재미, 흥미, 관심 기반 ·실패를 극복하는 긍정적인 자세 ·자신감, 만족감, 성취감의 고취
Social-on (사회적)	·지식의 공유 ·피드백을 통한 학습의 가능성	·학습리소스의 역할 ·공유, 개방, 나눔 활동 ·협력적 활동
Acts-on (실천적)	·실생활과 연계	·실제 삶과 연계된 프로젝트 수행

_출처: 윤혜진(2018). 디자인 사고 기반 메이커교육 모형 개발. 박사학위논문, 경희대학교 [p41]

메이커교육모형, TMSI

그렇다면 메이커교육을 어떻게 실천하면 좋을까. 다양한 디지털 도구와 장비들이 구비된 메이커스페이스가 있어야만 메이커교육을 시도할 수 있는 것일까. 아마도 앞선 글을 통해 진정한 '메이커(Maker)'가 무엇인지 공감하고 있는 교사라면 메이커교육을 위한 전용공간이 없더라도 실천이 가능한 활동임을 이해하고 있을 것이다. 만약 어떤 수업을 통해 학생들이 자신의 실제 삶과 연계된 문제를 만나 도전적이고 실험적인 시도를 맘껏 벌이고 있다면, 완전하지 않더라도 이미 그곳은 메이커교육이 실천되고 있는 현장인 셈이다. 사실 메이커교육은 어떤 가시적인 결과물을 만들어내는 과정 이상으로 '메이커 정신(Maker mindset)'의 함양에 중점을 둔다(강인애, 김홍순, 2017; 강인애, 김양수, 윤혜진, 2017). 메이커 스스로 메이킹활동의 주체임을 자각하는 것은 학습자가 의미구성과 지식생산의 주체이며 학습의 주인임을 인식하는 것과 본질상 다르지 않다. 메이커교육은 표면상 강조하는 부분만 다를 뿐 프로젝트학습이 지향하는 바와 일치하는 것이다. 그런 의미에서 메이커교육은 4차 산업혁명 시대에 맞게 확장된 프로젝트학습이라 볼 수 있다.

필자의 경우 메이커교육이 지향하는 바를 담고자 '자기주도학습(Self-Directed Learning)'의 '셀프(Self)'를 가져와 프로젝트학습에 더한 이름, 「셀프프로젝트학습(2018)」을 개발한 바 있다. 셀프프로젝트학습의 근본취지는 주제선정, 문제의 출발점, 퀘스트별 문제상황 등 시작부터 마지막 과정까지 학습자에게 전적인 권한을 부여하도록 디자인되어 있다. 학생들이 자신의 흥미와 호기심에 따라 주제를 선정하고, 주제에 어울리는 상황을 적절한 방식으로 표현해가며 스스로에게 부여한 문제를 해결해 나가도록 일종의 학습프레임을 제공해주고 있는 것이 특징이다.

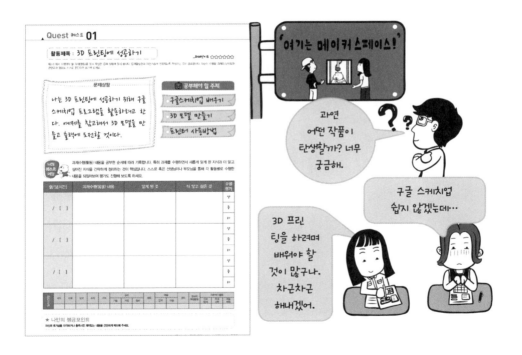

셀프프로젝트학습은 메이커교육에 필요한 형식적인 틀을 제공해줄 수 있다. 구체적인 지식생산과 창작활동에 초점을 두고 진행하는 것도 얼마든지 가능하다. 원하는 사물을 즉석해서 만들어낼 수 있는 3D프린터, 레이저 절단기, 고성능 디지털기기 등을 갖춘 메이커스페이스와 셀프프로젝트학습 활동지가 시너지를 낼 수도 있다. 다만 사전에 셀프프로젝트학습의 흐름에 따라 메이킹활동 과정과 결과를 기록하도록 학생들에게 안내해 주는 것이 필요하다.

군이 '셀프프로젝트학습'이라는 이름의 필자가 제안한 형식이 아니더라도 자신의 흥미와 호기심을 쫓아 상상의 나래를 펼쳐나가도록 돕는 단계화된 접근방식은 반드시 필요하다. 더욱이 학교현장으로 메이커교육을 가져오려면 체계적인 교수학습모형은 필수적이다. 여러 교육기관에서 메이커교육의 특성을 반영한 다양한 교수학습모형을 개발하여 제시하고 있는데, TMI와 uTEC 모형이 대표적이다 (Martinez, Stager, 2013; Loertscher, Leslie, Bill, 2013).

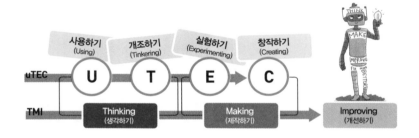

우스갯소리지만 'TMI'를 '너무 과한 정보(To Much Information)'를 뜻하는 신조어와 헷갈리면 곤란하다. TMI 모형은 메이커교육의 일반적인 학습단계, 즉 'Thinking-Making-Improving'을 뜻하니 말이다. 그리고 메이커교육을 위해 고안된 모형들은 사용된 용어가 다를 뿐 내용상 비슷비슷하다. uTEC과 TMI를 보더라도 그렇다. 그림과 같이 uTEC의 사용하기(Using)와 개조하기(tinkering)가 TMI의 생각하기(Thinking) 단계와 별반 다르지 않으며, 실험하기(Experimenting)와 창작하기(Creating)는 제작하기(Making) 범주에 넣어 해석할 수 있다. 다만 TMI에서 개선하기(Improving) 단계를 두어 학습의 순환성과 지속성을 강조한 것은 uTEC과 구분되는 차별점이라 할 수 있다 (강인애, 김홍순, 2017). 한 걸음 더 나아가 강인애 교수팀은 메이커교육의 공유와 개방 정신을 반영하여 '공유하기(Sharing)' 단계를 추가한 TMSI 모형을 제시하고 있다(강인애, 황중원, 김홍순, 2016).

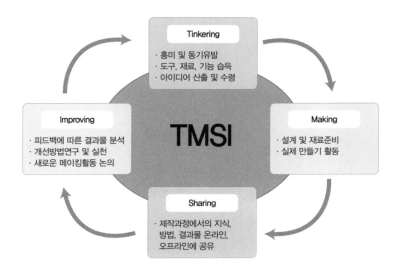

특히 필자는 메이킹활동의 출발점에 해당하는 TMSI의 첫 단계인 '팅커링 (Tinkering)'에 주목한다. 여기서 팅커링을 '개조하기' 또는 '땜질하기'라는 말로 번역 하곤 하는데, 그 뜻 안에만 가두어 해석하기엔 여러모로 한계가 있어 보인다. 학습 자의 창작욕구를 자극해 메이킹활동에 대한 흥미와 동기를 불어넣는 첫 단추라서 더욱 그런지 모르겠다. PBL의 성패가 그 출발점인 '문제(Problem)'에 달려있듯이 팅커 링은 메이커교육의 출발점을 형성해주는 매우 중요한 단계임에는 틀림없다.

물론 교사가 학습자의 흥미를 '도발(provocation)'할 무언가(문제)를 준비해 메이커 교육을 시작하는 방법도 있다. 그러나 그것보다는 학생들이 작은 변화라도 주고 싶은 대상을 스스로 발견할 때까지 가급적 많은 시간을 보장해주는 것이 바람직 하다. 이때 브레인스토밍마냥 특별한 목적 없이 다양한 재료와 부품 등을 이리저 리 재조합하고 자유롭게 만져보며 이것저것 시도해보도록 내버려두는 방식도 고 려해볼 만하다. SW를 비롯해 다양한 도구들을 놀이하듯 다루다보면, 어느새 메이킹활동에 필요한 도구 사용법을 자연스럽게 익힐 수 있다. 그 과정에서 학생들은 이런저런 실험적인 시도들을 벌일 것이고, 예기치 못한 시행착오도 겪게 될 것이다. 사실 자율적이고 즉흥적인 활동들 속에는 학습자가 나만의 문제로 삼고 싶을 만한 이슈들이 담겨있다. 팅커링 단계에서 필연적으로 겪게 될 시행착오를 진짜실패로 규정하지만 않는다면, 그런 이슈들은 메이킹활동의 목적으로 자리 잡기 마련이다.

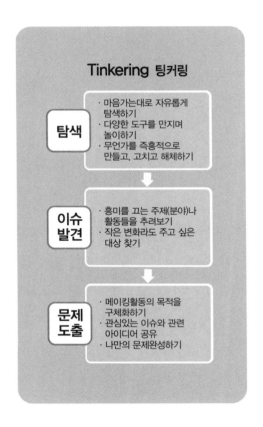

이쯤하면 메이킹활동이 내용적으로 답습이나 모방으로 그칠지, 창조적이고 자기목적적인 활동으로 채워질지, 그 향방은 전적으로 팅커링 활동에 따라 결정된다고 보아도 무방하다. 최종적으로 학생들이 흥미로운 이슈(주제)를 발견하고, 몹시 해결하고 싶은 실제문제를 도출해냈다면 팅커링 활동의 소기목적은 달성된 셈이다.

'팅커(tinker)'로서의 경험이 진정한 메이커로 성장하는데 중요한 밑거름으로 작용되는 만큼, 다소 빈약해 보이는 활동일지라도 절대 가벼이 여겨선 곤란하다. 겉으로 드러난 모습을 떠나 팅커링 활동을 통해 학습자의 자기목적이 분명하게 형성됐다면, 메이커교육의 첫 단추는 제법 잘 꿰어진 것이라 볼 수 있다. 여하튼 팅커링 단계에서 활동의 성격에 따라 구분 짓는다면 그림과 같이 '탐색-이슈발견-문제도출'순으로 일반화할 수 있다.

참가자의 자율성이 극대화된 팅커링 활동과 달리, '메이킹(Making)' 단계는 가시적인 목적달성과 문제해결을 위한 나름 질서 있는 접근이 이루어진다. 우선 학습자 스스로 활동의 효율성을 높이기 위해 계획을 세우거나, 독창적인 아이디어와 방법을 고안하고, 타당성 있는 설계안을 그려내는데 중점을 둔다. 겉으로 드러난 모습은 창의적, 비판적 사고를 기반으로 진행되는 '디자인씽킹(design thinking)'의 절차와 다를 바가 없다. 메이커교육이 기본적으로 구성원 간의 참여와 협력을 기반으로 진행되지만, 반드시 팀 단위의 메이킹이 이루어져야만 하는 것은 아니다. 혼자든 둘이든 셋이든 자신의 흥미와 호기심에 부합하는 목적을 가지고 메이킹활동을 벌이면 그만이다. 다만 성공적인 메이킹활동을 위해서는 문제해결에 필요한 지식, 정보, 사례, 기술, 도구, 방법 등이 무엇인지 살펴보고 관련성이 높은 순으로 학습하는 것이 필요하다. 자신의 수준을 고려해 메이킹활동의 목적을 분명히 하고, 이를 효과적으로 달성케 해줄 수행계획을 세워 체계적인 접근이 이루어지도록 하는 것은 물론이다, 따지고 보면, 계획에 따라 과제를 수행하고 자신의 아이디어를 구체화하여 곧바로 제작이 가능한 형태의 설계도(문제해결안)를 완성해가는 과정은 프로젝트학습의 일반적인 흐름과 다를 바가 없다. 따라서 메이킹 단계를 프로젝트학습의 과제수행절차를 기준으로 나타낸다면 그림과 같이 '계획-설계-제작'순으로 표현할 수 있을 것이다.

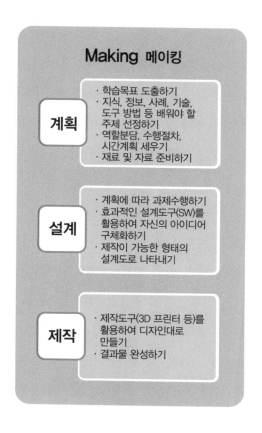

Making 메이킹

계획
· 학습목표 도출하기
· 지식, 정보, 사례, 기술, 도구 방법 등 배워야 할 주제 선정하기
· 역할분담, 수행절차, 시간계획 세우기
· 재료 및 자료 준비하기

설계
· 계획에 따라 과제수행하기
· 효과적인 설계도구(SW)를 활용하여 자신의 아이디어 구체화하기
· 제작이 가능한 형태의 설계도로 나타내기

제작
· 제작도구(3D 프린터 등)를 활용하여 디자인대로 만들기
· 결과물 완성하기

프로젝트학습의 마무리가 문제해결안을 상호발표하고 공유하는 시간으로 채워지는 것처럼 메이커교육에서도 팅거링과 메이킹 단계를 거치며 완성된 결과물을 서로 검증해보고 관련 지식과 방법, 노하우 등을 공유하는 시간을 갖게 된다. '쉐어링(sharing)' 단계는 학습자가 문제로 삼은 상황과 맥락을 함께 짚어보고, 그것이 적합한 해결안인지 여부를 타당성, 유용성(실용성), 독창성(창의성) 등을 기준으로 꼼꼼하게 따져보는 과정을 거친다. 이 과정에서 소프트웨어를 비롯해 제작에 활용된 도구가 무엇인지, 어떤 지식과 기술이 사용됐는지 등 각자의 메이킹활동 노하우가 고스란히 담기게 된다. 다양한 시각에서 나오는 피드백은 당연히 자신이 만든 결과물을 객관화시키고, 개선점을 명확하게 드러낸다. 메이커교육의 개방과 공유의 정신이 담긴 쉐어링 단계는 프로젝트학습의 일반적인 과정처럼 '발표-평가'로 나타낼 수 있다.

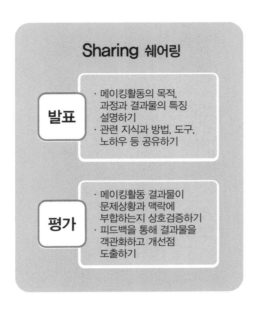

TMSI 모형은 앞서 표현한 그림처럼 '학습싸이클(learning cycle)'로 표현되는 순환적 특성을 가진다. 그리고 그 연결고리는 '임프루빙(improving)' 단계가 맡고 있다. 학교수업에 적용되는 일반적인 PBL 과정에선 이 단계가 그리 중요한 비중을 차지하진 않는다. 평가의 연장선에서 활동이 이루어거나, 성찰저널작성 등의 자기평가과정을 통해 개선방안을 모색하는 정도다. 그러나 메이커교육에서는 지속적인 메이킹활동을 위해서라도 임프루빙 단계가 중요하다. 이 단계는 결과물에 대한 피드백을 분석하고, 개선점을 도출하는데 그치지 않는다. 적극적으로 해결방안을 모색하고 이를 반영하여 결과물을 수정·보완하는 데까지 이른다. 때론 메이킹 단계 못지않은 활동이 전개될 수도 있다. 그리고 다양한 해결책을 모색하는 가운데 자연스레 새로운 메이킹활동에 대한 관심으로 이어지게 된다. 메이커교육의 마지막 단계이면서 새로운 출발점의 씨앗이 되는 임프루빙 단계는 '평가분석-수정보완-새로운 이슈발견'순으로 정리할 수 있을 것이다.

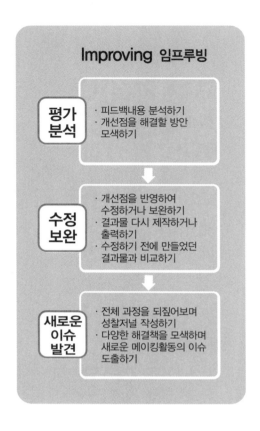

이와 같이 TMSI 모형은 메이커교육의 가치와 의미를 담아내는데 필요한 절차, 내용, 형식 등이 효과적으로 제시되어 있다. 다만 이러한 절차가 절대적인 것은 아니다. 모든 프로젝트학습이 그러하듯 중요한 것은 철학이고 관점이다. 얼마든지 본래의 정신이 훼손되지 않는 범위 안에서 다양한 변주곡이 가능한 이유다. 지금의 교육현실로선 메이커교육을 실천하는데 여러 가지 난관들이 있을 수밖에 없지만, 'Yes, we can!' 그럼에도 불구하고 교사인 우리는 충분히 해낼 수 있다. 아무쪼록 방방곡곡 모든 학교에서 학생들이 메이커교육을 통해 자신의 흥미와 호기심을 쫓아 상상의 나래를 펼치고, 창의적인 아이디어가 듬뿍 담긴 결과물을 자유롭게 만들고 공유하면서 새로운 시대에 필요한 역량을 길러나가길 기대해본다.

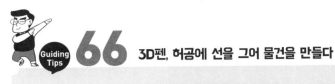

66 3D펜, 허공에 선을 그어 물건을 만들다

Guiding Tips

소프트웨어를 활용하거나 코딩작업이 없더라도 직접 입체적인 결과물을 만들 수 있는 도구가 있습니다. 이름하여 3D펜인데요. 그림을 그리듯 허공에 선을 그어 물건을 만들 수 있도록 고안된 도구입니다. 처음 상용화된 제품에는 워블웍스(wobbleworks)에서 2013년 2월에 출시한 '쓰리두들러(3doodler)'가 있습니다. 지금은 일반펜처럼 정교한 표현이 가능한 '릭스(Lix)'를 비롯해 플라스틱을 사용하지 않는 '크로오팝(CreoPop)' 등 우수한 성능의 3D펜 제품들이 판매되고 있습니다.

창작의 자유도가 높은 3D펜의 매력 덕분에 최근에는 예술가들의 관심을 받고 있으며, 관련 작품의 전시회와 판매가 이루어지고 있기도 합니다. 3D펜을 미술활동이나 메이커 교육의 도구로 활용해 보세요.

project

나의 지혜나무 03

'PART3. 프로젝트학습은 진화하고 있다'에서 배운 내용 가운데 핵심용어 중심으로 지혜나무를 완성해주세요. 관련성이 높은 용어들을 한 가지에 묶어주는 것이 중요합니다. 주어진 공간 외에도 탐스런 열매가 가득 차도록 자유롭게 꾸며주시면 됩니다.

기억 속에 오랫동안 간직하고 싶은 지식(이론)은 무엇인가요? 여러 지식 가운데 엄선하여
보물상자에 소중하게 담아주세요.

memo

The
Big Idea!

'**PART3. 프로젝트학습은 진화하고 있다**' 편을 읽으면서 배우고 느낀 점은 무엇입니까? 머릿속에 떠오르는 생각의 흐름대로 꺼내어 마인드맵처럼 표현해 봅시다. 무엇보다 자신만의 영감과 통찰을 통해 빚어낸 빅아이디어(창의적인 생각)가 무엇인지 꼭 정리해 봅시다!

Big Idea! Creative Thinking!

나의 지식사전

절대 놓치고 싶지 않은 중요한 지식이 있다면 '나의 지식사전'에 남기도록 합니다. 특히 해당 지식과 관련하여 배우고 싶은 주제를 함께 기록해 보도록 합니다.

핵심용어	중심내용	배우고 싶은 주제

기능적 합리주의에서 벗어나야
비로소 프로젝트학습이 보인다

산업혁명과 함께 시작된 근대교육은 기본적으로 '기능적 합리주의(functional rationality)' 시각에 입각해 체계화되었다. 기능적 합리성은 특정 목표 달성을 위해 요소별 적절한 기능적 위치나 역할을 부여하여 조직화하는데 초점을 둔다. 이는 교육과정의 목표를 달성하기 위해 이론과 실천영역을 구분 짓고, 교과서 구성은 내용전문가가 맡고, 교실수업은 학생 통제와 지식전달이 능한 교사가 맡는 것이 합리성을 갖는다는 전제와 연결된다. 판서, 동선, 시선, 화법, 지식전달의 정확성과 효율성, 시간안배 등 기술적 측면에 초점을 두고, 교사의 수업능력을 따져왔던 것도 기능적으로 부여된 역할에 기인하는 것이다. 여전히 수업개선을 목적으로 표방한 각종 연구발표대회에 이들 요소가 등급을 결정짓는 주요 평가기준으로 작용하고 있기도 하다. 아직까지는 수동적인 지식전달기술자로서의 역할, 과거로부터 교사에게 부여되어 왔던 기능적 위치에서 벗어나기란 좀처럼 쉽지 않다.

> **"선생님들은 교과서 있는 내용 그대로 충실히 가르치기만 하면 됩니다. 다른 것까지 가르치느라 고생하지 마세요!"**

세월이 좀 지난 이야기지만, 어느 공청회에서 장학관이 내뱉은 말은 필자의 뇌리깊이 박혀있다. 요즘 시대에 이런 말을 하는 교육 관료들이야 없겠지만, 학교현장의 많은 선생님들은 자신의 역할이 교과지식전달을 충실히 하는데 있다고 여긴다. 수업의 혁신을 강조하는 선생님들조차도 그 중심에 교과서 지식의 이해와 기억에 둘 때가 많다.

어쩌면 교사들이 공통적으로 겪는 '매너리즘(mannerism)', 정체성의 혼란도 따지고 보면, 교사의 기능적 위치와 무관치 않다. 직무의 핵심이 수업에 있고 대부분의 시간을 거기에 쏟아 붓고 있음에도, 교사 스스로 그 전문성을 확신하지 못할 때가 많다. 교사의 위상이 예전만 못하고, 교권추락을 염려하는 목소리가 커져만 가는 데도 뾰족한 대안이 없어 보이는 것도 과거의 기능적 위치와 역할에서 벗어나지 못하고 있기 때문이다. 언제까지 교사는 현재의 역할과 위치에 만족하며 지식전달에 있어 숙련된 기술자로 버틸 수 있을까. 그것이 가능할까. 아마도 이 책의 본문을 처음부터 끝까지 읽은 독자라면, 이 물음에 대한 답을 어느 정도 얻었으리라 믿는다.

그렇다면 교사에게 부여돼 왔던 기능적 위치와 역할로부터 어떻게 하면 자유로워질 수 있을까. 도대체 교사에게 전문성이란 무엇일까. 필자가 대학시절부터 품었던 오랜 질문에 '도날드 쇤(Donald Schön)'은 명쾌하게 응답해주었다. 그는 필자가 실천적 연구가로서 살아가는데 일종의 이론적 근거와 방향을 제시해준 학자였다. 쇤은 그의 책에서 기능적 합리성에 지배되어 왔던 학교교육을 강력히 비판하면서 '전문지식(professional knowledge)'의 본성을 무엇으로 볼 것인가에 대한 근본적인 질문들을 던진다(Schön, 1983). 그는 본질적으로 이론과 실천은 분리불가능하며, 실천이 벌어지는 상황과의 끊임없는 '성찰(reflection)' 속에서 유의미한 지식이 형성된다고 보았다. 즉 교사 스스로 경험한 수업 상황을 되짚어보고 분석하며, 이를 바탕으로 교수학습 상황을 다시 설계하고 적용하는 과정에서 나름의 노하우, 그의 표현을 빌리자면 '실천지(knowing in action)'가 형성되는 것이다(Schön, 1987).

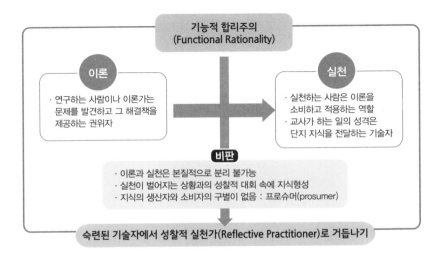

한걸음 더 나아가 쇤은 새로운 지식이나 경험을 해석, 평가하며, 능동적으로 자신의 사고를 구체화하고 확장하기 위한 '성찰적 실천(reflective practice)'을 지속하는 과정에서 작지만 실제적인 이론이 개발된다고 설명한다(Schön, 1987). 창의적인 방식으로 세상에 없는 나만의 수업을 만들어 가는 교사라면, 이미 그가 말하는 '성찰적 실천'을 몸소 보여주고 있다 해도 무방하다. 특히 학교교육에서의 '성찰적 실천'은 교과서가 누려왔던 기능적 위치와 역할을 넘어서는 것에서부터 시작된다. 구체적으로 교과서의 창의적인 활용방안을 고민하고, 주제 중심으로 비구조적인 과제를 개발하며, 통합교과적인 성격의 수업을 설계하는 등의 행위와 관련이 깊다. 이때 교과서는 유용한 학습자원이며 단지 참고자료로서의 위치만 가질 뿐이다.

무엇보다 교사 스스로 교과지식(교과서)을 소비하여 전달하는 숙련된 기술자가 아님을 자각할 필요가 있다. 이는 실천현장을 무대로 끊임없이 지식을 생산해내는 이론가면서 과학적인 절차에 따라 창의적으로 수업을 설계하고, 현장상황에 맞게 실천하는 전문가로서의 역할의식을 갖는 것과 연결된다. 자신의 역할에 대한 주인의식은 숙련된 기술자에 머물던 교사로 하여금 '성찰적 실천가(reflective practitioner)(Schön, 1983)'로 거듭날 수 있도록 인도해 줄 것이다. 그래서 필자의 욕심은 이 책을 통해 독자들이 기능적 합리성이 강조되던 과거의 굴레로부터 벗어나 자율적이고 능동적인 지식의 생산자로, '나만의 교과서'를 당당하게 써내려가는 성찰적 실천가로 성장하는데 있다. 아무쪼록 이 책이 과거로부터 규정돼오던 교사의 기능적 위치와 역할에서 벗어나 프로젝트학습의 진정한 세계로 빠져드는데 유용한 길라잡이가 되었으면 한다.

주목하라!
재미교육연구소가 떴다

단체명	재미교육연구소 [약칭] 잼랩(Jamlab)
핵심활동	잼공과 만찬
대외사업	출판과 잼공아카데미(연수)
좌우명	"진지한 재미로 수업을 디자인하라!"

　재미와 게임으로 빚어낸 프로젝트학습을 만들기 위해 열혈남녀들이 까다로운 과정을 거쳐 재미교육연구소(이후 잼랩)의 일원이 되었다. 이들은 초등학교, 중학교, 고등학교, 박물관과 미술관 등 각기 다른 교육현장을 무대로 프로젝트학습을 실천해왔던 숨은 실력자들이기도 하다. 다르게 생각하고 새롭게 접근하는 데 익숙한 개성 강한 이들의 좌충우돌 스토리가 흥미진진하게 펼쳐지는 잼랩엔 뭔가 특별한 것이 있다.

"경계를 넘나들며 통합의 길을 모색하다!"

초·중등교사를 비롯해 학예사(에듀케이터), 교수설계전문가, 박물관·미술관교육전문가 등이 잼랩에 폭넓게 참여할 수 있는 것은 핵심적인 지향점을 '통합'에 두고 있기 때문이다. 국민공통기본교육과정(10학년) 안에서 교과를 넘어 학년, 학교 간 통합을 추구하고, 형식교육과 비형식교육의 경계를 허물기 위한 생산적인 활동이 협업을 통해 이루어지고 있다. 잼랩이 추구하는 무학년은 대상과 장소를 인위적으로 섞어버리는 물리적인 결합이 아닌 콘텐츠 중심의 자율적인 통합을 전제로 한다.

"잼공을 통해 재미기반학습을 구현하다!"

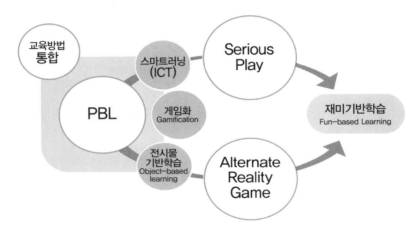

'잼공(재미있는 공부의 약자)'은 잼랩이 구현하고자 하는 재미와 게임으로 빚어낸 프로젝트학습의 고유 명칭이다. 세 가지 성격의 재미(3S-Fun)를 기반으로 하는 학습환경을 구현하고자 게임화를 전제로 다양한 교육방법의 통합을 추구한다. 교실이라는 제한된 공간에서부터 박물관이나 특정지역 등의 광범위한 공간에 이르기까지 주제에 따라 규모를 달리하며 다채로운 잼공이 탄생하고 있다. 잼공은 주제나 실시된 공간에 따라 부가적인 이름이 더해진다. 이를테면 삼청동이나 정동과 같이 특정 지역(동네)를 무대로 프로젝트학습이 진행될 경우에는 잼공타운, 박물관일 경우엔 잼공뮤지엄 등으로 불려진다. 앞으로 잼랩에서 생산한 각종 결과물은 출판을 통해 공개되고, 잼공아카데미라는 특별한 연수프로그램을 통해 직·간접적인 공유와 체험의 기회도 가질 예정이다.

"CPR로 무장한 연구원이 있다!"

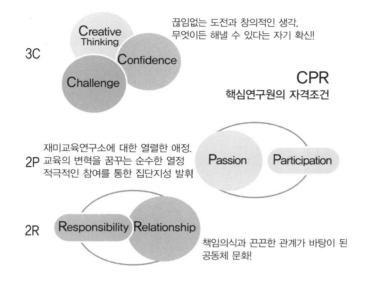

연구원들은 잼랩의 구성원이기에 앞서 각자 자신의 삶의 터전이 있는 어엿한 직업인이기도 하다. 이들은 자신의 소중한 시간과 경제적인 부담을 감수하면서 자발적인 참여를 지속하고 있다. 잼랩의 모든 활동은 연구원들에게 창의적인 생산성을 끊임없이 요구한다. 특히 재미와 게임으로 빚어낸 프로젝트학습을 팀별 혹은 개별로 구현하다보면, 자연스레 연구원들의 역량 강화로 이어지기 마련이다. 단, 이 과정에서 'CPR'이라는 핵심연구원의 자격조건이 기본적인 전제가 된다. 'CPR'을 갖추지 못한 사람은 잼랩의 문화에 빠져들 수가 없다. 진지한 재미로 가슴 뛰는 교육세상을 만들고자 하는 잼랩의 시도들, 그 밑바탕엔 CPR(일반적으로 심폐소생술을 의미한다)로 무장한 연구원들이 있다. 지금 이 순간도 다채로운 잼공들이 이들에 의해 만들어지고 있다. 잼랩의 구성원들이 써 내려가는 작지만 의미 있는 도전의 역사는 앞으로도 쭉 계속될 것이다.

"잼랩의 일은 진지한 놀이다!"

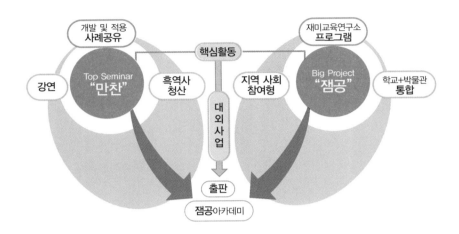

진지한 재미에 빠지면 노력을 앞세우지 않더라도 놀라운 생산성을 보여주기 마련이다. 그래서 잼랩에서 벌이는 일은 늘 창조적인 사고를 기반으로 한 진지한 놀이, 그 자체다. 만약 어떤 일이 노력만이 요구될 정도로 심각해지거나 엄숙해지게 되면 가던 길을 멈추고, 원점부터 다시 시작하는 것도 주저하지 않을 거다. 놀이엔 실패란 없는 법이다. 모든 과정이 소중하고 아름다운 경험일 뿐이다. 그렇기에 잼랩의 문화 속엔 다르게 생각하고 새롭게 접근하는 모든 도전들이 언제나 환영받는다. 여기엔 '만찬'과 '잼공'이라는 잼랩만의 특별한 놀이터가 있어서 가능하다. 전문분야도 교육현장도 출발점도 각기 다른 사람들이 모였지만 잼랩이라는 '매직서클(magic circle)' 안에 너나할 것 없이 푹 빠져 지내고 있다.

▲▲▲

"잼랩의 공식적인 창을 만들다!"

2015년 3월 28일, 잼랩과 상상채널이 MOU를 체결했다. 잼랩에서 생산한 다양한 저작물과 사례들이 앞으로 상상채널을 통해 지속적으로 출판될 예정이다. 아울러 잼랩의 온라인 연수과정(30시간)도 에듀니티 행복한 연수원(happy.eduniety.net)에 개설되어 있다. 재미와 게임으로 빚어낸 신나는 프로젝트학습에 관한 생생한 이야기들이 듬뿍 담겨 있다. 잼랩 커뮤니티(cafe.naver.com/jaemiedu)에서도 연구소의 다양한 소식을 전하고 있으니. 새로운 교육을 향한 갈망, 열정으로 똘똘 뭉친 사람들 간의 활발한 교류의 장이 되어주길 바란다. 잼랩과 함께 잼공할 준비를 해보는 것은 어떨까. 마음이 움직인다면 과감히 실천으로 옮겨보자.

참고문헌

◆ 강명희. (1994). 상황 학습과 앵커드 교수 이론을 적용한 코스웨어 설계 전략. **정보과학회, 62**(6), 62-72

◆ 강인애. (1997a). **왜 구성주의인가? :정보화시대와 학습자 중심의 교육환경.** 서울: 문음사.

◆ 강인애. (1997b). 객관주의와 구성주의 : 대립에서 대화로. **교육공학연구, 13**(1), 3-19.

◆ 강인애. (1999). 구성주의의 또 다른 교수-학습모형: PBL을 중심으로. 조용기 외(공저) **구성주의 교육학.** 서울: 교육과학사.

◆ 강인애. (2003). **우리시대의 구성주의.** 서울: 문음사.

◆ 강인애. (2006). **디지털 시대의 학습테크널러지.** 서울: 문음사.

◆ 강인애. (2017). 서문. 강인애, 윤혜진, 황중원(편), **메이커교육: 4차 산업혁명시대에 다시 만난 구성주의(pp.1-15).** 서울: 내하출판사.

◆ 강인애, 김양수, 윤혜진. (2017). 메이커교육을 통한 기업가정신 함양: 대학교 사례 연구, **한국융합학회논문지, 8**(7), 253-264.

◆ 강인애, 김홍순 (2017). 메이커 교육(Maker education)을 통한 메이커 정신(Maker mindset)의 가치 탐색. **한국콘텐츠학회논문지, 17**(10), 250-267.

◆ 강인애, 윤혜진 (2017). 메이커교육(Maker Education) 평가틀(Evaluation Framework) 탐색. **한국콘텐츠학회논문지, 17**(11), 541-553.

◆ 강인애, 윤혜진, 황중원. (2017). **메이커교육: 4차 산업혁명시대에 다시 만난 구성주의.** 서울: 내하출판사.

◆ 강인애, 윤혜진, 정다애, 강은성. (2019). **메이커교육의 이론과 실천.** 서울: 내하출판사.

◆ 강인애, 이명순. (2008). GBS(Goal-Based Learning)에 의한 수업개발 및 적용 방안 연구: 고등학교 '생태와 환경' 수업 사례 중심으로, **환경교육, 21**(4), 94-110.

◆ 강인애, 정준환. (2007). 유비쿼터스 시대에 학습테크놀로지가 지닌 교육적 함의, **교육발전연구,** 5-31

◆ 강인애, 정준환, 정득년. (2007). **PBL의 실천적 이해.** 서울: 문음사.

◆ 강인애, 정준환, 서봉현, 정득년. (2011). **교실속 즐거운 변화를 꿈꾸는 프로젝트 학습.** 서울: 상상채널.

◆ 김미정, 유영만. (2003). **액션러닝과 조직변화.** 서울: 교육과학사

◆ 김성일. (2007). 심포지움 : 재미의 심리학 ; 재미는 어디에서 오는가. **한국심리학회, 연차학술발표대회, 2007,** 12-13.

◆ 김유미. (2002). **두뇌를 알고 가르치자.** 서울: 학지사.

◆ 김은미, 강상현, 김수아, 김영주, 나보라. (2011). **한국 사회의 디지털 미디어와 문화.** 서울: 커뮤니케이션북스.

◆ 김학진, 김성문, 김진우, 박선주. (2007). **디지털 펀 재미가 가치를 창조한다.** 서울: 삼성경제연구소.

◆ 김현기. (2001). **인재육성의 첨병, 액션 러닝.** 서울: LG주간경제

◆ 류태호. (2017). **4차 산업혁명 교육이 희망이다**. 서울: 경희대학교 출판문화원.

◆ 류태호. (2018). **성적 없는 성적표**. 서울: 경희대학교 출판문화원.

◆ 박선무, 고서윤 역. (2004). **해마**. 이케가야 유우지, 서울: 은행나무.

◆ 서울대학교 교육연구소. (2011). **교육학용어사전**. 서울: 하우동설.

◆ 석임복, 강이철. (2007). Csikszentmihalyi의 몰입 요소에 근거한 학습 몰입 척도 개발 및 타당화 연구. **교육공학연구**, 23(1), 121-154.

◆ 설연경, 이재경, 이성아. (2016). 3On's 학습원칙에 의거한 프로젝트기반 예술직업탐구 프로그램 연구: 자유학기제 진로탐구 중심으로. **조형교육학회**, 59, 93-115.

◆ 송해덕. (1998). 구성주의적 학습환경설계 모델들의 특성과 차이점 비교분석 연구. **교육학 연구**, 36(1), 187-212.

◆ 유영만, 이선. (2004). 실행공동체(CoP: Community of Practices) 성과 평가기준 개발. **교육정보미디어연구**, 10(1), 5-34.

◆ 윤혜진. (2018). **디자인사고 기반 메이커교육 모형 개발**. 박사학위논문. 경희대학교

◆ 임병노(2008). 온라인 탐구활동 활성화를 위한 시나리오기반탐구 모델 개발. **교육정보미디어연구**, 14(1), 5-30.

◆ 장상수. (2014). 가족배경과 학습시간, 성적: 국제비교의 관점에서 본 한국. **한국청소년연구**, 25(2), 291-318.

◆ 정준환. (2012). 방송콘텐츠 기반 e-PBL을 위한 온라인 학습모듈 설계 및 개발. **한국컴퓨터정보학회논문지**, 17(1), 105-115.

◆ 정준환. (2015). **재미와 게임으로 빚어낸 신나는 프로젝트학습**. 서울: 상상채널

◆ 정준환. (2016). **설레는 수업, 프로젝트학습 PBL달인되기1: 입문**. 서울: 상상채널

◆ 정준환. (2018a). **부모, 프로젝트학습에서 답을 찾다**. 서울: 상상채널

◆ 정준환. (2018b). **셀프프로젝트학습 잼공노트북 Lv1**. 서울: 상상채널

◆ 정준환. (2018c). **설레는 수업, 프로젝트학습 PBL달인되기2: 진수**. 서울: 상상채널

◆ 정준환, 강인애. (2012). 학습의 재미에 대한 개념적 탐색을 통한 재미발생구조 도출. **학습자중심교과교육연구**, 12(3), 479-505.

◆ 정준환, 강인애. (2013a). PBL에 나타난 학습의 재미요소 추출과 상호관계에 관한 연구. **교육방법연구**, 25(1), 147-170.

◆ 정준환, 강인애. (2013b). 학습자 관점에서 드러난 PBL의 재미요소에 대한 질적 연구. **학습자중심교과교육연구**, 13(3), 291-324.

◆ 조국. (2014). **왜 나는 법을 공부하는가**. 경기: 다산북스.

◆ 조일현. (2006). Goal-Based Scenario. 강명희 외 (2006). **미래를 생각하는 e-러닝 콘텐츠 설계** (pp.196-232). 서울: 서현사.

◆ 최재천. (2011). **호모 심비우스**(이기적인 인간은 살아남을 수 있는가). 서울: 이음.

◆ 한진상, 김민. (2012). 강남 유명학원에서의 학생체벌 상황 및 인신에 대한 연구. **청소년복지연구**, 14(2), 169-192.

◆ 황중원, 강인애, 김홍순 (2016). 메이커 페다고지(Maker Pedagogy)로서 TMSI 모형의 가능성탐색: 고등학교 사례를 중심으로. **한국교육공학회 추계 학술대회**, 2016, 1-12.

◆ Ackermann, E. (1996). *Perspective-taking and object construction: Two keys to learning*. In Y. Kafai (Eds.), Constructionism in practice (pp. 25–35). Routledge.

◆ Ackermann, E. (2001). Piaget's constructivism, Papert's constructionism: What's the difference. *Future of learning group publication*, 5(3), 438.

◆ Adler, A. (1964). *Social interest : A challenge to mankind*. NY : Capricorn.

◆ Alavi, C. (Ed). (1995). *Problem-based learning in a health sciences curriculum*. NY: Routledge.

◆ Anderson, L. W., Krathwohl, D. R., Airasian, P. W., Cruikshank, K. A., Mayer, R. E., Pintrich, P. R., Raths, J. and Wittrock, M. C. (2001). *A taxonomy for learning and teaching and assessing: A revision of Bloom's taxonomy of educational objectives*. Addison Wesley Longman.

◆ Andersen, S. M., Berk, M. S. (1998). Transference in everyday experience: Implications of experimental research for relevant clinical phenomena. *Review of General Psychology*, 2(1), 81–120.

◆ Atkinson, P. (1992). *Understanding ethnographic texts*. Newbury Park, CA: Sage.

◆ Bamberger, J. (1991). 'The laboratory for making things: developing multiple representations of knowledge', In Schön, D. A. (Eds.) *The reflective turn - case studies in and on educational practice*, New York: Teachers Press, Columbia University, 37–62.

◆ Barrows, H. (1994). *Practice-based learning: Problem-based learning applied to medical education*. Springfield, IL: Southern Illinois University School of Medicine.

◆ Baer, J. (2001). **창의적인 교사, 창의적인 학생** (우종옥, 전경원 역). 서울: 창지사. (원저 1997 출판)

◆ Barrett, L. F., Russell, J. (1999) The Structure of Current Affect: Controversies and Emerging Consensus, *American Psychological Society*, 8(1), 10–14.

◆ Bergmann, J., Sams, A. (2012). Flip your classroom: Reach every student in every class every day. Oregon: International Society for Technology in Education.

◆ Bergmann, J., Sams, A. (2014). Flipped Learning: Gateway to Student Engagement. Oregon: International Society for Technology in Education.

◆ Bloom, B. S. (1956). Taxonomy of Educational Objectives: The Classification of Educational Goals. Handbook 1; Cognitive Domain. NY: David McKay Co. Inc.

◆ Bernard, D. (2008). *Social bridge with serious fun*. Philadelphia: Trans–Atlantic.

◆ Bonk, J., Cunningham, D. (1998). Searching for learner–centered, constructivist, and sociocultural components of collaborative educational learning tools. In J. Bonk & K, King (Eds.), *Electronic collaborators: Learner-centered technologies for literacy, apprenticeship, and discourse* (pp.25–50). Hillscale, NJ: Lawrence Erlbaum Associates Publishers.

◆ Boud, D., Feletti, G. E. (1997). *The Challenge of Problem Based Learning*. London:

Kogan Page.

◆Bransford, J. D., Sherwood, R., Hasselbring, T., Kinzer, C., &Williams, S. (1990). Anchored instruction: Why we need it and how technology can help. In D. Nix &R. Spiro (Eds.),*Cognition, education, and multimedia: Explorations in high technology* (pp. 115-142). Hillsdale, NJ: Lawrence Erlbaum.

◆Bryman, A. (1988). *Quality and quantity in social research*. London: Macmillan.

◆Caroll, J. B. (1963). A Model of school learning, Teachers College Record, 64. 김호권 역(1994). 완전학습이론의 발전. 서울: 문음사.

◆Carter, R. (1999). *Mapping the mind*. CA: University of California Press.

◆Cattaneo A., Teyssier R. (2007) AGN self-regulation in cooling flow clusters, *Monthly notices of the Royal Astronomical Society*, 376(4), 1547-1556

◆Chen, J. (2007). Flow in games(and everything else), *Communication of the ACM*, 50(4), 31-34.

◆Cialdini, R. B., Trost, M. R. (1998). Social influence: Social norms, conformity, and compliance. In D. T. Gilbert, S. T. Fiske, & G. Lindzey (Eds.), *The handbook of social psychology* (Vol 2, pp. 151-192). Boston: McGraw-Hill.

◆Cognition and Technology Group at Vanderbilt. (1990). Anchored instruction and its relationship to situated cognition. *Educational Researcher*, 19(6), 2-10.

◆Cognition and Technology Group at Vanderbilt. (1991). Technology and the design of generative learning environments. *Educational Technology*, 31(5), 34-40.

◆Csikszentmihalyi, M. (1975). *Beyond boredom and anxiety*. San Francisco: Jossey Bass.

◆Csikszentmihalyi, M. (1990). *Flow : The psychology of optimal experience*, New York: Haper & Row.

◆Csikszentmihalyi, M. (1996). *Creativity: Flow and the psychology of discovery and invention*. New York: Harper Collins.

◆Csikszentmihalyi, M. (2000). *Beyond boredom and anxiety: Experiencing flow in work and play*. San Francisco: Jossey Bass.

◆Damasio, A. R. (1999). *The feeling of what happens*. New York: Harcourt, Inc.

◆Davidson, R. J. (2000). The functional neuroanatomy of affective style. In R. D. Lane, & L. Nadal (eds.), *Cognitive neuroscience of emotion*. Oxford: Oxford University Press.

◆Deci, E. (1975). *Intrinsic motivation*. NY: Plenum.

◆Deci, E., & Ryan, R. (1985). *Intrinsic motivation and self-determination in human behavior*. New York: Plenum.

◆Dewey, J. (1910). *How we think*. Boston; Heath.

◆Dewey, J. (1913). *Interest and effort in education*. NY: Houghton Mifflin Company.

◆Dewey, J. (1933). *How we think: A restatement of the relation of reflective thinking to the educative process*. Boston: Heath.

◆Dougherty, D. (2013). *The Maker Mindset*. In M. Honey & D. E. Kanter (Eds.), Design, make, play: Growing the the next generation of STEM innovators (pp.7–11). New York: Routledge.

◆Duffy, T., Jonassen, D. (1992). *Constructivism and the technology of instruction: A conversation*. NJ: Lawrence Erlbaum Associates.

◆Edward, O. W. (1998). *Consilience: The unity of knowledge*. NY: Vintage books.

◆Eisner, E. (1991). *The enlightened eye*. New York: Macmillan.

◆Engeser, S., Rheinberg, F. (2008). Flow, performance and moderators of challenge–skill balance, *Motivation and emotion*, 32(3), 158–172.

◆Ermi, L., Mayra, F. (2005). Fundamental Components of the game play Experience: Analysing immersion, *2005 DIAGRA(Digital Games Research Association's Second International Conference*, 15–27.

◆Fosnot, C. T. (1995). **구성주의 이론, 관점, 그리고 실제**, 조부경외 3인 역(2001), 서울: 양서원.

◆Garneau P. A. (2001). Fourteen forms of fun, *Gamasutra*, Oct 12.

◆Gardner, H. (1984). *Assessing intelligences*: A comment on "Testing intelligence Without IQ tests" by R. J. Sternberg. *Phi Delta kappan*, 65, 699–700.

◆Gartner, Inc. (2011). *Gartner says by 2015, more than 50 percent of organizations that manage innovation processes will gamify those processes*. Retrieved July 16, 2012 from http://www.gartner.com/it/page.jsp?id=1629214.

◆Gazzaniga, M. S., Heatherton, T. F.(2003). *Psychological science*. New York: W.W.Norton, & Company.

◆Goleman, D. (1995). *Emotional intelligence*. New York: Bantam Books.

◆Collins, A. (1991). Cognitive apprenticeship and instructional technology. In Idol, L & Jones, F. (Eds.), *Educational values and cognitive instruction : Implications fo reform (pp. 121-138)*. Hillsdale, NJ : Lawrence Erlbaum Associates.

◆Gottschall, J. (2012). *The Storytelling Animal: How Stories Make Us Human*. New York: Houghton Mifflin Harcourt.

◆Greenfield, S.A.(2000).*The human brain*. New York: Basic books.

◆Guba, E. (1981). Criteria for assessing the trustworthiness of naturalistic imquiries, *Educational Communication and Technology Journal*, 29(2), pp. 75–91.

◆Gunter, B. G., Stanly, J. (1985). Theoretical issues in leisure study, In Transitions to leisure, *Conceptual and human issues*, 35–51.

◆Hammmersly, M. (1992). Some reflections on ethnography and validity. *International Journal of Qualitative Studies in Education, 5*, 195–203.

◆Harris, P. (2004). **흥미로운 유아의 상상력의 세계** (전경원 역). 서울 : 교문사. (원저 2000 출판)

◆Hein, H. (1968). Play as an Aesthetic Concept, *The Journal of Aesthetics and Art*

Criticism, 27(1).

◆ Holen, A. (2000). The PBL group: self-reflections and feedback for improved learning and growth. *Medical teacher,* 22(5), 485-488.

◆ Huizinga, J. (1955). *Homo ludens; a study of the play-element in culture.* Boston: Beacon Press.

◆ Hunter, J. (2011). *Teaching with the World Peace Game.* Retrieved from: https://www.ted.com/talks/john_hunter_on_the_world_peace_game.

◆ Hunter, J. (2013). *World peace and Other 4th-Grade Achievements.* New York: Houghton Mifflin Harcourt.

◆ Izard, C.E. (1991). *The psychology of emotions.* New York: Plenum Press.

◆ Jarvinen, A., Poikela, E. (2001). Modelling reflective and contextual learning at work. *Journal of Workplace learning,* 13(7). 282-289.

◆ Jensen, E. (1998). *Teaching with the brain in mind.* VA: ASCD.

◆ Jensen, E. (2000). *Music with the brain in mind.* CA: The Brain Store.

◆ Jonassen, D. H. (2000). Toward a design theory of problem solving. *Educational Technology Research and Development, 48(4),* 63-85.

◆ Kagan, J. (1972). Motives and development. *Journal of Personality and Social Psychology, 22,* 51-66.

◆ Kare, L. (2012). A Rebuttal of NTL Institute's Learning Pyramid. Education, 133(1).

◆ Kaunert, C. (2009). The European union simulation: from Problem-Based Learning(PBL) to student interest. *European political science,* 8(2). 254-265.

◆ Keller, J. M. (1983). Motivational design of instruction. In C.M. Reigeluth (Ed.), *Instructional-design theories and models: An overview of their current status* (pp.383-434). Hillsdale, NJ: Erlbaum.

◆ Kilpatrick, W. H. (1918). The project method, *Teachers College Record,* 19(3), 319-335.

◆ Kilpatrick, W. H. (1924). The project method: The use of the purposeful act in the educative process. NY: teachers college, columbia university.

◆ Kindley, R. (2002). Scenario-based e-learning: A step beyond tradional e-learning. [On-line] Available: http://www.learningcircuits.org/2002/may2002/kindley.html

◆ Kolb, D. (1984). *Experiential learning.* Englewood Cliffs, NJ: Prentice Hall.

◆ Kolb, B., Taylor, L. (2000). Facial expression, emotion, and hemispheric organization. In R. D. Lane, & L. Nadal (eds.), *Cognitive neuroscience ofeontion.* Oxford: Oxford Unicersity Press.

◆ Korthagen, F. A. J. (1985). Reflective teaching and preservice teacher education in the Netherlands. *Jounal of Teacher Education,* 9(3), 317-326.

◆ Koster, R. (2005). A theory of fun for game design, Scottsdale, AZ: Paraglyph.

◆ Lave, J. (1988). *Cognition in practice : Mind, mathematics, and culture in everyday life.* Cambridge, England:: Cambridge University Press.

◆ Lave, J., Wenger, E. (1993). *Situated learning: Legitimate peripheral participation.* Cambridge, MA: Cambridge University Press.

◆ Lazzaro, N. (2004, March). Why we play games: four keys to more emotion without story, *Game Developers Conference,* Symposium conducted at the meeting of GDC 2004, San Jose, CA.

◆ _____(2005, March). Why we play games together: the people factor, *Game Developers Conference,* Symposium conducted at the meeting of GDC 2005, San Jose, CA.

◆ LeDoux, J. E. (1996). *The Emotional brain.* New York: Simon & Schuster.

◆ Lee, J., Hammer, J. (2011). Gamification in education: what, how, why bother?. *Academic Exchange Quarterly,* 15(2), 1-5.

◆ Lincoln, Y. S., Guba, E. G. (1985). Naturalistic inquiry. Beverly Hills, CA: Sage.

◆ Liu, Y., Alexandrova, T., & Nakajima, T. (2011). *Gamifying Intelligent Environments.* Department of Computer Science, Waseda University, Tokyo, Japan.

◆ Loertscher, D. V., Preddy, L., & Derry, B. (2013). Makerspaces in the school library learning commons and the uTEC Maker Model. *Teacher Librarian,* 41(2), 48.

◆ Loyens, S. M., Magda, J., Rikers R. M. (2008). Self-directed learning in problem-based learning and its relationships with self-regulated learning, *Educational psychology review,* 20(4), 411-427.

◆ Lubart, T. I. (1994). Creativity. In R. J. Sternberg (ed.), *Thinking and problem solving*(pp. 289-332). San Diego: Academic Press.

◆ Martinez, S. L., Stager, G. S. (2013). *Invent to learn: Making, tinkering, and engineering in the classroom.* Torrence, CA: Constructing Modern Knowledge Press.

◆ Malone, T. W. (1980). What makes things fun to learn?: heuristics for designing instructional computer games, Xerox Palo Alto Research Center, ACM.

◆ Malone, T. W. (1981). Toward a theory of intrinsically motivating instruction, *Cognitive Science 4.*

◆ Marilyn, L. (2009). *Qualitative Research in Education: A User's Guide.* CA: Sage.

◆ Marshall, C., Rossman, G. (1989). *Designing qualitative research,* CA: Sage.

◆ Marquardt, M. J. (1999). *Action Learning in action. Palo Alto,* CA: Davies-Black.

◆ Maturana, H., Varela, F. (1982). 인식의 나무, 최호영 역(1987), 서울: 자작아카데미.

◆ McGonigal, J. (2011). *Reality is broken: why games make us better and how they can change the world,* New York: Penguin Press.

◆ Mckenzie, G. (2011). Gamification and location-based services. *Vision Statement for the Cognitive Engineering for Mobile GIS Workshop at COSIT 2011.*

◆ McLuhan, M. (1967). *The Medium is the Message*. UK: Penguin Books.

◆ McMillan, D. W., Chavis, D. M. (1986). Sense of Community: A Definition and Theory, *Journal of Community Psychology* 14, 6–23.

◆ Naisbitt, J. (1982). *Megatrends*. New York: Warner Books

◆ Olds, J. (1956). Pleasure centers in the brain. *Scientific American* (October, 1956). Reprinted in S. Coopersmith (ed.), *Frontiers of Psychological Research*, (54–59), San Francisco: W.H. Freeman & Company(1966).

◆ Papert, S., & Harel, I. (1991). Preface. In I. Harel, & S. Papert (Eds.), *Constructionism: Research reports and essays*, 1985–1990 (p. 1). Norwood, NJ: Ablex Publishing Corporation.

◆ Papert, S. (1993). *The children's machine: Rethinking school in the age of the computer*. New York: Basic Books.

◆ Pedler, M. (2011). *Action Learning in Practice*. UK: Gower Publishing.

◆ Pert, C. B. (1999). *Molecules of emotion:* A chicken–and–egg problem revisited. *Motivation and Emotion*, 9, 197–200.

◆ Piaget, J. (1952). *The origins of intelligence in children*. New York: W. W. Norton.

◆ Piaget, J. (1970). *Structuralism*. New York: Basic Books.

◆ Piaget, J. (1977). *Equilibration of cognitive structures*. New York: Viking.

◆ Piaget, J. (1981). *Intelligence and affectivity: Their relation during child development*. Palo Alto, CA: Annual Reviews. (Originally published 1954)

◆ Podilchak, W. (1985). The Social Organization of Fun, *Leisure and Society*, 8(2), 685–691.

◆ Podilchak, W. (1991). Distinctions of fun, enjoyment and leisure, *Leisure Studies*, 10(2), 133–148.

◆ Pór, G., Atlee, T. (2007). *A call to convene the field of collective intelligence 0as a coherent, multi-disciplinary study and practice*. Retrieved August, 3, 2012, from http://www.co–intelligence.org/ConveningTheCIField.doc.

◆ Ratey, J. J. (2001). *A user's guide to the brain*. New York: Pantheon Books.

◆ Revans, R. (1978). *ABC of Action Learning*. London: Lemos & Crane.

◆ Routtenberg, A. (1978) The reward system of the brain. *Scientific American*. 154–164.

◆ Salen, K., Torres, R., Wolozin, L., Rufo–Tepper, R., Shapiro, A. (2010). *Ouest to Learn: Developing the School for Digital Kids*. Cambridge MA: The MIT Press.

◆ Salovey, P., Mayer, J. D. (1990). Emotional Intelligence. *Imagination, Cognition, and Personality*, (9), 185–211.

◆ Schank, R. (1990). *Dynamic Memory Revisited*. New York: Cambridge University.

◆ Schank, R., Fano., A, Bell, B. & Jona, M. (1994). The Design of Goal–Based Scenarios, *Journal of the Learning Sciences*, 3(4), 305–346.

◆ Schank, R. (1994). *Tell Me a Story Evanston*, IL: Northwestern University Press.

◆Schiller, F. (1995). 인간의 미적 교육에 관한 편지 (안인희 역.). 서울: 청하. (원저 1795 출판)

◆Schön, D. A. (1983). *The Reflective Practitioner: How Professionals Think in action*. NY: Basic Books, Inc., Publishers.

◆Schön, D. A. (1987). *Educating The Reflective Practitioner : Toward a new design for teaching and learning in the professions*. San Francisco, CA: Jossey-Bass Publishers.

◆Schulz, L.E., Bonawitz, E. B. (2007) Serious fun: Preschoolers engage in more exploratory play when evidence is confounded. *Developmental Psychology*, 43(4), 1045-1050.

◆Schwartz, P., Mennin, S., Webb, G. (2001). *Problem-based learning: Case studies, experience and practice*. London, UK: Kogan Page Limited.

◆Shannon, C., Weaver, W. (1949). *The Mathematical Thory of Communication*. Urbana, IL: University of lllinolis Press.

◆Simões, J., Díaz, R., Fernández, A. (2012). A social gamification framework for a K-6 learning platform. *Computers in Human Behavior*, 28(4), 1-9.

◆Singer, L., Schneider, K. (2012). It was a bit of a race: Gamification of version control. *Proceedings of the 2nd international workshop on games and software engineering*.

◆Smith, C. L. (2005). An emic approach to distinguishing facts from values. *Applied Environmental education and communication*, 4(4), 353-362.

◆Spielberger, C., Starr, L. (1994). Curiosity and exploratory behavior. In H. O Neil & M. Drillings (Eds.), *Motivation: Theory and research* (pp. 221-243). Hillsdale, NJ: Lawrence Erlbaum Associates.

◆Spiro, J., Coulson, L., Feltovich, J., & Anderson, K. (1988). Cognitive flexibility theory: Advanced knowledge acquisition in ill-structured domains. In *The tenth annual conference of the cognitive science society*. Hillsdale, NJ: Lawrence Erlbaum Associates.

◆Sprio, J., Jehng, J. (1990). Cognitive flexibility and hypertext : Theory and technology for the nonlinear and multidimenstional traversal of complex subject matter. In D. Nix & R. Spiro (Eds.), *Cognition, education, and multimedia : Exploring ideas in high technology* (pp. 163-205). Hillsdale, NJ: Lawrence Erlbaum Associates.

◆Stebbins, R. A. (2007). *Serious Leisure: A Perspective for Our Time*. New Brunswick: Transaction Publishers.

◆Sweetser, P., Wyeth, P. (2005), Gameflow : a model for evaluating player enjoyment in games, *ACM computers in entertainment*, 3(3).

◆Tuckman, B. W. (1965). *Development sequencies in small group*, Psychological Bulletin.

◆ Tuckman, B. W. (1992). *Educational psychology: from theory to application*. Harcourt Brace Jovanovich College Publishers.

◆ Tsai C. W., Shen P. D. (2009). Applying web-enabled self-regulated learning and problem-based learning with initiation to involve low-achieving students in learning, *Computers in human behavior*, 25(6), 1189-1194.

◆ von Glasersfeld, E. (1995). *Radical constructivism: A way of knowing and learning*. London: Falmer.

◆ Vygotsky L. (1978). *Mind in society: The development of higher psychological precesses*. Cambridge, MA: Harvard University Press.

◆ Weiser, M. (1991). The Computer for the 21st Century. *Scientific American*, 265(3), 94-104

◆ Wenger E. (1998). *Communities of Practice: Learning, Meaning, and Identity*. New York: Cambridge University Press

◆ Werner, O. (1987). Foundation of ethnography and interviewing: Vol 1. *Systematic filed work Newbury* Park, CA: Sage.

◆ Wertsch, J. (1991). *Voice of the mind : A sociocultural approach to mediated action*. Cambridge, MA : Harvard University Press.

◆ White, R. (1959). Motivation reconsidered: The concept of competence. *Psychological Review*, 66, 297-333.

◆ Wilson. E. (2005). **통섭 : 지식의 대통합** (최재천, 장대익 역.). 서울: 사이언스북. (원저 1998 출판)

◆ Zeichner, K. M. (1983). Alternative paradigms of teacher education. *Journal of Teacher Education*, 34(3), 3-9

◆ Zichermann, G., Cunningham, C. (2011). *Gamification by design*. CA: O'Reilly Media, Inc.

◆ Zimmerman, B. J. (1989). A social cognitive view of self-regulated academic learning. *Journal of Educational Psychology*, 81, 329-339.

◆ Zimmerman, B. J., Lebeau, R. B. (2000). *A commentary on self-directed learning*. In D. Evensen, C. E. Hmelo (Eds.), Problem-based learning: A research perspective on learning interactions(299-313). Mahwah, NJ: Lawrence Erlbaum.

◆ Zull, J. E. (2002). *The art of changing the brain*. VA : Stylus.

찾아보기

ㄱ

가상시나리오 315, 330, 337, 338
가상시나리오 작성하기 358
가상역사체험『역사뒤집기』 317, 354, 360
가상역사체험 프로그램 설계하기 359
가상화폐 339, 392
가우디 439
가트너 367
감동 250
감성적 공동체 274
감정 240
감정에 대한 사고 246
강의 174
강의위주 172
개념적 지식 149
개념적 틀(conceptual map) 054, 056
개미와 베짱이 198
개인주의 196
개조하기 454
객관주의 172
객관주의적 관점 182
객관주의적 신념 183
객관주의적 인식론 148, 200
거꾸로 교실 146, 152
거꾸로 수업 146, 311
거대패러다임 193
게이미피케이션(Gamificaton) 366, 368, 380, 392, 420
게이미피케이션 고리 389
게임기법 366
게임화 383
게임화(gamification) 094
결과정리 138, 139
경험치 390, 391, 420
경험학습(learning by doing) 108
고릴라 퀴즈 155
고엘 308
고유의 배설체계 242
고전적인 학습방법 214
고차원적 사고력 150
고흐 231

공동체(Community) 135, 136
공부의 재구성 171
공유 443, 455
과제수행 039, 077, 099, 117, 138, 139, 187, 229, 265, 355, 395, 427
과제수행계획서 035
과제에 대한 집중 223
과학적(scientific) 개념 178, 180
관련성 281, 284
관심분야 135, 136
교과서 존립 185
교과수업 087
교과지식 087
교변작용 203
교수설계원칙 088, 094
교수전략 173
구겐하임 재단 439
구성주의(constructivism) 166, 171, 450
구성주의적 관점 146, 175, 182, 184
구안법 014
구조화된(well-structured) 문제 128
구체적 경험 125
구체적인 피드백 223
국립현대미술관 449
국제학생평가(PISA) 254
규범 139
규칙 365, 366
근자감 086
근접발달영역 178
글레이져즈펠트 175
긍정적인 감정 241
긍정적인 피드백 243
기계적인 학습 345
기계적 형식주의 016
기대감 247
기상컨설턴트 283
기술자의 길 430
기억 242, 348
기존지식(existing scrip) 109
길포드 277
깊은 몰입 223

꿈을 잡아라! 'Dream Job Fair' 활동 416

ㄴ

나노디그리 404
나무의사 095
나무치료사 034, 038, 095
나의 스승 아르키메데스 411
남자소변기 192
내 집은 내가 디자인한다 110
넌센스 334
넛지 효과 386
네이스비츠 350
노력 216
노키아 339
놀아 본 쥐 213
놀이 214, 215
놀지 못한 쥐 213
뇌 238
능력치 390, 391, 420

ㄷ

다양성과 창의성 196
다양한 조건 384
다윈 203
다중 문제 프로그램 132
다중지능 246
다차원적인 개념 087
단계별 시나리오 375
단내투어 422
단일 프로젝트 프로그램 132
단지 하는 척하기 220
달나라탐험 114
답습 437
당신은 여행설계사 376, 377
대체현실게임 362
데일 도허티 441
데카르트 443
도발 455
도전 284, 286, 287
도전과 능력의 적절한 균형 223
도전! 유라시아 대륙횡단 074, 076, 384
도전적이더라도 달성 가능한 과제 368, 374, 380
도파민 251
독수리 구출작전 070, 074

독수리구출작전 074
돈 맥클린 230
동료학습자 068, 181, 225
동주 336
동주네 마을 116
동화 176
두뇌 218
듀이 014, 015, 126, 202, 216, 218
디스트레스 253
디자인씽킹(design thinking) 444, 457
디지털리터러시 294
디지털 배지 337, 341, 343
딜레마(dilemmas) 128

ㄹ

레번스(Revans) 123
레이브와 웽거 044, 045, 135
레저(Ledger) 341, 342
로봇 310, 435
로저 쉥크 108
루이스 터먼 교수 052
리더보드 390
리더십 301
리얼한 수업 284
리처드 탈러 386
리처드 파인만 219
리터러시 294
릭스 461
링겔만 300
링겔만 효과 299
링컨 센터 에듀케이션 204

ㅁ

마르셀 뒤샹 192
마리오 리비오 115
마이크로소프트 333
마쿼트 125, 128
마크 라이너스 373
마크 와이저 314
마투라나 245
마틴 셀리그먼 197
만든다 437
망각 242, 348
매력적인 이야기 372
매직서클(magic circle) 470

맥락 245, 281
맥락적 문제 105
맥락적인 지식 281
맥루한 352
맥마스터 대학교 030
맥시그린 204
머릿속 도달점 218
메가트랜드 349
메이커(Maker) 435, 436, 438, 439
메이커교육 447, 448
메이커교육, 4차 산업혁명 시대에 다시 만난
　구성주의 436
메이커 스페이스 447, 449, 454
메이커 운동(Maker Movement) 442
메이커 정신 452
메이킹(Making) 단계 457
메타인지(metacognition) 047, 052, 298, 299
메타인지적 기술 298
메타인지적 지식 149, 150, 298
명확한 목표 223
명확한 목표와 게임의 규칙 368, 380
모더니즘 193
모델링(modeling) 054, 068
모델링(modeling)-스캐폴딩(scaffolding)-페이
　딩(fading) 054
모둠편성 방법 138
모방 437
목표 366
목표기반시나리오 108
몰입(flow) 094, 222, 223, 224
무성영화 379, 394, 397
문명(civilization) 383
문제 028, 455
문제-구안법 015
문제기반학습(Problem Based Learning) 019,
　028, 033, 128, 130
문제법 014
문제제시 039, 077, 099, 117, 138, 139, 187,
　229, 265, 355, 395, 427
문제해결학습 015, 028, 183
문화적 동화 044
미네르바 스쿨 402, 403, 406, 418
미니강연 시나리오 189
미래교육학자 338
미래를 찾아라 362, 364

미션 109
미션카드 397
미술관 424
미와 추 203
민속놀이 226

ㅂ

바디선장 208
바렐라 245
박물관 424
반리(parology) 195
발견학습 183
발명가 439
발명가 K 385
발표 및 평가 039, 077, 099, 117, 138, 139, 187,
　229, 265, 355, 395, 427
방법지 282, 299
방송콘텐츠 075
배로우즈(Barrows) 025, 033
배지 389
버스안내양 294
베토벤 219
벤더빌트 그룹 070
변사극 379, 394
변연계 251
변증법 203
병원놀이 053, 054, 058, 059, 060
보상시스템 389
보상체계 387
보편적인 지식 168
부모 vs 학부모 274
부정적 감정 240
분산화 340
분열된 의식과 행동 217
불안감 331
불쾌감 242
불평형(disequilibrium) 176
불확실성 196
붉은 벽돌의 눈물 417
브라이언 서튼스미스 224
블록체인 339, 340, 341, 342, 347
블루칼라 407
블룸 148, 351
블룸의 분류체계 151
비계설정(scaffolding) 180

비고츠키 053, 178, 180, 450
비구조적인 문제 032
비구조화된(ill-structured) 문제 128
비디오(영상) 069
비밀퀘스트 380
비트코인 341
비판적 사고능력(Critical thinking) 332, 351
빅데이터 309, 337
빈센트 230
빌바오 효과 439

ㅅ
사고력 148
사그라다 파밀리아 439
사물인터넷 314
사물인터넷(IoT) 094, 314
사실적 지식 149
사용하기 454
사회문화적 결과물 180
사회문화적 동화 138
사회화 350
삼당사락 221
상대주의적 시각 183
상상(phantasia) 202
상상력 198, 199, 200, 201, 202, 206
상상력 학습 204, 205
상상채널 471
상호작용 245
상황 180, 245, 281
상황 의존적인 스키마의 연합체(situation-
    dependent schema assembly) 087
상황적 학습(situated learning) 105, 135
새의 부리모양 384
샘(Fontaine) 193
생각하기 454
서로 가르치기 149
석유 없는 세상 363
선과 악 203
선지식(Prior knowledge) 109
설득력 있는 내러티브 368, 370, 372
성공 경험 090
성장 그 자체에 목적 217
성적 없는 성적표 335
성찰(Reflection) 125
성찰적 관찰 125

세 가지 성격의 재미(3S-Fun) 468
세계경제포럼의 미래보고서 310
세계평화게임 369
세계행복보고서 256
세로토닌 251
세바스찬 스런 348
세바시 297
세상을 바꾸는 책 362
세종대왕 438
셀프프로젝트학습 133, 452, 454
소년 175
소비자 문화 194
소셜 네트워크 서비스(SNS) 270
소셜미디어(social media) 093
소프트웨어 코딩 444
송신기 345
수신기 345
수포자 090
수학자를 뛰어 넘어라 429
수행 139
수행성 194
쉐논과 위버 345, 440
쉐어링(sharing) 458
스마트팩토리 434, 435
스마트폰 331
스캐폴더(scaffolder) 181
스캐폴딩(scaffolding) 057
스크립트(script) 108
스테빈스 221
스토리텔링 106, 113
스토리텔링 교육법 113
스토리텔링 애니멀(storytelling animals) 106
스토밍 139
스튜어트 브라운 214
스티브 마이어 197
스티븐 잡스 219, 257
스포츠 선수 220
스피드 팩토리 434
스피로 087, 088
시간감각의 왜곡 223
시간제한 385
시나리오(scenario) 104, 114
시나리오기반학습 019, 105
시나리오 활동 109
시너지 효과 299

시드마이어 383
시드머니통장 392
신념의 변화 181
신분류체계 351
신속한 피드백 사이클 368, 387
신호등 240
실제 문제(real issues) 124, 130, 132
실제적(authentic) 031
실제적 과제 128
실제적 구성물 448
실제적 성격의 과제 088
실제적인 282
실천계획(Action Plan) 123
실천! 인터넷 지킴이 035, 140
실행(implementation) 125, 131, 135
실행(practice) 136
실행공동체(Community of Practice: CoP)
　131, 134
실험하기 454
쓰리두들러 461

ㅇ

아디다스 434
아람이와 함께하는 날씨이야기 091
아르키메데스 426
아리스토텔레스 202
아이와이어 367
아인슈타인 052, 199, 200, 204, 219
아트팹랩 449
아! 홍유릉 098
알고리즘 447
앙꼬 없는 찐빵 166
앙드레 김 219
액션러닝(Action Learning: AL) 019, 126, 130,
　131, 132
액션플랜(Action Plan) 131, 133
액티브 러닝 포럼 403
앨빈 토플러 165
앵커(anchor) 069
앵커드 교수(Anchored Instruction) 019, 068
앵커드 교수모형 069
어렵고 힘든 학습과정 250
에듀니티 393
에듀블록 341, 342
에드워드 윌슨 157, 414

에디슨 199, 200, 438
에이미 맥크레디 276
여가 220
역동적 기억이론(dynamic memory theory)
　108
역량 332, 339
역설적인 작은 이야기 196
역할 109
역할놀이 114
열등감 290
열린교육 017
영감 197
영상콘텐츠 075, 297
오늘의 공부레시피 134
오브제 192
온라인 공개강좌 309
온라인 학습커뮤니티 093, 096
올즈와 밀너 237
와이브로 314
완전학습(mastery learning) 148, 151
왜 구성주의인가? 166
용광로 019, 166
우울감 331
우진이 050
우진이의 놀라운 변화 047
웅대한 의미 364
워블웍스 461
월드 오브 워크래프트(world of warcraft)
　382
웹소설 296
웹툰 296
위대한 유산 155, 264
위키피디아 127
유능감 287, 288, 290
유다시티 404
유비쿼터스 315
유비쿼터스 컴퓨팅 314, 330
유산 362
유스트레스 248, 253, 254
유의미한 학습 180
육체와 정신 203
융합교육 311
음악과 함께하는 반고흐 갤러리 228, 231
의사소통능력(Communication) 332, 351
의식과 행동의 통합 223

이기적인 아이 항복하는 부모 276
이노베이션 406
이론과 실제 203
이성중심주의 202
이해의 틀(인지구조) 054, 173
인공지능 310, 348, 447
인공지능을 이기는 교육 311
인식론 018, 182
인지구조(schema) 175, 244, 246
인지구조의 변화 176, 291
인지구조(이해 틀) 177
인지적 도제 019, 044, 053
인지적 방해요소 084
인지적 불평형 상태 176, 177
인지적 유연성 019, 084, 086, 087
인지적 유연성 하이퍼미디어(CFH) 089
인지적 재평형상태 177
인지적 평형상태 175
인지적 혼란(cognitive conflict) 109, 180, 291
인터스텔라 371
인텔 333
임의적 접근 학습(random access instruction) 088
임프루빙 459
입시제도 338

ㅈ

자격루 438
자격증 339
자기규율적(self-regulated) 183
자기기록 392
자기목적 217
자기목적적 경험 223
자기목적적 활동 225
자기생산체계 245
자기성찰(self-reflection) 051
자기주도적(self-directed) 183
자기주도적 학습 032
자기평가 392
자기효능감 287
자발적(spontaneous) 개념 178
자발적 참여 366
자신감 287, 289
자유학년제 311
자율과 분산 196

자의식의 상실 223
자장면 234
자존감 214, 236, 290
자크 판크셉 215
작게 세분화된 과제(bite-sized chunks) 088
작은 사례들(mini-cases) 088, 091
잠재발달수준 053, 178
장면(scene) 104
장영실 438
재미(fun) 235, 243, 245
재미교육연구소 417, 467
재미기반학습 468
재미와 게임으로 빚어낸 신나는 프로젝트학습 393
재미중추 236, 238, 243, 251
잭 안드라카 410
잭 웰치(Jack Welch) 122
잼공 468
잼공아카데미 418, 470
잼랩 417, 418, 423, 467, 468
잼랩 커뮤니티 471
저차원적 사고력 150
적응성 180
적합성 180
전미교육협회(National Education Association) 332
전쟁을 승리로 이끈 아르키메데스의 제자 431
전체주의적 사고방식 200
절차적 지식 149
정동1897 419, 421
정서적 공감 276
정서지능 246
정신적 고양 194
제스퍼 시리즈(Jesper Series) 069
제인구달 115
제임스 203
조나단 버그만 146
조나선 갓셜 106
조나센 128
조력자 225
조셉 슘페터 406
조언자 181
조절 176
조지아공대 309

존 네이스비츠 349
존슨 203
존 헌터 369
졸업장 338, 339, 340
주객전도 351
주마가편 212
주어진 목적 217
주인의식 258, 259, 299
주제 중심 탐색(theme-based search) 088
즉시적 낙관주의 364
지능적인 사회 346
지식정보화 170, 448
지식큐브 264
지월지교 016
지호락 243
직업만족도 236
직업체험 414
진리추구 017, 168, 194
진지한 놀이 219, 225, 293
진지한 여가 221
진지한 재미 257, 260
질문 124
질문이 있는 공부 293
질 왓슨 308
집단따돌림 274
집단지성 127, 301
집합적 지성 127

★
참여 443
창의력(Creativity) 201, 332, 351
창의적 사고 444
창의적인 사고능력 402
창의적인 수업설계자 185
창작하기 454
창조적 파괴 407
창조하다 437
청소년의 자살률 248
체벌 218
초등학생의 하루 315, 330
촉진자 181, 225
최재천 교수 262
최적경험 223
추상적 개념화 125
췌장암 프로젝트 410

칙센트미하이 094, 223, 285

ㅋ
카르마 390, 391
칸트 202
커뮤니케이션 모형 345, 440
커버스토리 109
켄 에클런드 363
켈러 282
콜린스 054
콜브 125, 126
쾌락중추 237
퀘스트(Quest) 094, 130, 375, 379, 381, 419
퀘스트 투 런(Quest to Learn) 381
큐레이터 230
크로오팝 461
킬패트릭 014, 015

ㅌ
탈중심화(decentralization) 196
탐색-이슈발견-문제제출 457
터크만 138
테크놀로지 155, 170, 182, 349, 352
테크놀로지 리터러시 295
통섭 018, 157, 413, 415
통섭적 시각 157
통제감 223
통합(convergence) 295, 411
특별한 강연쇼! 차이나는 클래스 156
튼튼한 사회망 364
팅커(tinker) 457
팅커링 455, 457

ㅍ
파워포인트 390
파일럿 테스트 422
팔로워십 301
패러다임 018, 036, 174
패러다임의 변화 199
패러다임의 전환 181
패러독스 194
퍼실리테이터(facilitator) 137, 139, 409
페이드아웃 061
페이딩(Fading) 054, 286
페퍼트 450

편도 238, 239, 242
평형화 176
포스넛 181
포스퀘어 387, 388
포스트모더니스트 205
포스트모더니즘 017, 193
포인트 시스템 389, 390
폴드 잇 367
프래그머티즘 015
프랭크 게리 439
프레지 390
프로그래밍 124
프로그래스바 390
프로그램 개발 356
프로그램의 배경 357
프로그램화된 지식(Programmed Knowledge) 124
프로슈머 279, 448
프로젝트 028
프로젝트기반학습 028
프로젝트수업 020
프로젝트학습 152, 235, 311
플립드러닝 019, 148, 149, 151, 152, 156
피드백 109
피드백시스템 366
피아제(Piaget, 1952) 175, 176, 244, 245, 450
피어스 203
핀란드 256
핀란드 사람 254

ㅎ

하나의 경험 204
하드펀 248
하위 과제형 질문(Guiding Questions) 130
하위징아 220
하이터치 311, 349
하이테크 311, 347, 348, 349, 350, 352
하이퍼미디어(hypermedia) 088, 092, 094
하이퍼미디어 활용 088
하이퍼텍스트(hypertext) 094
학력 332
학습 124
학습된 무기력 197
학습 로드맵 132
학습모듈 092

학습목표 037, 109
학습무기력 046
학습 사이클(learning cycle) 125
학습설계자 409
학습싸이클 459
학습자원(learning resource) 109, 172, 174
학습패러다임 전환 409
학습피라미드 273
학습하는 방법 126, 299
학습효율성 272
학업성취도 046
학업성취수준 380
한국교육학술정보원 376
한국마이크로소프트 376
한국박물관협회 424
합법적인(legitimate) 045
합법적인 주변적 참여 044, 051
항상성 242
해마 238, 239, 242
해저2만리 114
핵심역량 336
행동적 실험(active experimentation) 125
행복한 생산성 364
헤겔 203
헤르바르트 016
혁신 405
혁신가 439
혁신교육 408
혁신학교 311
현재발달수준 053, 178
혐오감 242
협동능력(Collaboration) 332, 351
협력 443
형성 139
호기심 180, 291, 292, 293
호모 루덴스 220, 261
호모 엠파티쿠스 262
화이트 244
화이트칼라 407
확산된 인지 127
환금성 391
황농문 교수 222
효과적인 상호작용 402
효과적인 의사소통 402
홈 202

흥미 216, 293
히포크라테스 063
히포크라테스 종합병원 062
힘든 재미(hard fun) 251

기타

3D 펜 461
3D 프린터 434, 435, 442, 444, 447
3R 333, 334, 351, 408
4C 332, 333, 351
4차 산업혁명 310, 333, 346, 442, 447
4차 산업혁명 기술 435
4차 산업혁명 시대 280, 337
5A 330
5On's 447, 450
6Cs 335
6℃의 악몽 373
6도 373
19세기 공장형 학교 279
21세기 역량 파트너십 332
21세기 핵심역량 334, 351

A

Albert Einstein 222
Alvin Toffler 165

B

Badge the UK 343
Bloom's taxonomy 148

C

CFH 프로그램 091
CoP 134, 135, 136, 137, 138
CORE ACTIVITY FLOW 039, 063, 099, 117,
141, 209, 229, 265, 355

D

DMB 314

E

EBS 154, 171, 280, 311
e-Learning 315
e뮤지엄 424
e-포트폴리오 337, 341, 342

F

Facts 032, 037, 298
Fading 061
Free to Make 441

G

Game Based Learing 374
Gamification PBL 374, 380, 386, 390
GBS 107, 108, 109
GBS의 7가지 요소 110
GE(General Electric) 122

I

IBM 309, 333
Ideas 299
Ideas-Facts-Learning issues 036

K

KBS 417
KOCW 297

L

Learning Issues 037, 298
L=P+Q+R+I 125, 126, 131

M

MOOC 309
MX3D 444

N

NTL 272

O

OECD 254
OECD국가 272

P

PBL MAP 375
PBL의 실천적 이해 074
PISA 334
pleasure center 236
PROBLEM 039, 063, 077, 099, 101, 118, 141,
188, 210, 230, 266, 355, 395, 427

Q

Q2L 381

Quest 356, 357, 358, 359, 360, 429, 430, 431

S

SBL 105

self-monitoring 051

self-understanding 051

SMART 131

SNS 350

starry, starry night 231

STEAM 376

SYNOPSIS 038, 062, 076, 098, 116, 140, 186,
208, 228, 264, 354, 394, 426

T

TED 297, 370

think hard 222

TMI 454

TMSI 460

U

uTEC 454

W

Work Hard 221, 222

Z

ZPD 053, 054, 179, 180

01. 프로젝트학습! 프로젝트수업? 어떤 이름으로 부르는 것이 좋을까 _020

02. 문제해결학습과 문제기반학습은 완전히 다른 모형이다 _028

03. 누구든 제2의 배로우즈가 될 수 있다 _033

04. 프로젝트학습에서 학습목표란 무엇일까 _037

05. 학업성취도가 낮고 의욕이 없는데다가 이해력이 떨어지는 학생들을 위한 특별한 방법은 있을까 _046

06. 교과지식을 익히는 것보다 메타인지의 향상이 훨씬 중요합니다 _052

07. 프로젝트학습의 완성은 교사의 '페이드아웃(fade-out)'에서 시작된다 _061

08. 영상콘텐츠를 활용하여 문제상황을 실감나게 표현하자! _075

09. 교과지식을 습득하는데 프로젝트학습이 효과적일까 _087

10. 학습에 있어서 학생들의 성공 경험이 무엇보다 중요하다 _090

11. 프로젝트학습에서 온라인 학습커뮤니티가 필요할까 _096

12. 스토리텔링은 인간에게 꼭 필요한 생존기술이다 _106

13. 스토리텔링 교육법을 수업에 적극적으로 활용해 보세요 _113

14. 한 권의 책, 한 편의 영화, 학습자의 인생에 큰 의미로 다가간다 _115

15. 집단지성이 프로젝트학습의 질을 결정한다 _127

16. 수업에서 의도한 바와 다른 방향으로 나가게 되면 어떻게 해야 할까 _130

17. 프로젝트학습에서 효과적인 모둠편성 방법은 무엇일까 _138

18. 시험을 봐야 공부를 한다고? _151

19. 통섭적 시각이 프로젝트학습을 프로젝트학습답게 만든다 _157

20. 구성주의를 알면, 프로젝트학습의 관점을 알 수 있다 _166

21. 프로젝트학습을 통해 공부를 재구성하자! _171

22. 프로젝트학습과정에서 교사의 강의는 어떻게 제공되는 것이 좋을까 _174

23. 인지적 혼란으로 읽고 호기심으로 표현하다 _180

24. 프로젝트학습은 교과서 존립을 위협하는 수업이 아니다 _185

25. 학습된 무기력에서 벗어나야 상상의 나래도 펼칠 수 있다 _197

26. 관찰과 질문, 고정관념 깨기를 통해 창의력을 키우다 _201

27. 감시하려는 간수와 탈옥하려는 죄수 사이에 친밀감은 없다 _206

28. 놀이가 공부를 방해한다는 생각은 이제 그만! _214

29. 체벌은 학생의 두뇌에 치명적인 독이다! _218

30. 'Work Hard'가 아닌 'Think Hard'하게 공부하기! _222

31. 학생들과 민속놀이를 즐겨봅시다 _226

32. 자존감이 높은 교사가 자존감이 높은 학생을 길러낸다 _236

33. 공부에 대한 좋은 감정을 형성해 주는 것이 중요하다 _243

34. 학생들의 기대감에 귀 기울여 보자! _247

35. 디스트레스에서 벗어나 유스트레스 상황을 만들자 _253

36. 스티브 잡스처럼 단순함이 진지한 재미로 이끈다 _257

37. 프로젝트학습을 통해 사회적 재미를 추구하다 _262

38. 부모 vs 학부모, 무엇을 선택해야 할까 _273

39. 이기적인 아이 항복하는 부모 _276

40. 19세기 공장형 학교로는 21세기를 대비할 수 없다 _280

41. 리얼한 수업, '관련성'이 결정한다 _284

42. 전지전능한 교사로 등장하는 순간, 프로젝트학습은 망한다 _286

43. 열등감을 극복하는 과정에서 유능감이 형성된다 _290

44. 질문이 있는 공부가 호기심으로 이어진다 _293

45. 학습자원으로서 영상콘텐츠에 주목하자 _297

46. 링겔만 효과와 시너지 효과, 주인의식이 결정한다 _299

47. 인공지능을 이기는 교육 _311

48. 스마트폰을 금지시킨다고 해결될까 _331

49. 성적 없는 성적표 _335

50. 학습은 어디에서나 발생한다 _343

51. 모든 것이 연결되고 보다 지능적인 사회로의 진화 _346

52. 매체가 곧 메시지이다 _352

53. 누구나 게임을 한다 _364

54. 세계평화게임, 수업이 게임이 된다 _369

55. Gamification PBL과 Game Based Learning, 무엇이 다를까 _374

56. 퀘스트로 수업하는 혁신학교가 있다 _381

57. 단순한 규칙 하나가 넛지 효과를 불러 온다 _386

58. 책과 연수로 만나는 "재미와 게임으로 빚어낸 신나는 프로젝트학습" _393

59. 나노디그리, 교육의 변화는 이미 시작됐다 _404

60. 13살 소년의 췌장암 프로젝트에서 배우다 _410

61. 전국의 박물관·미술관 정보는 이곳에서 _424

62. 메이커교육, 4차 산업혁명 시대에 다시 만난 구성주의 _436

63. Free to Make, 우리는 모두 메이커다 _441

64. 코딩의 시작은 스크래치로… _446

65. 메이커스페이스, 무한상상실 아트팹랩 _449

66. 3D펜, 허공에 선을 그어 물건을 만들다 _461